Buchführung, Jahresabschluss und Besteuerung gewerblicher Unternehmen

Nicolai Schädel

Buchführung, Jahresabschluss und Besteuerung gewerblicher Unternehmen

Grundlagen Anwendung Fallübungen

Nicolai Schädel
Hochschule der Medien Stuttgart
Stuttgart, Deutschland

ISBN 978-3-658-34606-5   ISBN 978-3-658-34607-2 (eBook)
https://doi.org/10.1007/978-3-658-34607-2

Die Deutsche Nationalbibliothek verzeichnet diese Publikation in der Deutschen Nationalbibliografie; detaillierte bibliografische Daten sind im Internet über http://dnb.d-nb.de abrufbar.

© Der/die Herausgeber bzw. der/die Autor(en), exklusiv lizenziert durch Springer Fachmedien Wiesbaden GmbH, ein Teil von Springer Nature 2022
Das Werk einschließlich aller seiner Teile ist urheberrechtlich geschützt. Jede Verwertung, die nicht ausdrücklich vom Urheberrechtsgesetz zugelassen ist, bedarf der vorherigen Zustimmung des Verlags. Das gilt insbesondere für Vervielfältigungen, Bearbeitungen, Übersetzungen, Mikroverfilmungen und die Einspeicherung und Verarbeitung in elektronischen Systemen.
Die Wiedergabe von allgemein beschreibenden Bezeichnungen, Marken, Unternehmensnamen etc. in diesem Werk bedeutet nicht, dass diese frei durch jedermann benutzt werden dürfen. Die Berechtigung zur Benutzung unterliegt, auch ohne gesonderten Hinweis hierzu, den Regeln des Markenrechts. Die Rechte des jeweiligen Zeicheninhabers sind zu beachten.
Der Verlag, die Autoren und die Herausgeber gehen davon aus, dass die Angaben und Informationen in diesem Werk zum Zeitpunkt der Veröffentlichung vollständig und korrekt sind. Weder der Verlag noch die Autoren oder die Herausgeber übernehmen, ausdrücklich oder implizit, Gewähr für den Inhalt des Werkes, etwaige Fehler oder Äußerungen. Der Verlag bleibt im Hinblick auf geografische Zuordnungen und Gebietsbezeichnungen in veröffentlichten Karten und Institutionsadressen neutral.

Planung/Lektorat: Vivien Bender
Springer Gabler ist ein Imprint der eingetragenen Gesellschaft Springer Fachmedien Wiesbaden GmbH und ist ein Teil von Springer Nature.
Die Anschrift der Gesellschaft ist: Abraham-Lincoln-Str. 46, 65189 Wiesbaden, Germany

Vorwort

Unternehmerischer Erfolg wird in den Kategorien der Rechnungslegung gemessen. Die Rechnungslegung gewerblicher Unternehmen ist eine Teildisziplin der Betriebswirtschaftslehre mit Schnittstellen zur Rechtswissenschaft und alles andere als graue Theorie. Sie bildet Zustand und Entwicklung von Unternehmen ab und kann deshalb auch als Basis modernen Controllings zur Steuerung von Unternehmen genutzt werden. Wer die Rechnungslegung eines Unternehmens versteht, kann nicht nur dessen Erfolge und Misserfolge nachvollziehen, sondern auch zukünftige Handlungsspielräume projizieren.

Im Rahmen modernen Controllings werden die Kategorien der Rechnungslegung zur Projektion des Möglichen genutzt. Dabei erschöpft sich ein als kreative betriebswirtschaftliche Funktion verstandenes Controlling nicht in der Definition von Grenzen, sondern zeigt die Handlungsspielräume auf, die durch die Ermittlung von Grenzen erst eröffnet werden. Kreative Controller sind die Kybernetiker der Betriebswirtschaft, und die Kategorien der Rechnungslegung sind ihre Physik.

Darüber hinaus dient die Rechnungslegung nicht nur der Steuerung, sondern auch der Besteuerung gewerblicher Unternehmen. Wer Gewinne erwirtschaftet, ist leistungsfähig und kann und muss deshalb Steuern zahlen. Die anhand der Rechnungslegung ermittelten Gewinne gewerblicher Unternehmen sind maßgeblich für die Erhebung von Einkommen-, Körperschaft- und Gewerbesteuern. Diese Maßgeblichkeit der Rechnungslegung für die Besteuerung zwingt gewerbliche Unternehmen und Finanzbehörden dazu, in den Kategorien der Rechnungslegung einen gemeinsamen Nenner zu finden. Die Rechnungslegung fungiert dabei wie eine Sprache, die eine komprimierte Kommunikation über wirtschaftlich relevante Sachverhalte ermöglicht.

Damit wird die Rechnungslegung zu einem zentralen Informationsinstrument für alle am Zustand eines Unternehmens interessierten Akteure. Dazu gehören neben der Finanzverwaltung die Manager und (wirtschaftlichen) Eigentümer eines Unternehmens ebenso wie dessen Gläubiger und potenzielle Erwerber. Wer mitreden will, muss die Kategorien der Rechnungslegung wie eine Sprache beherrschen.

In diesem Sinn richtet sich dieses Werk an alle, die Rechnungslegung und Besteuerung gewerblicher Unternehmen lernen oder lehren wollen. Ziel dieses Werks ist die anwendungsbezogene Vermittlung wesentlicher Grundlagen kaufmännischer

Buchführung, der Jahresabschlusserstellung und der Umsatz-, Einkommen-, Körperschaft- und Gewerbebesteuerung. Der verfolgte Ansatz soll Studierenden der Wirtschafts- und Rechtswissenschaften ebenso bei der Prüfungsvorbereitung helfen wie angehenden Steuerfachwirten und -beratern. Zudem sollen Dozierende und Prüfungsverantwortliche, die auf der Suche nach alternativen Formen des Wissenstransfers oder neuen Aufgabenstellungen sind, Anregungen für Lehre und Prüfungen erhalten.

Hochschulsemester umfassen in der Regel jeweils 15 Wochen. Deshalb hat dieses Werk 15 inhaltlich aufeinander aufbauende Kapitel. Jedes Kapitel bietet – je nach Herangehensweise und pädagogischem Konzept – Stoff für eine Lehrveranstaltung mit einem Umfang von 90 bis 180 Minuten. Ebenso können die 15 Kapitel von Studierenden lehrveranstaltungsbegleitend zur Übung und Prüfungsvorbereitung genutzt werden.

Weil Wissen und Können nicht dasselbe sind, ist ein wesentliches Anliegen dieses Werks, Rechnungslegung und Besteuerung anwendungsbezogen zu vermitteln. Deshalb beinhalten 13 der 15 Kapitel Übungsaufgaben, die jeweils aus einem Fallszenario und dazu gestellten Aufgaben bestehen. Die Lösung der Aufgaben erfordert die Anwendung des zuvor abstrakt dargestellten Stoffs. Zu jeder Übungsaufgabe wird anschließend ein Lösungsvorschlag („Musterlösung") unterbreitet. Die übrigen beiden Kapitel beinhalten ausschließlich Wiederholungs- und Verständnisfragen, die so auch in Prüfungen gestellt werden könnten. Zu allen Fragen werden anschließend ebenfalls Musterantworten vorgeschlagen, um z. B. ein gegenseitiges Abfragen zu erleichtern.

In Anbetracht der Menge und Kleinteiligkeit der Rechnungslegungsbestimmungen, Steuergesetze und einschlägigen Urteile, Verwaltungsentscheidungen und wissenschaftlichen Beiträge erhebt dieses Werk keinen Anspruch auf Vollständigkeit. Es geht um die Vermittlung von Grundlagen und deren Anwendung, nicht um umfassende Darstellung der Materie. Deshalb werden viele Teilbereiche wie z. B. die Rechnungslegung von Kreditinstituten, das Aufstellen von Konzernabschlüssen, die Mechanismen der Lohn- und Kapitalertragsteuer, Organschaften, die einkommensteuerliche Zusammenveranlagung, der Solidaritätszuschlag und internationales Steuerrecht nicht betrachtet.

Die Rechnungslegung und Besteuerung gewerblicher Unternehmen ist wesentlicher Teil der Schnittmenge der Wirtschafts- und Rechtswissenschaften. Deshalb richtet sich dieses Werk an Angehörige beider Fächer. Weil sowohl die Rechnungslegung als auch die Besteuerung gewerblicher Unternehmen auf gesetzlicher Grundlage beruhen, kann auch Wirtschaftswissenschaftlern, die sich mit der Materie befassen, der Blick in die einschlägigen gesetzlichen Bestimmungen nicht erspart werden. Um den Lesefluss nicht zu sehr zu beeinträchtigen, werden die einschlägigen gesetzlichen Bestimmungen an vielen Stellen des Werks nicht nur in Bezug genommen, sondern zumindest auszugsweise wörtlich zitiert. Im Übrigen bleibt auch interessierten Wirtschaftswissenschaftlern zu empfehlen, zentrale gesetzliche Bestimmungen parallel zu lesen, um einen unmittelbaren Eindruck vom Inhalt der Primärquellen zu erhalten, um deren Anwendung und Auswirkungen es geht.

Für Ihre Unterstützung bei der Erstellung des Manuskripts danke ich ganz herzlich Frau Jenny Richter. Zudem danke ich den beim Verlag SpringerGabler für die Betreuung dieses Werks zuständigen Lektorinnen, Frau Vivien Bender und Frau Jeevitha Juttu, herzlich für ihre Unterstützung und ihre von mir leider reichlich strapazierte Geduld. Für ihre unendliche Geduld danke ich zudem meiner Frau Thurid und meinen Töchtern.

Stuttgart
im Januar 2022

Nicolai Schädel

Inhaltsverzeichnis

1 Einführung... 1
   1.1 Die Sprache der Buchhalter ... 1
      1.1.1 Rechnungslegung als Wertschöpfungsmaßstab ... 1
      1.1.2 Unternehmensleitung ... 2
      1.1.3 (Wirtschaftliche) Eigentümer des Unternehmens ... 2
      1.1.4 (Potenzielle) Erwerber ... 4
      1.1.5 (Potenzielle) Gläubiger ... 4
      1.1.6 Warenkreditversicherer ... 5
      1.1.7 Finanzverwaltung ... 5
   1.2 Gesetzlicher Zwang zur Rechnungslegung ... 6
   1.3 Gesetze und Zahlen ... 6
   1.4 Übungsaufgabe 1 ... 7
      1.4.1 Fallszenario ... 7
      1.4.2 Übungsaufgaben und -fragen ... 7
      1.4.3 Mögliche Antworten zu den Übungsfragen ... 8
   Literatur ... 19

2 Wesentliche Grundlagen kaufmännischer Rechnungslegung (I): Buchführung und Jahresabschluss ... 21
   2.1 Rechnungslegung nach Maßgabe des HGB ... 21
      2.1.1 Anwendungsbereich des HGB ... 21
      2.1.2 Kaufmännische Buchführung ... 22
      2.1.3 Jahresabschluss ... 26
      2.1.4 Grundsätze ordnungsmäßiger Buchführung (GoB) ... 29
   2.2 Übungsaufgabe 2 ... 32
      2.2.1 Fallszenario ... 33
      2.2.2 Übungsaufgaben und -fragen ... 34
      2.2.3 Mögliche Antworten zu den Übungsaufgaben und -fragen ... 35
   Literatur ... 47

3 Wesentliche Grundlagen kaufmännischer Rechnungslegung (II): Grundsätzliches zum Ansatz und zur Bewertung von Vermögensgegenständen und Verbindlichkeiten ... 49

- 3.1 Ansatz dem Grunde nach ... 49
  - 3.1.1 Grundsatz: GoB der Vollständigkeit ... 49
  - 3.1.2 Ausnahme vom GoB der Vollständigkeit: Keine Bilanzierung schwebender Geschäfte ... 50
  - 3.1.3 Zuordnung von Schulden ... 50
  - 3.1.4 Zuordnung von Vermögensgegenständen ... 51
  - 3.1.5 Bilanzierungsverbote ... 55
  - 3.1.6 Ansatzwahlrechte ... 56
- 3.2 Bewertung (Ansatz der Höhe nach) ... 59
  - 3.2.1 Verbindlichkeiten (Schulden) ... 59
  - 3.2.2 Vermögensgegenstände ... 59
  - 3.2.3 Abschreibungen ... 65
- 3.3 Übungsaufgabe 3 ... 69
  - 3.3.1 Fallszenario ... 69
  - 3.3.2 Übungsaufgaben und -fragen ... 71
  - 3.3.3 Mögliche Antworten zu den Übungsaufgaben und -fragen ... 71
- Literatur ... 77

4 Wesentliche Grundlagen kaufmännischer Rechnungslegung (III): Wiederholung und Vertiefung Herstellungskosten ... 79

- 4.1 Mindestumfang (Untergrenze der Herstellungskosten) ... 80
  - 4.1.1 Einzelkosten ... 80
  - 4.1.2 Fakultative Bestandteile der Herstellungskosten (Wahlrechte) ... 82
  - 4.1.3 Ansatzverbot für Forschungskosten ... 82
  - 4.1.4 Ansatzverbot für Vertriebskosten ... 82
  - 4.1.5 Herstellung immaterieller Vermögensgegenstände des Anlagevermögens ... 84
- 4.2 Übungsaufgabe 4 ... 84
  - 4.2.1 Fallszenario ... 84
  - 4.2.2 Übungsaufgaben und -fragen ... 86
  - 4.2.3 Mögliche Antworten zu den Übungsaufgaben und -fragen ... 87
- Literatur ... 96

5 Wesentliche Grundlagen kaufmännischer Rechnungslegung (IV): Rechnungsabgrenzungsposten, Rückstellungen, Anhang, Abschlussprüfung ... 97

- 5.1 Rechnungsabgrenzungsposten ... 97

		5.1.1	Zweck: Bilanzierungshilfen zur Umsetzung des Stichtagsprinzips	97
		5.1.2	Aktive Rechnungsabgrenzungsposten („ARAP")	98
		5.1.3	Passive Rechnungsabgrenzungsposten („PRAP")	99
	5.2	Rückstellungen		100
		5.2.1	Bildung von Rückstellungen dem Grunde nach	100
		5.2.2	Ansatz von Rückstellungen der Höhe nach	102
		5.2.3	Auflösung von Rückstellungen	105
	5.3	Anhang		106
		5.3.1	Grundsätzliches	106
		5.3.2	Betroffene Unternehmen	106
		5.3.3	Größenabhängige Erleichterungen	108
	5.4	Prüfung des Jahresabschlusses durch Abschlussprüfer		108
		5.4.1	Grundlage der Prüfungspflicht	108
		5.4.2	Abschlussprüfer	109
		5.4.3	Zweck	110
		5.4.4	Umfang	110
		5.4.5	Prüfungsbericht	110
		5.4.6	Bestätigungsvermerk	111
		5.4.7	Folgen unterbliebener Prüfung	111
		5.4.8	Bedeutung der Feststellung des Jahresabschlusses	111
		5.4.9	Zuständigkeiten	112
	5.5	Übungsaufgabe 5		112
		5.5.1	Fallszenario	112
		5.5.2	Übungsaufgaben und -fragen	114
		5.5.3	Mögliche Antworten zu den Übungsaufgaben und -fragen	115
6	**Wiederholung und Verständniskontrolle I**			123
	6.1	Wiederholungs- und Verständnisfragen		123
	6.2	Mögliche Antworten		124
		6.2.1	Nach HGB zur Rechnungslegung verpflichtete Unternehmen	124
		6.2.2	Zum Begriff „Geschäftsvorfall"	125
		6.2.3	Beispiele für Aufwand ohne Liquiditätsabfluss	125
		6.2.4	Beispiele für Ertrag ohne Liquiditätszufluss	126
		6.2.5	Beispiel für Liquiditätsabfluss ohne Aufwand	126
		6.2.6	Beispiel für Liquiditätszufluss ohne Ertrag	127
		6.2.7	Zum Buchwert eines Vermögensgegenstands	127
		6.2.8	Zum Ansatz von Finanzierungskosten im Rahmen von Anschaffungs- und Herstellungskosten	127

	6.2.9	Zu den grundlegenden Zusammenhängen zwischen Buchführung, Bilanz und GuV	128
	6.2.10	Stille Reserven und Lasten........................	128
	6.2.11	Stille Lasten werfen folgende Frage auf:	128
	6.2.12	Zur Insolvenz von Unternehmen	128
	6.2.13	Zum Jahresabschluss als Informationsquelle...........	129
	6.2.14	Anlage- und Umlaufvermögen......................	130
	6.2.15	Zu den Folgen der Zuordnung eines Vermögensgegenstands zum Anlage- oder Umlaufvermögen.................	131
	6.2.16	Zum Sinn und Zweck von Rechnungsabgrenzungsposten...	131
	6.2.17	Zum derivativen Geschäftswert	131
	6.2.18	Zur Bedeutung der Bilanzsumme	131
	6.2.19	Zu den Größenklassen	132
	6.2.20	Zur Bedeutung der Größenklassen für fremdfinanzierte Investitionen....................................	132

7 Einführung Umsatzsteuer I 135
   7.1 Hintergrund 135
   7.2 Begrifflichkeiten..................................... 136
   7.3 Bedeutung.. 136
   7.4 Grundkonzeption 137
       7.4.1 Steuerschuldner und Steuerbelastung 137
       7.4.2 Umsatzsteuer und Vorsteuer: Zwei Seiten derselben Medaille..................................... 138
   7.5 Vorsteuerabzug (Vorsteuererstattung) 138
       7.5.1 Grundlegende Voraussetzungen..................... 138
       7.5.2 Verrechnung und Zahllast 139
   7.6 Unterbrechungen des Zyklus aus Zahlung, Weiterbelastung und Erstattung von Umsatzsteuer.......................... 140
   7.7 Umsatzsteuer für entgeltliche Lieferungen und sonstige Leistungen eines Unternehmers............................ 141
       7.7.1 Prüfungsschritt 1: Steuerbarkeit des Umsatzes? 141
       7.7.2 Prüfungsschritt 2: Etwaige Steuerfreiheit des Umsatzes?..................................... 144
       7.7.3 Prüfungsschritt 3: Bemessungsgrundlage 145
       7.7.4 Prüfungsschritt 4: Steuersatz 145
       7.7.5 Prüfungsschritt 5: Steuerschuldner 146
       7.7.6 Zusammenfassung der Prüfungsschritte 1–5 147
   7.8 Vorsteuerabzug...................................... 148
       7.8.1 Gesetzliche Grundlage............................ 148
       7.8.2 Ausschluss des Vorsteuerabzugs 149
   7.9 Besteuerungsverfahren................................ 150

		7.9.1	Jahresumsatzsteuererklärung	150
		7.9.2	Umsatzsteuervoranmeldungen	150
		7.9.3	Voranmeldungszeitraum	150
	7.10		Entstehung von Umsatzsteuerverbindlichkeiten	151
		7.10.1	Grundsätzliches	151
		7.10.2	Anzahlungen	151
	7.11		Übungsaufgabe 6	152
		7.11.1	Fallszenario	152
		7.11.2	Übungsfragen und -aufgaben	152
		7.11.3	Mögliche Antworten	153
	Literatur			158
8	**Einführung Umsatzsteuer II**			159
	8.1		Anwendungsbereich des UStG: Steuerbare Umsätze	159
		8.1.1	Einfuhr	159
		8.1.2	Innergemeinschaftlicher Erwerb	160
		8.1.3	Kleinunternehmer	161
		8.1.4	Schadensersatz	161
	8.2		Umsatzsteueranwendungserlass	162
	8.3		Übungsaufgabe 7	163
		8.3.1	Fallszenario	163
		8.3.2	Übungsaufgaben und -fragen	164
		8.3.3	Mögliche Antworten zu den Übungsaufgaben und -fragen	164
	Literatur			170
9	**Kaufmännische Rechnungslegung und Einkommensteuer I**			171
	9.1		Einkommensteuerpflicht	171
		9.1.1	Einkommensteuersubjekte	171
		9.1.2	Kategorien der Einkommensteuerpflicht	171
	9.2		Umfang der Einkommensteuerschuld	173
		9.2.1	Steuersatz	173
		9.2.2	Bemessungsgrundlage	174
	9.3		Übungsaufgabe	179
		9.3.1	Fallszenario:	179
		9.3.2	Übungsaufgaben und -fragen	182
		9.3.3	Mögliche Antworten zu den Übungsaufgaben und -fragen:	182
10	**Kaufmännische Rechnungslegung und Einkommensteuer II**			193
	10.1		Einleitung	193
	10.2		Begrifflichkeiten	194

10.3		Beispiele für wesentliche Unterschiede zwischen Handels- und Steuerbilanz	194
	10.3.1	Ansatz selbstgeschaffener immaterieller Vermögensgegenstände des Anlagevermögens	194
	10.3.2	Aufwand für Einkommen- und bestimmte andere Steuern	196
	10.3.3	Verluste	196
10.4		Übungsaufgabe 9	199
	10.4.1	Fallszenario	199
	10.4.2	Übungsaufgaben und -fragen	200
	10.4.3	Mögliche Antworten zu den Übungsaufgaben und -fragen	200
Literatur			202

11 Kaufmännische Rechnungslegung und Körperschaftsteuer ... 203
- 11.1 Betroffene Rechtsformtypen (Körperschaftsteuersubjekte) ... 203
- 11.2 Steuersatz ... 204
- 11.3 Bemessungsgrundlage ... 204
- 11.4 Verengung auf Einkünfte aus Gewerbebetrieb ... 205
- 11.5 Dividendenbezug von Körperschaften ... 206
  - 11.5.1 Vorüberlegung ... 206
  - 11.5.2 Grundsatz ... 207
  - 11.5.3 Fiktion nicht abzugsfähiger Betriebsausgaben ... 207
  - 11.5.4 Ausnahmen bei „Streubesitz" ... 208
- 11.6 Veräußerungsgewinne ... 209
- 11.7 Gewinnminderungen im Zusammenhang mit Beteiligungen an anderen Körperschaften ... 210
- 11.8 Weitere Abzugsbeschränkungen in § 10 KStG ... 210
- 11.9 Verlustabzug ... 211
  - 11.9.1 Grundsatz ... 211
  - 11.9.2 Schädlicher Beteiligungserwerb durch Kapitalerhöhung ... 212
  - 11.9.3 Ausnahmen ... 212
- 11.10 Übungsaufgabe 10 ... 213
  - 11.10.1 Fallszenario ... 213
  - 11.10.2 Übungsaufgaben und -fragen ... 215
  - 11.10.3 Mögliche Antworten zu den Übungsaufgaben und -fragen ... 215
- Literatur ... 223

12 Kaufmännische Rechnungslegung und Gewerbesteuer ... 225
- 12.1 Gegenstand der Besteuerung ... 225
- 12.2 Steuerschuldner ... 226
- 12.3 Steuersatz ... 227

	12.4	Bemessungsgrundlage	227
		12.4.1 Gesetzliche Regelungen	227
		12.4.2 Hinzurechnungen	228
		12.4.3 Kürzungen	229
	12.5	Übungsfall 11	230
		12.5.1 Fallszenario	230
		12.5.2 Übungsaufgabe	232
		12.5.3 Mögliche Antwort zur Übungsaufgabe	232
13	**Besteuerung von Personenhandelsgesellschaften**		**239**
	13.1	Personengesellschaften als Steuersubjekte	239
		13.1.1 Einführung	239
		13.1.2 Umsatzsteuer	240
		13.1.3 Gewerbesteuer	240
	13.2	Einkommen- und Körperschaftsteuer	241
		13.2.1 Grundsätzliches	241
		13.2.2 Zurechnungsmechanismus (Transparenzprinzip)	241
		13.2.3 Gesetzliche Grundlagen	242
		13.2.4 Sondervergütungen	244
		13.2.5 Verluste	245
	13.3	Übungsfall 12	247
		13.3.1 Fallszenario	247
		13.3.2 Übungsaufgaben und -fragen	250
		13.3.3 Mögliche Antworten zu den Übungsaufgaben und -fragen	250
	Literatur		256
14	**Wiederholung und Verständniskontrolle II**		**257**
	14.1	Wiederholungs- und Verständnisfragen	257
		14.1.1 Zur Umsatzsteuer	257
		14.1.2 Zur Einkommensteuer	258
		14.1.3 Zur Körperschaftsteuer	258
		14.1.4 Zur Gewerbesteuer	258
		14.1.5 Zur Besteuerung von Personengesellschaften	258
	14.2	Mögliche Antworten	259
		14.2.1 Zur Umsatzsteuer:	259
		14.2.2 Zur Einkommensteuer	260
		14.2.3 Zur Körperschaftsteuer:	262
		14.2.4 Zur Gewerbesteuer:	263
		14.2.5 Zur Besteuerung von Personengesellschaften:	263
15	**Rechnungslegung und Compliance**		**265**
	15.1	Einführung	265

15.2	Zentrale Verantwortlichkeiten		265
15.3	Wichtige Fristen		266
	15.3.1	Aufstellung des Jahresabschlusses	266
	15.3.2	Steuererklärungen und -anmeldungen	267
15.4	Delegationsmöglichkeiten		268
15.5	Strafbarkeitsrisiken		269
	15.5.1	Einführung	269
	15.5.2	Steuerhinterziehung	270
	15.5.3	Verletzung der Buchführungspflicht	271
	15.5.4	Verletzung der Insolvenzantragspflicht (Insolvenzverschleppung)	272
	15.5.5	Rechtsformspezifische Straftatbestände im AktG	272
	15.5.6	Entsprechende Straftatbestände im GmbHG und GenG	273
15.6	Risiken persönlicher Schadensersatzhaftung		274
	15.6.1	Deliktsrechtliche Schadensersatzhaftung	274
	15.6.2	Weitere gesetzliche Anspruchsgrundlagen	275
	15.6.3	Verletzung von Anstellungsverträgen i.V.m. § 280 Abs. 1 BGB	275
15.7	Übungsaufgabe 13		276
	15.7.1	Fallszenario	276
	15.7.2	Übungsaufgaben und -fragen	276
	15.7.3	Mögliche Antworten zu den Übungsaufgaben und -fragen	279
Literatur			283

Abkürzungsverzeichnis

a. E.	am Ende
AEUV	Vertrag über die Arbeitsweise der Europäischen Union
AG	(Die) Aktiengesellschaft
AGB	Allgemeine Geschäftsbedingung(en)
AO	Abgabenordnung
ArbnErfG	Gesetz über Arbeitnehmererfindungen
Art.	Artikel
Az.	Aktenzeichen
B2B	business-to-business
B2C	business-to-consumer
BDSG	Bundesdatenschutzgesetz
BGB	Bürgerliches Gesetzbuch
BGH	Bundesgerichtshof
BewG	Bewertungsgesetz
BFH	Bundesfinanzhof
BMJV	Bundesministerium der Justiz und für Verbraucherschutz
BVerfG	Bundesverfassungsgericht
CEO	Chief Executive Officer
DesignG	Gesetz über den rechtlichen Schutz von Design
DCF	Discounted Cash Flow
DNotZ	Deutsche Notar-Zeitschrift
DPMA	Deutsches Patent- und Markenamt
DStR	Deutsches Steuerrecht
DStRE	Deutsches Steuerrecht Entscheidungsdienst
EBIT	earnings before interest and taxes
EPA	Europäisches Patentamt
EPÜ	Europäisches Patentübereinkommen
EStG	Einkommensteuergesetz
EU	Europäische Union
EuGH	Europäischer Gerichtshof

EUR oder €	Euro
e. V.	eingetragener Verein
EWIV	Europäische wirtschaftliche Interessenvereinigung
EWIV-AG	Gesetz zur Ausführung der EWG-Verordnung über die Europäische wirtschaftliche Interessenvereinigung
EWIV-VO	VERORDNUNG (EWG) Nr. 2137/85 DES RATES vom 25. Juli 1985 über die Schaffung einer Europäischen wirtschaftlichen Interessenvereinigung (EWIV)
f	folgend
ff	folgende
FG	Finanzgericht
FGO	Finanzgerichtsordnung
GbR	Gesellschaft bürgerlichen Rechts
gem.	gemäß
GenG	Gesetz betreffend die Erwerbs- und Wirtschaftsgenossenschaften (Genossenschaftsgesetz)
GeschGehG	Gesetz zum Schutz von Geschäftsgeheimnissen
GewStG	Gewerbesteuergesetz
GmbH	Gesellschaft mit beschränkter Haftung
GmbHG	Gesetz betreffend die Gesellschaften mit beschränkter Haftung (GmbH-Gesetz)
GmbHR	Die GmbH-Rundschau
GoB	Grundsätze ordnungsmäßiger Buchführung
GrS	Großer Senat
GRUR	Gewerblicher Rechtsschutz und Urheberrecht
GuV	Gewinn- und Verlustrechnung
GWR	Gesellschafts- und Wirtschaftsrecht
HGB	Handelsgesetzbuch
Hrsg.	Herausgeber
HS	Halbsatz
IHK	Industrie- und Handelskammer
InsO	Insolvenzordnung
i. S. v.	im Sinn von
i. V. m.	in Verbindung mit
KG	Kommanditgesellschaft
KStG	Körperschaftsteuergesetz
KWG	Gesetz über das Kreditwesen (Kreditwesengesetz)
LG	Landgericht
MarkenG	Gesetz über den Schutz von Marken und sonstigen Kennzeichen (Markengesetz)
NJW	Neue Juristische Wochenschrift
NJW-RR	NJW Rechtsprechungs-Report

NZG	Neue Zeitschrift für Gesellschaftsrecht
OHG	Offene Handelsgesellschaft
OLG	Oberlandesgericht
PartGG	Gesetz über Partnerschaftsgesellschaften Angehöriger Freier Berufe (Partnerschaftsgesellschaftsgesetz)
PatG	Patentgesetz
ProdHaftG	Gesetz über die Haftung für fehlerhafte Produkte (Produkthaftungsgesetz)
RechKredV	Verordnung über die Rechnungslegung der Kreditinstitute und Finanzdienstleistungsinstitute (Kreditinstituts-Rechnungslegungsverordnung)
RL	Richtlinie
S.	Seite/Seiten
SaaS	Software as a Service
SCE-AG	Gesetz zur Ausführung der Verordnung (EG) Nr. 1435/2003 des Rates vom 22. Juli 2003 über das Statut der Europäischen Genossenschaft (SCE)
SCE-VO	VERORDNUNG (EG) NR. 1435/2003 DES RATES vom 22. Juli 2003 über das Statut der Europäischen Genossenschaft (SCE)
SE-AG	Gesetz zur Ausführung der Verordnung (EG) Nr. 2157/2001 des Rates vom 8. Oktober 2001 über das Statut der Europäischen Gesellschaft (SE)
SE-VO	VERORDNUNG (EG) Nr. 2157/2001 DES RATES vom 8. Oktober 2001 über das Statut der Europäischen Gesellschaft (SE)
SolZG 1995	Solidaritätszuschlaggesetz 1995
Steuk	Steuerrecht kurzgefaßt
StGB	Strafgesetzbuch
UG	Unternehmergesellschaft
UrhG	Urheberrechtsgesetz
USD oder $	US-Dollar
UStG	Umsatzsteuergesetz
VAG	Gesetz über die Beaufsichtigung der Versicherungsunternehmen
VerpackG	Gesetz über das Inverkehrbringen, die Rücknahme und die hochwertige Verwertung von Verpackungen (Verpackungsgesetz)
vgl.	Vergleiche
VO	Verordnung
VVaG	Versicherungsverein auf Gegenseitigkeit
WLAN	wireless local area network
z. B.	zum Beispiel
zit.	Zitiert
zvE	zu versteuerndes Einkommen

Einführung 1

Rechnungslegung beinhaltet die Dokumentation von Geschäftsvorfällen und deren Konsolidierung und Abbildung in Zwischen-, Jahres- und Konzernabschlüssen und Erklärungen, die gegenüber Behörden oder anderen Marktteilnehmern abgegeben oder veröffentlicht werden. Das klingt abstrakt und macht wenig Lust auf mehr. Ziel dieses Werks ist es, das zu ändern, indem der Trostlosigkeit der Materie mit überwiegend anwendungsbezogener Darstellung begegnet wird.

Die Grundlagen der Rechnungslegung und Besteuerung sollen in diesem und den folgenden Kapiteln insbesondere auch anhand von Übungsfällen vermittelt werden. Damit ist die Hoffnung verbunden, dass ersichtlich wird, warum Rechnungslegung mehr als ein notwendiges Übel ist und es Spaß machen kann, sich damit zu befassen. Denn die Kategorien der Rechnungslegung dienen nicht nur zur Betrachtung der Vergangenheit in Zahlen, sondern auch dazu, Unternehmen in die Zukunft zu steuern. Zukunftsprojektionen in den Kategorien der Rechnungslegung können Räume für Kreativität ebenso sichtbar machen wie unternehmerische Wertschöpfungspotenziale.

1.1 Die Sprache der Buchhalter

1.1.1 Rechnungslegung als Wertschöpfungsmaßstab

Durch Wertschöpfung Geld zu verdienen ist eine wesentliche Grundidee unternehmerischen Handelns. Wer einen Überschuss erzielen will, muss mehr einnehmen als ausgeben. Unternehmerischer Erfolg wird zumindest auch in Geldbeträgen gemessen.

Um diesen Maßstab anlegen zu können, reicht es nicht aus, ein Unternehmen nur als tatsächliche Organisation zu betrachten. Der Blick auf einen Betrieb, in dem Menschen und Maschinen zusammenwirken, gibt keinen Aufschluss darüber, ob dort

Wertschöpfung erfolgt und Überschüsse erzielt werden. Dazu muss der Zustand des betrachteten Unternehmens zunächst in Geldbeträgen bewertet und ausgedrückt werden. Genau darum geht es in der Rechnungslegung.

In der Rechnungslegung werden tatsächliche Zustände und Entwicklungen in Geldbeträgen dargestellt. Ebenso wie man die Realität in Bildern oder Sprachen beschreiben kann, z. B. auf Englisch oder Deutsch, kann man sie auch in Geldbeträgen abbilden. Man kann Rechnungslegung daher auch als eine Art „Sprache der Buchhalter" verstehen.

Buchhalter sind nicht die einzigen, die diese „Sprache" zur Dokumentation, Kommunikation und Information nutzen. Die meisten Marktakteure und Behörden, die Sachverhalte oder Entwicklungen wirtschaftlich einordnen, analysieren, steuern oder besteuern wollen, nutzen dazu die Kategorien der Rechnungslegung. Die Rechnungslegung gewerblicher Unternehmen – und nur um diese geht es in diesem Werk – ist deshalb auch für deren Manager (Unternehmensleitung), (wirtschaftliche) Eigentümer, Gläubiger und Erwerber sowie für die Finanzverwaltung von Bedeutung.

1.1.2 Unternehmensleitung

Die Mitglieder der Unternehmensleitung, z. B. die Geschäftsführer einer GmbH, nutzen die Rechnungslegung zur Steuerung des Unternehmens. Denn der Rechnungslegung kann entnommen werden, ob die Geschäftstätigkeit erfolgreich verläuft und wo angesetzt werden kann, um die Erfolgswahrscheinlichkeit zu erhöhen.

Das Gegenteil von unternehmerischem Erfolg ist Insolvenz. Diese gilt es zu vermeiden. Insolvenz macht Unternehmen manövrierunfähig und erzwingt nicht selten deren Marktaustritt. Der Rechnungslegung kann auch der Liquiditätsstatus eines Unternehmens entnommen werden. Der Liquiditätsstatus ist maßgeblich dafür, ob ein Unternehmen insolvent oder zumindest insolvenzgefährdet ist. Auch das macht die Rechnungslegung zu einer der wichtigsten Informationsquellen der Unternehmensleitung.

1.1.3 (Wirtschaftliche) Eigentümer des Unternehmens

Die Rechnungslegung gibt zudem Aufschluss darüber, ob ein Unternehmen ein positives Ergebnis erzielt, das an dessen (wirtschaftliche) Eigentümer ausgeschüttet werden kann. Der „wirtschaftliche" Eigentümer eines Unternehmens muss nicht mit dessen rechtlichem Eigentümer identisch sein.

Wird ein gewerbliches Unternehmen von einem Einzelkaufmann geführt, dann sind rechtliches und wirtschaftliches Eigentum am Unternehmen kongruent. Selbstständige Einzelkaufleute sind Inhaber ihrer jeweiligen Unternehmen. Der Inhaber ist sowohl Eigentümer des Unternehmens- bzw. Betriebsvermögens als auch am Ergebnis der unternehmerischen Tätigkeit berechtigt. Die Rechnungslegung des Unternehmens gibt Aufschluss darüber, ob dieses Ergebnis positiv oder negativ ist.

1.1 Die Sprache der Buchhalter

Wird ein Unternehmen dagegen von einer Gesellschaft betrieben, z. B. von einer AG oder OHG, dann gehört das Unternehmen der Gesellschaft, die es betreibt. Die Gesellschaft ist – als solche – Inhaberin des Unternehmens. Gesellschaften sind nicht mit ihren Gesellschaftern identisch. Gesellschaften und Gesellschafter sind unterschiedliche Personen und Marktteilnehmer, die jeweils unterschiedliche Rechte, Pflichten und Vermögenssphären haben.

Zwischen Gesellschaftern und Gesellschaft besteht jedoch eine enge rechtliche und wirtschaftliche Verbindung. Insbesondere können die Gesellschafter veranlassen, dass die Gesellschaft ein positives Ergebnis, das die Gesellschaft erwirtschaftet hat, an die Gesellschafter ausschüttet. Erwirtschaftet z. B. eine GmbH ein positives Ergebnis, dann können die Gesellschafter der GmbH auf dieses Ergebnis zugreifen, indem sie dessen Ausschüttung in Form einer sogenannten „Dividende" beschließen.[1] Erfolg und Misserfolg des Unternehmens treffen daher bei wirtschaftlicher Betrachtungsweise und damit zumindest mittelbar auch die Gesellschafter. Deshalb kann man die Gesellschafter einer Gesellschaft, die ein Unternehmen betreibt, als mittelbare oder wirtschaftliche Eigentümer des Unternehmens bezeichnen.

Der Begriff „Ausschüttung" wird im Rahmen dieses Werks als Oberbegriff für Entnahmen und Dividenden benutzt. Einzelkaufleute können den von ihnen erwirtschafteten Gewinn ganz oder teilweise entnehmen. Entnahmen beinhalten die Überführung von Vermögen – Geld oder anderen Vermögensgegenständen – aus dem Betriebs- in das Privatvermögen des Inhabers oder, wenn ein Unternehmen von einer Personengesellschaft betrieben wird, in das Vermögen eines Gesellschafters.

Eine Dividende beinhaltet eine Überführung von Vermögen – in der Regel Geld, aber auch Sachdividenden sind möglich – von einer Kapitalgesellschaft an deren Gesellschafter. Die Aktionäre, also die Gesellschafter einer AG, können z. B. beschließen, dass ein von der AG erzielter Jahresüberschuss ganz oder teilweise in Form einer Dividende an die Aktionäre ausgezahlt wird.[2]

Der Rechnungslegung eines Unternehmens kann entnommen werden, ob das Unternehmen einen ausschüttungsfähigen Gewinn oder Jahresüberschuss[3] erzielt hat. Deshalb gehören auch die Gesellschafter von Gesellschaften, die Unternehmen betreiben, zu den Hauptadressaten der Rechnungslegung.

---

[1] Dazu § 29 Abs. 1 Satz 1 GmbHG: *„die Gesellschafter haben Anspruch auf den Jahresüberschuss ..."*

[2] Dazu insbesondere §§ 58 Abs. 4 und 5 AktG.

[3] Um Missverständnisse zu vermeiden: „Gewinn" und „Jahresüberschuss" sind nicht dasselbe und sollten nicht verwechselt werden. „Gewinn" ist das Ergebnis vor Ertragsteuern, während „Jahresüberschuss" das Ergebnis nach Ertragsteuern ist. Die Ermittlung von Gewinn und Jahresüberschuss werden im Rahmen dieses Werks an späterer Stelle behandelt.

1.1.4 (Potenzielle) Erwerber

Da die Rechnungslegung Aufschluss über die Ertragskraft eines Unternehmens gibt, ist sie nicht nur für dessen (wirtschaftliche) Eigentümer von Interesse, sondern auch für Personen, die den Erwerb einer Beteiligung am Unternehmen in Erwägung ziehen. Wer den Erwerb eines Unternehmens oder einer gesellschaftsrechtlichen Beteiligung daran in Betracht zieht, analysiert daher häufig zunächst dessen Rechnungslegung, z. B. im Rahmen einer sogenannten „Due-Diligence-Prüfung"[4]. Erst auf dieser Grundlage wird dann entschieden, ob der Erwerbsprozess fortgesetzt wird und welchen Preis der Erwerber gegebenenfalls maximal für das Unternehmen oder die Beteiligung zu bieten bereit ist.

1.1.5 (Potenzielle) Gläubiger

Ebenso wie für Erwerber ist die Rechnungslegung eines Unternehmens auch für dessen (potenzielle) Gläubiger von Bedeutung, z. B. für ein Kreditinstitut, das den Abschluss eines Darlehensvertrags mit einem Unternehmen in Erwägung zieht. Denn anhand der Rechnungslegung eines Unternehmens kann dessen Insolvenzrisiko eingeschätzt werden.

Wird ein Unternehmen insolvent, ist es in der Regel nicht mehr in der Lage, seine Verbindlichkeiten vollständig zu tilgen, z. B. Kaufpreisverbindlichkeiten gegenüber Lieferanten, die „auf Rechnung"[5] geliefert haben. Wer einem Unternehmen ein Darlehen – im Fall einer Lieferung „auf Rechnung" einen sogenannten „Warenkredit" – einräumt, sollte zuvor dessen Rechnungslegung analysieren, um das Ausfallrisiko abzuschätzen. Abhängig vom Umfang eines Darlehens sind Kreditinstitute sogar gesetzlich

---

[4] Im Zusammenhang mit einem Unternehmens- oder Beteiligungserwerb bezeichnet der Begriff „Due-Diligence-Prüfung" die Beschaffung und Auswertung von Informationen über die technischen, betriebswirtschaftlichen und rechtlichen Verhältnisse des Zielunternehmens (Erwerbs- oder Beteiligungsobjekt). Ziel einer Due-Diligence-Prüfung ist, Erkenntnisse darüber zu gewinnen, ob und gegebenenfalls zu welchen Bedingungen der Erwerb sinnvoll und vertretbar ist (vgl. dazu z. B. *Hensel/Dörstling*, DStR 2021, S. 170 ff.; OLG Oldenburg, Urteil vom 22.06.206 [1 U 34/03], NZG 2007 S. 434 ff.; OLG Köln, Urteil vom 31.10.2013 [18 W 66/13]).

[5] Lieferung „auf Rechnung" bedeutet, dass ein Lieferant einem Kunden bestellte Ware liefert (übergibt) und zur Nutzung überlässt, obwohl der Kunde diese Waren nicht vor oder zeitgleich mit der Lieferung bezahlt. Der Lieferant stellt dem Kunden die gelieferten Waren dann bei oder nach der Lieferung im Vertrauen darauf in Rechnung, dass der Kunde diese Rechnung ausgleicht. Auf diese Weise wird der Lieferant bis zur Zahlung des Kaufpreises zum Gläubiger des Kunden und der Kunde zum Schuldner des Lieferanten. Statt „Lieferung auf Rechnung" können diese Fälle der Warenlieferung auch „Lieferung auf Kredit" genannt werden.

dazu verpflichtet, die wirtschaftlichen Verhältnisse eines Kreditnehmers anhand von dessen Rechnungslegung zu analysieren, bevor Kredit gewährt wird.[6]

1.1.6 Warenkreditversicherer

Auch Warenkreditversicherer interessieren sich für die Rechnungslegung gewerblicher Unternehmen. Warenkreditversicherer versichern das Risiko, dass ein Lieferant eine Forderung gegen einen bereits belieferten Kunden nicht realisieren kann, weil der Kunde insolvent wird. Gegenstand der Versicherung ist das mit einer Lieferung auf Rechnung – also einem „Warenkredit" – verbundene Ausfallrisiko.

Warenkreditversicherer sind in der Regel jedoch nicht bereit, pauschal sämtliche Forderungen gegen jedwede Kunden gegen Ausfall zu versichern. Ob eine Forderung aus einer Warenlieferung gegen einen Kunden gegen Ausfall versicherbar ist, hängt vielmehr von der Einschätzung des Risikos ab, dass der betreffenden Kunde insolvent wird (so genanntes „Rating"). Um zu einer solchen Risikoeinschätzung zu gelangen, analysieren Warenkreditversicherer insbesondere auch die Rechnungslegung von Unternehmen. Indiziert das Ergebnis der Analyse eine stabile Bonität eines Unternehmens, werden Warenkreditversicherer in der Regel bereit sein, Forderungen gegen dieses Unternehmen gegen Ausfall zu versichern. Kann der Rechnungslegung dagegen ein erhöhtes Insolvenzrisiko entnommen werden, werden Forderungen gegen dieses Unternehmen in der Regel nicht oder nur gegen entsprechend hohe Prämien gegen Ausfall versicherbar sein.[7]

1.1.7 Finanzverwaltung

Und Schließlich: Wo Geld verdient wird oder fließt, bestehen Anknüpfungspunkte für eine Besteuerung. Einige der wichtigsten Unternehmenssteuern in Deutschland knüpfen maßgeblich daran an, ob die zu besteuernden Unternehmen Gewinn erwirtschaftet haben. Ob Gewinn erzielt wurde, kann nur anhand der Rechnungslegung eines Unternehmens beurteilt werden. Die Rechtmäßigkeit der Besteuerung erfordert es daher, dass die Finanzverwaltung einer der wesentlichen Adressaten der Rechnungslegung ist. Die

---

[6] Dazu § 18 KWG.
[7] Für Unternehmen kann es wirtschaftlich schädlich sein, wenn kein Warenkreditversicherer bereit ist, seine Verbindlichkeiten gegen Ausfall zu versichern. Denn viele Lieferanten sind nur dann bereit, auf Rechnung zu liefern, wenn sie sich in Form einer Warenkreditversicherung gegen den Ausfall des Warenkredits versichern können. Besteht diese Möglichkeit nicht, sind die Lieferanten entweder nicht oder nur gegen Vorkasse oder Preisaufschläge zu Lieferungen bereit. In sämtlichen Fällen führt dies zu (finanziellen) Beschränkungen der unternehmerischen Manövrierfähigkeit des nicht mehr „versicherbaren" Kunden.

Rechnungslegung gegenüber der Finanzverwaltung erfolgt insbesondere durch Abgabe von Steuererklärungen[8] und -anmeldungen.[9]

1.2 Gesetzlicher Zwang zur Rechnungslegung

Eine wesentliche Konsequenz der Maßgeblichkeit der Rechnungslegung für die Besteuerung ist, dass Rechnungslegung mehr ist und sein muss als ein rein fakultatives Informations- und Steuerungsinstrument. Wenn die Besteuerung von Unternehmen an deren Rechnungslegung hängt, dann müssen Umfang, Inhalt und Frequenz der Rechnungslegung gesetzlich vorgegeben werden. Anderenfalls wären Rechtmäßigkeit und Gleichheit der Besteuerung und letztlich das Steueraufkommen als solches gefährdet. Deshalb werden gewerbliche Unternehmen gesetzlich zur Rechnungslegung verpflichtet.

Gewerbliche Unternehmen bilden ihren Zustand folglich auch deshalb in den Kategorien der Rechnungslegung ab, weil sie es müssen. Wer ein gewerbliches Unternehmen gründen, erwerben, leiten oder steuern will, sollte daher verstehen, wie dessen Zustand und Entwicklung in den Kategorien der Rechnungslegung abzubilden sind. Das macht eine Befassung mit den gesetzlichen Bestimmungen unumgänglich, die Vorgaben zur Rechnungslegung enthalten. In diesem Werk geht es daher insbesondere auch darum, wo diese Vorschriften zu finden und wie sie auszulegen und anzuwenden sind.

Die gesetzlichen Vorgaben darüber, wer wie und gegenüber wem Rechnung legen muss, finden sich verstreut in verschiedenen Gesetzen. Nicht alle davon werden im Folgenden betrachtet. Im Fokus stehen zentrale Rechnungslegungsvorschriften, die besonders praxisrelevant sind.

1.3 Gesetze und Zahlen

Die Befassung mit der Rechnungslegung von Unternehmen erfordert neben dem Umgang mit Zahlen folglich ein Arbeiten mit Gesetzen. Rechnungslegung ist eine Kerndisziplin der Betriebswirtschaftslehre, die im Wesentlichen aus Recht und Rechnen besteht. Um zu erkennen, dass Gesetzestexte verständlich und das Denken in Zahlen sinnvoll sein können, steigt man am besten anhand eines konkreten Beispiels in die Materie ein. Dieser Art von Einstieg dient die nachfolgende Übungsaufgabe 1.

---

[8] Eine Steuererklärung ist nichts anderes als eine Form der Rechnungslegung gegenüber der Finanzverwaltung. In einer Steuererklärung werden der Finanzverwaltung die im Wesentlichen auch in Geldbeträgen bemessenen und ausgedrückten Anknüpfungstatsachen mitgeteilt, auf deren Grundlage die Finanzverwaltung dann die Steuerschuld berechnet und die Steuern erhebt.

[9] Eine Steueranmeldung ist eine Steuererklärung, in der nicht nur die Besteuerungsgrundlagen mitgeteilt werden, sondern auch die geschuldete Steuer vom Steuerpflichtigen selbst berechnet wird (vgl. dazu § 150 Abs. 1 Satz 3 AO).

1.4 Übungsaufgabe 1

1.4.1 Fallszenario

Unternehmensgegenstand der Druckmaschinen-GmbH („D-GmbH") mit Sitz in Nürnberg ist die Entwicklung, Herstellung und der Vertrieb von Druckmaschinen. Das Geschäftsjahr der D-GmbH entspricht dem Kalenderjahr.

Die D-GmbH hat drei Geschäftsführer und 200 Arbeitnehmer. Jeder Geschäftsführer erhält ein fixes Jahresgrundgehalt in Höhe von EUR 1.000.000. Zudem erhält jeder Geschäftsführer nach Abschluss jedes Geschäftsjahrs eine zusätzliche variable Vergütung (Tantieme) in Höhe von 3 % des Vorsteuerergebnisses[10] der D-GmbH in dem betreffenden Geschäftsjahr. Das Brutto-Jahresgehalt der Arbeitnehmer beträgt im Durchschnitt EUR 50.000.

Die D-GmbH hat jährliche Kosten für Mieten, Energie und externe Dienstleistungen (z. B. Logistik und Rechtsberatung) in Höhe von EUR 12.750.000. Das für die Herstellung einer Druckmaschine erforderliche Material kostet durchschnittlich EUR 500.000 pro Druckmaschine.

Zur Produktion der Druckmaschinen nutzt die D-GmbH in ihrem Werk in Nürnberg 10 Produktionsmaschinen. Deren Erwerb (Anschaffung) kostete die D-GmbH durchschnittlich EUR 3.000.000 pro Produktionsmaschine. Jede Produktionsmaschine kann in der Regel 10 Jahre genutzt werden, bevor sie verschleißbedingt nicht mehr einsetzbar ist und auch keinen nennenswerten Marktwert mehr hat.

Vor einigen Jahren hat die D-GmbH bei einem Kreditinstitut ein Darlehen in Höhe von EUR 10.000.000 aufgenommen, um den Erwerb mehrerer Produktionsmaschinen zu finanzieren. Die Rückzahlung dieses Darlehens ist Ende des übernächsten Jahres fällig. Während der Laufzeit des Darlehens schuldet die D-GmbH die Zahlung von Zinsen in Höhe von 5 % des Darlehensbetrags pro Jahr an das Kreditinstitut.

1.4.2 Übungsaufgaben und -fragen

Wie viele Druckmaschinen muss die D-GmbH in einem Jahr absetzen (verkaufen und ausliefern), um ein positives Ergebnis zu erzielen, wenn die D-GmbH am Markt einen Preis pro Druckmaschine in Höhe von EUR 5.500.000 verlangt und auch realisieren kann? Steuerliche Fragen können und sollen bei Entwicklung der Antwort vollständig außer Betracht bleiben.

---

[10] Das Vorsteuerergebnis wird auch mit der Abkürzung „EBT" für *„earnings before taxes"* bezeichnet.

Welchen Kaufpreis pro Druckmaschine müsste die D-GmbH mindestens am Markt realisieren, wenn die D-GmbH pro Jahr 10 Druckmaschinen herstellt, verkauft und ausliefert und die Geschäftsführer der D-GmbH einen Bonus von jeweils mindestens EUR 300.000 erhalten wollen?

Lesen Sie jeweils die ersten Paragrafen (jeweils § 1) des Einkommensteuergesetzes (EStG), des Körperschaftsteuergesetzes (KStG) und des Umsatzsteuergesetzes (UStG) sowie § 2 des Gewerbesteuergesetzes (GewStG).[11] Welche dieser 4 Steuerarten schuldet die D-GmbH grundsätzlich, wenn die D-GmbH im laufenden Jahr zumindest auch Kunden in Deutschland mit Druckmaschinen beliefert und den von den Geschäftsführern angestrebten Mindest-Gewinn erzielt? Eine Berechnung der jeweiligen Steuer oder ihrer Bemessungsgrundlage wird an dieser Stelle (noch) nicht erwartet.

Lesen Sie die §§ 17 und 19 der Insolvenzordnung. Kann auf Grundlage der im Sachverhalt mitgeteilten Informationen eine Aussage darüber getroffen werden, ob die D-GmbH solvent, insolvent oder insolvenzgefährdet ist?

Verschaffen Sie sich anhand der jeweiligen Inhaltsübersichten des HGB, der Abgabenordnung (AO), des KStG, des GewStG und des UStG einen ersten groben Überblick über die Inhalte dieser Gesetze. Welche grundsätzlichen Rechnungslegungspflichten hat die D-GmbH nach diesen Gesetzen?

1.4.3 Mögliche Antworten zu den Übungsfragen

1.4.3.1 Mindestzahl der für ein positives Ergebnis zu verkaufenden Druckmaschinen

Wenn

- Z für die Zahl der zu Erwirtschaftung eines positiven Ergebnisses mindestens zu verkaufenden Druckmaschinen,
- FK für die jährlichen Fixkosten und
- vK für die variablen Kosten der D-GmbH pro abgesetzter Druckmaschine

stehen, dann kann Z bei einem zu unterstellenden Verkaufspreis von EUR 5.500.000 pro Druckmaschine anhand folgender Gleichung ermittelt werden:

$$Z \times (EUR\ 5.500.000 - vK) > FK$$

Die jährlichen Fixkosten (FK) der D-GmbH beinhalten zunächst folgende Posten:

---

[11] Die jeweils aktuellen Fassungen dieser Gesetze können unter www.gesetze-im-internet.de abgerufen und eingesehen werden.

Geschäftsführergehälter (fix)	EUR 3.000.000
Löhne Arbeitnehmer	EUR 10.000.000
Mieten, Energie, Dienstleistungen	EUR 12.750.000
Zinsen für Darlehen	EUR 500.000
Zwischensumme	EUR 26.250.000

In dieser Kostenberechnung ist jedoch noch der jährliche Verschleiß der Produktionsmaschinen unberücksichtigt, welche die D-GmbH zur Herstellung der Druckmaschinen einsetzt. Da die D-GmbH stets jeweils 10 Produktionsmaschinen einsetzt, deren Anschaffung jeweils EUR 3.000.000 gekostet hat und deren Nutzungsdauer jeweils 10 Jahre beträgt, kann der Verschleiß der Produktionsmaschinen wie folgt in Ansatz gebracht werden:

Die Anschaffungskosten für sämtliche 10 Produktionsmaschinen betrugen insgesamt:

$$10 \times EUR\ 3.000.000 = EUR\ 30.000.000.$$

Bei einer Nutzungsdauer von jeweils 10 Jahren beträgt der jährliche Verschleiß der Produktionsmaschinen daher im Durchschnitt:

$$EUR\ 30.000.000 : 10 = EUR\ 3.000.000.$$

Damit betragen die anzusetzenden Fixkosten (FK) insgesamt

$$EUR\ 26.250.000 + EUR\ 3.000.000 = EUR\ 29.250.000.$$

Setzt man als variable Kosten (vK) die Materialkosten in Höhe von EUR 500.000 an, die zur Herstellung einer Druckmaschine erforderlich sind, gilt folglich:

$$Z \times (EUR\ 5.500.000 - EUR\ 500.000) > EUR\ 29.250.000$$

Nach Konsolidieren der Zahlen gilt dann:

$$Z \times EUR\ 5.000.000 > EUR\ 29.250.000$$

Nach Z aufgelöst bedeutet dies:

$$Z > 5{,}85$$

Um in einem Geschäftsjahr ein positives Ergebnis zu erzielen, muss die D-GmbH bei Zugrundelegung dieser Zahlen folglich mindestens 6 Druckmaschinen absetzen. Die Herleitung dieser Zahl – mindestens 6 abzusetzende Druckmaschinen – verdeutlicht, dass Unternehmen als Zahlengefüge verstanden und die Zahlen zur Unternehmenssteuerung genutzt werden können, z. B. zur Entwicklung sinnvoller Zielvorgaben für die Vertriebsmitarbeiter. Denn anhand der mitgeteilten Informationen kann die Mindestabsatzmenge ermittelt werden, deren Unterschreiten zu einem negativen und deren Überschreiten zu einem positiven Ergebnis der D-GmbH führt.

1.4.3.2 Zu erzielender Mindestpreis pro Druckmaschine

Ebenso kann das Zahlengefüge dazu genutzt werden, den Vertriebsmitarbeitern vorzugeben, welcher Verkaufspreis pro Druckmaschine mindestens bei Kunden „herausgehandelt" werden muss, damit ein bestimmtes angestrebtes Ergebnis erzielt wird. Wenn die Geschäftsführer einen Bonus von jeweils EUR 300.000 anstreben und die Bonuszahlung 3 % des Ergebnisses vor Steuern (EBT) beträgt, dann muss die D-GmbH ein EBT in Höhe von mindestens EUR 10.000.000 erzielen. Denn EUR 300.000 sind 3/100 (3 %) von EUR 10.000.000. Wenn zudem

- 10 Druckmaschinen pro Jahr abgesetzt werden,
- P der Verkaufspreis pro Druckmaschine ist,
- die D-GmbH Fixkosten (FK) in Höhe von EUR 29.250.000 pro Jahr und
- variable Kosten (vK) pro Druckmaschine in Höhe von EUR 500.000 hat,

dann gilt für das Ergebnis vor Steuern (EBT) der D-GmbH folgende Gleichung:

$$EBT = 10 \times P - 10 \times vK - FK$$

oder

$$EBT = 10 \times P - EUR\ 34.250.000.$$

Da das angestrebte EBT mindestens EUR 10.000.000 beträgt, gilt folglich:

$$EUR\ 10.000.000 \leq 10 \times P - EUR\ 34.250.000.$$

Dies bedeutet:

$$EUR\ 44.250.000 \leq 10\ P$$

Dies führt zu folgendem Ergebnis:

$$P \geq EUR\ 4.425.000$$

Wenn die D-GmbH 10 Druckmaschinen produziert und verkauft, dann muss der durchschnittliche Verkaufspreis pro Druckmaschine mindestens EUR 4.425.000 betragen, damit die D-GmbH ein Ergebnis vor Steuern in Höhe von mindestens EUR 10.000.000 erzielt. Die 3 Geschäftsführer der D-GmbH haben dann gegebenenfalls Anspruch auf eine Bonuszahlung in Höhe von jeweils mindestens EUR 300.000.

1.4.3.3 Einschlägige Steuerarten

1.4.3.3.1 Grundsätzliches vorab: Die 4 wichtigsten Unternehmenssteuern

Einkommen-, Körperschaft-, Gewerbe- und Umsatzsteuer sind die 4 wichtigsten Unternehmenssteuern in Deutschland. Allerdings schuldet nicht jedes gewerbliche Unternehmen jede dieser Steuern, sondern die Einkommen- und die Körperschaftsteuer fallen rechtsformabhängig an. Der Reihe nach im Einzelnen:

1.4.3.3.2 Einkommensteuer
Das EStG beginnt mit den wegweisenden Worten *„Natürliche Personen"*. Damit sind Menschen gemeint. Nur Menschen können in Deutschland einkommensteuerpflichtig sein, und zwar dann, wenn sie

- ihren Wohnsitz
- ihren gewöhnlichen Aufenthalt und/oder
- eine Einkunftsquelle

in Deutschland haben. Die D-GmbH ist jedoch kein Mensch, sondern eine sogenannte „Körperschaft" und deshalb nicht einkommensteuerpflichtig.

1.4.3.3.3 Körperschaftsteuer
Als Körperschaft mit Sitz in Nürnberg ist die D-GmbH unbeschränkt körperschaftsteuerpflichtig. Denn gemäß § 1 Abs. 1 Nr. 1 KStG ist eine GmbH dann in Deutschland unbeschränkt körperschaftsteuerpflichtig, wenn sie *„ihre Geschäftsleitung oder ihren Sitz im Inland"*[12] hat. Zudem bei dieser Gelegenheit bereits folgende grundlegenden Informationen und Begriffe vorab:

Die Körperschaftsteuer eine Jahressteuer. Dies folgt aus § 7 Abs. 3 Satz 1 KStG. Bemessungsgrundlage der Körperschaftsteuer ist das „zu versteuernde Einkommen". Maßgeblich für dessen Umfang ist im Wesentlichen der von der D-GmbH im abgelaufenen Jahr erzielte Gewinn.[13]

Gemäß § 23 Abs. 1 KStG beträgt die Körperschaftsteuer 15 % des zu versteuernden Einkommens, welches die D-GmbH im abgelaufenen Jahr erzielt hat.

1.4.3.3.4 Gewerbesteuer
Als GmbH ist die D-GmbH darüber hinaus gemäß § 2 Abs. 2 Satz 1 GewStG gewerbesteuerpflichtig. Und auch dazu noch folgende erste grundlegende Informationen vorab:

Auch die Gewerbesteuer ist eine Jahressteuer.[14] Deren Bemessungsgrundlage ist der von der D-GmbH im abgelaufenen Jahr erwirtschaftete „Gewerbeertrag"[15]. Die

---

[12] Wortlaut von § 1 Abs. 1 KStG.

[13] Einzelheiten, insbesondere auch zum Begriff „Gewinn" und dessen Ermittlung und Maßgeblichkeit für die Körperschaftbesteuerung werden anhand der Übungsaufgabe 11 dargestellt.

[14] Dies folgt aus § 14 Satz 2 i.V.m. § 18 GewStG.

[15] Dazu § 6 GewStG.

Höhe dieses Gewerbeertrags hängt ebenfalls maßgeblich von dem Gewinn ab, den die D-GmbH in einem Jahr erzielt.[16] Die Gewerbesteuerbelastung tritt neben die Körperschaftsteuerbelastung. Das bedeutet, dass die D-GmbH auf das erzielte Vorsteuer-Ergebnis sowohl Körperschaft- als auch Gewerbesteuer schuldet. Anders als die Körperschaftsteuer kennt die Gewerbesteuer jedoch keinen bundesweit einheitlichen Steuersatz. Vielmehr hängt die Höhe der konkret geschuldeten Gewerbesteuer vom sogenannten „Hebesatz" ab, den jede Gemeinde individuell festlegen kann. Die jährliche Gewerbesteuerschuld der D-GmbH hängt folglich von dem in Nürnberg – dort ist die D-GmbH nach dem Fallszenario ansässig – geltenden Hebesatz ab.[17]

1.4.3.3.5 Umsatzsteuer

Aus den Bestimmungen des Umsatzsteuergesetzes (UStG) folgt: Führt ein Unternehmer Lieferungen oder sonstige Leistungen in Deutschland gegen Entgelt aus, schuldet der Unternehmer dafür zumindest grundsätzlich Umsatzsteuer. Die D-GmbH schuldet für das im Fallszenario betrachtete Jahr folglich auch Umsatzsteuer, da die D-GmbH jedenfalls auch Druckmaschinen an Kunden in Deutschland gegen Entgelt geliefert hat. Zudem an dieser Stelle folgende erste grundlegende Informationen zur Umsatzsteuer vorab:

Umsatzsteuer fällt unabhängig davon an, i) in welcher Rechtsform ein Unternehmen betrieben wird, ii) ob es sich um ein gewerbliches oder nicht-gewerbliches Unternehmen handelt und iii) ob dieses Unternehmen Gewinn erzielt. Auch Freiberufler fallen als – nicht gewerbliche – Unternehmer in den Anwendungsbereich des UStG. Und auch Unternehmen, die einen Verlust erwirtschaften, müssen Umsatzsteuer entrichten, wenn sie in Deutschland Umsätze ausführen. „Umsatz" darf hierbei nicht mit „Umsatzerlös" verwechselt werden.

„Umsätze" sind in erster Linie die Lieferungen und sonstigen Leistungen, die ein Unternehmen an Kunden erbringt. „Umsatzerlös" ist dagegen dasjenige, was das Unternehmen als Gegenleistung für die Ausführung des Umsatzes erhält (erlöst).[18] Die Umsatzsteuer knüpft an das Erbringen von Umsätzen an, nicht an das Erzielen von Umsatzerlösen. Mit anderen Worten: Umsatzsteuer schuldet ein Unternehmen deshalb, weil es etwas liefert oder leistet und nicht deshalb, weil es dafür eine Gegenleistung erhält.

Liefert ein Unternehmen z. B. Waren an einen Kunden auf Rechnung, erhält das Unternehmen als Gegenleistung für die Ware zunächst kein Geld, sondern lediglich eine Kaufpreisforderung gegen den Kunden. Kann der Kunde dieser Kaufpreisforderung

---

[16] Dazu § 7 Satz 1 GewStG.
[17] Dazu §§ 4 und 16 GewStG.
[18] Vgl. dazu die in § 277 Abs. 1 HGB enthaltene Legaldefinition des Begriffs „Umsatzerlöse" sowie den in § 10 Abs. 1 UStG definierten Entgelt-Begriff.

keine Einwendungen entgegenhalten, weil die Lieferung ordnungsgemäß erbracht worden ist, hat das liefernde Unternehmen anstelle der gelieferten Ware eine durchsetzbare Kaufpreisforderung in seinem Vermögen. Das Erzielen eines Umsatzerlöses setzt nicht das Einnehmen von Geld voraus, sondern der Erwerb einer durchsetzbaren Zahlungsforderung gegen einen Kunden reicht bereits aus.[19]

1.4.3.4 Solvenz der D-GmbH

1.4.3.4.1 Bedeutung

Ob die D-GmbH solvent oder insolvent ist, hat nicht nur abstrakte volkswirtschaftliche Bedeutung, sondern ist auch für sämtliche (potenziellen) Gläubiger der D-GmbH und deren Geschäftsführer von Interesse. Gläubiger der D-GmbH, z. B. Materiallieferanten, müssten den Ausfall ihrer Forderungen befürchten, wenn die D-GmbH insolvent wäre. Eine Insolvenz der D-GmbH kann folglich auch deren Lieferanten und andere Gläubiger in finanzielle Nöte bringen und Insolvenzkaskaden – sogenannte „Dominoeffekte"[20]– auslösen.

Um Lieferanten und andere potenzielle Gläubiger vor Zahlungsausfällen zu schützen, soll daher verhindert werden, dass insolvente Unternehmen weiter am Markt agieren und Verbindlichkeiten eingehen, ohne dass das damit verbundene Ausfallrisiko erkennbar ist. Die Insolvenzordnung zwingt die Geschäftsführer einer insolventen GmbH daher, einen Insolvenzantrag beim zuständigen Amtsgericht zu stellen, wenn und sobald die GmbH insolvent wird.[21] Die Geschäftsführer der D-GmbH müssen daher wissen, unter welchen Voraussetzungen die D-GmbH insolvent ist.

1.4.3.4.2 Insolvenztatbestände

Im deutschen Recht gibt es zwei Tatbestände, bei deren Verwirklichung eine GmbH wie die D-GmbH insolvent ist. Die Insolvenzordnung nennt zum einen die „Zahlungsunfähigkeit" und zum anderen die „Überschuldung". Die D-GmbH wäre insolvent, wenn sie einen dieser beiden Insolvenztatbestände verwirklicht.

---

[19] Dazu z. B. *Küting*, DStR 2012, S. 2348 ff. (2449).

[20] Die Begriffe „Insolvenzkaskade" oder „Dominoeffekt" bezeichnen Situationen, in denen die Insolvenz eines Unternehmens die Insolvenz weiterer Unternehmen nach sich zieht, weil die Insolvenz des einen Unternehmen die weiteren Unternehmen ebenfalls – unmittelbar oder mittelbar – in finanzielle Schwierigkeiten gebracht hat.

[21] Wird eine GmbH insolvent, müssen deren Geschäftsführer gemäß § 15a Abs. 1 Sätze 1 und 2 InsO *„ohne schuldhaftes Zögern einen Eröffnungsantrag … stellen. Der Antrag ist spätestens 3 Wochen nach Eintritt der Zahlungsunfähigkeit und 6 Wochen nach Eintritt der Überschuldung zu stellen."*

1.4.3.4.2.1 Zahlungsunfähigkeit

Zahlungsunfähig ist die D-GmbH, wenn sie „*nicht in der Lage ist, die fälligen Zahlungspflichten zu erfüllen.*"[22] Das ist grundsätzlich so einfach, wie es klingt: Wer eine fällige und vom Gläubiger eingeforderte Zahlungspflicht nicht erfüllen kann, ist „pleite".

Ausnahmen von diesem Grundsatz werden in der Praxis lediglich für den Fall anerkannt, dass „*eine innerhalb von 3 Wochen nicht zu beseitigende Liquiditätslücke des Schuldners weniger als 10 % seiner fälligen Gesamtverbindlichkeiten*"[23] beträgt. Dieser Ausnahmefall wird als „*bloße Zahlungsstockung*"[24] bezeichnet. Auch diese Ausnahme – also die Annahme einer bloßen Zahlungsstockung – greift jedoch dann nicht, wenn bereits absehbar ist, „*dass die Lücke demnächst mehr als 10 % erreichen wird.*"[25]

Ob Zahlungsunfähigkeit droht oder bereits eingetreten ist, erfordert einen Überblick über den Liquiditätsstatus und – im Hinblick auf drohende Risiken – eine Liquiditätsplanung der D-GmbH. Der Liquiditätsstatus beinhaltet eine Gegenüberstellung der verfügbaren liquiden Mittel (Geld) der D-GmbH und der fälligen Verbindlichkeiten. Eine Liquiditätsplanung muss abbilden, wann und in welcher Höhe während des Planungshorizonts Verbindlichkeiten fällig werden und welche Liquidität (Geld) zu den Fälligkeitszeitpunkten jeweils verfügbar ist. Die zur D-GmbH mitgeteilten Informationen geben jedoch keinen Aufschluss über deren Liquiditätsstatus und erlauben folglich keine Aussage darüber, ob die D-GmbH zahlungsunfähig ist oder auch nur die Gefahr besteht, dass es zur Zahlungsunfähigkeit kommt.

1.4.3.4.2.2 Überschuldung

Während für die Feststellung von Zahlungsunfähigkeit eine rein liquiditätsbezogene Betrachtung ausreicht, erfordert die Feststellung einer Überschuldung eine zweistufige Prüfung. Denn gemäß § 19 Abs. 2 InsO läge eine Überschuldung der D-GmbH nur dann vor, wenn deren Vermögen „*die bestehenden Verbindlichkeiten nicht mehr deckt*"[26] und die Fortführung des Unternehmens in den nächsten 12 Monaten nicht „*überwiegend wahrscheinlich*"[27] ist. „Überschuldung" erfordert daher stets auch eine sogenannte „negative Fortbestehensprognose".[28] Auch im Hinblick auf eine etwaige Überschuldung der D-GmbH gilt daher:

Weder kann den mitgeteilten Informationen entnommen werden, ob das Vermögen der D-GmbH deren Verbindlichkeiten deckt, noch kann aus den mitgeteilten Informationen eine Aussage über die voraussichtliche zukünftige Entwicklung der D-GmbH abgeleitet werden.

---

[22] Wortlaut von § 17 Abs. 2 Satz 1 InsO.
[23] BGH, Urteil vom 24.05.2005 (IX ZR 128/04), NJW 2005, S. 3062 ff., 2. Leitsatz.
[24] BGH, Urteil vom 24.05.2005 (IX ZR 128/04), NJW 2005, S. 3062 ff., 1. Leitsatz.
[25] BGH, Urteil vom 24.05.2005 (IX ZR 128/04), NJW 2005, S. 3062 ff., 2. Leitsatz.
[26] Wortlaut von § 19 Abs. 2 Satz 1 insO.
[27] Wortlaut von § 19 Abs. 2 Satz 1 insO.
[28] Dazu z. B. *Fischer*, NZI 2016, S. 665 ff.

Die zur D-GmbH mitgeteilten Informationen sind insoweit allenfalls rudimentär und lassen keine Rückschlüsse auf deren Solvenz zu. Dabei ist die Solvenz eines Unternehmens wie der D-GmbH namentlich für deren (potenzielle) Gläubiger und – u. a. wegen der aus § 15a Abs. 1 InsO folgenden Insolvenzantragspflicht – für deren Unternehmensleitung von erheblichem Interesse. Das macht die Frage, welche grundsätzlichen Rechnungslegungspflichten die D-GmbH hat, umso relevanter. Denn der Rechnungslegung sollten diese Informationen entnommen werden können.

1.4.3.5 Grundsätzliche Rechnungslegungspflichten der D-GmbH

1.4.3.5.1 „Kaufmännische" Rechnungslegung

Die wohl grundlegendste Rechnungslegung wird der D-GmbH vom Handelsgesetzbuch (HGB) vorgeschrieben. Als sogenannte „Handelsgesellschaft" fällt (auch) die D-GmbH in den Anwendungsbereich des HGB.[29] In den §§ 238 ff. schreibt das HGB der D-GmbH u. a. Folgendes vor:

1.4.3.5.1.1 Buchführung
Gemäß § 238 Abs. 1 HGB muss die D-GmbH „Bücher ... führen" und in diesen ihre Geschäfte und die Lage ihres Vermögens „nach den Grundsätzen ordnungsmäßiger Buchführung"[30] darstellen. „Die Buchführung muss so beschaffen sein, dass sie einem Sachverständigen Dritten innerhalb angemessener Zeit einen Überblick über die Geschäftsvorfälle und über die Lage des Unternehmens vermitteln kann. Die Geschäftsvorfälle müssen sich in ihrer Entstehung und Entwicklung verfolgen lassen"[31]

1.4.3.5.1.2 Jahresabschluss
Sämtliche für ein Geschäftsjahr getätigten Einzelbuchungen müssen nach Ablauf des Geschäftsjahrs in einem Jahresabschluss zusammengefasst (konsolidiert) werden. Die beiden wesentlichen Bestandteile jedes Jahresabschlusses sind die Bilanz und die Gewinn- und Verlustrechnung (GuV).[32]

Die Jahresabschlüsse selbstständiger Kaufleute und bestimmter Personengesellschaften[33] erschöpfen sich in einer Bilanz und einer GuV. Die Jahresabschlüsse

---

[29] Gemäß § 6 Abs. 1 HGB findet das HGB „auch auf die Handelsgesellschaften Anwendung." Gemäß § 13 Abs. 3 GmbHG gilt eine GmbH stets „als Handelsgesellschaft im Sinne des Handelsgesetzbuchs."
[30] Wortlaut von § 238 Abs. 1 HGB.
[31] Wortlaut von § 238 Abs. 1 Sätze 2 und 3 HGB.
[32] Dazu § 242 Abs. 3 HGB.
[33] Dies gilt für offene Handelsgesellschaften (OHG) und Kommanditgesellschaften (KG), für deren Verbindlichkeiten zumindest eine natürliche Person (=Mensch) unmittelbar oder mittelbar auf Grundlage von § 128 HGB unbeschränkt persönlich haftet.

bestimmter anderer Personengesellschaften[34] und von Kapitalgesellschaften[35] wie der D-GmbH müssen zusätzlich um einen sogenannten „Anhang" erweitert und um einen Lagebericht ergänzt werden.[36]

Im Anhang müssen einzelne Posten der Bilanz und der GuV weitergehend erläutert werden.[37] Im Lagebericht sind der Geschäftsverlauf und die wesentlichen Chancen und Risiken für die weitere Entwicklung des Unternehmens darzustellen.[38]

1.4.3.5.2 Steuerrechtliche Aufzeichnungs- und Deklarationspflichten

Das HGB ist nicht das einzige Gesetz, das Unternehmen Aufzeichnungen und deren (konsolidierte) Offenlegung oder Überlassung an andere vorschreibt. Auch das Anfertigen und Einreichen von Steuererklärungen bei der Finanzverwaltung ist eine Art der Rechnungslegung.

Die Abgabenordnung (AO) schreibt Unternehmen wie der D-GmbH ebenfalls das Führen von Büchern vor. In § 140 AO wird zunächst auf die bereits nach anderen Gesetzen – namentlich nach dem HGB – bestehende Buchführungspflichten Bezug genommen: *„Wer nach anderen Gesetzen als den Steuergesetzen Bücher und Aufzeichnungen zu Führen hat, die für die Besteuerung von Bedeutung sind, hat die Verpflichtungen, die ihm nach den anderen Gesetzen obliegen, auch für die Besteuerung zu erfüllen."*[39]

Bei gewerblichen Unternehmen ist die nach dem HGB vorgeschriebene Rechnungslegung folglich zumindest grundsätzlich auch für deren Besteuerung maßgeblich. Allerdings nimmt die Abgabenordnung nicht nur – wie § 238 HGB– auf abstrakte *„Grundsätze ordnungsmäßiger Buchführung"*[40] Bezug. In den §§ 143 ff. AO wird z. B. konkret die Aufzeichnung des Warenein- und -ausgangs sowie das tägliche Festhalten der Kasseneinnahmen und -ausgaben vorgeschrieben.

Die für Zwecke der Besteuerung gefertigten Aufzeichnungen sind als Grundlage der Steuererklärungen zu verwenden. Diese muss die D-GmbH – so schreibt es § 149 Abs. 1 Satz 1 AO vor – nach Maßgabe der jeweils einschlägigen Einzelsteuergesetze abgeben.

---

[34] Dies gilt für Personengesellschaften, für deren Verbindlichkeiten keine natürliche Person (kein Mensch) mittelbar oder unmittelbar auf Grundlage von § 128 HGB unbeschränkt persönlich haftet, also z. B. für eine GmbH & Co. KG, deren einzige Komplementärin (=persönlich haftende Gesellschafterin) eine GmbH ist.

[35] Zu den Kapitalgesellschaften gehören Aktiengesellschaften (AG), Kommanditgesellschaften auf Aktien (KGaA), Gesellschaften mit beschränkter Haftung (GmbH), auch in der „Unterform" als Unternehmergesellschaft (haftungsbeschränkt) sowie Europäische Gesellschaften (SE), vgl. dazu z. B. § 1 Abs. 1 Nr. 1 KStG.

[36] Dazu § 264 Abs. 1 Satz 1 HGB.

[37] Dazu §§ 284 und 285 HGB.

[38] Dazu § 289 HGB.

[39] Wortlaut von § 140 AO.

[40] Dazu die ausdrückliche Bezugnahme in § 238 Abs. 1 HGB.

Bereits die Beantwortung der vorangegangenen Frage führte zu dem Ergebnis, dass die D-GmbH körperschaft-, gewerbe- und umsatzsteuerpflichtig ist. Die für die Deklarationspflichten der D-GmbH maßgeblichen Einzelsteuergesetze sind daher das Körperschaft-, das Gewerbe- und das Umsatzsteuergesetz.

1.4.3.5.2.1 Körperschaftsteuererklärung

Infolge der Körperschaftsteuerpflicht der D-GmbH ist diese verpflichtet, jährlich eine Körperschaftsteuererklärung abzugeben. Diese Steuererklärungspflicht folgt aus § 31 Abs. 1 KStG. Dort wird – wie auch an anderen Stellen im KStG – auf das Einkommensteuergesetz (EStG) Bezug genommen, weil die Körperschaftsteuer letztlich nichts anderes ist als eine Einkommensteuer für Körperschaften.[41]

1.4.3.5.2.2 Gewerbesteuererklärung

Das Gewerbesteuergesetz ordnet in § 14a GewStG eine Steuererklärungspflicht an. Solange die D-GmbH nur einen Betrieb in Nürnberg hat, muss sie nach § 14a GewStG nur „*eine Erklärung zur Festsetzung des Steuermessbetrags*" und keine sogenannte „Zerlegungserklärung" abgeben.

Gewerbliche Unternehmen mit mehreren Betrieben müssen jedoch für jeden Betrieb eine gesonderte Erklärung zur Festsetzung des Steuermessbetrags im Sinn von § 14a GewStG und eine sogenannte Zerlegungserklärung abgeben, wenn die Betriebsstätten in verschiedenen Gemeinden liegen.

1.4.3.5.2.3 Umsatzsteuer

Umsatzsteuererklärung

Da die D-GmbH im abgelaufenen Jahr steuerpflichtige Umsätze in Form der Lieferung von Druckmaschinen an Kunden in Deutschland erbracht hat, muss die D-GmbH für das abgelaufene Kalenderjahr auch eine Umsatzsteuererklärung abgeben.[42] Anders als bei der Körperschaft- und Gewerbesteuer ist bei der Umsatzsteuer eine Erklärung pro Jahr jedoch nicht ausreichend.

Umsatzsteuer-Voranmeldungen

Zusätzlich zur jährlich abzugebenden Umsatzsteuererklärung müssen Unternehmen unterjährig sogenannte „Umsatzsteuer-Voranmeldungen" abgeben. Umsatzsteuerrechtlich besteht jedes Jahr für jedes Unternehmen aus sogenannten „Voranmeldungszeiträumen". Ein Voranmeldungszeitraum umfasst abhängig von der Umsatzsteuerschuld

---

[41] Um Missverständnisse zu vermeiden: Körperschaften sind nie einkommensteuerpflichtig. Die Körperschaftsteuer hat für Körperschaften lediglich eine vergleichbare Funktion wie die Einkommensteuer für Menschen, wenn auch im Einzelnen mit einigen – auch wesentlichen – Unterschieden, z. B. beim Steuersatz.

[42] Dies folgt aus § 18 Abs. 3 Satz 1 UStG.

eines Unternehmens im jeweils vorangegangenen Kalenderjahr[43] entweder ein Kalenderquartal oder einen Kalendermonat.

Die Umsatzsteuer-Voranmeldungen müssen spätestens am 10. Tag nach Ablauf der jeweiligen Voranmeldungszeiträume bei der Finanzverwaltung eingereicht werden. In einer Umsatzsteuer-Voranmeldung muss (selbst) berechnet und erklärt werden, in welchem Umfang das Unternehmen für den betreffenden Voranmeldungszeitraum Umsatzsteuer schuldet.[44]

Zusammenfassende Meldungen

Für Unternehmen, die bestimmte Umsatz-Arten ausführen, z. B. innergemeinschaftliche Warenlieferungen, schreibt § 18a Abs. 1 UStG ergänzend die Abgabe sogenannter „zusammenfassender Meldungen" an das Bundeszentralamt für Steuern (BZSt) vor. „Innergemeinschaftliche Warenlieferungen" sind im Wesentlichen Lieferungen an andere Unternehmen (B2B-Geschäft) in anderen Mitgliedstaaten der EU.[45] Da die D-GmbH Druckmaschinen auch an Kunden im Ausland liefert, wäre die D-GmbH zur Ausgabe zusammenfassender Meldungen verpflichtet, wenn dies auch Lieferungen in andere Mitgliedstaaten der EU beinhaltet.

Besondere umsatzsteuerrechtliche Aufzeichnungspflichten

Das UStG sieht nicht nur mehrere Steuererklärungen (Steueranmeldungen) pro Jahr vor, sondern auch in § 22 UStG auch noch zusätzliche Aufzeichnungspflichten. Diese gehen zumindest teilweise über die Vorgaben der §§ 238 ff. HGB, 140 ff. AO hinaus.

1.4.3.5.2.4 Ergänzend (an dieser Stelle jedoch nicht gefragt):

Lediglich ergänzend und zur Vermeidung etwaiger Missverständnisse sei darauf hingewiesen: Die Rechnungslegungspflichten eines Unternehmens müssen sich – abhängig von dessen Struktur und Geschäftstätigkeit – nicht in den vorstehend aufgezeigten Aufzeichnungs- und Deklarationspflichten erschöpfen. Sie können weit über diese hinausgehen. Z. B. beinhalten auch die Außenwirtschaftsverordnung[46] und andere Steuergesetze weitere Rechnungslegungspflichten, die auch für die D-GmbH relevant werden können.

---

[43] Dazu § 18 Abs. 2 UStG: „*Beträgt die Steuer für das vorangegangene Kalenderjahr mehr als 7.500 €, ist der Kalendermonat Voranmeldungszeitraum.*"

[44] Vgl. dazu § 18 Abs. 1 UStG.

[45] Vgl. dazu im Einzelnen die Definition in § 6a UStG.

[46] Dazu z. B. § 22 AWV.

Literatur

Fischer, Gero. 2016. Fortbestehensprognose und Sanierung NZI 2016, 665 ff., zit.: *Fischer,* NZI 2016, S.

Hensel, Christian und Dörstling, Daniel. 2021. Grenzen der Offenlegung im Rahmen der Due-Diligence, DStR 2021, 170 ff., zit.: *Hensel, Christian und Dörstling, Daniel*, DStR 2021, S.

Küting, Karlheinz. 2012. Umsatzrealisierung dem Grunde nach – Ein Vergleich zwischen HGB, IFRS und dem Standardentwurf ED/2011/6, DStR 2012, 2348 ff, zit.: *Küting*, DStR 2012, S.

Wesentliche Grundlagen kaufmännischer Rechnungslegung (I): Buchführung und Jahresabschluss

2.1 Rechnungslegung nach Maßgabe des HGB

Im Zentrum der Rechnungslegungspflichten gewerblicher Unternehmen stehen zunächst die §§ 238 ff. HGB und damit die „kaufmännische" Rechnungslegung. Danach sind gewerbliche Unternehmen zur (permanenten) Buchführung und (periodischen) Konsolidierung der Buchungen in Form von Jahresabschlüssen am Ende jedes Geschäftsjahrs verpflichtet. Jeder Jahresabschluss muss eine Bilanz und eine Gewinn- und Verlustrechnung beinhalten.

2.1.1 Anwendungsbereich des HGB

Der Anwendungsbereich des HGB erfasst selbstständige Kaufleute (Einzelkaufleute) und sogenannte „Handelsgesellschaften".[1] Selbstständige Kaufleute sind alle selbstständigen Gewerbetreibenden. „Gewerblich" sind grundsätzlich alle am Markt tätigen Unternehmer, die weder Freiberufler noch Land- und/oder Forstwirte sind und deren unternehmerische Tätigkeit sich auch nicht lediglich in der Verwaltung eigenen Vermögens erschöpft.

Zu den gemäß § 6 HGB ebenfalls vom Anwendungsbereich des HGB erfassten Handelsgesellschaften zählen zunächst die beiden im HGB geregelten Personen-

---

[1] Gemäß § 6 Abs. 1 HGB finden *„die im betreff der Kaufleute gegebenen Vorschriften ... auch auf die Handelsgesellschaften Anwendung."*

handelsgesellschaftstypen. Das sind die in §§ 105 ff. HGB geregelte offene Handelsgesellschaft (OHG) und die in §§ 161 ff. HGB geregelte Kommanditgesellschaft (KG).

Handelsgesellschaften i.S.v. § 6 HGB sind zudem Aktiengesellschaften[2] (AG), Kommanditgesellschaften auf Aktien[3] (KGaA), Europäische Gesellschaften (SE) mit Sitz in Deutschland[4] und Gesellschaften mit beschränkter Haftung[5] (GmbH) einschließlich Unternehmergesellschaften (haftungsbeschränkt).[6] Das HGB gilt darüber hinaus für Genossenschaften[7] und Europäische Genossenschaften (SCE) mit Sitz in Deutschland[8]. Zumindest wesentliche Teile des HGB gelten auch für Versicherungsvereine auf Gegenseitigkeit[9] (VVaG). VVaG werden im Rahmen dieses Werks jedoch nicht in den Blick genommen, SCE und Genossenschaften allenfalls am Rand.

In Deutschland müssen Handelsgesellschaften und Einzelkaufleute bei Überschreiten der in § 241a HGB genannten Schwellenwerte für ihre Unternehmen eine „kaufmännische" Buchführung vorhalten. Damit ist eine Buchführung unter Beachtung der nachstehend dargestellten Grundsätze gemeint.

2.1.2 Kaufmännische Buchführung

2.1.2.1 Form

Grundlage der kaufmännischen Rechnungslegung ist die in § 238 Abs. 1 HGB enthaltene Vorgabe, *„Bücher zu führen"*[10]. Damit sind keine physischen, gebundenen Bücher gemeint. Der Begriff *„Bücher"* ist in erster Linie funktional auszulegen: Es geht darum, Geschäftsvorfälle geordnet, nachvollziehbar und dauerhaft zu erfassen. Die Buchführung gewerblicher Unternehmen kann deshalb auch – wie § 239 Abs. 4 Satz 1 HGB klarstellt – EDV-gestützt auf anderen geeigneten Datenträgern als Papier erfolgen.[11]

---

[2] Dies folgt aus § 3 Abs. 1 AktG.

[3] Dies folgt aus § 278 Abs. 3 AktG i.V.m. § 3 Abs. 1 AktG.

[4] Dies folgt aus Art. 9 Abs. 1 c) ii) SE-VO i.V.m. § 3 Abs. 1 AktG; für die Rechnungslegung von SE ordnet zudem Art. 61 SE-VO die grundsätzliche Geltung der auch für AG geltenden gesetzlichen Vorschriften an.

[5] Dies folgt aus § 13 Abs. 3 GmbHG.

[6] UG (haftungsbeschränkt) sind GmbH, für die einige Besonderheiten gelten (vgl. dazu insbesondere § 5a GmbHG).

[7] Dies folgt aus § 17.2 GenG.

[8] Dies folgt aus Art. 8 Abs. 1 c) ii) SCE-VO i.V.m. § 17 Abs. 2 GenG; für die Rechnungslegung von SCE gelten zudem vorrangig Art. 68 ff. SCE-VO.

[9] Dazu insbesondere § 172 VAG.

[10] Wortlaut von § 238 Abs. 1 HGB.

[11] Zur Zulässigkeit EDV-gestützter Buchführung z. B. *Störk/Lewe* in Beck'scher Bilanz-Kommentar, 12. Auflage 2020, § 238 HGB, Rdnr. 124 ff.

2.1.2.2 Erfassen aller Geschäftsvorfälle

Zweck der Buchführung ist die Erfassung der unternehmensrelevanten Geschäftsvorfälle. „Geschäftsvorfall" ist jedes Ereignis, das Auswirkungen auf die Vermögens- Finanz- und/oder Ertragslage des Unternehmens hat.[12] Zu buchen sind zumindest grundsätzlich[13] alle Ereignisse, die Auswirkungen auf den Vermögensbestand oder die Verbindlichkeiten des Unternehmens haben. Geschäftsvorfälle sind folglich zunächst

- jeder Zugang eines Vermögensgegenstands,
- jeder Abgang eines Vermögensgegenstands,
- jede Veränderung des Werts eines Vermögensgegenstands, insbesondere Wertverluste,
- jede Begründung einer Verbindlichkeit,
- jede Erhöhung einer Verbindlichkeit und
- jede Verringerung einer Verbindlichkeit einschließlich Erlöschen.

Zudem können die Entstehung, Veränderung und der Wegfall bestimmter Risiken Geschäftsvorfälle sein, die in der Rechnungslegung abgebildet werden müssen. Der Eingang in die Rechnungslegung erfolgt durch Buchung auf dafür angelegten Konten.

2.1.2.3 Buchungen

Ein Geschäftsvorfall wird gebucht, indem der Bestand auf dem sogenannten „Bestandskonto" verändert wird, das von dem Geschäftsvorfall betroffen ist. Ein Geschäftsvorfall kann auch mehrere Bestandskonten betreffen.

2.1.2.3.1 Bestandskonten

Bestandskonten sind Konten, auf denen Vermögensgegenstände und Kapital, insbesondere auch Fremdkapital (Schulden, Verbindlichkeiten[14]) des Unternehmens erfasst werden. Die Vermögensgegenstände werden auf „aktiven" Bestandskonten erfasst. Kapitalbestände, insbesondere auch Fremdkapitalbestände (Schulden, Verbindlichkeiten), werden auf „passiven" Bestandskonten erfasst.

Bestandskonten	
Aktive Bestandskonten:	Passive Bestandskonten:
Vermögen (Aktiva)	Kapital, insbesondere auch Fremdkapital (Passiva)

---

[12] Vgl. dazu z. B. *Störk/Lewe* in Beck'scher Bilanz-Kommentar, 12. Auflage 2020, § 238 HGB, Rdnr. 95.

[13] Von diesem Grundsatz gibt es Ausnahmen. Die wichtigsten Ausnahmen werden im weiteren Verlauf dieses Werks dargestellt.

[14] Die Begriffe „Schulden" und „Verbindlichkeiten" werden im Rahmen dieses Werks synonym genutzt.

Beispiel

Ein Unternehmen hat ein Bankguthaben in Höhe von EUR 100.000. Dieses Bankguthaben ist – als Auszahlungsforderung gegen die Bank – ein Vermögensgegenstand des Unternehmens. In der Buchführung des Unternehmens wird dafür das aktive Bestandskonto „Bankguthaben"[15] mit einem Stand von EUR 100.000 gebildet. Hat das Unternehmen zudem eine Verbindlichkeit gegenüber einem Lieferanten in Höhe von EUR 10.000, wird diese Verbindlichkeit (Fremdkapital) in der Buchhaltung des Unternehmens auf einem passiven Bestandskonto erfasst. Wenn das Unternehmen nur diese eine Verbindlichkeit gegenüber Lieferanten hat, beträgt der Stand auf dem passiven Bestandskonto „Verbindlichkeiten gegenüber Lieferanten"[16] EUR 10.000.[17]

Überweist das Unternehmen zur Tilgung der Verbindlichkeit gegenüber dem Lieferanten EUR 10.000 vom eigenen Bankkonto auf ein Bankkonto des Lieferanten, sinkt der Bestand auf dem aktiven Bestandskonto „Bankguthaben" des Unternehmens um EUR 10.000. Gleichzeitig verändert der Geschäftsvorfall „Zahlung von EUR 10.000 an Lieferanten" auch den Bestand auf dem passiven Bestandskonto „Verbindlichkeiten gegenüber Lieferanten". Denn mit Überweisung des Geldbetrags an den Lieferanten erlischt gleichzeitig die gegenüber dem Lieferanten bestehende Verbindlichkeit.[18] Die Zahlung eines Geldbetrags zur Tilgung einer Verbindlichkeit ist folglich ein Geschäftsvorfall, der zwei Bestandskonten betrifft. Die Zahlung betrifft 1) das aktive Bestandskonto, auf dem der Geldbestand des Unternehmens abgebildet wird, und 2) das passive Bestandskonto, auf dem die Verbindlichkeit erfasst ist, die durch die Zahlung erlischt oder reduziert wird. ◄

Zur Erstellung eines Jahresabschlusses werden die Bestandskonten eines Unternehmens in einer Bilanz zusammengefasst. Alle aktiven Bestandskonten werden auf der (linken)

---

[15] Dieses in der Rechnungslegung des Unternehmens gebildete Konto ist nicht mit dem von der Bank für das Unternehmen geführten Bankkonto zu verwechseln, auch wenn der Stand auf beiden Konten derselbe ist.

[16] In einer nach § 266 HGB gegliederten Bilanz einer Kapitalgesellschaft würde dieses passive Bestandskonto in den in § 266 Abs. 3 C IV HGB vorgesehenen Posten *„Verbindlichkeiten aus Lieferungen und Leistungen"* eingehen.

[17] Wichtig für das Verständnis in diesem Zusammenhang ist: Der Stand auf dem passiven Bestandskonto „Verbindlichkeiten gegenüber Lieferanten" wäre EUR 10.000 und nicht „- (minus) EUR 10.000". Eine mit aktiven und passiven Bestandskonten funktionierende, sogenannte „doppelte" Buchführung kommt ohne negative Zahlen aus.

[18] Dazu § 362 BGB: Die Erfüllung einer Verbindlichkeit führt zu deren Erlöschen.

Aktivseite (Vermögen) der Bilanz konsolidiert. Alle passiven Bestandskonten werden auf der (rechten) Passivseite (Kapital) der Bilanz konsolidiert.

2.1.2.3.2 Erfolgskonten

Neben den Bestandskonten enthält eine kaufmännische Buchführung auch sogenannte „Erfolgskonten". Zur Kategorie der Erfolgskonten gehören zum einen die Ertrags- und zum anderen die Aufwandskonten. Zur Erstellung eines Jahresabschlusses eines Unternehmens werden dessen Ertrags- und Aufwandskonten in einer Gewinn- und Verlustrechnung (GuV) zusammengefasst.

Auf den Ertragskonten werden Zuwächse, auf den Aufwandskonten Minderungen des „Nettovermögens" des Unternehmens gebucht. Der Begriff „Unternehmens-Nettovermögen" kann an dieser Stelle als Differenz aus der Summe aller Vermögensgegenstände und der Summe aller Schulden des Unternehmens verstanden werden.

Erfolgskonten	
Aufwandskonten	Ertragskonten

Allerdings werden auf den Aufwands- und Ertragskonten nur solche Zuwächse oder Minderungen des Unternehmens-Nettovermögens gebucht, die auf der Marktteilnahme des Unternehmens beruhen. Aufwand und Ertrag resultieren aus der Geschäftstätigkeit des Unternehmens am Markt oder nicht steuerbaren Ereignissen, die damit zusammenhängen, z. B. Unfällen.

2.1.2.3.3 Ausschüttungen und Einlagen

Das Nettovermögen eines Unternehmens kann jedoch nicht nur durch dessen Tätigkeit am Markt Zuwächse erfahren oder gemindert werden. Es kann auch dadurch gemindert werden, dass Vermögen an die (wirtschaftlichen) Eigentümer des Unternehmens ausgeschüttet wird. Und das Unternehmens-Nettovermögen kann auch dadurch erhöht werden, dass Vermögensgegenstände von den (wirtschaftlichen) Eigentümern des Unternehmens in das Unternehmensvermögen eingelegt werden.

Minderungen des Nettovermögens eines Unternehmens, die auf Ausschüttungen an dessen (wirtschaftliche) Eigentümer beruhen, werden zwar ähnlich wie Aufwand gebucht, jedoch gesondert erfasst. Dies gilt für Entnahmen des Inhabers eines Unternehmens ebenso wie für Dividenden, die an die Gesellschafter einer Kapitalgesellschaft ausgezahlt werden. Umgekehrt werden auch Zuwächse des Unternehmens-Nettovermögens, die durch Einlagen der Inhaber oder Gesellschafter veranlasst sind, auf gesonderten Einlagekonten erfasst.

2.1.2.4 Doppelte Buchführung („Doppik")

Damit Fehler in der Rechnungslegung möglichst rasch, spätestens beim Aufstellen des Jahresabschlusses auffallen, werden Geschäftsvorfälle stets auf mindestens zwei Konten gebucht, also „doppelt". Jede (Doppel-)Buchung erfolgt in den Kategorien „Soll" und „Haben". Dies bedeutet:

Bei Buchung jedes Geschäftsvorfalls muss mindestens ein Konto, z. B. ein Bestands- oder Erfolgskonto, im „Soll" und mindestens ein anderes Konto im „Haben" gebucht werden. Für die Buchungen in den Kategorien Soll und Haben gilt:

- Bestände auf aktiven Bestandskonten wachsen im Soll und sinken im Haben.
- Bestände auf passiven Bestandskonten sinken im Soll und wachsen im Haben.
- Aufwand wird im Soll gebucht.
- Ertrag wird im Haben gebucht.
- Ausschüttungsbedingte Vermögensminderungen (Entnahmen, Dividenden) werden im Soll gebucht.
- Einlagebedingte Vermögenszuwächse werden im Haben gebucht.

Im **Soll** werden **gebucht:**	System doppelter Buchführung	Im **Haben** werden **gebucht:**
Zugänge auf aktiven Bestandskonten	**aktive Bestandskonten**	Abgänge von aktiven Bestandskonten
Abgänge von passiven Bestandskonten	**passive Bestandskonten**	Zugänge auf passiven Bestandskonten
Aufwand (Aufwendungen)	**Erfolgskonten**	Ertrag (Erträge)
Ausschüttungen (Entnahmen, Dividenden)	**Beziehungen zu den (wirtschaftlichen) Eigentümern des Unternehmens**	Einlagen

2.1.3 Jahresabschluss

Am Ende jedes Geschäftsjahrs müssen sämtliche Bestands- und Erfolgskonten im Rahmen eines Jahresabschlusses konsolidiert werden. Die beiden zentralen Bestandteile des Jahresabschlusses sind die Bilanz und die Gewinn- und Verlustrechnung (GuV).[19]

---

[19] Dazu § 242 Abs. 3 HGB: *„Die Bilanz und die Gewinn- und Verlustrechnung bilden den Jahresabschluss."*

2.1.3.1 Bilanz

2.1.3.1.1 Konsolidierung der Bestandskonten
Die Bilanz beinhaltet eine Gegenüberstellung des Vermögens und des Kapitals, insbesondere auch des Fremdkapitals, also der Schulden des Unternehmens am Ende eines Geschäftsjahrs.[20] In der Bilanz werden die Bestandskonten zusammengefasst. Eine Bilanz ist folglich eine zeitpunktbezogene Konsolidierung von Bestandskonten.

2.1.3.1.2 Ordnung des Vermögens nach „Flüssigkeit" (Liquidierbarkeit)
Eine der wesentlichen Grundideen hinter dem Konstrukt „Bilanz" ist die Gegenüberstellung der nach Liquidierbarkeit (Flüssigkeit) geordneten Vermögensgegenstände auf der einen und der nach Fälligkeit geordneten Verbindlichkeiten auf der anderen Seite. Dafür werden die Vermögensgegenstände auf der linken, sogenannten „Aktivseite" der Bilanz in absteigender Reihenfolge danach geordnet, wie schnell und einfach ein Vermögensgegenstand typischer Weise am Markt zu Geld gemacht werden kann. Deshalb werden Vermögensgegenstände, für die typischerweise kein liquider Markt besteht oder deren Veräußerung an die Beachtung strengerer Formvorschriften geknüpft sind, auf der Aktivseite oben aufgeführt. Auf der Aktivseite ganz unten erscheinen dagegen diejenigen Vermögensgegenstände, die bereits Liquidität sind. Dazu zählen insbesondere Guthaben auf Bankkonten und Kassenbestände, also Bargeld.

2.1.3.1.3 Bewertung
Alle aktivierten Vermögensgegenstände werden in Euro bewertet. Bei der Bewertung der Vermögensgegenstände ist insbesondere § 253 HGB zu beachten. In die Bewertung von Vermögensgegenständen anhand dieser Vorschrift wird im nächsten Kapitel eingeführt.

2.1.3.1.4 Bilanzsumme
Die Summe der Werte aller auf der Aktivseite der Bilanz aufgeführten Vermögensgegenstände ist die sogenannte „Bilanzsumme"[21]. Die Bilanzsumme ist u. a. die Bezugsgröße für die Berechnung der sogenannten „Eigenkapitalquote"[22]. Die Bilanzsumme ist zudem maßgeblich für die Zuordnung von Kapital- und bestimmten Personengesellschaften

---

[20] Vgl. dazu § 242 Abs. 1 Satz 1 HGB: *„Der Kaufmann hat zu Beginn seines Handelsgewerbes und für den Schluss eines jeden Geschäftsjahres einen das Verhältnis seines Vermögens und seiner Schulden darstellenden Abschluss (Eröffnungsbilanz, Bilanz) aufzustellen."*

[21] Der Begriff „Bilanzsumme" wird in § 267 Abs. 4a HGB definiert.

[22] Die Eigenkapitalquote ist der Quotient aus Eigenkapital und Bilanzsumme und dient als Indikator (einer von vielen) für die Bonität (Kreditwürdigkeit) eines Unternehmens. Je höher die Eigenkapitalquote eines Unternehmens ist, desto höher wird – zumindest tendenziell – dessen Kreditwürdigkeit eingeschätzt.

zu einer bestimmten Größenklasse.[23] Abhängig von der Größenklasse kommen einer Gesellschaft z. B. bestimmte Erleichterungen bei der Rechnungslegung zugute.[24]

2.1.3.1.5 Ordnung der Verbindlichkeiten nach Fälligkeit

Auf der rechten, sogenannten „Passivseite" der Bilanz werden dagegen zunächst die Verbindlichkeiten geordnet nach Fälligkeit in aufsteigender Reihenfolge aufgeführt. Kurzfristig fällige Verbindlichkeiten werden unten und längerfristig fällige Verbindlichkeiten weiter oben „passiviert".[25]

2.1.3.1.6 Eigenkapital

Ist die Summe aller Verbindlichkeiten niedriger als die Bilanzsumme, wird in Höhe der Differenz auf der Passivseite der Bilanz ein weiterer Posten namens „Eigenkapital" gebildet. Das Eigenkapital ist folglich eine rechnerische Restgröße in Höhe der Differenz zwischen der Bilanzsumme und der Summe der Verbindlichkeiten.

Übersteigt die Summe aller Verbindlichkeiten dagegen die Bilanzsumme, wird diese rechnerische Restgröße nicht auf der Passivseite, sondern auf der Aktivseite der Bilanz in Form eines Postens mit der Bezeichnung „nicht durch Eigenkapital gedeckter Fehlbetrag" gebildet. Der Umfang eines nicht durch Eigenkapital gedeckten Fehlbetrags entspricht der Differenz zwischen der Summe aller Verbindlichkeiten und der Bilanzsumme.

2.1.3.1.7 Fristenkongruenz

In einer nach den Kriterien der Flüssigkeit (Liquidierbarkeit) und Fälligkeit erstellten Bilanz stehen die „flüssigsten" Vermögensgegenstände auf der linken den als nächstes fälligen Verbindlichkeiten auf der rechten Bilanzseite unmittelbar gegenüber. Auf diese Weise kann mit einem Blick erkannt werden, ob die kurzfristig fälligen Verbindlichkeiten das liquide Vermögen des Unternehmens übersteigen und das Unternehmen deshalb insolvenzgefährdet ist.

Aktiva (Vermögen):	Passiva (Kapital):
Weniger einfach liquidierbare Vermögensgegenstände, z. B. Schutzrechte, Maschinen	Eigenkapital (=Bilanzsumme abzüglich Summe der Verbindlichkeiten)
	Fremdkapital:
Schnell liquidierbare Vermögensgegenstände, z. B. Fertigerzeugnisse „auf Lager"	Längerfristig fällige Verbindlichkeiten, z. B. langfristiges Bankdarlehen
Vorhandene Liquidität, insbesondere Bankguthaben und Kassenbestand	Kurzfristig fällige Verbindlichkeiten, z. B. gegenüber Lieferanten
Bilanzsumme	**Bilanzsumme**

---

[23] Dazu § 267 HGB.
[24] Vgl. dazu z. B. § 274a HGB.
[25] So ausdrücklich § 244 HGB.

2.1.3.1.8 Typisierte Betrachtung und § 266 HGB

Das Aufstellen einer Bilanz nach Maßgabe des HGB erfordert jedoch keine Einzelbetrachtung sämtlicher Vermögensgegenstände im Hinblick auf deren potenzielle Liquidierbarkeit. Ebenso wenig kommt es auf die tatsächlichen Fälligkeitszeitpunkte jeder einzelnen Verbindlichkeit an.

Das Gegenüberstellen der nach Liquidierbarkeit geordneten Vermögensgegenstände und der nach Fälligkeit geordneten Verbindlichkeiten ist lediglich eine grundsätzliche Überlegung hinter dem Rechnungslegungsinstrument Bilanz. Diese grundsätzliche Überlegung hat in typisierter Weise Eingang ins HGB gefunden, und zwar in § 266 HGB.

In § 266 HGB wird im Einzelnen vorgegeben, welche konkrete Struktur und Gliederung die Bilanzen von Kapital- und bestimmten Personengesellschaften[26] haben müssen. § 266 HGB gilt zwar nicht für Einzelkaufleute und bestimmte andere Personengesellschaften[27]. Die Beachtung von § 266 HGB ist aus Gründen der Übersichtlichkeit und Vergleichbarkeit jedoch auch für Einzelkaufleute und die von § 266 HGB nicht erfassten Personengesellschaften naheliegend.

2.1.3.2 Gewinn- und Verlustrechnung (GuV)

In der GuV werden die Erfolgskonten zusammengefasst, also sämtliche während des Geschäftsjahrs angefallenen Erträge und Aufwendungen. Die GuV ist folglich nicht zeitpunkt-, sondern zeitraumbezogen.

Das HGB kennt zwei verschiedene, grundsätzlich gleichwertige Möglichkeiten, die GuV aufzustellen: Zum einen das sogenannte „Gesamtkostenverfahren" und zum anderen das sogenannte „Umsatzkostenverfahren". In § 275 Abs. 2 HGB wird geregelt, welche Posten eine nach dem Gesamtkostenverfahren aufgestellte GuV enthalten muss. In § 275 Abs. 3 HGB wird die Aufstellung einer GuV nach dem Umsatzkostenverfahren geregelt.

2.1.4 Grundsätze ordnungsmäßiger Buchführung (GoB)

Bei der Buchführung und der Aufstellung der Bilanz und der GuV sind die in § 238 Abs. 1 HGB in Bezug genommenen „Grundsätze ordnungsmäßiger Buchführung" (GoB) zu beachten. Wesentliche GoB sind insbesondere folgende:

---

[26] Dies gilt für diejenigen Personengesellschaften, für deren Verbindlichkeiten keine natürliche Person mittelbar oder unmittelbar auf Grundlage von § 128 HGB unbeschränkt persönlich haftet, also z. B. für GmbH & Co. KG, deren einzige persönlich haftenden Gesellschafter GmbH sind.

[27] Dies gilt für Personengesellschaften, für deren Verbindlichkeiten mittelbar oder unmittelbar mindestens eine natürliche Person auf Grundlage von § 128 HGB unbeschränkt persönlich haftet.

2.1.4.1 Klarheit

Der GoB der „Klarheit und Übersichtlichkeit" kommt insbesondere auch in § 238 Abs. 1 Sätze 2 und 3 HGB zum Ausdruck: Die gesamte Rechnungslegung, also Buchführung und jeder Abschluss, *„muss so beschaffen sein, dass sie einem Sachverständigen Dritten innerhalb angemessener Zeit einen Überblick über die Geschäftsvorfälle und über die Lage des Unternehmens vermitteln kann."*[28] Klarheit und Übersichtlichkeit werden insbesondere auch durch eine systematische, geordnete Ablage und Beachtung der Gliederungsstrukturen erreicht, die das HGB für Bilanz und GuV vorgibt.

2.1.4.2 Wahrheit

Nach dem GoB der „Bilanzwahrheit" muss die Rechnungslegung die Realität abbilden. Die Bilanz soll folglich nur, aber eben auch all dasjenige zeigen, was dem Unternehmen an Vermögen und Schulden zuzuordnen ist. Die Bilanz darf keine Vermögensgegenstände aufführen, die tatsächlich nicht vorhanden sind. Tatsächlich vorhandene Schulden und Risiken dürfen dagegen nicht „weggelassen" werden. Der GoB der „Bilanzwahrheit" ist folglich untrennbar verbunden mit dem Vollständigkeitsgrundsatz.

2.1.4.3 Vollständigkeit

Nach dem GoB der Vollständigkeit sind sämtliche Geschäftsvorfälle, welche die Vermögens-, Finanz- und/oder Ertragslage des Unternehmens betreffen, zu erfassen, zu buchen und im Rahmen von Bilanz und/oder GuV zu konsolidieren. Der GoB der Vollständigkeit ist letztlich bereits im GoB der Wahrheit mitenthalten, weil eine unvollständige Rechnungslegung die Lage des Unternehmens immer auch unzutreffend abbildet.

Der Vollständigkeitsgrundsatz kommt insbesondere auch in § 246 Abs. 1 Satz 1 HGB zum Ausdruck. Danach hat der Jahresabschluss *„sämtliche Vermögensgegenstände, Schulden, Rechnungsabgrenzungskosten sowie Aufwendungen und Erträge zu enthalten, soweit gesetzlich nichts anderes bestimmt ist."*[29]

2.1.4.4 Vorsicht

Die kaufmännische Rechnungslegung soll ein Instrument zur Information und nicht zur Täuschung (potenzieller) Gläubiger sein. Deshalb soll vermieden werden, dass die wirtschaftliche Situation eines Unternehmens in der Rechnungslegung besser dargestellt wird, als sie tatsächlich ist. An sich wird dieses Ziel bereits durch Beachtung der Grundsätze der Wahrheit und Vollständigkeit erreicht. Der Grundsatz der Vorsicht geht mit dem Ziel des Gläubigerschutzes jedoch noch einen Schritt weiter und hält dazu an, die wirtschaftliche Situation tendenziell sogar etwas schlechter darzustellen, als sie tatsächlich ist. Dies hat insbesondere in den §§ 248 und 252 Abs. 1 Nr. 4 HGB

---

[28] Wortlaut von § 238 Abs. 1 Satz 2 HGB.
[29] Wortlaut von § 246 Abs. 1 Satz 1 HGB.

Ausdruck gefunden. Nach § 248 Abs. 2 HGB dürfen z. B. bestimmte selbst geschaffene Immaterialgüter in der Bilanz von vorherein nicht angesetzt werden, auch wenn diese möglicherweise einen gewissen oder sogar erheblichen Marktwert haben.

2.1.4.5 Realisationsprinzip

Eine Ausprägung des Grundsatzes der Vorsicht ist das in § 252 Abs. 1 Nr. 4 vorgegebene „Realisationsprinzip". Danach sind *„Gewinne ... nur zu berücksichtigen, wenn sie am Abschlussstichtag realisiert sind."*[30] Das Realisationsprinzip wirkt sich z. B. in Situationen aus, in denen der Verkehrswert eines Vermögensgegenstands steigt. Erhöht sich z. B. der Wert einer dem Unternehmen gehörenden Immobilie infolge erheblicher Nachfrage am Immobilienmarkt, darf der dem Grundstück in der Bilanz zugeordnete Wert gleichwohl nicht entsprechend erhöht werden. Denn dies wäre „unvorsichtig". Vielmehr darf der erhöhte Verkehrswert erst dann Niederschlag in der Rechnungslegung des Unternehmens finden, wenn die Immobilie zu einem entsprechend hohen Preis tatsächlich veräußert und der Wertzuwachs auf diese Weise „realisiert" wird. Durch Wertzuwächse erzielte Gewinne dürfen folglich grundsätzlich erst und nur dann in der Rechnungslegung abgebildet werden, wenn sie durch einen Veräußerungsvorgang eine tatsächliche Marktbestätigung erfahren haben.

2.1.4.6 Imparitätsgrundsatz (Vorsichtsprinzip)

Aus dem GoB der Vorsicht folgt, dass negative Entwicklungen – anders als positive Entwicklungen – in der Rechnungslegung möglichst frühzeitig abgebildet werden. Konkret kommt dies z. B. in den §§ 253 Abs. 4, 249 Abs. 1 Satz 1 2. Alternative HGB zum Ausdruck. Danach sind z. B. bestimmte Wert- und „*drohende Verluste*"[31] bereits in der Rechnungslegung abzubilden, obwohl diese noch keine Marktbestätigung erfahren haben, also noch nicht „realisiert" wurden.

2.1.4.7 Niederstwertprinzip

Das aus dem Vorsichtsprinzip abgeleitete Imparitätsprinzip – im Sinn einer buchhalterischen Ungleichbehandlung von Wertzuwächsen auf der einen und Wert- und drohenden Verlusten auf der anderen Seite – wird durch das sogenannte „Niederstwertprinzip" konkretisiert. Kommt bei Bewertung eines Vermögensgegenstands eine Bandbreite verschiedener Werte in Betracht, dann ist nach dem Niederstwertprinzip der Wert am unteren Ende dieser Bandbreite anzusetzen.

---

[30] Wortlaut von § 252 Abs. 1 Nr. 4 HGB.
[31] Wortlaut von § 249 Abs. 1 Satz 1 HGB.

2.1.4.8 Stichtagsprinzip

Nach dem Stichtagsprinzip ist in einem Jahresabschluss die Vermögens-, Finanz- und Ertragslage des Unternehmens am jeweiligen Abschlussstichtag darzustellen. Nach dem Abschlussstichtag eingetretene Änderungen dieser Verhältnisse sind im Rahmen des Abschlusses grundsätzlich nicht mehr zu berücksichtigen. Dieses „Stichtagsprinzip" gilt jedoch nicht für sogenannte „wertaufhellende Tatsachen".

„Wertaufhellende Tatsachen" sind Umstände, die i) Bedeutung für die Vermögens-, Finanz- und/oder Ertragslage haben, z. B. für den Wert einzelner Vermögensgegenstände des Unternehmens, und ii) zum Abschlussstichtag bereits vorlagen, jedoch erst nach dem Abschlussstichtag (jedoch vor Aufstellung des Jahresabschlusses) bekannt wurden.[32]

2.1.4.9 Identität, Kontinuität und Stetigkeit

Der auf einen konkreten Abschlussstichtag aufgestellte Jahresabschluss verknüpft zwei aufeinanderfolgende Geschäftsjahre nach dem GoB der Kontinuität und Identität. Gemäß § 252 Abs. 1 Nr. 1 HGB muss die Schlussbilanz eines Geschäftsjahrs stets mit der Eröffnungsbilanz des unmittelbar folgenden Geschäftsjahrs übereinstimmen.

Zudem sind die für die Bewertung der Vermögensgegenstände gewählten Bewertungsmethoden gemäß § 252 Abs. 1 Nr. 6 HGB periodenübergreifend beizubehalten. Die GoB Identität, Kontinuität und Stetigkeit sollen nicht nur die Vergleichbarkeit verschiedener Geschäftsjahre gewährleisten, sondern auch die Übersichtlichkeit der Rechnungslegung sicherstellen.

2.1.4.10 Belegprinzip

U.a. aus der in § 238 Abs. 1 Satz 3 HGB enthaltenen Vorgabe, dass jeder Geschäftsvorfall in seiner Entstehung und Abwicklung nachverfolgbar sein muss, folgt das sogenannte „Belegprinzip": Keine Buchung ohne Beleg![33] Ein Beleg muss keine Aufzeichnung auf Papier sein. Auch ein auf anderen Datenträgern gespeichertes Dokument ist als Beleg geeignet, wenn es jederzeit sichtbar gemacht werden kann.

2.2 Übungsaufgabe 2

Bevor die vorstehend dargestellten Grundzüge weiter vertieft werden, soll deren Anwendung anhand der nachstehenden Übungsaufgabe 2 veranschaulicht werden. Dazu wird zunächst ein Sachverhalt dargestellt, zu dem Übungsfragen gestellt werden. Im Anschluss an die Übungsfragen werden mögliche Antworten vorgeschlagen.

---

[32] So z. B. *Merkt* in *Baumbach/Hopt*, Handelsgesetzbuch, 40. Auflage 2021, § 252, Rdnr. 8; *Hommel/Berndt*, DStR 2000, S. 1745 ff.

[33] Dazu z. B. BFH, Urteil vom 30.05.1962 (I 199/60).

2.2.1 Fallszenario

I wohnt in Hamburg und ist dort als selbstständige Immobilienmaklerin tätig. Als solche vermittelt I Kaufverträge über Geschäfts- und Wohnimmobilien für deren Käufer oder Verkäufer je nach dem, von wem I beauftragt wird. Bei Aufnahme ihrer Maklertätigkeit vor einigen Jahren hatte I zunächst ein Bankdarlehen in Höhe von EUR 100.000 aufgenommen, um ihre erste EDV-Anlage, einige Werbemaßnahmen und die Büromiete zu finanzieren. Das Darlehen ist erst in einigen Jahren zur Rückzahlung fällig. Bis dahin schuldet I die jährliche Zahlung von Darlehenszinsen in Höhe von 5 % jeweils am Ende jedes Geschäftsjahres.

Zum Betrieb des Maklergeschäfts hat I Büroräume in Hamburg angemietet. Für deren Nutzung schuldet I eine monatliche Miete in Höhe von EUR 2500 an den Vermieter, die jeweils spätestens am 3. Werktag jedes Kalendermonats fällig und zahlbar ist.

Kommt ein von I vermittelter Kaufvertrag über eine Immobilie zustande, erwirbt I nach den mit den Kunden getroffenen Vereinbarungen einen Anspruch auf eine Provision in Höhe von 3 %[34] des jeweiligen Kaufpreises. Das Geschäftsjahr von I entspricht dem Kalenderjahr. Im letzten (abgelaufenen) Jahr („Jahr 1") erzielte I Provisionserlöse in Höhe von EUR 900.000 und einen Jahresüberschuss in Höhe von EUR 750.000. Da I im Lauf des Jahres 1 erhebliche Entnahmen für private Zwecke getätigt hatte, betrug der Stand des betrieblichen Bankkontos von I am Ende des Jahres 1 jedoch nur noch EUR 234.000.

Kurz vor Ende des Jahres 1 hatte I noch erfolgreich den Verkauf einer Villa vermittelt, für welche die Käuferin einen Kaufpreis in Höhe von EUR 5.000.000 an die Verkäuferin gezahlt hatte. Entsprechend dem mit der Käuferin abgeschlossenen Maklervertrag hatte I der Käuferin daraufhin noch im Dezember des Jahres 1 eine Provision in Höhe von EUR 150.000 in Rechnung gestellt. Die Käuferin der Villa hatte diese Rechnung zwar noch im Dezember des letzten Jahres erhalten, jedoch erst Mitte Januar des folgenden Jahres („Jahr 2") durch Überweisung des Betrags in Höhe von EUR 150.000 auf das Bankkonto von I ausgeglichen.

I war über die erfolgreiche Vermittlung des Villenverkaufs so erfreut gewesen, dass sie noch im Dezember des Jahres 1 beschlossen hatte, ihre bereits seit vielen Jahren gebrauchte, inzwischen jedoch veraltete und nahezu wertlose EDV-Anlage zu erneuern. I hatte deshalb im Dezember des Jahres 1 eine neue EDV-Anlage für EUR 10.000 bestellt, die das beauftragte Systemhaus noch am 30.12 des Jahres 1 an I geliefert hatte. Nachdem die Mitarbeiter des Systemhauses die neue EDV-Anlage im Büro von I installiert hatten, übergaben sie I eine Rechnung über EUR 10.000. Die veraltete Hardware nahmen die Mitarbeiter des Systemhauses unentgeltlich zur Entsorgung mit.

I glich die Rechnung durch Überweisung des Rechnungsbetrags in Höhe von EUR 10.000 am 05.01. des Jahres 2 aus. I plant, die neue EDV-Anlage 5 Jahre zu nutzen.

---

[34] Umsatzsteuer kann und soll im Rahmen dieser Übungsaufgabe 2 (noch) außer Betracht bleiben.

Nach Ablauf dieser Nutzungsdauer wird die EDV-Anlage – so die realistische Annahme von I – erneut weitgehend veraltet, wertlos und ersetzungsbedürftig sein.

Neben der Villa hatte I im Dezember des Jahres 1 auch noch den Verkauf einer kleineren Eigentumswohnung für einen Kaufpreis in Höhe von EUR 200.000 erfolgreich vermittelt. Anschließend hatte I – ebenfalls noch im Dezember des abgelaufenen Jahres – dem Verkäufer die vereinbarte Provision in Höhe von EUR 6000 in Rechnung gestellt. Nachdem der Verkäufer diese Rechnung auch im Februar des Jahres 2 noch nicht ausgeglichen hatte, erhielt I die Nachricht eines Insolvenzverwalters darüber, dass zwischenzeitlich ein Insolvenzverfahren über das Vermögen des Verkäufers eröffnet worden sei. I ärgerte sich über diese Mitteilung, weil mit einem Zahlungseingang folglich nicht mehr gerechnet werden kann. I wendete sich daher mit vollem Engagement der Geschäftstätigkeit im Jahr 2 zu. In der Folge gelang I im Jahr2 die Vermittlung folgender Immobiliengeschäfte:

- Im März vermittelte I den Verkauf einer weiteren Villa (Kaufpreis EUR 4.000.000). I stellte der Kundin dann noch im März eine Provisionsrechnung über EUR 120.000. Die Kundin überwies den Rechnungsbetrag auf das Bankkonto von I Anfang April des Jahres 2.
- Ende April gelang die Vermittlung des Verkaufs einer größeren Eigentumswohnung (Kaufpreis EUR 1.500.000). Die von I darüber noch im April des Jahres 2 an den Kunden gestellte Rechnung über EUR 45.000 glich der Kunde Anfang Mai des Jahres 2 durch entsprechende Banküberweisung aus.
- Im November des Jahres 2 gelang I die Vermittlung des Verkaufs eines Hochhauses mit 60 Wohneinheiten für einen Kaufpreis in Höhe von EUR 12.000.000. I stellte der Kundin daher Ende November des Jahres 2 die angefallene Provision in Höhe von EUR 360.000 in Rechnung. Die Kundin überwies die Provision jedoch erst Mitte Januar des folgenden Jahres („Jahr 3").

Zum 01.05. des Jahres 2 hatte I Arbeitnehmerin A eingestellt, die I bei der Organisation und Kundenakquise unterstützen sollte. Das monatliche, jeweils am Monatsende fällige Bruttogehalt von A beträgt EUR 4000.

2.2.2 Übungsaufgaben und -fragen

Fällt I in den Anwendungsbereich des HGB und, falls ja, warum?
  Fertigen Sie die Bilanz von I zum Ende des Jahres 1 (letztes, abgelaufenes Jahr)!
  Buchen Sie die im Sachverhalt mitgeteilten Geschäftsvorfälle von I im laufenden Jahr 2!
  Fragen der Besteuerung können und sollen im Rahmen der Bearbeitung dieser Übungsaufgaben noch vollständig außer Betracht bleiben. Die monatlichen Mietzahlungen von I können zur Vereinfachung in einer Buchung zusammengefasst werden.

2.2 Übungsaufgabe 2

Die Gehaltszahlungen an Arbeitnehmerin A können zur Vereinfachung ebenfalls in einer Buchung zusammengefasst werden. Sozialversicherungs- und lohnsteuerrechtliche Fragen können und sollen bei Buchung der Gehaltszahlungen an Arbeitnehmerin A vollständig außer Betracht bleiben. Fertigen Sie anschließend die Bilanz von I zum Ende des Jahres 2 sowie die GuV von I für das Jahr 2 nach dem Gesamtkostenverfahren (§ 275 Abs. 2 HGB)!

Welche Arten von Steuern schuldet I (insbesondere auch im Vergleich zur D-GmbH aus Übungsaufgabe 1)?

2.2.3 Mögliche Antworten zu den Übungsaufgaben und -fragen

2.2.3.1 Anwendbarkeit des HGB auf I

Die Anwendbarkeit des HGB auf I folgt aus § 1 HGB. Denn Kaufmann im Sinn des HGB ist, *„wer ein Handelsgewerbe betreibt.*[35] *Handelsgewerbe ist jeder Gewerbebetrieb, es sei denn, dass das Unternehmen nach Art oder Umfang einen in kaufmännischer Weise eingerichteten Geschäftsbetrieb nicht erfordert.“*[36]

Die Kaufmannseigenschaft einer selbstständigen Unternehmerin wie I und damit die Eröffnung des Anwendungsbereichs des HGB erfordert daher kein Geschäftsmodell, das den An- und Verkauf von Waren beinhaltet. Ein Unternehmer muss keinen Handel betreiben, um in den Anwendungsbereich des Handelsgesetzbuchs zu fallen. Ob eine selbstständige Unternehmerin in den Anwendungsbereich des HGB fällt, hängt ausschließlich von davon ab, ob das Geschäftsmodell als gewerblich einzustufen ist.[37]

Der Begriff „Gewerbe" oder „Gewerbebetrieb" wird im HGB nicht weitergehend definiert. Aus § 3 HGB folgt lediglich, dass selbstständige Land- und Forstwirte keine Kaufleute (und demnach auch keine Gewerbetreibende) im Sinn des HGB sind. Neben den Land- und Forstwirten sind auch selbstständige „Freiberufler" keine Gewerbetreibenden.[38] Welche selbstständigen unternehmerischen Tätigkeiten den freien Berufen zuzuordnen sind, kann den in § 1 Abs. 2 Satz 2 PartGG sowie in § 18 Abs. 1 Nr. 1 Satz 2 EStG enthaltenen Aufzählungen entnommen werden.

Vor diesem Hintergrund gilt: Selbstständige Unternehmer, die weder Land- und/oder Forstwirte noch Angehörige eines freien Berufes sind, zählen zumindest in der Regel zu

---

[35] Wortlaut von § 1 Abs. 1 HGB.
[36] Wortlaut von § 1 Abs. 2 HGB.
[37] Der Grund dafür, dass die Gewerblichkeit des Geschäftsmodells ausschlaggebend für die Anwendbarkeit des HGB ist, liegt in § 1 Abs. 2 HGB: *„Handelsgewerbe ist jeder Gewerbebetrieb, ..."*
[38] Vgl. dazu z. B. § 1 Abs. 1 Satz 2 PartGG.

den Gewerbetreibenden.[39] Da die Vermittlung von Immobiliengeschäften weder Land- noch Forstwirtschaft ist noch im Rahmen der in § 1 Abs. 2 Satz 2 PartGG, § 18 Abs. 1 Nr. 1 Satz 2 EStG enthaltenen Aufzählungen genannt wird, ist das Geschäftsmodell von I als gewerblich zu betrachten. Für dieses Ergebnis spricht zudem, dass Immobilienmakler von § 34c Abs. 1 GewO und damit von der Gewerbeordnung erfasst werden. Obwohl I nicht mit Immobilien „handelt", sondern lediglich Immobiliengeschäfte vermittelt, fällt I folglich als „Gewerbetreibende" in den Anwendungsbereich des HGB. I muss daher grundsätzlich die im HGB vorgesehenen Rechnungslegungspflichten beachten.

Einzelkaufleute (=selbständige Gewerbetreibende), welche die in § 241a HGB genannten Schwellenwerte – EUR 600.000 Umsatzerlöse und EUR 60.000 Jahres- überschuss – nicht übersteigen, werden zwar von einer Beachtung der §§ 238–241 HGB befreit. In Anbetracht der für das abgelaufene Jahr 1 mitgeteilten Ergebnisse von I – Umsatzerlöse in Höhe von EUR 900.000 und Jahresüberschuss in Höhe von EUR 750.000 – gilt diese Befreiung jedoch nicht für I.

2.2.3.2 Bilanz von I zum 31.12. des Jahres 1 (=Eröffnungsbilanz des Jahres 2)

Das Aufstellen der Schlussbilanz von I zum 31.12. des Jahres 1 legt gleichzeitig die Grundlage für die Beantwortung der anschließenden Übungsfrage. Denn entsprechend dem Grundsatz der Bilanzkontinuität (§ 252 Abs. 1 Nr. 1 HGB) entspricht die Schluss- bilanz des Jahres 1 der Eröffnungsbilanz des Jahres 2 und bildet damit die Grundlage für die Buchung der Geschäftsvorfälle des Jahres 2.

In der Bilanz zum 31.12. des „abgelaufenen" Jahres 1 muss I den in § 246 Abs. 1 Satz 1 HGB zum Ausdruck gebrachten Vollständigkeitsgrundsatz berücksichtigen. Danach sind sämtliche Vermögensgegenstände und Schulden zu erfassen, die dem Maklerbetrieb von I (Betriebsvermögen) mit Ablauf des Jahres 1 (31.12., 24:00 Uhr) zuzuordnen waren. Nach den mitgeteilten Informationen zählen dazu

- die am 30.12. des Jahres 1 neu erhaltene EDV-Anlage im Wert von EUR 10.000,
- die am 31.12. des Jahres 1 noch offenen Forderungen von I gegen die Käuferin der Villa (Provisionsforderung in Höhe von EUR 150.000) und gegen den Verkäufer der Eigentumswohnung (Provisionsforderung in Höhe von EUR 6000),
- das Guthaben auf dem betrieblichen Bankkonto von I in Höhe von EUR 234.000,
- die Zahlungsverbindlichkeit gegenüber dem Systemhaus über EUR 10.000 für die Lieferung der EDV-Anlage sowie

---

[39]Vgl. dazu z. B. auch die in § 15 Abs. 2 Satz 1 EStG enthaltene Definition des Begriffs „Gewerbebetrieb". Dort erfolgt ebenfalls in erster Linie eine Abgrenzung von der Land- und Forst- wirtschaft und den freien Berufen. Allerdings wird in § 15 Abs. 2 Satz 1 EStG davon ausgegangen, dass es neben den selbstständigen Gewerbetreibenden, den selbstständigen Land- und Forstwirten und den selbstständigen Freiberuflern zusätzlich auch noch eine vierte, *„andere selbständige Arbeit"* (Wortlaut von § 15 Abs. 2 Satz 1 EStG) gibt.

- die Darlehensverbindlichkeit in Höhe von EUR 100.000, die erst in einigen Jahren zur Rückzahlung fällig ist.

Erfasst man diese Vermögensgegenstände und Schulden im Rahmen einer Gegenüberstellung (Bilanz) nach Maßgabe der in § 266 HGB vorgegebenen Gliederung, führt dies zu folgender Bilanz von I zum 31.12. des Jahres 1:

Aktiva (Vermögen) in Euro (EUR)		Passiva (Kapital) in Euro (EUR)	
EDV-Anlage	10.000	Eigenkapital	290.000
Forderung gegen Käuferin	150.000		
Forderung gegen Verkäufer	6000	Darlehen	100.000
Bankkonto (Bankguthaben)	234.000	Verbindlichkeit Systemhaus	10.000
Bilanzsumme:	**400.000**		**400.000**

2.2.3.3 Buchung der Geschäftsvorfälle des Jahres 2

2.2.3.3.1 Mietzahlungen

Nach den Angaben im Sachverhalt leistet I spätestens am 3. Werktag im Januar des Jahres 2 die Mietzahlung in Höhe von EUR 2500 an den Vermieter der Büroräume. Dazu muss I EUR 2500 von ihrem Bankkonto auf das Bankkonto des Vermieters überweisen. Auf dem Bankkonto von I führt dies folglich zu einem Abgang in Höhe von EUR 2500, wodurch das Vermögen von I insgesamt um EUR 2500 gemindert wird. Infolge dieser vermögensmindernden Wirkung stellt der Abgang auf dem aktiven Bestandskonto „Bankkonto" folglich „Aufwand" dar. Dies bedeutet:

Die Buchung der Mietzahlung betrifft zwei Konten, nämlich 1) das aktive Bestandskonto „Bankkonto (Bankguthaben)" und 2) ein Aufwandskonto „Mietaufwand". Das Konto Mietaufwand wird am Ende des Jahres 2 in der GuV im Posten „sonstige betriebliche Aufwendungen"[40] konsolidiert. Da Aufwand im Soll und ein Abgang auf einem aktiven Bestandskonto im Haben zu buchen sind, kann die Mietzahlung wie folgt gebucht werden:

Soll		an	Haben	
Mietaufwand	EUR 2500		Bankguthaben	EUR 2500

---

[40] Dazu § 275 Abs. 2 Nr. 8 HGB.

Dass dieser Vorgang Aufwand – also eine Minderung des Nettovermögens des von I betriebenen Unternehmens – darstellt, wird ersichtlich, wenn man unmittelbar nach diesem Vorgang eine „Zwischenbilanz" zieht. Denn nach Buchung der Mietzahlung für den Monat Januar des Jahres 2 in Höhe von EUR 2500 hätte die Bilanz von I folgenden Inhalt:

Aktiva (Vermögen) in Euro (EUR)		Passiva (Kapital) in Euro (EUR)	
EDV-Anlage	10.000	Eigenkapital	287.500
Forderung gegen Käuferin	150.000		
Forderung gegen Verkäufer	6000	Darlehen	100.000
Bankkonto (Bankguthaben)	231.500	Verbindlichkeit Systemhaus	10.000
Bilanzsumme:	**397.500**		**397.500**

Diese Zwischenbilanz zeigt, dass mit dem Abgang der EUR 2500 vom Bankkonto eine Minderung des Eigenkapitals im Umfang von EUR 2500 einhergeht. Als rechnerischer Restsaldo aus der Summe der Werte aller Vermögensgegenstände und den Schulden eines Unternehmens kann das Eigenkapital als Maßgröße des „Unternehmensnettovermögens" angesehen werden.

Wenn der Stand des Eigenkapitals sinkt, muss der zugrundeliegende Geschäftsvorfall folglich entweder Aufwand oder – hier jedoch nicht einschlägig – eine Ausschüttung beinhalten.

Da die Mietzahlungen in jedem Kalendermonat des Jahres 2 erneut geleistet werden, wird diese Buchung im Jahr 2 insgesamt 12-mal vollzogen. Da die Mietzahlungen aus Vereinfachungsgründen in einer Buchung zusammengefasst werden dürfen, können sämtliche 12 Mietzahlungen von I an den Vermieter während des Jahres 2 in folgender Buchung zusammengefasst werden:

Soll		an	Haben	
Mietaufwand	EUR 30.000		Bankguthaben	EUR 30.000

2.2.3.3.2 Ausgleich der Rechnung des Systemhauses

Anfang Januar des Jahres 2 gleicht I auch die Rechnung des Systemhauses für die Lieferung der EDV-Anlage durch Überweisung des Rechnungsbetrags in Höhe von EUR 10.000 vom eigenen auf das Bankkonto des Systemhauses aus. Diese Überweisung führt zu einem weiteren Abgang auf dem aktiven Bestandskonto „Bankkonto" (Bankguthaben) von I. Gleichzeitig erfüllt I mit der Überweisung des Rechnungsbetrags jedoch auch die

2.2 Übungsaufgabe 2

gegenüber dem Systemhaus bestehende Verbindlichkeit in Höhe von EUR 10.000. Diese Verbindlichkeit erlischt damit durch Erfüllung.[41]

Deshalb kommt es auf dem passiven Bestandskonto „Verbindlichkeit Systemhaus"[42] ebenfalls zu einem entsprechenden Abgang. Da Abgänge auf aktiven Bestandskonten im Haben und Abgänge auf passiven Bestandkonten im Soll gebucht werden, kann die Überweisung des Rechnungsbetrags von I an das Systemhaus wie folgt gebucht werden:

Soll		an	Haben	
Verbindlichkeit Systemhaus	EUR 10.000		Bankguthaben	EUR 10.000

Für das Verständnis wichtig ist: Dieser Geschäftsvorfall, also die Zahlung von EUR 10.000 an das Systemhaus, betrifft ausschließlich Bestandskonten und stellt keinen Aufwand dar. Es fließt zwar Geld aus dem Unternehmen von I ab, aber im Umfang des Geldabflusses werden gleichzeitig Schulden abgebaut. Deshalb mindert dieser Geschäftsvorfall das Unternehmensnettovermögen von I per Saldo nicht. Würde man nach der Zahlung der EUR 10.000 an das Systemhaus eine weitere Zwischenbilanz ziehen, hätte diese folgenden Inhalt:

Aktiva (Vermögen) in Euro (EUR)		Passiva (Kapital) in Euro (EUR)	
EDV-Anlage	10.000	Eigenkapital	287.500
Forderung gegen Käuferin	150.000		
Forderung gegen Verkäufer	6000	Darlehen	100.000
Bankkonto (Bankguthaben)	221.500		
Bilanzsumme:	**387.500**		**387.500**

Der Stand des Eigenkapitals in dieser Zwischenbilanz beträgt nach wie vor EUR 287.500 und ist damit im Vergleich zur Zwischenbilanz nach der ersten Mietzahlung Anfang Januar des Jahres 2 unverändert. Das Bankguthaben von I ist zwar um EUR 10.000 auf EUR 221.500 gesunken. Aber diese Bestandsminderung auf der Aktivseite wurde durch den Abgang der Verbindlichkeit gegenüber dem Systemhaus auf der Passivseite kompensiert. Geldabflüsse sind Ausgaben, aber eben nicht automatisch auch Aufwand.

---

[41] Vgl. dazu § 362 Abs. 1 BGB: *„Das Schuldverhältnis erlischt, wenn die geschuldete Leistung an den Gläubiger bewirkt wird."*

[42] Im Rahmen einer nach § 266 HGB gegliederten Bilanz wäre das passive Bestandskonto „Verbindlichkeit Systemhaus" in dem in § 266 Abs. 3 C Nr. 4 HGB vorgesehenen Posten „Verbindlichkeiten aus Lieferungen und Leistungen" konsolidiert.

2.2.3.3.3 Erhalt der Zahlung von der Käuferin

Nach den Angaben im Sachverhalt glich die Käuferin der Villa, die I im Dezember des Jahres 1 vermittelt hatte, die dafür von I gestellte Rechnung über EUR 150.000 Mitte Januar des Jahres 2 aus. Der Eingang dieser Zahlung führt folglich zu einem Zugang auf dem Bankkonto von I. Gleichzeitig erlischt durch die Zahlung jedoch auch die von I bisher aktivierte Forderung gegen die Käuferin in Höhe von EUR 150.000.[43] Das Erlöschen der Forderung gegen die Käuferin der Villa führt zu einem Abgang auf dem aktiven Bestandskonto „Forderungen gegen Käuferin"[44]. Da Zugänge auf dem aktiven Bestandskonto „Bankguthaben" im Soll und Abgänge auf dem aktiven Bestandskonto „Forderungen" im Haben gebucht werden, kann der Zahlungseingang wie folgt gebucht werden:

Soll		an	Haben	
Bankkonto (Bankguthaben)	EUR 150.000		Forderung gegen Käuferin	EUR 150.000

Auch der Zahlungseingang von der Käuferin der Villa in Höhe von EUR 150.000 betrifft folglich ausschließlich Bestandskonten, und zwar in diesem Fall zwei aktive Bestandskonten. Während der Bestand des aktiven Bestandskontos „Forderung gegen Käuferin" um EUR 150.000 sinkt[45], steigt damit korrespondierend der Stand des aktiven Bestandskontos „Bankkonto (Bankguthaben)".

Der Zahlungseingang in Höhe von EUR 150.000 führt damit zu einem sogenannten „Aktivtausch". Der Stand des Eigenkapitals und damit des Unternehmensnettovermögens bleibt davon unberührt. Dies wird ersichtlich, wenn man nach dem Zahlungseingang in Höhe von EUR 150.000 eine weitere Zwischenbilanz aufstellt. Diese hat folgenden Inhalt:

Aktiva (Vermögen) in Euro (EUR)		Passiva (Kapital) in Euro (EUR)	
EDV-Anlage	10.000	Eigenkapital	287.500
Forderung gegen Verkäufer	6000		
Bankkonto (Bankguthaben)	371.500	Darlehen	100.000
Bilanzsumme:	**387.500**		**387.500**

---

[43] Vgl. dazu erneut § 362 BGB: Eine Forderung erlischt, wenn die Schuldnerin – hier die Käuferin der Villa – diese erfüllt.

[44] Im Rahmen einer nach § 266 HGB gegliederten Bilanz wäre die Forderung gegen die Käuferin in dem in § 266 Abs. 2 B II 1. HGB vorgesehenen Posten „Forderungen aus Lieferungen und Leistungen" konsolidiert.

[45] Mit der Folge, dass die Forderung gegen die Käuferin ausgebucht (= Abgang) wird.

Dieser Geschäftsvorfall verdeutlicht: Geldeingänge (Einnahmen) sind nicht automatisch auch Ertrag. Wie die Zwischenbilanz zeigt, hat der Geldeingang in Höhe von EUR 150.000 zu keiner Erhöhung des Eigenkapitals und damit nicht zu einer Erhöhung des Unternehmensnettovermögens von I geführt. Betrachtet man diesen und den letzten Geschäftsvorfall, kann an dieser Stelle folglich klargestellt werden:

- Geldabflüsse (Zahlungen, Ausgaben) müssen nicht mit Aufwand einhergehen.
- Geldzuflüsse (Zahlungseingänge, Einnahmen) müssen nicht mit Ertrag einhergehen.

Dies kommt insbesondere auch in § 252 Abs. 1 Nr. 5 HGB wie folgt zum Ausdruck: *„Aufwendungen und Erträge des Geschäftsjahres sind unabhängig von den Zeitpunkten der entsprechenden Zahlungen im Jahresabschluss zu berücksichtigen."*[46] Auch der nächste Geschäftsvorfall belegt, dass Aufwand anfallen kann, ohne dass es zu einem Geldabfluss (Ausgaben) kommt.

2.2.3.3.4 Insolvenz des Schuldners

Die Insolvenz des Verkäufers, gegen den I eine Provisionsforderung in Höhe von EUR 6000 hat, ist ebenfalls ein Geschäftsvorfall. Denn die Insolvenz des Schuldners einer Forderung hat Auswirkungen auf die Werthaltigkeit dieser Forderung. Entsprechend dem GoB der Vorsicht[47] muss I in Anbetracht des Insolvenzeintritts davon ausgehen, dass die Forderung gegen den Verkäufer nicht mehr realisiert werden kann und deshalb wertlos ist. Dementsprechend muss I den Wert dieser Forderung anpassen (Wertberichtigung). Dies kann durch folgende Buchung erfolgen, die nichts an der Zusammensetzung des Vermögens von I ändert, sondern lediglich die Änderung des Werts eines Vermögensgegenstands abbildet:

Soll		an	Haben	
Wertberichtigung (außerplanmäßige Abschreibung) Forderung wegen Insolvenz des Schuldners	EUR 6000		Forderung gegen Verkäufer	EUR 6000

2.2.3.3.5 Vermittlung des Villenverkaufs für EUR 4.000.000

Infolge der Vermittlung des Verkaufs der Villa im März des Jahres 2 für einen Kaufpreis in Höhe von EUR 4.000.000 entstand zunächst eine Provisionsforderung von I gegen die Kundin. Diese wurde durch das Stellen der Rechnung (Beleg) dokumentiert und geltend

---

[46] Wortlaut von § 252 Abs. 1 Nr. 5 HGB.
[47] Dazu § 252 Abs. 1 Nr. 4 HGB.

gemacht. Dieser Geschäftsvorfall erhöht den Forderungsbestand (aktives Bestandskonto) und damit korrespondierend auch das Eigenkapital von I durch folgende Buchung:[48]

Soll		an	Haben	
(Provisions-)Forderung	EUR 120.000		Umsatzerlöse	EUR 120.000

Das Unternehmens-Nettovermögen von I wurde durch diesen Geschäftsvorfall – also die Entstehung der Forderung gegen die Kundin – erhöht, obwohl I zu diesem Zeitpunkt noch keine Einnahmen (= Geldzufluss) hatte. Der anschließende Ausgleich der Provisionsrechnung durch die Kundin durch Überweisung des Geldbetrags in Höhe von EUR 120.000 an I führt dagegen zu keiner weiteren Erhöhung des Unternehmens-Nettovermögens von I. Der Ausgleich der Rechnung durch die Kundin durch Überweisung des Rechnungsbetrags auf das Bankkonto ist von I wie folgt zu buchen:

Soll		an	Haben	
Bankguthaben	EUR 120.000		(Provisions-)Forderung	EUR 120.000

Der Zahlungseingang führt erneut lediglich zu einem „Aktivtausch": Während der Bestand auf dem aktiven Bestandskonto „Bankguthaben" steigt, sinkt damit korrespondierend der Bestand auf dem aktiven Bestandskonto „Forderungen". Da aktive Bestandskonten im Soll wachsen und im Haben schrumpfen, war das Bankguthaben im Soll zu buchen, während die Forderung gegen die Kundin im Haben auszubuchen war.

2.2.3.3.6 Vermittlung des Verkaufs der Eigentumswohnung

Die Vermittlung des Verkaufs der Eigentumswohnung Ende April führt strukturell zur selben Buchungsabfolge wie die bereits gebuchten Geschäftsvorfälle im Zusammenhang mit der Vermittlung der Villa im März des Jahres 2. Das Stellen der Rechnung über EUR 45.000 an den Kunden ist von I zunächst wie folgt zu buchen:

Soll		an	Haben	
(Provisions-)Forderung	EUR 45.000		Umsatzerlöse	EUR 45.000

Die anschließende Überweisung des Rechnungsbetrags durch den Kunden auf das Bankkonto von I führt erneut zu einem Anstieg des Bankguthabens und dem Erlöschen der Provisionsforderung, was wie folgt zu buchen ist:

---

[48] Zur Erinnerung: Umsatzsteuerrechtliche Fragen haben nach der Aufgabenstellung an dieser Stelle (noch) außer Betracht zu bleiben.

Soll		an	Haben	
Bankkonto (Bankguthaben)	EUR 45.000		Forderung gegen Kundin	EUR 45.000

2.2.3.3.7 Lohnzahlungen an Arbeitnehmerin A

Zu einer Minderung des Unternehmens-Nettovermögens von I führte dagegen die erste Lohnzahlung Ende Mai des Jahres 2 an die zum 01.05. des Jahres 2 eingestellte Arbeitnehmerin A in Höhe von EUR 4000,[49] die wie folgt zu buchen ist:

Soll		an	Haben	
Personalaufwand[50]	EUR 4000		Bankkonto (Bankguthaben)	EUR 4000

Nach der Aufgabenstellung können sämtliche Gehaltszahlungen an Arbeitnehmerin A im Jahr 2 aus Vereinfachungsgründen in einer Buchung zusammengefasst werden. Da A im Jahr 2 insgesamt 8 Monate für I tätig ist, können die 8 Gehaltszahlungen in folgender Buchung zusammengefasst werden:

Soll		an	Haben	
Personalaufwand[51]	EUR 32.000		Bankkonto (Bankguthaben)	EUR 32.000

2.2.3.3.8 Vermittlung des Hochhaus-Verkaufs

Die im November des Jahres 2 bewirkte Vermittlung des Hochhaus-Verkaufs für EUR 12.000.000 und das anschließende Stellen der Rechnung an die Kundin ist von I wie folgt zu buchen:

Soll		an	Haben	
(Provisions-)Forderung	EUR 360.000		Umsatzerlöse	EUR 360.000

Dagegen ist die Information im Sachverhalt darüber, dass die Kundin die Provision in Höhe von EUR 360.000 im Januar des Jahres 3 an I überwies, für den Jahresabschluss für das laufende Jahr 2 unerheblich (Stichtagsprinzip). Im Jahresabschluss von I zum 31.12. des Jahres 2 ist folglich selbst dann eine offene Forderung gegen die Kundin zu aktivieren, wenn I diesen Jahresabschluss erst fertigstellt, nachdem die Kundin diese Forderung bereits ausgeglichen hat.

---

[49] Sozialversicherungs- und lohnsteuerrechtliche Fragen sind nach der Aufgabenstellung an dieser Stelle (noch) außer Betracht zu lassen.
[50] Dazu § 275 Abs. 2 Nr. 6 HGB.
[51] Dazu § 275 Abs. 2 Nr. 6 HGB.

2.2.3.3.9 Darlehenszinsen

Bevor I den Jahresabschluss für das Jahr 2 aufstellen kann, sind weitere Geschäftsvorfälle zu buchen, und zwar zunächst die am Ende des Jahres 2 für das von I aufgenommene Darlehen über EUR 100.000 anfallenden Zinsen in Höhe von 5 % (= EUR 5.000). Dieser Geschäftsvorfall ist wie folgt zu buchen:

Soll		an	Haben	
Zinsen (Zinsaufwand)[52]	EUR 5000		Bankkonto (Bankguthaben)	EUR 5000

2.2.3.3.10 Abschreibung der EDV-Anlage

Letzter Geschäftsvorfall des Jahres 2 ist der durch Zeitablauf und Nutzung eingetretene Wertverlust der EDV-Anlage, die I am 30.12. des Jahres 1 für EUR 10.000 erworben hatte. I geht von einer Nutzungsdauer von 5 Jahren aus. Ende des Jahres 2 sind davon 1/5 (= 20 %) abgelaufen, weil I die EDV-Anlage 1 Jahr genutzt hat, nämlich während des gesamten Jahres 1.

Da eine EDV-Anlage grundsätzlich unabhängig von der Nutzungsintensität in erster Linie proportional zum Zeitablauf veraltet, liegt es nahe, die Anschaffungskosten (EUR 10.000) gleichmäßig auf die Nutzungsdauer umzulegen (so genannte "lineare Abschreibung"). Konsequenz dieser gleichmäßigen Verteilung der Anschaffungskosten auf die Nutzungsdauer wäre ein Wertverlust in Höhe von EUR 2.000 pro Nutzungsjahr.

Als Geschäftsvorfall mit vermögensmindernder Wirkung stellt alters- und/oder nutzungsbedingter Wertverlust „Aufwand" dar, der zu einem Abgang auf einem aktiven Bestandskonto – nämlich dem Bestandskonto „EDV-Anlage" – in Höhe von EUR 2.000 führt. Da Aufwand im Soll und Abgänge auf aktiven Bestandskonten im Haben zu buchen sind, ist der zeitablauf- und/oder nutzungsbedingte Wertverlust der EDV-Anlage, also die Abschreibung der EDV-Anlage, wie folgt zu buchen:

Soll		an	Haben	
Abschreibung EDV-Anlage	EUR 2000		EDV-Anlage	EUR 2000

2.2.3.4 Jahresabschluss (Bilanz und GuV) von I für Jahr 2

Konsolidiert man die vorstehend abgebildeten Buchungen – soweit diese Bestandskonten betreffen – in einer auf den 31.12. des Jahres 2 aufgestellten Bilanz, führt dies zu folgendem Ergebnis:

---

[52] Vgl. § 275 Abs. 2 Nr. 13 HGB.

2.2 Übungsaufgabe 2

Aktiva (Vermögen) in Euro (EUR)		Passiva (Kapital) in Euro (EUR)	
EDV-Anlage	8000	Eigenkapital	740.000
Provisions-Forderung	360.000		
Bankkonto	472.000	Darlehen	100.000
Bilanzsumme:	**840.000**		**840.000**

Konsolidiert man zudem die Buchungen auf den Ertrags- und Aufwandskonten im Rahmen einer nach dem Gesamtkostenverfahren (§ 275 Abs. 2 HGB) aufgestellten GuV, führt dies zu folgendem Ergebnis:

Gewinn – und Verlustrechnung		
Gesetzliche Bestimmung	**Posten**	**Betrag in Euro (EUR)**
§ 275 Abs. 2 Nr. 1 HGB	Umsatzerlöse (Provisionserlöse)	525.000
§ 275 Abs. 2 Nr. 6a HGB	Löhne und Gehälter	32.000
§ 275 Abs. 2 Nr. 7a HGB	Planmäßige Abschreibung der EDV-Anlage	2000
§ 275 Abs. 2 Nr. 7b HGB	Außerplanmäßige Abschreibung Forderung	6000
§ 275 Abs. 2 Nr. 8 HGB	Mietaufwand	30.000
§ 275 Abs. 2 Nr. 13 HGB	Zinsaufwand (als sonstige betriebliche Aufwendung)	5000
§ 275 Abs. 2 Nr. 16 HGB	Steuern vom Einkommen und Ertrag (hier nicht zu berücksichtigen)	Nach Aufgabenstellung unberücksichtigt
§ 275 Abs. 2 Nr. 17 HGB	Jahresüberschuss	450.000

2.2.3.5 Von I geschuldete Steuerarten

2.2.3.5.1 Gewerbesteuer

Als selbständige gewerbliche Unternehmerin mit einem Betrieb in Hamburg ist I gewerbesteuerpflichtig.[53] Die Gewerbesteuerpflicht entsteht unabhängig von der Rechtsform, in der ein gewerbliches Unternehmen betrieben wird. Entscheidend ist allein ein „stehender Gewerbebetrieb im Inland"[54].

---

[53] Dazu insbesondere auch § 5 Abs. 1 Satz 1 GewStG.
[54] Dazu § 2 Abs. 1 Satz 1 GewStG.

2.2.3.5.2 Einkommensteuer

Als Mensch – sogenannte „natürlich Person" – mit Wohnsitz[55] in Hamburg ist I zudem gemäß § 1 Abs. 1 Satz 1 EStG *„unbeschränkt einkommensteuerpflichtig."*[56] „Unbeschränkt einkommensteuerpflichtig" bedeutet, dass das gesamte, weltweit erzielte Einkommen von I in Deutschland der Einkommensteuer unterliegt. Zu diesem Einkommen zählen insbesondere auch diejenigen Einkünfte, die I durch den Betrieb des Maklerunternehmens erzielt. Da dieses Maklerunternehmen ein Gewerbebetrieb ist, sind die Einkünfte von I aus dem Maklerunternehmen einkommensteuerlich sogenannte *„Einkünfte aus Gewerbebetrieb"* im Sinn von § 2 Abs. 1 Nr. 2 und § 15 Abs. 1 Nr. 1 Satz 1 EStG.[57]

Im Unterschied zur Körperschaftsteuer tritt die Einkommensteuerbelastung jedoch nicht vollständig neben die Gewerbesteuerbelastung, sondern es kommt zu einer Wechselwirkung beider Steuerarten. Der Grund dafür ist § 35 Abs. 1 Nr. 1 EStG. Danach wird die Gewerbesteuerbelastung ganz oder teilweise durch einen Anrechnungsmechanismus kompensiert. Dieser führt zu einer Minderung der Einkommensteuerschuld von Steuerpflichtigen, die – wie I – Einkünfte aus Gewerbebetrieb erzielen.

2.2.3.5.3 Körperschaftsteuer

Eine Körperschaftsteuerpflicht von I kommt nicht in Betracht. Denn als Mensch fällt I nicht in den Kanon der in § 1 Abs. 1 KStG aufgezählten Körperschaftsteuersubjekte.

2.2.3.5.4 Umsatzsteuer

Da I im Inland– in Form von Vermittlungsleistungen– „sonstige Leistungen" gegen Entgelt (Provisionen) erbringt, schuldet I zudem Umsatzsteuer. Eine Einführung in die Besteuerung von Umsätzen erfolgt in den Kap. 7 und 8.

---

[55] Vgl. dazu § 8 AO.

[56] Wortlaut von § 1 Abs. 1 Satz 1 EStG.

[57] Dem Sachverhalt kann nicht entnommen werden, ob I neben den Einkünften aus Gewerbebetrieb i.S.v. § 2 Abs. 1 Nr. 2 EStG noch andere Arten von Einkünften erzielt. Das EStG kennt insgesamt 7 Einkunftsarten (§ 2 Abs. 1 Nr. 1–7 EStG). Erzielt ein/e Steuerpflichtige/r mehrere Einkunftsarten, werden diese zur *„Summe der Einkünfte"* (dazu § 2 Abs. 3 EStG) addiert. Die *„Summe der Einkünfte"* bildet dann die Grundlage zur Ermittlung der einkommensteuerrechtlichen Bemessungsgrundlage, dem sogenannten „zu versteuernden Einkommen", entsprechend den weiteren, in § 2 EStG geregelten Schritten. Eine weitergehende Einführung in die Einkommensteuer erfolgt in Kap. 10.

Literatur

Baumbach, Adolf, Hopt, Klaus, Kumpan, Christoph, Leyens, Patrick, Merkt, Hanno, und Roth, Markus. 2021. Handelsgesetzbuch, 40. Aufl. zit.: *Bearbeiter* in *Baumbach und Hopt*, Handelsgesetzbuch, 40. Aufl. 2021, §, Rdnr.

Grottel, Bernd, Schmidt, Stefan, Schubert, Wolfgang, und Störk, Ulrich, Hrsg. 2020. Beck'scher Bilanz-Kommentar, 12. Aufl., zit.: *Verfasser* in Beck'scher Bilanz-Kommentar, §, Rdnr.

Hommel, Michael, und Berndt, Thomas. 2000. Wertaufhellung und funktionales Abschlussstichtagsprinzip, DStR 2000, 1745 ff., zit.: *Hommel und Berndt*, DStR 2000, S.

3 Wesentliche Grundlagen kaufmännischer Rechnungslegung (II): Grundsätzliches zum Ansatz und zur Bewertung von Vermögensgegenständen und Verbindlichkeiten

Im vorangegangenen Kapitel wurde gezeigt, dass Geschäftsvorfälle in der kaufmännischen Buchführung folgende Fragen aufwerfen:

1. Was muss oder kann erfasst und im Rahmen eines Postens der Bilanz oder GuV angesetzt werden („Ansatz dem Grunde nach")? Und, wenn ein Ansatz erfolgt:
2. Mit welchem Wert muss der Ansatz gegebenenfalls erfolgen (Bewertung oder „Ansatz der Höhe nach")?

Die §§ 246 und 248 HGB enthalten unter der Überschrift „Ansatzvorschriften" einige grundlegende Regelungen zum „Ansatz dem Grunde nach". Die §§ 253 ff. HGB regeln den „Ansatz der Höhe nach", also Bewertungsfragen. Die in diesen gesetzlichen Bestimmungen enthaltenen Ansatz- und Bewertungsregelungen werden nachstehend zunächst kurz abstrakt und anschließend anhand der Übungsaufgabe 3 anwendungsbezogen dargestellt.

3.1 Ansatz dem Grunde nach

3.1.1 Grundsatz: GoB der Vollständigkeit

Für den Ansatz von Vermögensgegenständen, Schulden, Aufwand und Ertrag dem Grunde nach gilt der im ersten Satz von § 246 Abs. 1 HGB zum Ausdruck gebrachte GoB der Vollständigkeit. Danach sind grundsätzlich „*sämtliche Vermögensgegenstände,*

Schulden, ... sowie Aufwendungen und Erträge"[1] anzusetzen. Bevor darauf aufbauend erläutert wird, nach welchen Kriterien die Zuordnung von Vermögen und Schulden zu einem bestimmten Unternehmen erfolgt, ist auf eine praxisrelevante Ausnahme von diesem Vollständigkeitsgrundsatz hinzuweisen:

3.1.2 Ausnahme vom GoB der Vollständigkeit: Keine Bilanzierung schwebender Geschäfte

„Schwebende Geschäfte" sind auf Leistungsaustausch gerichtete Verträge, die – abgesehen von etwaigen unwesentlichen Nebenpflichten – noch nicht erfüllt wurden. Während dieses Schwebezustands ist grundsätzlich davon auszugehen, dass Leistung und Gegenleistung zwar wertmäßig kongruent sind, aber noch keine Vertragspartei einen Ertrag aus dem Geschäft realisiert hat. Aus einem schwebenden Geschäft – im Sinne eines von beiden Vertragsparteien noch unerfüllten, gegenseitigen Vertrags – sind daher weder Verbindlichkeiten noch Forderungen anzusetzen, sondern es gilt der Grundsatz „keine Bilanzierung schwebender Geschäfte"[2]. Nach Beendigung des Schwebezustands gelten dagegen die allgemeinen Regeln für die Zuordnung und den Ansatz von Vermögensgegenständen und Schulden. Diese Regeln werden nachfolgend erläutert:

3.1.3 Zuordnung von Schulden

Schulden sind die Kehrseite von Forderungen. Die Begriffe Verbindlichkeit und Pflicht können synonym für Schuld, die Begriffe Anspruch und Recht synonym für Forderung verwendet werden.[3]

Gläubiger	Schuldverhältnis[4]	Schuldner
Forderung		Verbindlichkeit
Anspruch		Schuld
Recht		Pflicht

---

[1] Wortlaut von § 246 Abs. 1 Satz 1 HGB.
[2] Vgl. dazu z. B. BFH, Beschluss vom 23.06.1997 (GrS 2/93).
[3] Vgl. dazu. Insbesondere auch § 241 Abs. 1 BGB.
[4] Der Begriff *„Schuldverhältnis"* wird in § 241 Abs. 1 Satz 1 BGB definiert als ein Verhältnis, kraft dessen ein/e Gläubiger/in berechtigt ist, von der/m Schuldner/in *„eine Leistung zu fordern."* (Wortlaut von § 241 Abs. 1 Satz 1 BGB). Ein Schuldverhältnis kann sowohl kraft Gesetzes entstehen als auch vertraglich begründet werden. Kraft Gesetzes entsteht ein Schuldverhältnis z. B. dann, wenn ein Marktteilnehmer (Verletzter) ein Patent eines anderen Marktteilnehmers

Die Zuordnung von Schulden ist weitgehend unproblematisch. In § 246 Abs. 1 Satz 3 HGB wird angeordnet, dass Schulden vom Schuldner zu passivieren sind. Schuldner einer Verbindlichkeit ist, wer vom Gläubiger der betreffenden Schuld, also dem Inhaber der mit der Verbindlichkeit korrespondierenden Forderung, bei Fälligkeit in Anspruch genommen werden kann. Das Fälligkeitsdatum als solches ist dagegen für die Frage der Zuordnung einer Verbindlichkeit unerheblich. Eine bereits entstandene Verbindlichkeit (Schuld) ist vom Schuldner auch dann zu passivieren, wenn sie erst in ferner Zukunft fällig ist.

3.1.4 Zuordnung von Vermögensgegenständen

3.1.4.1 Grundsätzlich ansetzbare (aktivierbare) Vermögensgegenstände

Ansatzfähige Vermögensgegenstände sind grundsätzlich alle materiellen und immateriellen Gegenstände, die als solche marktfähig, also auf andere Marktteilnehmer übertragbar und in Geldeinheiten bewertbar sind.[5] Weitgehend synonym mit dem Begriff „Vermögensgegenstand" wird – auch im Rahmen dieses Werks – der Begriff „Wirtschaftsgut" verwendet.

Materielle Vermögensgegenstände sind bewegliche Sachen (Waren) und unbewegliche Sachen (Immobilien). Immaterielle Vermögensgegenstände sind insbesondere

- Forderungen,
- Anteile an Gesellschaften (gesellschaftsrechtliche Beteiligungen),
- Schutzrechte (z. B. Patente, Urheberrechte, Halbleiter- und Sortenschutzrechte),
- die von Schutzrechten ten Immaterialgüter (z. B. Marken, Sorten, Formen und Erfindungen),

---

(Schutzrechtsinhaber) verletzt. Der/die Patentinhaber/in kann infolge der Verletzung kraft Gesetzes, nämlich auf Grundlage von § 139 Abs. 1 PatG, vom Verletzer fordern (und der Verletzer ist entsprechend verpflichtet), die Verletzung zukünftig zu unterlassen. Gesetzliche Schuldverhältnisse werden allein dadurch begründet, dass Marktteilnehmer die Voraussetzungen erfüllen, die in den jeweiligen gesetzlichen Anspruchsgrundlagen genannt werden. Ein vertragliches Schutzverhältnis wird dagegen durch eine rechtsverbindliche Vereinbarung zwischen zwei oder mehr Marktteilnehmerinnen über wechselseitig bestehende Rechte und Pflichten begründet. Bei Abschluss eines Kaufvertrags bedeutet dies z. B., dass der Verkäufer die Lieferung des Kaufgegenstands und dessen Übereignung an den/die Käufer/in schuldet, während die/der Käufer/in die Zahlung des Kaufpreises an die Verkäuferin schuldet.

[5] Unerheblich ist dagegen, ob die Bewertung in Geldeinheiten mit Unsicherheiten und/oder der Notwendigkeit einer Schätzung verbunden ist; vgl. dazu z. B. *Nestler*, GWR 2014, S. 121 ff., *Schülke*, DStR 2010, S. 992 ff.

- sonstige Informationen und Daten sowie
- Energie.

Für den Ansatz von Forderungen gilt ebenso wie für die Passivierung von Verbindlichkeiten, dass der Fälligkeitszeitpunkt unerheblich ist. Es muss jedoch absehbar sein, dass die Forderung zum Fälligkeitszeitpunkt durchsetzbar ist, der Schuldner also keine erheblichen Einwendungen oder Einreden erheben kann. Forderungen aus Lieferungen und/ oder sonstigen Leistungen – also Forderungen aus Umsatzgeschäften – sind daher erst mit Ausführung der Lieferung oder sonstigen Leistung anzusetzen.[6] Solange bei Umsatzgeschäften oder anderen gegenseitigen Verträgen noch keine Vertragspartei auch nur eine Teilleistung (unter Einschluss etwaiger Anzahlungen) erbracht hat, bleibt es dagegenbei dem Grundsatz „keine Bilanzierung schwebender Geschäfte".

3.1.4.2 Gesetzliche Zuordnungsregel

Die Zuordnung von Vermögensgegenständen ist unklarer als die Zuordnung und Passivierung von Schulden. Das liegt an der Zuordnungsregel, die § 246 Abs. 1 Satz 2 HGB für Vermögensgegenstände aufstellt. Danach sind Vermögensgegenstände von demjenigen Unternehmen zu erfassen, dem sie wirtschaftlich zuzurechnen sind. Es gilt der Grundsatz:

Die wirtschaftliche Betrachtungsweise dominiert, die rechtliche Betrachtungsweise ist nachrangig.[7]

Die wirtschaftliche Zuordnung eines Vermögensgegenstands zu einem Unternehmen richtet sich in erster Linie nach drei Kriterien. Diese drei Kriterien sind

1. die tatsächliche Sachherrschaft über einen Vermögensgegenstand,
2. die Nutzungsbefugnis und
3. die Risikoallokation.

Die tatsächliche Sachherrschaft über einen Vermögensgegenstand und die Möglichkeit, diesen zu nutzen, können ebenso bei anderen Marktteilnehmern als dem rechtlichen Eigentümer liegen wie das Risiko des zufälligen Untergangs. Dies soll anhand

---

[6] Vgl. dazu z. B. BFH, Urteil vom 08.09.2005 (IV R 40/04); *Schumacher*, DStR 1997, S. 1236 ff. (1237).

[7] Der Grundsatz „wirtschaftliche Betrachtungsweise geht vor rechtliche Betrachtungsweise" kommt in § 246 Abs. 1 Satz 2 HGB wie folgt zum Ausdruck: „*Vermögensgegenstände sind in der Bilanz des Eigentümers aufzunehmen; ist ein Vermögensgegenstand nicht dem Eigentümer, sondern einem anderen wirtschaftlich zuzurechnen, hat dieser ihn in seiner Bilanz auszuweisen.*" (Wortlaut § 246 Abs. 1 Satz 2 HGB).

3.1 Ansatz dem Grunde nach

des nachfolgenden Beispiels einer Lieferung von Waren unter Eigentumsvorbehalt[8] veranschaulicht werden:

> **Beispiel**
>
> Ein Sportartikelhersteller verkauft und liefert 1000 Paar Sportschuhe, deren Herstellung EUR 10 pro Paar gekostet hat, für EUR 20 pro Paar an einen Einzelhändler. Da der Einzelhändler die Sportschuhe jedoch erst nach deren Erhalt bezahlen muss und wird, erfolgt die Lieferung unter Eigentumsvorbehalt. Eine Veräußerung von Vermögensgegenständen unter Eigentumsvorbehalt bedeutet, dass die Übereignung der Vermögensgegenstände an den Erwerber unter der Bedingung erfolgt, dass der Veräußerer den Kaufpreis erhält. Der Einzelhändler wird mit Erhalt der Sportschuhe daher zwar (noch) nicht deren Eigentümer, kann die Sportschuhe jedoch gleichwohl an Verbraucher weiterverkaufen und damit wirtschaftlich nutzen. Mit Übergabe der Sportschuhe an den Einzelhändler kommt es zudem gemäß § 446 Abs. 1 BGB zum Übergang der Preisgefahr auf den Einzelhändler.[9] Der Sportartikelhersteller bucht die Lieferung der Sportschuhe daher wie folgt, weil die Sportschuhe bereits mit Übergabe dem Einzelhändler zuzuordnen sind:[10]

Soll		an	Haben	
Forderung	EUR 20.000		Umsatzerlöse	EUR 20.000
Verminderung des Bestands an fertigen Erzeugnissen[11]	EUR 10.000		Fertige Erzeugnisse und Waren[12]	EUR 10.000

---

[8] Unter „Eigentumsvorbehalt" wird in der Regel eine Vereinbarung zwischen dem Verkäufer (Lieferanten) und dem Käufer (Erwerber) von Waren verstanden, nach welcher der Verkäufer dem Käufer die Ware nur unter der aufschiebenden Bedingung übereignet, dass der Käufer den Kaufpreis vollständig zahlt (vgl. § 449 Abs. 1 BGB).

[9] Gemäß § 446 S. 1 BGB gilt: *„Mit der Übergabe der verkauften Sache geht die Gefahr des zufälligen Untergangs und der zufälligen Verschlechterung auf den Käufer über."* Der Übergang der Preisgefahr wird folglich allein durch die *„Übergabe"* bewirkt. Dagegen ist nicht erforderlich, dass der Kaufgegenstand an den Käufer übereignet wird (vgl. dazu z. B. *Saenger* in *Schulze*, Bürgerliches Gesetzbuch, 10. Auflage 2019, § 449, Rdnr. 6).

[10] Fragen der Umsatzsteuer bleiben an dieser Stelle entsprechend der Aufgabenstellung (noch) vollständig außer Betracht.

[11] Der Abgang der Sportschuhe beim Sportartikelhersteller stellt für sich betrachtet Aufwand (da vermögensmindernd) dar. Im Rahmen einer nach dem Gesamtkostenverfahren erstellten GuV wird dieser Abgang im Posten „Erhöhung oder Verminderung des Bestands an fertigen und unfertigen Erzeugnissen" (§ 275 Abs. 2 Nr. 2 HGB) konsolidiert.

[12] Das Konto fertige Erzeugnisse und Waren (vgl. § 266 Abs. 2 B I 3. HGB) ist ein aktives Bestandskonto. Da die Auslieferung der Sportschuhe an den Käufer den Bestand auf diesem aktiven Bestandskonto des Verkäufers mindert, muss das aktive Bestandskonto „fertige Erzeugnisse und Waren" im Haben gebucht werden. Denn Abgänge (Minderungen) auf aktiven Bestandskonten sind im Haben zu buchen.

Der Sportartikelhersteller (Verkäufer) bucht die Sportschuhe also mit Übergabe an den Einzelhändler aus. Der Käufer (Einzelhändler) bucht den Erhalt der Sportschuhe damit korrespondierend „spiegelbildlich" wie folgt:

Soll		an	Haben	
Fertige Erzeugnisse und Waren[13]	EUR 20.000		Verbindlichkeiten aus Lieferungen und Leistungen[14]	EUR 20.000

Nach diesen Buchungen werden die Sportschuhe in der Bilanz des Einzelhändlers erfasst, obwohl dieser die Kaufpreisverbindlichkeit gegenüber dem Sportartikelhersteller noch nicht ausgeglichen hat und daher auch (noch) nicht Eigentümer der Sportschuhe ist. Bei wirtschaftlicher Betrachtungsweise sind die Sportschuhe dennoch dem Einzelhändler zuzuordnen. Denn ab Erhalt der Sportschuhe übt der Einzelhändler (Käufer) die tatsächliche Sachherrschaft über die Sportschuhe aus und ist zu deren Nutzung – in Form eines Weiterverkaufs – berechtigt. Darüber hinaus trägt der Einzelhändler ab Erhalt der Sportschuhe unabhängig von den Eigentumsverhältnissen das Risiko eines zufälligen Untergangs, weil die sogenannte „Preisgefahr"[15] mit Lieferung auf den Käufer übergeht. Sollte das Lager des Käufers abbrennen und die Sportschuhe dabei zerstört werden, müsste der Käufer (Einzelhändler) den Kaufpreis gleichwohl an den Verkäufer (Sportartikelhersteller) zahlen. Deshalb erfolgt die Aktivierung der Sportschuhe in der Bilanz des Einzelhändlers, obwohl diese (noch) dem Verkäufer gehören. ◀

3.1.4.3 Derivativer Geschäftswert

Das in § 246 Abs. 1 HGB zum Ausdruck gebrachte Vollständigkeitsgebot schließt auch den Ansatz sogenannter „derivativer Geschäftswerte" ein. Zu derivativen Geschäftswerten

---

[13] Mit Eingang der Lieferung erhöht sich der Warenbestand des Einzelhändlers (Käufers). Da der Warenbestand auf einem aktiven Bestandskonto erfasst wird und Zugänge auf aktiven Bestandskonten im Soll zu buchen sind, wird das aktive Bestandskonto „fertige Erzeugnisse und Waren" des Käufers im Soll mit EUR 20.000 gebucht. Die EUR 20.000 (umsatzsteuerliche Fragen bleiben an dieser Stelle außer Betracht) stellen aus Sicht des Käufers die Anschaffungskosten der Sportschuhe im Sinn der §§ 253 Abs. 1 Satz 1, 255 Abs. 1 Satz 1 HGB dar. Denn der Käufer hatte Aufwendungen (zunächst in Form des Zugangs einer Verbindlichkeit gegenüber dem Verkäufer) in Höhe von EUR 20.000, um die Sportschuhe zu erwerben.

[14] Verbindlichkeiten gegenüber Lieferanten – in § 266 Abs. 3 C IV HGB „*Verbindlichkeiten aus Lieferungen und Leistungen*" genannt – ist ein passives Bestandskonto. Zugänge auf passiven Bestandskonten – hier der Zugang der Kaufpreisschuld gegenüber dem Sportartikelhersteller – sind im Haben zu buchen.

[15] Die „*Preisgefahr*" – auch „Gegenleistungsgefahr" genannt – ist das Risiko eines Käufers, den Kaufpreis vollständig zahlen zu müssen, „*auch wenn die Sache nach Vertragsschluss durch Zufall beschädigt wird oder untergeht.*" (*Heinemeyer*, NJW 2019, S. 1025 ff. [1025]).

kommt es, wenn ein für den Erwerb eines Unternehmens gezahlter Kaufpreis die Werte der übernommenen Vermögensgegenstände übersteigt.[16]

Solche Differenzen zwischen der Summe der Werte aller Vermögensgegenstände eines Unternehmens einerseits und dem Unternehmenswert beruhen auf der Herangehensweise an die Ermittlung von Unternehmenswerten. Nach verbreiteter Herangehensweise richtet sich der Wert eines Unternehmens nach dessen „Zukunftserfolgswert".[17]

Maßgeblich für den Zukunftserfolgswert ist die Fähigkeit eines Unternehmens, zukünftig ausschüttbare Überschüsse zu erwirtschaften.[18] Das zukünftige Ertragspotential eines Unternehmens kann jedoch erheblich höher sein als die Summe der Werte aller Vermögensgegenstände, welche die Substanz des Unternehmens ausmachen. Deshalb ist es nichts ungewöhnlich, dass der für den Erwerb eines Unternehmens gezahlte Kaufpreis über der Summe der Werte aller Vermögensgegenstände liegt, die der Erwerber vom Veräußerer übernimmt.

Soweit der für den Erwerb eines Unternehmens gezahlte Kaufpreis die Werte der übernommenen Vermögensgegenstände übersteigt, entfällt der Kaufpreis folglich auf das – letztlich nicht greifbare, da immaterielle – „Ertragspotenzial" des Unternehmens. In Wissenschaft und Praxis wird dieses Ertragspotenzial verschiedentlich auch als „Goodwill", „Geschäftswert" oder „Firmenwert" bezeichnet.[19]

In § 246 Abs. 1 Satz 4 HGB wird klargestellt: Auch ein solcher entgeltlich erworbener und deshalb „derivativer" Geschäftswert ist zu aktivieren, also in der Bilanz abzubilden, und zwar als *„zeitlich begrenzt nutzbarer Vermögensgegenstand."*[20] Das bedeutet: Der Wert derivativer Geschäftswerte sinkt im Lauf der Zeit und muss daher abgeschrieben werden.[21] Um dies zu verdeutlichen, sind Ansatz und Abschreibung eines derivativen Geschäftswerts auch Gegenstand der nachfolgenden Übungsaufgabe 3.

3.1.5 Bilanzierungsverbote

Dass immaterielle Gegenstände aktiviert werden können und müssen, gilt trotz des GoB der Vollständigkeit nicht ausnahmslos. In § 248 HGB werden verschiedene Bilanzansätze mit immaterieller Basis ausdrücklich untersagt. Danach dürfen Aufwendungen

---

[16] Vgl. dazu z. B. *Preißer/Preißer*, DStR 2011, S. 133 ff. (133).
[17] Vgl. dazu z. B. *Barthel*, DStR 2010, S. 1198 ff.; *Liebscher* in *Drinhausen/Eckstein*, Beck`sches Handbuch der AG, 3. Auflage 2018, Rdnr. 161 ff.
[18] Dazu z. B. BGH, Urteil vom 08.11.2017 (XII ZR 108/16) NJW 2018, S. 61 ff. (62); *Kröll* in *Weitnauer*, Handbuch Venture Capital, 6. Auflage 2019, Rdnr. 85 ff.
[19] Vgl. dazu z. B. *Sigloch/Keller/Meffert* in *Michalski/Heidinger/Leible/J.Schmidt*, GmbH-Gesetz, 3. Auflage 2017, Anhang §§ 41-42a, Rdnr. 656.
[20] Wortlaut von § 246 Abs. 1 Satz 4 HGB.
[21] Zum Abschreiben von Wirtschaftsgütern vgl. Ziffer 3.2.3.

für die Gründung eines Unternehmens, die Beschaffung von Eigenkapital, den Abschluss von Versicherungsverträgen und die Entwicklung eigener Marken, Drucktitel, Verlagsrechte, Kundenlisten und vergleichbarer immaterieller Gegenstände des Anlagevermögens nicht aktiviert werden. Diese Aufwendungen dürfen demnach nicht gegen aktive Bestandskonten gebucht werden. Das folgende Beispiel soll dies verdeutlichen:

> **Beispiel**
>
> Ein Unternehmen plant den Vertrieb eines neu entwickelten Diagnostikums unter der Marke „QUIZT". Das Unternehmen beantragt deshalb beim DPMA die Eintragung der Marke „QUIZT" in das Markenregister und muss dafür Gebühren in Höhe von EUR 500 an das DPMA überweisen. Obwohl die Marke QUIZT ein grundsätzlich verkehrsfähiger[22] und bewertbarer Vermögensgegenstand des Anlagevermögens ist, darf die Zahlung der Gebühren wegen § 248 Abs. 2 Satz 2 HGB nicht wie folgt gebucht werden:
>
> | Soll | | an | Haben | |
> |-------|---------|----|-------|---------|
> | Marke | EUR 500 | | Bank | EUR 500 |
>
> Vielmehr muss die Zahlung der Gebühren wegen § 248 Abs. 2 Satz 2 HGB als Aufwand erfasst werden, z. B. wie folgt:
>
> | Soll | | an | Haben | |
> |-------------------|---------|----|-------|---------|
> | Marketingaufwand[23] | EUR 500 | | Bank | EUR 500 |

3.1.6 Ansatzwahlrechte

Zwischen den in § 246 HGB vorgesehenen Ansatzpflichten und den Aktivierungsverboten in § 248 Abs. 1 und Abs. 2 Satz 2 HGB steht das Aktivierungswahlrecht, das § 248 Abs. 2 Satz 1 HGB für selbstgeschaffene immaterielle Vermögensgegenstände des Anlagevermögens vorsieht. Danach kann – muss aber nicht – ein Unternehmen einen

---

[22] Aus § 27 Abs. 1 MarkenG folgt, dass der Inhaber einer Marke diese an einen anderen Marktteilnehmer abtreten (übertragen) kann.

[23] In der GuV wird Marketingaufwand im Posten „*sonstige betriebliche Aufwendungen*" (§ 275 Abs. 2 Nr. 8 bzw. Abs. 3 Nr. 7 HGB) konsolidiert.

3.1 Ansatz dem Grunde nach

Aktivposten z. B. für folgende Immaterialgüter bilden, wenn diese dem Anlagevermögen zuzuordnen und vom Unternehmen selbst geschaffen worden sind:

- Urheber- und verwandte Schutzrechte, z. B. die Nutzungs- und Verwertungsrechte eines Filmherstellers am Filmwerk[24],
- die Rechte an einer Datenbank[25],
- Patente und Gebrauchsmuster sowie
- die Rechte an einem eingetragenen Design oder einem Gemeinschaftsgeschmacksmuster.

Voraussetzung für die Zuordnung eines Vermögensgegenstands zum Anlagevermögen ist – so sieht es § 247 Abs. 2 HGB vor – dessen Bestimmung, *„dauernd dem Geschäftsbetrieb zu dienen."*[26] Die Zweckbestimmung ist danach entscheidend für die Zuordnung eines Vermögensgegenstands zum Umlauf- oder zum Anlagevermögen. Zum Umlaufvermögen gehören *„diejenigen Wirtschaftsgüter, deren Zweck im Verbrauch oder der Weiterveräußerung liegt."*[27] Dem Anlagevermögen sind dagegen diejenigen Vermögensgegenstände zuzuordnen, die – unmittelbar oder mittelbar – mehrfach für Umsatzgeschäfte genutzt werden sollen.

Beispiel

Produziert z. B. eine Filmproduzentin ein Filmwerk mit der Absicht, dieses anschließend über verschiedene Vertriebs- und Lizenzkanäle zu verwerten (Kinos, TV-Sender, Streamingdienste), sind die Rechte am Filmwerk dem Anlagevermögen zuzuordnen. Betrugen die Herstellungskosten des Films EUR 2.000.000, hat die Filmproduzentin 2 Möglichkeiten, die Herstellung des Films in der Rechnungslegung abzubilden. Zum einen können die Filmherstellungskosten wie folgt als Aufwand gebucht werden:

Soll		an	Haben	
Aufwand für die Herstellung des Films, z. B. die Vergütung von Schauspielern[28]	EUR 2.000.000		Bank	EUR 2.000.000

---

[24] Dazu insbesondere auch § 89 UrhG.
[25] Vgl. dazu insbesondere § 87 b UrhG.
[26] Wortlaut von § 247 Abs. 2 HGB.
[27] BFH, Urteil vom 26.11.1974 (VIII R 61–62/73), BStBl II 1975, S. 352.
[28] In der GuV wird dieser Aufwand im Posten *„sonstige betriebliche Aufwendungen"* (§ 275 Abs. 2 Nr. 8 bzw. Abs. 3 Nr. 7 HGB) konsolidiert.

Alternativ erlaubt § 248 Abs. 2 Satz 1 HGB der Filmproduzentin die Aktivierung der Filmrechte, ohne diese zwingend vorzuschreiben. Die Filmrechte können bei entsprechender Ausübung des Wahlrechts von der Filmproduzentin z. B. wie folgt aktiviert (eingebucht) werden:

Soll		an	Haben	
Rechte am Filmwerk[29]	EUR 2.000.000		Andere aktivierbare Eigenleistungen[30]	EUR 2.000.000

Die 2. Alternative, die Aktivierung der Rechte an Filmen im Umfang der Herstellungskosten, führt zu einem im Vergleich zur 1. Alternative höheren Eigenkapital und damit einem entsprechend positiveren Ergebnis der GuV im betreffenden Geschäftsjahr. Allerdings kann das von § 248 Abs. 2 Satz 1 HGB eingeräumte Wahlrecht nicht willkürlich ausgeübt werden, sondern nur unter Beachtung des Grundsatzes der „Ansatzstetigkeit".[31] Denn gemäß § 246 Abs. 3 Satz 1 HGB gilt: *„Die auf den vorhergehenden Jahresabschluss angewandten Ansatzmethoden sind beizubehalten."*[32] Die vom Unternehmen einmal getroffene Entscheidung, selbst geschaffene immaterielle Vermögensgegenstände des Anlagevermögens anzusetzen oder nicht anzusetzen, ist daher grundsätzlich auch in weiteren Geschäftsjahren zu beachten und umzusetzen.[33]

Dass die Rechte am Filmwerk in der 2. Alternative in Höhe der Kosten angesetzt werden, die für die Herstellung des Films anfielen, ist keine Selbstverständlichkeit, sondern folgt aus § 253 Abs. 1 HGB und damit einer der zentralen gesetzlichen Bewertungsvorschriften. Auf diese wird daher im Folgenden ein erster Blick gerichtet:

---

[29] In der Bilanz gehen diese in den Posten „*Selbst geschaffene gewerbliche Schutzrechte und ähnliche Rechte und Werte*" (§ 266 Abs. 2 A.I.2. HGB) ein.

[30] Im Sinn von § 275 Abs. 2 Nr. 3 HGB.

[31] Dazu z. B. *Morck/Drüen* in *Koller/Kindler/Roth/Drüen*, HGB, 9. Auflage 2019, § 246, Rdnr. 16.

[32] Wortlaut § 246 Abs. 3 Satz 1 HGB.

[33] Vgl. z. B. *Merkt* in *Baumbach/Hopt*, Handelsgesetzbuch, 40. Auflage 2021, § 246, Rdnr. 29; aus dem in § 246 Abs. 3 Satz 2 enthaltenen Verweis auf § 252 Abs. 2 HGB folgt jedoch, dass eine einmal über die Ausübung des Ansatzwahlrechts getroffene Entscheidung später aus berechtigten Gründen ausnahmsweise auch wieder revidiert werden kann.

3.2 Bewertung (Ansatz der Höhe nach)

3.2.1 Verbindlichkeiten (Schulden)

Die Bewertung von Verbindlichkeiten ist – zumindest im Grundsatz – ebenso unspektakulär wie die Frage, wer eine Verbindlichkeit anzusetzen (zu passivieren) hat. Der Schuldner einer Verbindlichkeit muss diese grundsätzlich in Höhe des Erfüllungsbetrags ansetzen.[34] Etwas komplexer ist dagegen die Bewertung von Vermögensgegenständen.

3.2.2 Vermögensgegenstände

3.2.2.1 Grundsatz: Anschaffungs- oder Herstellungskosten

Ein Unternehmen muss einen Vermögensgegenstand spätestens dann in Euro[35] bewerten, wenn der Vermögensgegenstand dem Unternehmen erstmals wirtschaftlich zuzuordnen ist, Dann muss der Vermögensgegenstand in der Buchhaltung und Bilanz des Unternehmens erfasst, also „eingebucht" werden. Der Wert eines Vermögensgegenstands bei dessen erstmaliger Einbuchung wird auch „Zugangswert" genannt.[36] Gemäß § 253 Abs. 1 Satz 1 HGB sind bei Zugang eines Vermögensgegenstands grundsätzlich entweder dessen Anschaffungs- oder dessen Herstellungskosten anzusetzen.

3.2.2.2 Anschaffungskosten

3.2.2.2.1 Gesetzliche Regelung

Ein Ansatz in Höhe der Anschaffungskosten erfolgt, wenn ein bereits bestehender Vermögensgegenstand von einem anderen Marktteilnehmer gegen Entgelt oder eine andere Gegenleistung erworben wird. Die „Anschaffungskosten" umfassen *„die Aufwendungen, die geleistet werden, um einen Vermögensgegenstand zu erwerben und ihn in einen betriebsbereiten Zustand zu versetzen, soweit sie dem Vermögensgegenstand einzeln zugeordnet werden können."* In dieser gesetzlichen Definition des Begriffs

---

[34] Dazu § 253 Abs. 1 Satz 2 HGB.
[35] Dies folgt zwar nicht unmittelbar aus § 244 HGB, weil dort nur der Jahresabschluss genannt wird, nicht jedoch auch die Buchhaltung.
[36] So z. B. *Schubert/Gadek* in Beck'scher Bilanz-Kommentar, 12. Auflage 2020, § 255 HGB, Rdnr. 1.

Anschaffungskosten kommt ein wichtiger Grundsatz zum Ausdruck, der Anschaffungskosten maßgeblich von Herstellungskosten unterscheidet: Der

3.2.2.2.2 Grundsatz der „Einzelzuordenbarkeit"[37]

Unter der Voraussetzung der Einzelzuordenbarkeit „*gehören auch die Nebenkosten sowie die nachträglichen Anschaffungskosten*" zu den Anschaffungskosten eines Vermögensgegenstands. „Dagegen sind *Anschaffungspreisminderungen, die dem Vermögensgegenstand einzeln zugeordnet werden können…. abzusetzen.*"[38] Dies Anwendung dieser Regeln soll zunächst anhand des folgenden Beispiels veranschaulicht werden:

> **Beispiel**
>
> Ein Unternehmen kauft ein Grundstück mit Gebäude für insgesamt EUR 1.500.000. Von dem Kaufpreis entfallen EUR 1.000.000 auf das Grundstück und EUR 500.000 auf das Gebäude.[39] Die Kosten der notariellen Beurkundung des Kaufvertrags betragen EUR 15.000. Die anfallende Grunderwerbsteuer beträgt EUR 75.000.
>
> Unmittelbar im Anschluss an den Erwerb wendet das Unternehmen noch Handwerkerkosten in Höhe von EUR 470.000 für Renovierung und Umbau des Gebäudes auf, um dessen Räume für die Zwecke des Unternehmens nutzbar zu machen. Nach Abschluss der Umbau- und Renovierungsarbeiten ist das Grundstück mit insgesamt EUR 1.060.000 und das Gebäude mit Anschaffungskosten in Höhe von insgesamt EUR 1.000.000 anzusetzen, die sich jeweils wie folgt zusammensetzen:
>
> | Anschaffungskosten | Grundstück | Gebäude |
> |---|---|---|
> | Kaufpreis (anteilig) | EUR 1.000.000 | EUR 500.000 |
> | Beurkundungskosten (anteilig) | EUR 10.000 | EUR 5000 |
> | Grunderwerbsteuer (anteilig) | EUR 50.000 | EUR 25.000 |
> | Handwerkerkosten | EUR 0 | EUR 470.000 |
> | **Insgesamt:** | **EUR 1.060.000** | **EUR 1.000.000** |

---

[37] Vgl. dazu z. B. *Schubert/Gadek* in Beck'scher Bilanz-Kommentar, 12. Auflage 2020, § 255, Rdnr. 28.

[38] Wortlaut von § 255 Abs. 1 HGB.

[39] Rechtlich bilden das Grundstück und das darauf befindliche Gebäude gemäß § 94 Abs. 1 Satz 1 BGB eine einheitliche Sache. Nach der für die Rechnungslegung maßgeblichen wirtschaftlichen Betrachtungsweise werden Grundstück und Gebäude jedoch getrennt erfasst und unabhängig voneinander abgeschrieben. Das Gebäude ist ein zeitlich begrenzt nutzbarer Vermögensgegenstand und deshalb planmäßig abzuschreiben. Als zeitlich grundsätzlich unbegrenzt nutzbarer Vermögensgegenstand wird das Grundstück dagegen nicht planmäßig abgeschrieben, sondern allenfalls außerplanmäßig, z. B. im Fall einer Kontaminierung.

3.2 Bewertung (Ansatz der Höhe nach)

Der Gesamtkaufpreis in Höhe von EUR 1.500.000 ist im Verhältnis der jeweiligen Teilwerte auf Grundstück und Gebäude zu verteilen.[40] Die Gebühren des Notars gehen als Kosten der Beurkundung des Kaufvertrags ebenso als Nebenkosten in die Anschaffungskosten ein wie die anfallende Grunderwerbsteuer („Anschaffungsnebenkosten"). Die Handwerkerkosten sind nachträgliche Anschaffungskosten. Denn die Tätigkeit der Handwerker war erforderlich, um das Gebäude in betriebsbereiten Zustand zu versetzen. ◄

3.2.2.2.3 Unmittelbarkeit

Dagegen zählen Aufwendungen, die nicht unmittelbar dazu dienen, den Vermögensgegenstand aus der Vermögenssphäre eines anderen Marktteilnehmers heraus in die eigene zu überführen, nicht zu den Anschaffungskosten.[41] Nicht zu den Anschaffungskosten zählen deshalb z. B. Finanzierungskosten[42] und die Kosten für Reisen, die zur Suche nach einem geeigneten Vermögensgegenstand gemacht wurden. Hat das Unternehmen im vorangegangenen Beispiel z. B. ein Darlehen aufgenommen, um den Kaufpreis für das Grundstück zu finanzieren, stellen die dafür geschuldeten Zinsen keine (nachträglichen) Anschaffungskosten dar.[43] Der Abfluss der Zinsbeträge wäre weder gegen („an") das Grundstück noch gegen das Gebäude zu buchen, also auf keinem aktiven Bestandskonto zu erfassen. Stattdessen wäre der Zinsabfluss auf dem Aufwandskonto für Zinsen und ähnliche Aufwendungen zu erfassen.[44]

3.2.2.2.4 Anschaffungskosten für Forderungen

Bei der Bewertung von Forderungen ist zwischen dem Erwerb bereits bestehender Forderungen im Weg der Abtretung einerseits und der originären Begründung von Forderungen andererseits zu differenzieren. Erwirbt ein Unternehmen eine bereits bestehende Forderung, z. B. im Rahmen eines Factoring[45]-Geschäfts, ist die Forderung in Höhe des Werts der dafür entrichteten Gegenleistung anzusetzen

---

[40] Vgl. dazu z. B. *Schubert/Gadek* in *Beck'scher Bilanz-Kommentar*, 12. Auflage 2020, § 255, Rdnr. 81 ff.

[41] Vgl. dazu z. B. BFH, Urteil vom 10.03.1981 (VIII R 195/77).

[42] Zinsen für Fremdkapital dienen allenfalls mittelbar der Beschaffung von Vermögensgegenständen und sind daher grundsätzlich nicht in die Anschaffungskosten mit einzubeziehen; so z. B. *Schubert/Hutzler* in Beck'scher Bilanz-Kommentar, 12. Auflage 2020, § 255, Rdnr. 501.

[43] Vgl. dazu z. B. *Schubert/Gadek*, in Beck'scher Bilanz-Kommentar, 12. Auflage 2020, § 255, Rdnr. 22.

[44] Vgl. dazu § 275 Abs. 2 Nr. 13 sowie Abs. 3 Nr. 12 HGB.

[45] Unter „Factoring" wird im deutschen Recht *„der laufende Ankauf von Forderungen auf der Grundlage von Rahmenverträgen mit oder ohne Rückgriff"* (§ 1 Abs. 1a Nr. 9 KWG) verstanden.

("Anschaffungswertprinzip"[46]). Für neu begründete Forderungen gilt dagegen Folgendes:

3.2.2.2.4.1 Realisierung von Gewinnen

Forderungen aus dem Verkauf, der Vermietung, Lizensierung oder Verpachtung von Vermögensgegenständen oder der Erbringung von Dienstleistungen sind in Höhe des Nennbetrags anzusetzen. Dies gilt grundsätzlich unabhängig davon, ob die Forderung gegen Umsatzerlöse[47] oder als sonstiger betrieblicher Ertrag gebucht wird. In beiden Fällen erfolgt eine Gewinnrealisierung im Sinn von § 252 Abs. 1 Nr. 4 Halbsatz 2 HGB.

3.2.2.2.4.2 Darlehensforderungen

Forderungen auf Darlehensrückzahlung sind in Höhe des Rückzahlungsbetrags anzusetzen. Dies gilt auch dann, wenn das Darlehen unverzinslich ist[48] oder ein Disagio (Damnum) einbehalten wird.[49] Das Disagio ist vom Darlehensgeber jedoch durch einen zugleich mit der Valutierung des Darlehens zu bildenden, passiven Rechnungsabgrenzungsposten („PRAP") zu kompensieren, der über die Laufzeit des Darlehens aufzulösen ist.[50] Rechnungsabgrenzungsposten – passive wie aktive – werden im übernächsten Kapitel näher betrachtet.

3.2.2.2.5 Bewertungsvereinfachungsverfahren

Die vorstehend dargestellten Grundsätze zeigen: Für die Ermittlung und Buchung der Anschaffungskosten eines Vermögensgegenstands bestehen grundsätzlich keine Wahlmöglichkeiten. Eine gewisse Ausnahme von diesem Grundsatz gilt lediglich für die Bewertung gleichartiger Vermögensgegenstände des Vorratsvermögens.[51] Gemäß § 256 HGB kann bei Bewertung gleichartiger Vermögensgegenstände des Vorratsvermögens abweichend vom tatsächlichen Durchlauf alternativ unterstellt werden, dass

- die zuerst angeschafften Vermögensgegenstände zuerst verbraucht oder veräußert worden sind („*first in first out*" – kurz „*fifo*") oder
- die zuletzt angeschafften Vermögensgegenstände zuerst verbraucht oder veräußert worden sind („*last in first out*" – kurz „*lifo*").

---

[46] Vgl. dazu z. B. *Schubert/Gadek* in Beck'scher Bilanz-Kommentar, 12. Auflage 2020, § 255, Rdnr. 250 und 251.
[47] Der Begriff „Umsatzerlöse" wird in § 277 Abs. 1 HGB gesetzlich definiert.
[48] So z. B. BFH, Urteil vom 23.04.1995 (I R 236/72), NJW 1975, S. 1990 ff.
[49] Vgl. dazu z. B. BFH, Urteil vom 21.05.1993 (VIII R 1/91), NJW 1994, S. 1431 ff.
[50] Vgl. dazu z. B. BFH, Urteil vom 21.05.1993 (VIII R 1/91), NJW 1994, S. 1431 ff.
[51] Damit sind die unter § 266 Abs. 2 B.1. Nr. 1–3 fallenden Vermögensgegenstände gemeint.

3.2 Bewertung (Ansatz der Höhe nach)

Beispielsweise kann die *fifo*-Bewertung bei fallenden Preisen zu Zugangswerten über und bei steigenden Preisen zu Zugangswerten unter den tatsächlichen Anschaffungskosten gleichartiger Vermögensgegenstände des Vorratsvermögens führen. Damit wird – in den von den GoB gesetzten Grenzen[52] – zumindest ein gewisser Gestaltungsspielraum im Hinblick auf die Anschaffungskosten gleichartiger Vermögensgegenstände des Vorratsvermögens eröffnet.

3.2.2.3 Herstellungskosten

3.2.2.3.1 Begriff

Eine Bewertung in Höhe der Herstellungskosten wird erforderlich, sobald ein Unternehmen einen
zuvor nicht existierenden Vermögensgegenstand selbst herstellt. Gemäß § 255 Abs. 2 HGB umfassen die Herstellungskosten „*die Aufwendungen, die durch den Verbrauch von Gütern und die Inanspruchnahme von Diensten für die Herstellung eines Vermögensgegenstands, seine Erweiterung oder für eine über seinen ursprünglichen Zustand hinausgehende wesentliche Verbesserung entstehen. Dazu gehören die Materialkosten, die Fertigungskosten und die Sonderkosten der Fertigung sowie angemessene Teile der Materialgemeinkosten, der Fertigungsgemeinkosten und des Werteverzehrs des Anlagevermögens, soweit dieser durch die Fertigung veranlasst ist. Bei der Berechnung der Herstellungskosten dürfen angemessene Teile der Kosten der allgemeinen Verwaltung sowie angemessene Aufwendungen für soziale Einrichtungen des Betriebs, für freiwillige soziale Leistungen und für die betriebliche Altersversorgung einbezogen werden, soweit diese auf den Zeitraum der Herstellung entfallen. Forschungs- und Vertriebskosten dürfen nicht einbezogen werden.*"[53]

Im Gegensatz zu einem Wertansatz in Höhe der Anschaffungskosten eröffnet ein Wertansatz in Höhe der Herstellungskosten folglich gewisse Wahlmöglichkeiten. Denn die Kosten der allgemeinen Verwaltung und für soziale Einrichtungen des Betriebs können, müssen aber nicht – in angemessenem Umfang – als Herstellungskosten angesetzt werden. Alternativ können diese Kosten ergebnismindernd als Aufwand gebucht werden. Von dieser Wahlmöglichkeit kann jedoch nicht willkürlich Gebrauch gemacht werden, sondern nur unter Beachtung des GoB der Kontinuität und Stetigkeit.[54] Eine in einem Geschäftsjahr gewählte Praxis darf daher im nächsten Geschäftsjahr nicht grundlos geändert werden. Dies gilt auch für eine – im Rahmen von § 255 Abs. 3 Satz 2 HGB ausnahmsweise zulässige – Einbeziehung von Zinsen für Fremdkapital.

---

[52] Die Zugrundelegung einer *fifo* oder *lifo* Bewertung steht gemäß § 256 Satz 1 HGB ausdrücklich unter dem Vorbehalt der Vereinbarkeit mit den Grundsätzen ordnungsmäßiger Buchführung.
[53] Wortlaut von § 255 Abs. 2 HGB.
[54] Dazu bereits unter 2.1.4.9; vgl. dazu auch § 252 Abs. 1 Nr. 6 HGB.

Grundsätzlich sind Zinsen für Fremdkapital weder als Anschaffungs- noch als Herstellungskosten ansatzfähig. Während ein Ansatz als Anschaffungskosten am Kriterium der Unmittelbarkeit scheitert, wird ein Ansatz von Zinsen für Fremdkapital als Herstellungskosten von § 255 Abs. 3 Satz 1 HGB sogar ausdrücklich untersagt – zumindest grundsätzlich. Aber von diesem Grundsatz gibt es Ausnahmen. Denn nach § 255 Abs. 3 Satz 2 HGB dürfen „*Zinsen für Fremdkapital, das zur Finanzierung der Herstellung eines Vermögensgegenstands verwendet wird,*" ausnahmsweise „*angesetzt werden, soweit sie auf den Zeitraum der Herstellung entfallen.*"[55] Bei entsprechendem Zusammenhang mit der Herstellung eines konkreten Vermögensgegenstands besteht folglich auch für die (nur) während des Herstellungszeitraums anfallenden Zinsen die Option einer Zuordnung zu den Herstellungskosten.

Keine Wahlmöglichkeit besteht dagegen für Forschungs- und Vertriebskosten. Diese dürfen nicht als Herstellungskosten aktiviert werden. Für die Zugangswerte selbst hergestellter Vermögensgegenstände besteht daher zusammengefasst folgender Bewertungsspielraum:

Zusammensetzung von Herstellungskosten		
Mindest-Herstellungskosten: **Einbeziehungspflicht**	**Einzelkosten:**	Material- und Fertigungseinzelkosten sowie gegebenenfalls Sonderkosten der Fertigung
	Gemeinkosten:	Angemessene Teile der Material- und Fertigungsgemeinkosten und des Werteverzehrs des Anlagevermögens
Herstellungskosten**unter**grenze		
Fakultative Herstellungskosten: **Einbeziehungswahlrecht**		Angemessene Teile der Kosten der allgemeinen Verwaltung sowie für soziale Einrichtungen des Betriebs
		Zinsen für Fremdkapital ausnahmsweise unter den in § 255 Abs. 3 Satz 2 HGB genannten Voraussetzungen
Herstellungskosten**ober**grenze		
Einbeziehungsverbot		Kosten für Forschung und Vertrieb

3.2.2.3.2 Bewertungsvereinfachungsverfahren

Für die Bewertung selbst hergestellter, gleichartiger Vermögensgegenstände des Vorratsvermögens können Unternehmen dieselben Vereinfachungsmethoden anwenden wie beim Ansatz der Anschaffungskosten solcher Vermögensgegenstände im Fall eines

---

[55] Wortlaut von § 255 Abs. 3 Satz 2 HGB.

Erwerbs von Dritten. Gemäß § 256 Satz 1 HGB können auch die Herstellungskosten gleichartiger Vermögensgegenstände des Vorratsvermögens – in den Grenzen der GoB – auf *fifo*- oder der *lifo*-Basis angesetzt werden.

3.2.3 Abschreibungen

3.2.3.1 Bedeutung

Wenn der Wert eines – angeschafften oder hergestellten – Vermögensgegenstands durch Verschleiß oder aus anderen Gründen sinkt, ist diese Wertminderung in der Rechnungslegung abzubilden. Die Abbildung von Wertverlusten entspricht dem GoB der Wahrheit. Erfasst und gebucht werden solche Wertverluste in Form so genannter „Abschreibungen". Synonym mit dem Begriff Abschreibung wird – auch im Rahmen dieses Werks – die primär im Steuerrecht genutzte Begriff „Absetzung für Abnutzung oder Substanzverringerung" – kurz „AfA" – benutzt.

Weil Wertverluste buchhalterisch Aufwand sind, sind Abschreibungen im Soll zu buchen. Im Haben wird dagegen das aktive Bestandskonto gebucht, auf dem der Vermögensgegenstand erfasst ist, dessen Wert sinkt („aktive Bestandskonten wachsen im Soll und sinken im Haben"). Sinkt z. B. der Wert eines betrieblichen Kfz nutzungsbedingt in einem bestimmten Betrachtungszeitraum um EUR 5000, ist dieser Wertverlust wie folgt zu buchen:

Soll		an	Haben	
Abschreibung Kfz[56]	EUR 5000		Kfz	EUR 5000

Welche konkreten Abschreibungsregeln für einen Vermögensgegenstand gelten, hängt von dessen Zuordnung zum Anlage- oder zum Umlaufvermögen ab. Zum Anlagevermögen gehören diejenigen Vermögensgegenstände, die mehrfach für Umsatzgeschäfte genutzt, also z. B. wiederholt in der Verwaltung oder zur Produktion oder Akquise eingesetzt werden sollen. Dem Umlaufvermögen sind dagegen Vermögensgegenstände zuzuordnen, deren Zweckbestimmung sich in einer einmaligen Nutzung, im Abverkauf oder – im Fall von Forderungen[57] aus Lieferungen oder sonstigen Leistungen – im Einzug erschöpft.

---

[56] Im Jahresabschluss wird dieses Konto dann in der GuV im Posten „Abschreibungen auf immaterielle Vermögensgegenstände des Anlagevermögens und Sachanlagen" (§ 275 Abs. 2 Nr. 7a HGB) konsolidiert.

[57] Etwas anderes gilt z. B. für Darlehensforderungen, deren Zweck darin besteht, wiederholt Zinserträge zu generieren.

3.2.3.2 Abschreibung von Vermögensgegenständen des Anlagevermögens

Die Abschreibung von Vermögensgegenständen des Anlagevermögens wird insbesondere in § 253 Abs. 3 HGB geregelt. Danach ist zwischen zeitlich begrenzt und zeitlich unbegrenzt nutzbaren Vermögensgegenständen des Anlagevermögens zu unterscheiden. Zeitlich begrenzt nutzbare Vermögensgegenstände des Anlagevermögens müssen planmäßig und erforderlichenfalls auch außerplanmäßig abgeschrieben werden. Für zeitlich unbegrenzt nutzbare Vermögensgegenstände des Anlagevermögens sind – im Fall eines entsprechenden Wertverlusts – nur außerplanmäßige Abschreibungen vorgesehen.

3.2.3.2.1 Planmäßige Abschreibungen

Die Abschreibung von Vermögensgegenständen, die dem Anlagevermögen zuzuordnen und nur zeitlich begrenzt nutzbar sind[58], muss grundsätzlich nach Maßgabe eines Plans erfolgen („planmäßige Abschreibung"). Dieser Plan muss *„die Anschaffungs- oder Herstellungskosten auf die Geschäftsjahre verteilen, in denen der Vermögensgegenstand voraussichtlich genutzt werden kann."*[59] Diese Umlage des Zugangswerts eines Vermögensgegenstands muss in betriebswirtschaftlich begründbarer und den GoB entsprechender Weise erfolgen.

3.2.3.2.1.1 Lineare Abschreibung

Besonders praxisrelevant[60] ist die planmäßige Abschreibung in gleichen Jahresbeträgen, die sogenannte „lineare" Abschreibung. Bei linearer Abschreibung wird der Zugangswert des Vermögensgegenstands[61] durch die Zahl der voraussichtlichen Nutzungsjahre dividiert und dann jährlich im Umfang dieses Quotienten abgeschrieben. Schafft ein Unternehmen z. B. einen Rechner für EUR 5000 an und plant, diesen 5 Jahre zu nutzen, wird der Rechner bei linearer Abschreibung über einen Zeitraum von 5 Jahren jährlich mit folgendem Betrag abgeschrieben:

EUR 5000 (Zugangswert): 5 (Zahl der Nutzungsjahre) = EUR 1000 (Abschreibung pro Jahr).

3.2.3.2.1.2 Alternativen

Alternativ zur linearen Abschreibung erlaubt das HGB weitere Abschreibungsmethoden, die mit den handelsrechtlichen GoB vereinbar sind. Bei Vermögensgegenständen, deren

---

[58] Vgl. dazu § 253 Abs. 3 Satz 1 HGB.
[59] Wortlaut von § 253 Abs. 3 Satz 2 HGB.
[60] Die Praxisrelevanz der linearen Abschreibung folgt insbesondere aus § 7 Abs. 1 EStG.
[61] Der Zugangswert eines Vermögensgegenstands entspricht dessen Anschaffungs- oder Herstellungskosten.

3.2 Bewertung (Ansatz der Höhe nach)

Wertverlust pro Zeiteinheit zu Beginn der betrieblichen Nutzung überproportional hoch ist kommt auch eine degressive Abschreibung mit fallenden Beträgen in Betracht.

Ebenfalls mit den GoB vereinbar ist z. B. die sogenannte „Leistungsabschreibung". Danach erfolgt die Abschreibung eines Vermögensgegenstands jeweils in Höhe desjenigen Anteils am Zugangswert, der dem Quotienten aus dem mit dem Vermögensgegenstand bislang tatsächlich erzielten Output und dem mit dem Vermögensgegenstand voraussichtlich insgesamt erzielbaren Output entspricht. Wird z. B. ein Kfz für EUR 25.000 mit voraussichtlicher Gesamtfahrleistung von 250.000 km angeschafft und werden im ersten Nutzungsjahr 60.000 km zurückgelegt, wäre am Ende des ersten Nutzungsjahrs wie folgt abzuschreiben:

Soll		an	Haben	
(Leistungs-)Abschreibung Kfz	EUR 6000[62]		Kfz	EUR 6000

3.2.3.2.2 Außerplanmäßige Abschreibung

Liegen Umstände vor, welche die Prognose begründen, dass der tatsächliche Verkehrswert eines Vermögensgegenstands auf absehbare Dauer unter dem (bisherigen) Buchwert liegen wird, ist der Vermögensgegenstand außerplanmäßig auf diesen niedrigeren Wert abzuschreiben.[63] Wird z. B. ein betriebliches Kfz mit einem Buchwert von EUR 15.000 bei einem Unfall beschädigt und sinkt dessen Verkehrswert daher auf EUR 5000, ist das Kfz unabhängig von der weiteren voraussichtlichen Nutzungsdauer wie folgt außerplanmäßig abzuschreiben:

Soll		an	Haben	
Außerplanmäßige Abschreibung Kfz	EUR 10.000		Kfz	EUR 10.000

Die Pflicht zur außerplanmäßigen Abschreibung ist jedoch nicht auf zeitlich begrenzt nutzbare Vermögensgegenstände des Anlagevermögens beschränkt. Sie gilt für sämtliche Vermögensgegenstände des Anlagevermögens, wenn und sobald es zu außerplanmäßigen Wertverlusten kommt.

3.2.3.2.3 Abschreibung von Umlaufvermögen

Die Abschreibung von Vermögensgegenständen des Umlaufvermögens wird insbesondere in § 253 Abs. 4 HGB geregelt. Dort ist das sogenannte „Niederstwertprinzip"

---

[62] Der Abschreibungsbetrag in Höhe von EUR 6000 folgt aus einer gleichmäßigen Verteilung der Anschaffungskosten in Höhe von EUR 25.000 auf die voraussichtliche Gesamtfahrleistung. Damit entfallen auf jeden Euro Anschaffungskosten eine erwartete Fahrleistung von 10 km. Auf 60.000 gefahrene km entfällt damit ein Abschreibungsbetrag in Höhe von EUR 6000.

[63] Dazu § 253 Abs. 3 Satz 5 HGB.

verankert, das Ausfluss des Vorsichtsprinzips (Imparitätsgrundsatz) ist[64]. Danach sind Abschreibungen auf Vermögensgegenstände des Umlaufvermögens *„vorzunehmen, um diese mit einem niedrigeren Wert anzusetzen, der sich aus einem Börsen- oder Marktpreis am Abschlussstichtag ergibt. Ist ein Börsen- oder Marktpreis nicht festzustellen und übersteigen die Anschaffungs- oder Herstellungskosten den Wert, der den Vermögensgegenständen am Abschlussstichtag beizulegen ist, so ist auf diesen Wert abzuschreiben."*[65]

Diese gesetzliche Bestimmung bringt den GoB der Imparität (Imparitätsprinzip) in Form des sogenannten „Niederstwertprinzips" zum Ausdruck. Vereinfacht ausgedrückt gilt danach für Vermögensgegenstände des Umlaufvermögens folgendes: Sinkt deren Verkehrswert unter den (bisherigen) Buchwert[66], ist auf den Verkehrswert abzuschreiben. Der Verkehrswert ist dann der niedere „beizulegende Wert"[67]. Damit können die Abschreibungspflichten wie folgt zusammengefasst werden:

3.2.3.2.4 Zusammenfassung

Vermögens-Kategorie	Beispiel	Abschreibung
Zeitlich unbegrenzt nutzbares Anlage-vermögen	Grundstücke, Beteiligungen an Gesellschaften, Marken[68]	Nur außerplanmäßig, wenn entsprechende Umstände vorliegen
Zeitlich begrenzt nutzbares Anlage-vermögen	Maschinen, Kfz, sonstige Hardware, Patente[69], derivative Geschäftswerte[70]	Plan- und erforderlichenfalls außerplanmäßig
Umlaufvermögen	Rohstoffe, fertige Erzeugnisse, Forderungen aus Lieferungen und Leistungen	Auf Verkehrswert (Marktwert, Marktpreis) am Abschlussstichtag

---

[64] Vgl. dazu z. B. *Merkt* in *Baumbach/Hopt*, Handelsgesetzbuch, 40. Auflage 2021, § 253, Rdnr. 18.

[65] Wortlaut von § 253 Abs. 4 HGB.

[66] Der bisherige Buchwert entspricht grundsätzlich den Anschaffungs- oder Herstellungskosten der Vermögensgegenstände des Umlaufvermögens (abzüglich etwa bereits vorgenommener ab- und zuzüglich anschließend etwa wieder erfolgter Zuschreibungen).

[67] Vgl. dazu z. B. *Böcking/Gros/Wirth* in *Ebenroth/Boujong/Joost/Strohn*, Handelsgesetzbuch, 4. Auflage 2020, § 255, Rdnr. 73 ff.

[68] Im Gegensatz zu anderen Immaterialgüterschutzrechten können Marken zeitlich unbegrenzt aufrechterhalten werden.

[69] Patente, die auf Grundlage des Patentgesetzes (PatG) oder des Europäischen Patentübereinkommens (EPÜ) erteilt werden, haben eine Dauer/Laufzeit von 20 Jahren (vgl. § 16 PatG sowie Art. 63 Abs. 1 EPÜ).

[70] Dass derivative Geschäftswerte als zeitlich begrenzt nutzbare Vermögensgegenstände gelten, folgt ausdrücklich aus § 246 Abs. 1 Satz 4 HGB. Kann die voraussichtliche Nutzungsdauer nicht verlässlich geschätzt werden, sind derivative Geschäftswerte gemäß § 253 Abs. 3 Sätze 3,4 über einen Zeitraum von 10 Jahren abzuschreiben.

3.2.3.3 Wertaufholung

Ist ein Vermögensgegenstand des Anlagevermögens außerplanmäßig oder Umlaufvermögen auf einen niedrigeren beizulegenden Wert abgeschrieben worden, sind später einsetzende Werterholungen in Form von Zuschreibungen (Wertaufholung) zu berücksichtigen. Allerdings darf durch die Zuschreibung maximal die zuvor erfolgte außerplanmäßige Abschreibung (im Fall von Anlagevermögen) bzw. Abschreibung auf den niedrigeren beizulegenden Wert (im Fall von Umlaufvermögen) kompensiert werden.

Die Wertaufholung darf nicht dazu führen, dass der Buchwert eines Vermögensgegenstands dessen ursprüngliche und gegebenenfalls um planmäßige Abschreibungen verringerte Anschaffungs- oder Herstellungskosten übersteigt.[71] Die Anwendung zumindest eines Teils der bis zu diesem Punkt dargestellten Rechnungslegungsregeln kann anhand des nachfolgenden Übungsfalls 3 praktiziert werden.

3.3 Übungsaufgabe 3

3.3.1 Fallszenario

Geschäftsmodell der Software-GmbH („S-GmbH") ist die Entwicklung und Lizensierung von Softwarelösungen für Unternehmen sowie die Bereitstellung von Serverkapazität und Software im Rahmen von Cloud-Angeboten. Der Betrieb der S-GmbH befindet sich in angemieteten Geschäftsräumen in Berlin. Die monatlich geschuldete Miete beträgt EUR 20.000.

Zahlungen von der und an die S-GmbH erfolgen ausschließlich über das Bankkonto der S-GmbH. Die Eröffnungsbilanz der S-GmbH für das betrachtete Geschäftsjahr hat folgenden Inhalt:

Aktiva (Vermögen) in Euro (€)		Passiva (Kapital) in Euro (€)	
Rechte an Software	4.000.000	Eigenkapital	5.500.000
Technische Anlagen und Maschinen (Hardware)	3.000.000		
Forderungen aus Lieferungen und Leistungen	2.000.000	Bankdarlehen	4.000.000
		Verbindlichkeiten aus Lieferungen und Leistungen	500.000
Bankguthaben	1.000.000		
Bilanzsumme:	**10.000.000**		**10.000.000**

---

[71] Vgl. dazu z. B. *Störk/Taetzner* in Beck'scher Bilanz Kommentar, 12. Auflage 2020, § 253, Rdnr. 648.

Die Rückzahlung des Bankdarlehens ist erst am Ende des übernächsten Geschäftsjahrs fällig. Bis zu diesem Endfälligkeitszeitpunkt muss die S-GmbH Zinsen in Höhe von 5 % *p.a.* an die darlehensgebende Bank zahlen. Die Zinsen werden von der darlehensgebenden Bank am Ende jedes Kalenderjahrs vom Bankguthaben der S-GmbH abgebucht.

Zu Beginn des Geschäftsjahrs hat die S-GmbH einschließlich der Geschäftsführer 15 Mitarbeiter mit einem durchschnittlichen Bruttojahresgehalt in Höhe von EUR 120.000. Die Gehälter werden in jeweils 12 gleichen Teilen am Ende jedes Monats ausgezahlt. Kein Mitarbeiter verlässt das Unternehmen während des betrachteten Geschäftsjahrs.

Die Softwarerechte der S-GmbH haben zu Beginn des Geschäftsjahres eine voraussichtliche Restnutzungsdauer von 5 Jahren. Hardware wird von der S-GmbH in der Regel 5 Jahre lang genutzt, bevor sie veraltet und wertlos ist. Die S-GmbH beschafft in jedem Kalenderjahr neue Hardware im Umfang der Abschreibungen. Ende des Geschäftsjahres sind noch Verbindlichkeiten gegenüber Hardware-Lieferanten im Umfang von EUR 300.000 offen. Wenn möglich schreibt die S-GmbH Vermögensgegenstände linear ab.

Zu Beginn des Geschäftsjahrs gleichen sämtliche Kunden der S-GmbH die noch offenen Verbindlichkeiten gegenüber der S-GmbH aus Lieferungen und Leistungen aus. Zudem erfüllt die S-GmbH sämtliche ihren Lieferanten gegenüber bestehenden Verbindlichkeiten aus Lieferungen und Leistungen.

Zu Beginn des Geschäftsjahres beschlossen die Geschäftsführer der S-GmbH, Kunden zukünftig auch die Erstellung von Webshops anzubieten. Zum Erwerb des dafür erforderlichen Know-hows treten die Geschäftsführer der S-GmbH an Herrn V heran. V bietet – ebenfalls von Berlin aus – unter der eingetragenen Marke „BETechShop" IT-Dienstleistungen im Bereich Webshops an. V hat 2 Arbeitnehmer. Deren Bruttojahresgehalt beträgt jeweils EUR 100.000. V will in den Ruhestand übertreten und sein Geschäft daher verkaufen. V vereinbart mit den Geschäftsführern die Veräußerung des Geschäfts von V an die S-GmbH mit Wirkung zum 01. Juli des Geschäftsjahres auf Grundlage folgender Bedingungen:

- Zahlung eines Kaufpreises in Höhe von EUR 600.000 von der S-GmbH an V;
- Übernahme der Marke „BETechShop" durch die S-GmbH;
- Übernahme der Hardware aus dem Betriebsvermögen von V;
- Übergang der Arbeitsverhältnisse mit den beiden Arbeitnehmern von V auf die S-GmbH;[72]

---

[72] Die Arbeitsverhältnisse mit den beiden Arbeitnehmern würden gemäß § 613a Abs. 1 BGB auch dann auf die S-GmbH übergehen, wenn dies im Vertrag zwischen V und der S-GmbH nicht geregelt wird.

3.3 Übungsaufgabe 3

- Bekanntgabe des Übergangs des Betriebs von V auf die S-GmbH an sämtliche Kunden von V am Abend des 30. Juni verbunden mit der Bitte, zukünftig der S-GmbH das Vertrauen zu schenken und neue Aufträge an die S-GmbH zu erteilen;
- 2-jähriges Wettbewerbsverbot zulasten von V, verbunden mit der Pflicht von V, auf die Bestandskunden werbend mit dem Ziel einzuwirken, dass zukünftige Aufträge an die S-GmbH erteilt werden.

Nach der – realistischen und zutreffenden – Einschätzung der S-GmbH beträgt der Wert der Marke BETechShop EUR 95.000. Der Verkehrswert der von V übernommenen Hardware beträgt zum 01. Juli des laufenden Geschäftsjahres noch EUR 5000, deren restliche Nutzungsdauer noch 2,5 Jahre. Der Erwerb dieser Hardware von V erfolgt bei der S-GmbH zusätzlich zu den ohnehin jedes Jahr getätigten Anschaffungen neuer Hardware im Umfang der Abschreibungen.

Mit Wirkung zum 01. Juli des betrachteten Geschäftsjahrs vollziehen die S-GmbH und V den vereinbarten Unternehmenserwerb. V überträgt sein Unternehmen wie vereinbart auf die S-GmbH und erhält im direkten Gegenzug EUR 600.000 per Banküberweisung.

Im Verlauf des Geschäftsjahres erzielt die S-GmbH Erlöse aus der Lizensierung von Software in Höhe von EUR 15.000.000. Am Ende des Geschäftsjahres waren noch Lizenzforderungen gegen Kunden in Höhe von EUR 1.500.000 offen.

3.3.2 Übungsaufgaben und -fragen

Buchen Sie sämtliche im Sachverhalt mitgeteilten Geschäftsvorfälle der S-GmbH! Umsatz- und andere steuerrechtliche Fragen können und sollen dabei vollständig außer Betracht bleiben. Zur Vereinfachung können i) Mietzahlungen und ii) Gehaltszahlungen jeweils in einer Buchung zusammengefasst werden. Lohn- und sozialversicherungsrechtliche Fragen können und sollen dabei ebenfalls außer Betracht bleiben. Zudem kann die Anschaffung neuer Hardware im Umfang der jährlichen Abschreibungen in einer Buchung zusammengefasst werden.

Erstellen Sie anschließend die Bilanz sowie die GuV der S-GmbH nach dem Gesamtkostenverfahren für das betrachtete Geschäftsjahr!

3.3.3 Mögliche Antworten zu den Übungsaufgaben und -fragen

3.3.3.1 Buchung der Geschäftsvorfälle des laufenden Geschäftsjahres

3.3.3.1.1 Einnahmen auf bestehende Forderungen

Das betrachtete Geschäftsjahr beginnt mit den Zahlungseingängen auf die ausstehenden Forderungen. Die Geldeingänge (Einnahmen) in Höhe von insgesamt EUR 2.000.000

auf dem Bankkonto der S-GmbH haben Auswirkungen auf die aktiven Bestandskonten „Bankguthaben" (Anstieg) und „Forderungen aus Lieferungen und Leistungen" (Abgang). Diese sind wie folgt zu buchen:

Soll		an	Haben	
Bankguthaben	EUR 2.000.000		Forderungen aus Lieferungen und Leistungen	EUR 2.000.000

3.3.3.1.2 Erfüllung bestehender Verbindlichkeiten

Auf der anderen Seite gleicht die S-GmbH zu Beginn des Geschäftsjahres die bestehenden Verbindlichkeiten aus Lieferungen und Leistungen im Umfang von EUR 500.000 aus. Die damit verbundenen Ausgaben (Geldabflüsse) haben folgende Auswirkungen auf das aktive Bestandskonto „Bankguthaben" (Abgang) und das passive Bestandskonto „Verbindlichkeiten aus Lieferungen und Leistungen" (ebenfalls Abgang):

Soll		an	Haben	
Verbindlichkeiten aus Lieferungen und Leistungen	EUR 500.000		Bankguthaben	EUR 500.000

3.3.3.1.3 Erlöse aus der Lizensierung von Software

Des Weiteren erzielt die S-GmbH im Geschäftsjahr EUR 15.000.000 aus der Lizensierung von Software. Dass aus diesem Betrag am Ende des Geschäftsjahres noch Forderungen in Höhe von insgesamt EUR 1.500.000 offen sind, bedeutet im Umkehrschluss, dass die S-GmbH die übrigen EUR 13.500.000 im Geschäftsjahr vereinnahmt hat (Geldzufluss). Damit können die Erlöse aus der Lizensierung von Software in folgender Buchung zusammengefasst werden:

Soll		an	Haben	
Bankguthaben[73]	EUR 13.500.000		Umsatzerlöse	EUR 15.000.000
Forderungen aus Lieferungen und Leistungen	EUR 1.500.000			

---

[73] Den Geldeingängen auf dem Bankkonto der S-GmbH dürfte zunächst die Begründung entsprechender Forderungen gegen die betreffenden Kunden vorangegangen sein. Die Erfüllung dieser Forderungen durch Überweisung der geschuldeten Beträge auf das Bankkonto der S-GmbH führte dann wieder zum Erlöschen dieser Forderungen. Denkbar ist auch, dass die Kunden Vorauszahlungen geleistet haben. Fest steht lediglich, dass von den EUR 15.000.000 jedenfalls EUR 13.500.000 bei der S-GmbH in Form von Geldzuflüssen eingegangen sein müssen.

3.3.3.1.4 Gehaltszahlungen an die bereits zu Beginn des Geschäftsjahres beschäftigten Mitarbeiter

Die Gehälter der 15 bereits zu Beginn des Geschäftsjahres bei der S-GmbH beschäftigten Mitarbeiter betragen insgesamt 15 × EUR 120.000 = EUR 1.800.000. Da lohn- und sozialrechtliche Fragen außer Betracht bleiben sollen, kann die Zahlung der Gehälter während des betrachteten Geschäftsjahres an die 15 Bestandsmitarbeiter in folgender Buchung zusammengefasst werden:

Soll		an	Haben	
Personalaufwand	EUR 1.800.000		Bankguthaben	EUR 1.800.000

3.3.3.1.5 Mietzahlungen für Geschäftsraumnutzung

Die von der S-GmbH kalendermonatlich zu leistenden Mietzahlungen in Höhe von EUR 20.000 führen zu entsprechenden Abgängen vom Bankguthaben der S-GmbH. Die während des Geschäftsjahrs abfließenden Mietzahlungen in Höhe von insgesamt (12 × EUR 20.000 =) EUR 240.000 können in folgender Buchung zusammengefasst werden:

Soll		an	Haben	
Mietaufwand	EUR 240.000		Bankguthaben	EUR 240.000

3.3.3.1.6 Beschaffung neuer Hardware

Aus der Eröffnungsbilanz des Geschäftsjahres folgt, dass die S-GmbH Hardware im Gesamtwert von EUR 3.000.000 einsetzt. Deren Nutzungsdauer beträgt in der Regel 5 Jahre. Der alters- und verschleißbedingte Wertverlust der Hardware der S-GmbH beträgt folglich in jedem Geschäftsjahr:

$$EUR\ 3.000.000 : 5\ Jahre = EUR\ 600.000/Jahr$$

Da die S-GmbH jedes Jahr neue Hardware im Umfang der Abschreibungen erwirbt, muss davon ausgegangen werden, dass die S-GmbH auch im betrachteten Geschäftsjahr neue Hardware für EUR 600.000 anschafft. Daraus, dass insoweit noch Verbindlichkeiten gegenüber Hardware-Lieferanten in Höhe von EUR 300.000 offen sind, folgt, dass die anderen EUR 300.000 bereits an die betreffenden Hardware-Lieferanten gezahlt (überwiesen) worden sein müssen.

Diese Ausgaben in Höhe von EUR 300.000 sind also bereits vom Bankkonto der S-GmbH abgeflossen. Die Beschaffung neuer Hardware mit Anschaffungskosten in Höhe von insgesamt EUR 600.000 kann daher in folgender Buchung zusammengefasst werden:

Soll		an	Haben	
Technische Anlagen und Maschinen (Hardware)	EUR 300.000		Bankguthaben	EUR 300.000
			Verbindlichkeiten aus Lieferungen und Leistungen	EUR 300.000

3.3.3.1.7 Erwerb des Unternehmens von V

Im Rahmen des Erwerbs des Unternehmens von V entfallen lediglich EUR 100.000 aus dem insgesamt EUR 600.000 betragenen Kaufpreis auf konkrete Wirtschaftsgüter, nämlich EUR 95.000 auf die Marke BETechShop sowie EUR 5000 auf die von V übernommene Hardware. Die übrigen EUR 500.000 werden für den von V aufgebauten und von der S-GmbH übernommenen „Goodwill" und das zusätzliche Ertragspotenzial gezahlt, welches auch mit den beiden übernommenen Arbeitnehmern verbunden ist. Im Umfang von EUR 500.000 entfällt der von der S-GmbH gezahlte Kaufpreis und daher auf einen „derivativen Geschäftswert". Der Erwerb des Unternehmens von V kann von der S-GmbH daher wie folgt gebucht werden:

Soll		an	Haben	
Marke BETechShop	EUR 95.000		Bankguthaben	EUR 600.000
Hardware	EUR 5000			
Derivativer Geschäftswert	EUR 500.000			

3.3.3.1.8 Zahlung der Gehälter an die von V übernommenen Arbeitnehmer

Die Arbeitsverhältnisse der beiden bis einschließlich 30. Juni von V beschäftigten Arbeitnehmer gingen nach § 613a Abs. 1 Satz 1 BGB mit Wirkung zum 01. Juli des betrachteten Geschäftsjahrs auf die S-GmbH über. Die S-GmbH muss die beiden Arbeitnehmer daher ab dem 01. Juli beschäftigen und deren Gehälter zahlen. Die Gehaltszahlungen an die beiden von V übernommenen Arbeitnehmer für die zweite Hälfte des Geschäftsjahres können – ohne Berücksichtigung lohn- und sozialversicherungsrechtlicher Fragen – in folgender Buchung zusammengefasst werden:

Soll		an	Haben	
Personalaufwand	EUR 100.000		Bankguthaben	EUR 100.000

3.3.3.1.9 Darlehenszinsen

Die Abbuchung der Darlehenszinsen in Höhe von 5 % aus EUR 4.000.000 (= EUR 200.000) ist in der Buchführung der S-GmbH wie folgt abzubilden:

Soll		an	Haben	
Zinsaufwand	EUR 200.000		Bankguthaben	EUR 200.000

3.3.3.1.10 Abschreibungen

Zu den letzten Buchungen jedes Geschäftsjahrs gehören zudem die Abschreibungen. Die lineare Abschreibung der bereits zu Beginn des Geschäftsjahrs vorhandenen Soft- und Hardware der S-GmbH erfolgt nach folgender Formel:

Abschreibungsbetrag = Wert zu Beginn des Geschäftsjahrs: Zahl der Restnutzungsjahre.

Da die (Rest-)Nutzungsdauer sowohl der bereits vorhandenen Hardware (Bestand) als auch der Softwarerechte jeweils 5 Jahre beträgt, sind im betrachteten Geschäftsjahr abzuschreiben

- die Rechte an Software um EUR 4.000.000: 5 (Restnutzungsjahre) = EUR 800.000 und
- die Hardware um EUR 3.000.000: 5 (durchschnittliche Nutzungsdauer) = EUR 600.000.

Zudem ist die weitere, von V zum 01.07. des Geschäftsjahrs übernommene Hardware im Umfang des in der zweiten Geschäftsjahreshälfte eingetretenen Wertverlusts abzuschreiben. Bei einer voraussichtlichen Restnutzungsdauer von 2,5 Jahren führt dies bei linearer Abschreibung zu einem Abschreibungsbetrag in Höhe von EUR 1000 pro Halbjahr.

Etwas komplexer als die Abschreibung der Soft- und Hardware ist die Abschreibung des von V erworbenen, derivativen Geschäftswerts. Aus § 246 Abs. 1 Satz 4 HGB folgt zwar, dass dieser derivative Geschäftswert als beschränkt nutzbarer Vermögensgegenstand gilt und deshalb abzuschreiben ist. Jedoch ist jedoch die Frage nach der voraussichtlichen Nutzungsdauer nicht einfach zu beantworten: Wie lange profitiert die S-GmbH von dem „Goodwill", also z. B. vom „guten Ruf am Markt", der von V „übernommen" wurde?

Weil die Antwort auf diese Frage allenfalls geschätzt werden kann, bietet das HGB eine – wenn auch realitätsferne – Lösung: Kann die voraussichtliche Nutzungsdauer eines derivativen Geschäftswerts nicht verlässlich geschätzt werden, ist dieser gemäß § 253 Abs. 3 Sätze 2 und 4 HGB über einen Zeitraum von 10 Jahren planmäßig abzuschreiben. Bei linearer Abschreibung entfiele auf den von V übernommenen derivativen Geschäftswert auf die zweite Hälfte des betrachteten Geschäftsjahrs der S-GmbH folglich noch ein Abschreibungsbetrag in Höhe von EUR 25.000. Damit können die Abschreibungen der S-GmbH für das betrachtete Geschäftsjahr wie folgt zusammengefasst werden:

Soll		an	Haben	
AfA Rechte an Software	EUR 800.000		Rechte an Software	EUR 800.000
AfA Hardware (Bestand)	EUR 600.000		Hardware	EUR 600.000
AfA Hardware (von V erworben)	EUR 1000		Hardware	EUR 1000
AfA DGW	EUR 25.000		Derivativer Geschäftswert	EUR 25.000

3.3.3.2 Bilanz zum Ende des Geschäftsjahrs

Konsolidiert man die vorstehend abgebildeten Buchungen – soweit diese Bestandskonten betreffen – in einer auf den 31.12. des betrachteten Geschäftsjahres aufgestellten Bilanz der S-GmbH, führt dies zu folgendem Ergebnis:

Aktiva (Vermögen) in Euro (€)		Passiva (Kapital) in Euro (€)	
Derivativer Geschäftswert	475.000	Eigenkapital	16.734.000
Marke BTechShop	95.000		
Rechte an Software	3.200.000		
Technische Anlagen und Maschinen (Hardware)	3.004.000		
Forderungen aus Lieferungen und Leistungen	1.500.000	Bankdarlehen	4.000.000
Bankguthaben	12.760.000	Verbindlichkeiten aus Lieferungen und Leistungen	300.000
Bilanzsumme:	**21.034.000**		**21.034.000**

3.3.3.3 GuV für das betrachtete Geschäftsjahr

Konsolidiert man die Buchungen auf den Ertrags- und Aufwandskonten während des betrachteten Geschäftsjahrs im Rahmen einer nach dem Gesamtkostenverfahren (§ 275 Abs. 2 HGB) aufgestellten GuV, führt dies zu folgendem Ergebnis:

Gewinn – und Verlustrechnung		
Gesetzliche Bestimmung	Posten	Betrag in Euro (€)
§ 275 Abs. 2 Nr. 1 HGB	Umsatzerlöse (Lizenzerlöse)	15.000.000
§ 275 Abs. 2 Nr. 8 HGB	Mietaufwand	240.000
§ 275 Abs. 2 Nr. 6a HGB	Löhne und Gehälter	1.900.000
§ 275 Abs. 2 Nr. 7a HGB	Abschreibung DGW	25.000
§ 275 Abs. 2 Nr. 7a HGB	Abschreibung Software	800.000
§ 275 Abs. 2 Nr. 7a HGB	Abschreibung Hardware	601.000

Gewinn – und Verlustrechnung

Gesetzliche Bestimmung	Posten	Betrag in Euro (€)
§ 275 Abs. 2 Nr. 13 HGB	Zinsaufwand (als sonstige betriebliche Aufwendung)	200.000
§ 275 Abs. 2 Nr. 16 HGB	Steuern vom Einkommen und Ertrag (hier nicht zu berücksichtigen)	Nach Aufgabenstellung unberücksichtigt
§ 275 Abs. 2 Nr. 17 HGB	Jahresüberschuss	11.234.000

Literatur

Barthel, Carl. 2010. Unternehmenswert: Prognosen, Phasen und Probleme, DStR 2010, 1198 ff., zit.: *Barthel*, DStR 2010, S.

Baumbach, Adolf, Klaus Hopt, Christoph Kumpan, Patrick Leyens, Hanno Merkt, und Markus Roth. 2021. Handelsgesetzbuch, 40. Aufl. 2021, zit.: *Bearbeiter* in *Baumbach und Hopt*, Handelsgesetzbuch, 40. Aufl. 2021, §, Rdnr.

Drinhausen, Florian, und Hans-Martin Eckstein. 2018. Beck'sches Handbuch der AG, 3. Aufl. 2018, zit.: *Verfasser* in *Drinhausen und Eckstein*, Beck'sches Handbuch der AG, 3. Aufl. 2018, Rdnr.

Grottel, Bernd, Stefan Schmidt, Wolfgang Schubert, und Ulrich Störk. Hrsg. 2020. Beck'scher Bilanz-Kommentar, 12. Aufl. 2020, zit.: *Verfasser* in Beck'scher Bilanz-Kommentar, §, Rdnr.

Heidinger, Andreas, Stefan Leible, und Jessica Schmidt. 2017. GmbH-Gesetz, 3. Aufl. 2017, zit.: *Verfasser* in *Michalski, Heidinger, Leible, und J.Schmidt*, GmbH-Gesetz, 3. Aufl. 2017, §, Rdnr.

Heinemeyer, Susanne. 2019. Gefahrübergang und Sachmangel, NJW 2019, 1025 ff., zit.: *Heinemeyer*, NJW 2019, S.

Jost, Detlev, und Lutz Strohn. Hrsg. 2020. Handelsgesetzbuch, 4. Aufl., zit.: *Bearbeiter* in *Ebenroth, Boujong, Joost, und Strohn*, Handelsgesetzbuch, 4. Aufl. 2020, §, Rdnr.

Koller, Ingo, Peter Kindler, Wulf-Henning Roth, und Klaus-Dieter Drüen. 2019. Handelsgesetzbuch, 9.Aufl., zit.: *Verfasser* in *Koller/Kindler/Roth/Drüen*, HGB, 9.Aufl. 2019, §, Rdnr.

Nestler, Anke. 2014. Wertfindung bei Sacheinlagen, GWR 2014, 121 ff., zit.: *Nestler*, GWR 2014, S.

Preißer, Michael, und Maximilian Preißer. 2011. Negativer Geschäftswert beim Asset Deal – Handelsrechtliche Überlegungen unter Einbeziehung der Steuersituation der Beteiligten, DStR 2011, 133 ff., zit.: *Preißer und Preißer*, DStR 2011, S.

Schülke, Thilo. 2010. Zur Aktivierbarkeit selbstgeschaffener immaterieller Vermögensgegenstände, DStR 2010, 992 ff., zit.: *Schülke*, DStR 2010, S.

Schulze, Reiner. 2019. (Schriftleitung), Bürgerliches Gesetzbuch, 10. Aufl., zit.: *Verfasser* in *Schulze*, Bürgerliches Gesetzbuch, 10. Aufl., §, Rdnr.

Schumacher, Andreas. 1997. Optionsgeschäfte im Betriebsvermögen und Realisationsprinzip – Anmerkungen zur Verfügung der OFD Köln vom 11.03.1997, DStR 1997, 1236 ff., zit.: *Schumacher*, DStR 1997, S.

Weitnauer, Wolfgang. 2019. Handbuch Venture Capital, 6. Aufl., zit.: *Verfasser* in *Weitnauer*, Handbuch Venture Capital, 6. Aufl., Rdnr.

Wesentliche Grundlagen kaufmännischer Rechnungslegung (III): Wiederholung und Vertiefung Herstellungskosten

Im letzten Kapitel wurde die grundsätzliche Bedeutung der Anschaffungs- oder Herstellungskosten von Vermögensgegenständen für deren Zugangswert in der Rechnungslegung gewerblicher Unternehmen gezeigt. In Bezug auf die Ermittlung von Anschaffungskosten einerseits und von Herstellungskosten andererseits wurde dort zusammengefasst u. a. Folgendes herausgearbeitet:

Anschaffungskosten	Unterscheidungskriterium	Herstellungskosten
Nur Aufwendungen, die dem Vermögensgegenstand einzeln zugeordnet werden können	**Einzelzuordenbarkeit**	Ansatzfähig und- pflichtig sind auch Teile nicht konkret einzeln zuordenbarer Gemeinkosten.[1]
Keine Einbeziehung mangels „Unmittelbarkeit"	**Zinsen für Fremdkapital**	Ansatzoptionen unter Beachtung von § 255 Abs. 3 Satz 2 HGB
Grundsätzlich keine	**Sonstige Wahlmöglichkeiten**	Ansatz angemessener Teile allgemeiner Verwaltungskosten und angemessener Aufwendungen für soziale betriebliche Einrichtungen möglich
Nur für gleichartige Vermögensgegenstände des Vorratsvermögens	**Zulässigkeit einer Bewertung nach *fifo*- oder *lifo*-Methode**	Nur für gleichartige Vermögensgegenstände des Vorratsvermögens

Die Ermittlung der Herstellungskosten selbst hergestellter Vermögensgegenstände eröffnet damit weitergehende Spielräume als der Ansatz von Anschaffungskosten. Wahlrechte bestehen insbesondere in Bezug auf den Ansatz von Zinsaufwand und die

---

[1] Angemessene Teile der Materialgemeinkosten, der Fertigungsgemeinkosten und des Werteverzehrs des Anlagevermögens, vgl. § 255 Abs. 2 Satz 2 HGB.

Einbeziehung angemessener Teile der allgemeinen Verwaltungskosten und angemessener Aufwendungen für betriebliche Sozialeinrichtungen. Um die dadurch eröffneten Gestaltungsspielräume sinnvoll nutzen zu können, ist ein weitergehendes Verständnis der Komponenten erforderlich, aus denen Herstellungskosten bestehen.

Zudem kann die Abgrenzung der Herstellungskosten eines Vermögensgegenstands von den nicht als Herstellungskosten erfassbaren Aufwendungen für Forschung, Entwicklung und Vertrieb im Einzelfall schwierig sein. Darüber hinaus gelten Besonderheiten für die Herstellung immaterieller Vermögensgegenstände. Diese Punkte werden daher nachfolgend näher betrachtet. Anschließend besteht in Form des Übungsfalls 4 eine Gelegenheit zu anwendungsbezogener Lern- und Verständniskontrolle.

4.1 Mindestumfang (Untergrenze der Herstellungskosten)

Aus der gesetzlichen Definition des Begriffs „Herstellungskosten" in § 255 Abs. 2 HGB folgt, dass die Herstellungskosten eines Vermögensgegenstands stets mindestens einschließen

1. die Materialkosten
2. die Fertigungskosten,
3. die Sonderkosten der Fertigung,
4. angemessene Teile der Materialgemeinkosten,
5. angemessene Teile der Fertigungsgemeinkosten und
6. angemessene Teile des Werteverzehrs des Anlagevermögens

Die Herstellungskosten eines Vermögensgegenstands haben folglich stets mindestens eine Einzel- (Ziffern 1–3) und eine Gemeinkostenkomponente (Ziffern 4–6).

4.1.1 Einzelkosten

4.1.1.1 Materialeinzelkosten

Die Materialeinzelkosten umfassen die Buchwerte des zur Herstellung eingesetzten und verbrauchten Materials. Voraussetzung ist jedoch, dass der Materialeinsatz und -verbrauch dem hergestellten Vermögensgegenstand mengenmäßig eindeutig und unmittelbar zugerechnet werden kann.[2]

---

[2] So z. B. *Schubert/Hutzler* in Beck'scher Bilanz-Kommentar, 12. Auflage 2020, § 255, Rdnr. 347.

4.1.1.2 Fertigungseinzelkosten
Die Fertigungseinzelkosten umfassen den der Herstellung des Vermögensgegenstands eindeutig und unmittelbar zurechenbaren Personalaufwand. Dies setzt voraus, dass der Herstellung des Vermögensgegenstands konkreter Zeitaufwand einzeln zugeordnet werden kann.

4.1.1.3 Sondereinzelkosten
Die Sondereinzelkosten beinhalten diejenigen Kosten der Fertigung, die für ein spezielles Produkt anfallen, z. B. wegen eines „Sonderwunsches" eines Kunden. Voraussetzung ist auch für den Ansatz von Sondereinzelkosten, dass diese dem hergestellten Vermögensgegenstand unmittelbar und konkret zugeordnet werden können. Gerade in diesem Punkt besteht der Unterschied zwischen der Einzel- und der Gesamtkostenzuordnung. Gesamtkosten sind gerade nicht unmittelbar und betragsmäßig konkret der Herstellung einzelner Vermögensgegenstände zuordenbar, sondern werden lediglich – in betriebswirtschaftlich vertretbarer Weise – auf die einzelnen Vermögensgegenstände umgelegt.

4.1.1.4 Gemeinkosten

4.1.1.4.1 Angemessene Teile der Materialgemeinkosten
Die Materialgemeinkosten umfassen die Kosten der Prüfung, Lagerung und des innenbetrieblichen Transports des eingesetzten Materials.[3] „Angemessen" und damit ansatzfähig ist derjenige Teil der insgesamt tatsächlich angefallenen Materialgemeinkosten, der dem hergestellten Vermögensgegenstand nach einem betriebswirtschaftlich vertretbaren Schlüssel zugeordnet werden kann.[4]

4.1.1.4.2 Angemessene Teile der Fertigungsgemeinkosten
Die Fertigungsgemeinkosten umfassen diejenigen ausschließlich im Fertigungsbereich – und nicht etwa im Bereich des Vertriebs – anfallenden Kosten, die nicht unmittelbar der Herstellung eines konkreten Vermögensgegenstands zugeordnet werden können. Darunter fallen z. B. die Kosten für Energie und die Wartung der zur Herstellung eingesetzten Hardware (Maschinen, Fertigungsanlagen).

Die Frage der „Angemessenheit" ist wie im Rahmen der Materialgesamtkostenzuordnung zu beantworten. Was nach einer betriebswirtschaftlich vertretbaren Aufschlüsselung der insgesamt tatsächlich angefallenen Fertigungsgemeinkosten auf die hergestellten Vermögensgegenstände entfällt, ist ansatzfähig.

---

[3] So z. B. *Schubert/Hutzler*, in Beck'scher Bilanz-Kommentar, 12. Auflage 2020, § 255, Rdnr. 422.
[4] So z. B. *Schubert/Hutzler*, in Beck'scher Bilanz-Kommentar, 12. Auflage 2020, § 255, Rdnr. 358.

4.1.1.4.3 Angemessene Teile des Werteverzehrs des Anlagevermögens

Der Werteverzehr des Anlagevermögens umfasst nur solche Wertminderungen des zur Fertigung der betrachteten Vermögensgegenstände konkret genutzten Anlagevermögens, die durch den produktionsbedingten Verschleiß im konkreten Herstellungszeitraum verursacht wurden. Stillstandsbedingte oder außerplanmäßige Abschreibungen[5] fallen nicht darunter.

4.1.2 Fakultative Bestandteile der Herstellungskosten (Wahlrechte)

Ergänzend zu den vorstehend betrachteten Kostenkomponenten können – müssen aber nicht – angemessene Teile der allgemeinen Verwaltungskosten und Aufwendungen für soziale Einrichtungen des Betriebs bei der Ermittlung der Herstellungskosten berücksichtigt werden. Das damit eröffnete Aktivierungswahlrecht besteht unabhängig von der Menge der in einem bestimmten Zeitraum hergestellten Erzeugnisse für die während des Herstellungszeitraums anfallenden Aufwendungen für Verwaltung und soziale Einrichtungen. Zu letzteren zählen z. B. auch Aufwendungen für die betriebliche Altersvorsorge. Bei Ausübung des Wahlrechts ist jedoch der GoB der Kontinuität[6] zu beachten.

4.1.3 Ansatzverbot für Forschungskosten

Kein Ansatzwahlrecht, sondern ein Ansatzverbot besteht dagegen für Forschungskosten.[7] *„Forschung"* ist nach der gesetzlichen Definition[8] *„die eigenständige und planmäßige Suche nach neuen wissenschaftlichen oder technischen Erkenntnissen oder Erfahrungen allgemeiner Art, über deren technische Verwertbarkeit und wirtschaftliche Erfolgsaussichten grundsätzlich keine Aussagen gemacht werden können."*[9]

4.1.4 Ansatzverbot für Vertriebskosten

Das HGB verbietet nicht nur die Einbeziehung von Forschungskosten in die Herstellungskosten eines Vermögensgegenstands, sondern auch die Einbeziehung von

---

[5] Zur Bedeutung und Buchung von Abschreibungen vgl. Kap. 3.
[6] Dazu § 252 Abs. 1 Nr. 1 HGB.
[7] So ausdrücklich § 255 Abs. 2 Satz 4 HGB.
[8] Dazu § 255 Abs. 2a Satz 3 HGB.
[9] Wortlaut von § 255 Abs. 2a Satz 3 HGB.

4.1 Mindestumfang (Untergrenze der Herstellungskosten)

Kosten des Vertriebs.[10] Im Gegensatz zum Begriff „Forschung" wird der Begriff „Vertrieb" jedoch gesetzlich nicht weitergehend definiert. Dies führt zu Rechtsunsicherheit, weil im Einzelnen umstritten ist, welche Aufwendungen (noch) zu den Vertriebskosten zählen und damit nicht als Herstellungskosten angesetzt werden dürfen. Immerhin besteht weitgehende Einigkeit darüber, dass jedenfalls folgende Aufwendungen den Vertriebskosten zuzuordnen und damit nicht als Herstellungskosten ansatzfähig[11] sind:

- Marktforschungsmaßnahmen
- Marketingmaßnahmen und Werbung, z. B. TV-Spots, Anzeigen, Webauftritt
- Aufwand für den Verkauf, z. B. Aufwendungen für stationäre Handelsflächen[12]

Unklar ist dagegen die Einordnung der Kosten für die Auftragsabwicklung und Verpackung von Vermögensgegenständen.[13] In Bezug auf diese Kostenarten kann vertretbarer Weise z. B. wie folgt differenziert werden:

Ansatz als Herstellungskosten	Kosten für	Buchung als Aufwand
Bei Einzelerfassung der Kosten der Auftragsvorbereitung als „*Sonderkosten der Fertigung*"[14] vertretbar[15]	**Auftragsabwicklung**	In allen anderen Fällen
Verpackungen, die Erzeugnisse verkaufsfähig machen („Innenverpackung")[17]	**Verpackung**	Verpackungen, die nicht der „*Verkaufsreifmachung*"[16] dienen, sondern primär dem Transport und/oder dem Versand[18]

---

[10] So ausdrücklich § 253 Abs. 2 Satz 4 HGB.

[11] „Nicht als Herstellungskosten ansatzfähig" bedeutet, dass die Kosten an Aufwand gebucht werden, z. B. als Personalaufwand im Sinn von § 275 Abs. 2 Nr. 6 HGB, als sonstiger betrieblicher Aufwand im Sinn von § 275 Abs. 2 Nr. 8 HGB oder, bei Anwendung des Umsatzkostenverfahrens, als sonstige betriebliche Aufwendungen im Sinn von § 275 Abs. 3 Nr. 7 HGB.

[12] So z. B. *Ballwieser* in Münchener Kommentar zum HGB, 4. Auflage 2020, § 255, Rdnr. 81.

[13] Vgl dazu z. B. *Ballwieser* in Münchener Kommentar zum HGB, 4. Auflage 2020, § 255, Rdnr. 82.

[14] Wortlaut von § 255 Abs. 2 Satz 2 HGB.

[15] So z. B. Ballwieser in Münchener Kommentar zum HGB, 4. Auflage 2020, § 255, Rdnr. 82.

[16] So der vom BFH im Urteil vom 21.01.1971 (IV R 51/69), BStBl II 1971, S. 304 genutzte Begriff.

[17] So z. B. Schubert/Hutzler in Beck'scher Bilanz-Kommentar, 12. Auflage 2020, § 255, Rdnr. 470, u. a. unter Bezugnahme auf BFH, Urteil vom 26.02.1975 (I R 72/73, BStBl II 1976, S. 13 ff.).

[18] In den Kategorien des VerpackG ausgedrückt dürfte dies bedeuten, dass die Kosten für Verkaufs- und Umverpackungen den Herstellungskosten zugeordnet werden können, nicht dagegen jedoch die Kosten sogenannter „Transportverpackungen" im Sinn von § 3 Abs. 1 Nr. 3 VerpackG.

4.1.5 Herstellung immaterieller Vermögensgegenstände des Anlagevermögens

Für selbst geschaffene immaterielle Vermögensgegenstände des Anlagevermögens gelten nicht nur im Hinblick auf den Ansatz dem Grunde nach Besonderheiten, sondern auch für deren Bewertung (Ansatz der Höhe nach). Dem Grunde nach besteht für selbst geschaffene immaterielle Vermögensgegenstände des Anlagevermögens zunächst ein Wahlrecht.[19] Wird dieses Wahlrecht zugunsten einer Aktivierung ausgeübt, gelten für die Ermittlung der Herstellungskosten immaterieller Vermögensgegenstände des Anlagevermögens gewisse Besonderheiten.

Nach § 255 Abs. 2a HGB bestehen die Herstellungskosten selbst geschaffener immaterieller Vermögensgegenstände des Anlagevermögens aus den Aufwendungen, die für deren Entwicklung angefallen sind. Der Ansatz eines selbstgeschaffenen immateriellen Vermögensgegenstands des Anlagevermögens erfordert folglich insbesondere eine Abgrenzung der Entwicklungs- von den nicht aktivierbaren Forschungskosten.

Während durch Forschung lediglich allgemeine Erkenntnisse und Erfahrungen gewonnen werden sollen,[20] beinhalten Entwicklungen *„die Anwendungen von Forschungsergebnissen oder von anderem Wissen"*[21]. Bezogen auf die Herstellung einer KI-Software könnte dies z. B. bedeuten, die Kosten für die Generierung des Trainingsdatensatzes als Forschungsaufwand und die anschließenden Kosten der Kalibrierung des KI-Modells als Herstellungskosten der Software zu buchen.

Für den Fall, dass eine verlässliche Abgrenzung zwischen Forschungsaufwand und Entwicklungskosten nicht möglich ist, sieht § 255 Abs. 2a Satz 4 HGB ein Ansatzverbot vor. Danach ist *„eine Aktivierung ausgeschlossen"*[22] wenn Forschung und Entwicklung nicht verlässlich voneinander unterschieden werden können. Der nachfolgende Übungsfall 4 bietet die Möglichkeit einer weitergehenden, anwendungsbezogenen Betrachtung der vorstehend dargestellten Grundzüge:

4.2 Übungsaufgabe 4

4.2.1 Fallszenario

Geschäftsmodell der Games-GmbH („GAG") mit Sitz in Stuttgart ist der Handel mit Konsolen und anderer Hardware sowie die Programmierung und Lizensierung von

---

[19] Dieses Wahlrecht folgt aus § 248 Abs. 2 Satz 1 HGB. Das Wahlrecht besteht jedoch nicht für die in § 248 Abs. 2 Satz 2 genannten Immaterialgüter; deren Ansatz ist verboten.
[20] Vgl. dazu. § 255 Abs. 2a Satz 3 HGB.
[21] Wortlaut von § 255 Abs. 2a Satz 2 HGB.
[22] Wortlaut von § 255 Abs. 2a Satz 4 HGB.

4.2 Übungsaufgabe 4

Software für VR-Spiele. Das Geschäftsjahr der GAG entspricht dem Kalenderjahr. Die Geschäfts- und Lagerräume der GAG sind angemietet. Die jeweils spätestens am dritten Werktag jedes Kalendermonats fällige und von der GAG auch stets pünktlich gezahlte Monatsmiete beträgt EUR 10.000.

Während des betrachteten Geschäftsjahrs hat die GAG durchgängig drei Geschäftsführer und 20 Arbeitnehmer. 5 dieser 20 Arbeitnehmer arbeiten als Programmierer mit einem durchschnittlichen Jahresbruttogehalt in Höhe von EUR 100.000. Im betrachteten Geschäftsjahr verwendeten diese 5 Arbeitnehmer ihre gesamte Arbeitszeit auf die Entwicklung neuer Software (Spiele), die am Jahresende rechtzeitig zum Weihnachtsgeschäft voll einsatz- und lizensierungsfähig (verkaufsfähig) war. Das durchschnittliche Jahresbruttogehalt der übrigen, im Wesentlichen für Organisation und Vertrieb zuständigen 15 Arbeitnehmer beträgt EUR 80.000.

Einer der Geschäftsführer ist ausschließlich für die Ressorts Softwareentwicklung (Spieleentwicklung) und Vertrieb zuständig. Die Arbeitszeit dieses Geschäftsführers entfällt hälftig auf administrativen Aufwand, z. B. Personalgespräche und Controlling, im Zusammenhang mit der Entwicklung neuer Software (Spiele). Die andere Hälfte der Arbeitszeit entfällt auf Vertriebsaktivitäten. Dieser Geschäftsführer hat zwar die Personalverantwortung für die 5 Programmierer, schreibt aber selbst keine Software.

Die anderen beiden Geschäftsführer sind für die Bereiche Finanzen, die übrigen Mitarbeiter, die Geschäftsentwicklung und Hardware zuständig. Jeder Geschäftsführer erhält ein Bruttojahresgehalt in Höhe von EUR 300.000.

Zahlungsein- und -ausgänge erfolgen bei der GAG ausschließlich über das Bankkonto. Mit der kontoführenden Bank hat die GAG vereinbart, dass die GAG auf diesem Bankkonto jederzeit einen Kontokorrentkredit bis zu EUR 5.000.000 in Anspruch nehmen kann. Zum Ende des letzten Geschäftsjahrs hatte die GAG diesen Kontokorrentkredit im Umfang von EUR 1.120.000 in Anspruch genommen. Die Bilanz der GAG zum Ende des letzten Geschäftsjahrs hat folgenden Inhalt:

Aktiva (Vermögen) in EUR		Passiva (Kapital) in EUR	
Rechte an Software[23]	5.000.000	Eigenkapital	8.000.000
EDV	120.000	Verbindlichkeiten aus	2.000.000
Waren (Konsolen)	5.000.000	Lieferungen und Leistungen	1.120.000
Forderungen aus LuL	1.000.000	Kontokorrentkredit	
Summe	**11.120.000**	**Summe**	**11.120.000**

Die sonstigen betrieblichen Aufwendungen der GAG für Energie, Logistik, Berater etc. betrugen im betrachteten Geschäftsjahr insgesamt EUR 300.000. Sämtliche Verbindlichkeiten im Zusammenhang mit diesen sonstigen betrieblichen Aufwendungen wurden von

---

[23] Einschließlich VR-Spiele u. A.

der GAG während des betrachteten Geschäftsjahrs vollständig ausgeglichen. Die von der GAG aktivierten Softwarerechte wurden von der GAG selbst geschaffen und werden im betrachteten Geschäftsjahr planmäßig um EUR 700.000 abgeschrieben. Die bei der GAG vorhandene EDV wird im betrachteten Geschäftsjahr planmäßig um EUR 40.000 abgeschrieben.

Die Handelsmarge – im Sinn der Differenz zwischen Einkaufs- und Verkaufspreis – der GAG bei der Weiterveräußerung von Konsolen beträgt 100 % des jeweiligen Einkaufspreises. Während des betrachteten Geschäftsjahrs beschaffte die GAG Konsolen im Wert von EUR 10.000.000. Am Ende des betrachteten Geschäftsjahrs hatte die GAG noch einen Warenbestand (Konsolenbestand) im Wert von (nur noch) EUR 2.000.000. Alle übrigen Konsolen hatte die GAG verkauft.

Die Forderungen aus dem Verkauf der Konsolen hatte die GAG während des betrachteten Geschäftsjahrs weitgehend vereinnahmt. Am Ende des Geschäftsjahrs waren nur noch Forderungen aus der Lieferung von Konsolen an Kunden der GAG in Höhe von insgesamt EUR 500.000 offen.

Zudem hatte die GAG sämtliche während des betrachteten Geschäftsjahrs entstandenen Verbindlichkeiten aus der Beschaffung von Konsolen von Lieferanten stets zeitnah ausgeglichen. Am Ende des betrachteten Geschäftsjahrs waren nur noch Verbindlichkeiten aus Lieferungen und Leistungen gegenüber Konsolen-Lieferanten in Höhe von insgesamt EUR 1.000.000 offen.

Neben den Umsatzerlösen aus dem Konsolenverkauf erzielte die GAG während des betrachteten Geschäftsjahrs auch Umsatzerlöse aus der Lizensierung von Software (Spiele). Die Lizenzerlöse betrugen insgesamt EUR 4.000.000. Sämtliche Zahlungsforderungen aus dem Lizenzgeschäft wurden von der GAG während des betrachteten Geschäftsjahrs vollständig vereinnahmt.

Zu Beginn des Geschäftsjahrs wurde einer der Schuldner (Debitoren) der GAG insolvent. Die (noch offene) Forderung aus Lieferungen und Leistungen der GAG gegen diesen Schuldner beträgt EUR 200.000. Von diesem Schuldner konnte die GAG keine Zahlung realisieren. Ein Antrag auf Eröffnung eines Insolvenzverfahrens über das Vermögen des Schuldners wurde vom Insolvenzgericht gemäß § 26 Abs. 1 InsO „mangels Masse" abgelehnt. Die übrigen zu Beginn des betrachteten Geschäftsjahrs offenen Forderungen aus Lieferungen und Leistungen vereinnahmte die GAG kurz nach Ende des letzten Geschäftsjahrs. Zudem glich die GAG zu Beginn des betrachteten Geschäftsjahrs sämtliche offenen Verbindlichkeiten aus Lieferungen und Leistungen aus.

4.2.2 Übungsaufgaben und -fragen

Wie hoch sind die durch die Veräußerung von Konsolen erzielten Umsatzerlöse der GAG im betrachteten Geschäftsjahr?

Buchen Sie sämtliche Geschäftsvorfälle der GAG während des betrachteten Geschäftsjahrs! Zahlungen an den Vermieter, die Arbeitnehmer und Geschäftsführer sowie an Lieferanten können und sollen – soweit sinnvoll – jeweils in einer Buchung zusammengefasst werden. Steuerrechtliche, auch lohn- und umsatzsteuerrechtliche Fragen, können und sollen dabei ebenso vollständig außer Betracht bleiben wie Fragen des Sozialversicherungsrechts.

Erstellen Sie anschließend die Bilanz und die GuV der GAG zum Ende des betrachteten Geschäftsjahrs. Zeigen Sie dabei 2 alternativ mögliche Ansätze der während des betrachteten Geschäftsjahrs neu entwickelten Software auf. Steuerrechtliche Fragen können und sollen dabei vollständig außer Betracht bleiben.

4.2.3 Mögliche Antworten zu den Übungsaufgaben und -fragen

4.2.3.1 Ermittlung der Umsatzerlöse der GAG aus der Veräußerung von Konsolen

Da die Handelsmarge der GAG bei der Weiterveräußerung von Konsolen 100 % beträgt, entsprechen die Umsatzerlöse der GAG dem doppelten der Anschaffungskosten sämtlicher im betrachteten Geschäftsjahr veräußerten Konsolen. Daher ist zunächst zu klären, wie hoch die Anschaffungskosten der Konsolen waren, welche die GAG im betrachteten Geschäftsjahr an Kunden veräußerte. Die Anschaffungskosten der während des betrachteten Geschäftsjahrs veräußerten Konsolen können wie folgt berechnet werden:

	EUR 5.000.000	Konsolenbestand (Warenbestand) am Anfang des Geschäftsjahrs
+	EUR 10.000.000	Während des Geschäftsjahrs beschaffte Konsolen
-	EUR 2.000.000	Konsolenbestand (Warenbestand) am Ende des Geschäftsjahrs
=	EUR 13.000.000	Während des Geschäftsjahrs veräußerte Konsolen

Da die GAG im betrachteten Geschäftsjahr Konsolen mit Anschaffungskosten in Höhe von insgesamt EUR 13.000.000 mit einer Handelsmarge von 100 % an Kunden veräußerte, betrugen die erwirtschafteten Umsatzerlöse folglich (EUR 13.000.000 X 2 =) EUR 26.000.000.

4.2.3.2 Geschäftsvorfälle während des betrachteten Geschäftsjahrs

Die im Fallszenario beschriebenen Geschäftsvorfälle der GAG während des betrachteten Geschäftsjahrs können– teilweise zusammengefasst – wie folgt gebucht werden:

4.2.3.2.1 Insolvenz eines Schuldners (Kunden)

Erster Geschäftsvorfall des betrachteten Geschäftsjahrs ist die Insolvenz eines Kunden (Schuldners) der GAG, gegen den die GAG eine Forderung in Höhe von EUR 200.000 hat. Da ein Antrag auf Eröffnung eines Insolvenzverfahrens über das Vermögen dieses Schuldners vom Insolvenzgericht nach § 26 Abs. 1 InsO „mangels Masse" abgewiesen wurde, kann die GAG nicht mehr mit einer – auch nur teilweisen – Realisierung dieser Forderung rechnen. Denn die Abweisung eines Insolvenzantrags mangels Masse erfolgt gemäß § 26 Abs. 1 InsO dann, *„wenn das Vermögen des Schuldners voraussichtlich nicht ausreichen wird, um die Kosten des Verfahrens zu decken."*[24]

Da Forderungen aus Lieferungen und Leistungen zum Umlaufvermögen gehören, muss die GAG die Forderung gegen den insolventen Kunden daher gemäß § 253 Abs. 4 Satz 2 HGB auf „null" abschreiben. Denn eine Forderung gegen einen insolventen Schuldner, bei dem ein Antrag auf Eröffnung des Insolvenzverfahrens gemäß § 26 Abs. 1 InsO „mangels Masse" abgewiesen worden ist, hat zumindest in der Regel keinen Verkehrswert mehr.[25] Diese Abschreibung ist wie folgt zu buchen:

Soll		an	Haben	
Abschreibung (Wertberichtigung) einer Forderung aus Lieferungen und Leistungen	EUR 200.000		Forderungen aus Lieferungen und Leistungen	EUR 200.000

4.2.3.2.2 Vereinnahmung der offenen Forderungen im Übrigen

Nach dem Fallszenario vereinnahmte die GAG zu Beginn des Geschäftsjahrs die übrigen, am Ende des letzten Geschäftsjahrs noch offenen Forderungen. Am Ende des letzten Geschäftsjahrs hatte die GAG noch offene Forderungen aus Lieferungen und Leistungen in Höhe von insgesamt EUR 1.000.000. Da in Folge der Insolvenz eines Schuldners EUR 200.000 davon nicht realisiert werden konnten, vereinnahmte die GAG folglich (EUR 1.000.000 – EUR 200.000 =) EUR 800.000. Dies kann wie folgt gebucht werden:

Soll		an	Haben	
Bankkonto	EUR 800.000		Forderungen aus Lieferungen und Leistungen	EUR 800.000

Diese Buchung zeigt erneut: Die Vereinnahmung offener Forderungen führt zwar zu mehr Liquidität, aber nicht zu zusätzlichem Ertrag. Der mit diesen Forderungen verbundene Ertrag wurde bereits im letzten Geschäftsjahr realisiert, als die Forderungen gegen Umsatzerlöse eingebucht wurden.

---

[24] Wortlaut § 26 Abs. 1 Satz 1 InsO.
[25] Dazu z. B. *Hesse*, DStR 2008, S. 150 (153).

4.2 Übungsaufgabe 4

4.2.3.2.3 Ausgleich offener Verbindlichkeiten

Zudem glich die GAG die am Ende des letzten Geschäftsjahrs und damit auch am Anfang des betrachteten Geschäftsjahrs offenen Verbindlichkeiten gegenüber Lieferanten (Verbindlichkeiten aus Lieferungen und Leistungen) in Höhe von EUR 2.000.000 aus. Die Zahlung von EUR 2.000.000 an Lieferanten (Gläubiger) der GAG ist von der GAG wie folgt zu buchen:

Soll		an	Haben	
Verbindlichkeiten aus Lieferungen und Leistungen	EUR 2.000.000		Bankkonto	EUR 2.000.000

4.2.3.2.4 Mieten für Geschäfts- und Lagerräume

Die kalendermonatlich von der GAG für die Geschäfts- und Lagerräume zu zahlende Miete beträgt EUR 10.000. Die insgesamt 12 während des Geschäftsjahrs zu leistenden Mietzahlungen können daher in folgender Buchung zusammengefasst werden:

Soll		an	Haben	
Mietaufwand[26]	EUR 120.000		Bankkonto	EUR 120.000

4.2.3.2.5 Gehaltszahlungen (Personalaufwand)

Die Gehaltszahlungen an die Geschäftsführer und Arbeitnehmer der GAG können grundsätzlich ebenfalls in einer Buchung zusammengefasst werden. Diese Gehaltszahlungen betragen während des betrachteten Geschäftsjahrs insgesamt:

	EUR 900.000	Geschäftsführergehälter (3 × EUR 300.000)
+	EUR 500.000	Gehälter der Programmierer (5 × EUR 100.000)
+	EUR 1.200.000	Gehälter der übrigen Arbeitnehmer (15 × EUR 80.000)
=	EUR 2.600.000	Personalaufwand insgesamt

Die Zahlungen der Gehälter können damit in folgender Buchung zusammengefasst werden:

Soll		an	Haben	
Personalaufwand	EUR 2.600.000		Bankkonto	EUR 2.600.000

---

[26] In der GuV im Posten „*sonstige betriebliche Aufwendungen*" i.S.v. § 275 Abs. 2 Nr. 8 bzw. Abs. 3 Nr. 7 HGB zu konsolidieren.

4.2.3.2.6 Sonstige betriebliche Aufwendungen

Nach dem Fallszenario wurden sämtliche im Zusammenhang mit den sonstigen betrieblichen Aufwendungen in Höhe von insgesamt EUR 300.000 während es betrachteten Geschäftsjahrs entstandenen Verbindlichkeiten von der GAG vollständig ausgeglichen. Daher waren sämtliche sonstige betrieblichen Aufwendungen bei der GAG mit entsprechenden Liquiditätsabflüssen verbunden. Deshalb können die sonstigen betrieblichen Aufwendungen zulasten des Bankkontos der GAG in folgender Buchung zusammengefasst werden:

Soll		an	Haben	
Sonstige betrieblichen Aufwendungen	EUR 300.000		Bankkonto	EUR 300.000

4.2.3.2.7 Beschaffung von Konsolen (Waren)

Des Weiteren ist dem Fallszenario zu entnehmen, dass die GAG im betrachteten Geschäftsjahr Konsolen für Anschaffungskosten in Höhe von insgesamt EUR 10.000.000 erwarb. Da die GAG am Ende des betrachteten Geschäftsjahrs nun noch offene Verbindlichkeiten aus Lieferungen von Konsolen in Höhe von insgesamt EUR 1.000.000 und die Forderungen der Lieferanten im übrigen bezahlt hatte, kann die Beschaffung von Konsolen während des betrachteten Geschäftsjahrs in folgender Buchung zusammengefasst werden:

Soll		an	Haben	
Konsolenbestand (Warenbestand)	EUR 10.000.000		Bankkonto	EUR 9.000.000
			Verbindlichkeiten aus Lieferungen und Leistungen	EUR 1.000.000

4.2.3.2.8 Umsatzerlöse aus Konsolenverkauf

Im Zug der Beantwortung der ersten Übungsfrage konnte ermittelt werden, dass die Umsatzerlöse der GAG aus der Veräußerung von Konsolen im betrachteten Geschäftsjahr EUR 26.000.000 betragen haben müssen. Denn die GAG veräußerte Konsolen mit Anschaffungskosten von EUR 13.000.000 mit 100 % „Aufschlag" (Handelsmarge) und damit für insgesamt EUR 26.000.000.

Die diesen Umsatzerlösen zugrunde liegenden Forderungen aus Lieferungen und Leistungen vereinnahmte die GAG von ihren Kunden mit Ausnahme der am Ende des Geschäftsjahrs noch offenen Restforderung über EUR 500.000. Damit können die Umsatzerlöse aus der Veräußerung von Konsolen in folgender Buchung zusammengefasst werden:

Soll		an	Haben	
Bankkonto	EUR 25.500.000		Umsatzerlöse	EUR 26.000.000
Forderungen aus Lieferungen und Leistungen	EUR 500.000			

4.2.3.2.9 Verminderung des Bestands an fertigen Erzeugnissen (Verminderung des Lagerbestands)

Den Umsatzerlösen aus der Veräußerung von Konsolen lagen im betrachteten Geschäftsjahr Lieferungen von Konsolen an Kunden mit Anschaffungskosten im Umfang von insgesamt EUR 13.000.000 zugrunde. Die zur Erzielung der Umsatzerlöse erforderlichen Abgänge von Konsolen aus dem Warenlager der GAG können in folgender Buchung zusammengefasst werden:

Soll		an	Haben	
Verminderung des Bestands an Konsolen (Verminderung des Warenbestands)	EUR 13.000.000		Konsolenbestand (Warenbestand)	EUR 13.000.000

4.2.3.2.10 Umsatzerlöse aus Lizenzgeschäft (Lizenzerlöse)

Des Weiteren erzielte die GAG während des betrachteten Geschäftsjahrs nach dem Fallszenario Lizenzerlöse in Höhe von insgesamt EUR 4.000.000. Da die GAG diese Lizenzerlöse im betrachteten Geschäftsjahr vollständig vereinnahmte, können diese in folgender Buchung zugunsten des Bankkontos der GAG zusammengefasst werden:

Soll		an	Haben	
Bankkonto	EUR 4.000.000		Umsatzerlöse (Lizenzerlöse)	EUR 4.000.000

4.2.3.2.11 Abschreibungen der bereits vorhandenen Software

Am Ende des betrachteten Geschäftsjahrs muss der bei der GAG vorhandene Softwarebestand planmäßig abgeschrieben werden. Nach dem Fallszenario muss die bestehende Software am Ende des betrachteten Geschäftsjahrs um insgesamt EUR 700.000 abgeschrieben werden. Diese planmäßige Abschreibung ist von der GAG wie folgt zu buchen:

Soll		an	Haben	
AfA Softwarerechte	EUR 700.000		Softwarerechte	EUR 700.000

4.2.3.2.12 Abschreibung der EDV

Zudem muss die EDV der GAG planmäßig um EUR 40.000 abgeschrieben werden. Die planmäßige Abschreibung der EDV ist von der GAG wie folgt zu buchen:

Soll		an	Haben	
AfA EDV	EUR 40.000		EDV	EUR 40.000

4.2.3.2.13 Herstellung (Entwicklung und Programmierung) neuer Software

Da die 5 bei der GAG als Programmierer angestellten Arbeitnehmer während des betrachteten Geschäftsjahrs durchgängig mit der Herstellung neuer marktfähiger Software befasst waren, ist fraglich, ob und gegebenenfalls mit welchem Wert diese neue Software von der GAG anzusetzen ist.

4.2.3.2.13.1 Ansatzwahlrecht?

Da die Software (Spiele) der GAG für das Lizenzgeschäft genutzt wird, sind die Software bzw. die Rechte daran[27] selbst geschaffene immaterielle Vermögensgegenstände des Anlagevermögens der GAG. Damit wird der GAG von § 248 Abs. 2 Satz 1 HGB grundsätzlich ein Ansatzwahlrecht eröffnet. Allerdings muss die GAG dieses Ansatzwahlrecht unter Beachtung des Grundsatzes der Ansatzstetigkeit[28] ausüben.

Aus der Bilanz der GAG zum Ende des letzten Geschäftsjahrs ist ersichtlich, dass die GAG selbst hergestellte Software in früheren Geschäftsjahren aktiviert hat. Im betrachteten Geschäftsjahr ist kein Grund dafür ersichtlich, der eine von dieser bisherigen Praxis abweichende und damit „unstete" Ausübung des Ansatzwahlrechts rechtfertigen würde. Deshalb ist die GAG in Anbetracht des Grundsatzes der Ansatzstetigkeit gehalten, auch die im betrachteten Geschäftsjahr neu hergestellte Software (Spiele) als Aktivposten anzusetzen. Fraglich ist jedoch, mit welchem Zugangswert die GAG die im betrachteten Geschäftsjahr neu hergestellte Software (Spiele) einbucht.

4.2.3.2.13.2 Zugangswert (Ansatz der Höhe nach)

Gemäß § 255 Abs. 2a HGB sind die *„Herstellungskosten eines selbst geschaffenen immateriellen Vermögensgegenstands des Anlagevermögens ... die bei dessen Entwicklung anfallenden Aufwendungen nach Absatz 2."*[29] In § 255 Abs. 2 HGB werden insoweit genannt:

---

[27] Vgl. dazu §§ 2.1 Nr. 1 („*Computerprogramme*"), 69a, 69b UrhG.
[28] Die Beachtung dieses Grundsatzes wird von § 246 Abs. 3 Satz 1 HGB vorgegeben.
[29] Wortlaut § 255 Abs. 2a HGB.

"Aufwendungen, die durch den Verbrauch von Gütern und die Inanspruchnahme von Diensten für die Herstellung eines Vermögensgegenstands, seiner Erweiterung oder für eine über seinen ursprünglichen Zustand hinausgehende wesentliche Verbesserung entstehen. Dazu gehören die Materialkosten, die Fertigungskosten und die Sonderkosten der Fertigung sowie angemessene Teile der Materialgemeinkosten, der Fertigungsgemeinkosten und des Werteverzehrs des Anlagevermögens, soweit dieser durch die Fertigung veranlasst ist. Bei der Berechnung der Herstellungskosten dürfen angemessene Teile der Kosten der allgemeinen Verwaltung sowie angemessene Aufwendungen für soziale Einrichtungen des Betriebs, für freiwillige soziale Leistungen und für die betriebliche Altersversorgung einbezogen werden, soweit diese auf den Zeitraum der Herstellung entfallen."[30] Damit eröffnet der in § 255 Abs. 2a HGB enthaltene Verweis auf § 255 Abs. 2 HGB der GAG folgende Ansatzoptionen (Bewertungsalternativen):

Alternative 1: Mindestens ansatzpflichtig sind die als Fertigungskosten für die Herstellung der neuen Software (Spiele) zu erfassenden Gehälter der 5 bei der GAG angestellten Programmierer. Denn diese haben die Software unmittelbar entwickelt und geschrieben. Da der auf diese 5 als Programmierer angestellten Arbeitnehmer entfallende Personalaufwand EUR 500.000 (5 X EUR 100.000) beträgt, ist folglich zunächst folgende Buchung denkbar:

Soll		an	Haben	
Rechte an Software	EUR 500.000		Andere aktivierte Eigenleistungen	EUR 500.000

Alternative 2: Alternativ können in die Herstellungskosten der im betrachteten Geschäftsjahr neu hergestellten Software (Spiele) auch *"angemessene Teile der Kosten der allgemeinen Verwaltung"*[31] einbezogen werden. Das eröffnet z. B. die Möglichkeit, die Hälfte des Gehalts des für die 5 Programmierer personalverantwortlichen Geschäftsführers ebenfalls als Herstellungskosten zu erfassen. Denn nach dem Fallszenario entfällt die Hälfte der Arbeitszeit dieses an der Programmierung der Software nicht unmittelbar beteiligten Geschäftsführers auf administrative Tätigkeiten, welche die Softwareentwicklung und- Herstellung betreffen. Da das Jahresgehalt des zuständigen Geschäftsführers EUR 300.000 beträgt, kann der Ansatz der Herstellungskosten für die im betrachteten Geschäftsjahr neu programmierte Software (Spiele) alternativ wie folgt um EUR 150.000 erhöht werden:

---

[30] Wortlaut § 255 Abs. 2 Sätze 1–3 HGB.
[31] Wortlaut § 255 Abs. 2 Satz 2 HGB.

Soll		an	Haben	
Rechte an Software	EUR 650.000		Andere aktivierte Eigenleistungen	EUR 650.000

Abhängig davon, welchen Ansatz die GAG wählt, hat dies folgende Auswirkungen auf die GuV der und die Bilanz GAG für das betrachtete Geschäftsjahr:

4.2.3.3 Bilanz der GAG zum Ende des betrachteten Geschäftsjahrs

Alternative 1: Konsolidiert man auf Basis der Bilanz zum Ende des letzten Geschäftsjahrs die vorstehend gebuchten Geschäftsvorfälle unter Berücksichtigung von Alternative 1 des zuletzt gebuchten Geschäftsvorfalls, führt dies zu folgender Bilanz der GAG zum Ende des betrachteten Geschäftsjahrs:

Aktiva (Vermögen) in EUR		Passiva (Kapital) in EUR	
Softwarerechte	4.800.000	Eigenkapital	21.540.000
EDV	80.000	Verbindlichkeiten aus Lieferungen und Leistungen	1.000.000
Waren (Konsolen)	2.000.000		
Forderungen aus LuL	500.000		
Bankkonto/-guthaben	15.160.000		
Summe	**22.540.000**	**Summe**	**22.540.000**

Alternative 2: Wird die während des betrachteten Geschäftsjahrs neu hergestellte Software (Spiele) dagegen entsprechend der Alternative 2 mit EUR 650.000 angesetzt, würde dies zu folgender Bilanz der GAG zum Ende des betrachteten Geschäftsjahrs führen:

Aktiva (Vermögen) in EUR		Passiva (Kapital) in EUR	
Softwarerechte	4.950.000	Eigenkapital	21.690.000
EDV	80.000	Verbindlichkeiten aus Lieferungen und Leistungen	1.000.000
Waren (Konsolen)	2.000.000		
Forderungen aus LuL	500.000		
Bankkonto/-guthaben	15.160.000		
Summe	**22.690.000**	**Summe**	**22.690.000**

4.2.3.4 GuV der GAG für das betrachtete Geschäftsjahr

Die Alternativen beim Ansatz der Herstellungskosten der im betrachteten Geschäftsjahr neu programmierten Software (Spiele) führen zu entsprechend unterschiedlichen Gewinn- und Verlustrechnungen. **Alternative 1** (Herstellungskosten EUR 500.000) führt zu folgender GuV der GAG für das betrachtete Geschäftsjahr:

4.2 Übungsaufgabe 4

Gewinn – und Verlustrechnung

Gesetzliche Bestimmung	Posten	Betrag in Euro (€)
§ 275 Abs. 2 Nr. 1 HGB	Umsatzerlöse (aus Konsolenverkauf und Lizensierung von Software insgesamt)	+30.000.000
§ 275 Abs. 2 Nr. 1 HGB	Verminderung des Konsolenbestands	− 13.000.000
§ 275 Abs. 2 Nr. 3 HGB	Andere aktivierte Eigenleistung	+500.000 (Alternative 1)
§ 275 Abs. 2 Nr. 6a HGB	Löhne und Gehälter	− 2.600.000
§ 275 Abs. 2 Nr. 7a HGB	Planmäßige Abschreibung der Software	− 700.000
§ 275 Abs. 2 Nr. 7a HGB	Planmäßige Abschreibung der EDV	− 40.000
§ 275 Abs. 2 Nr. 7b HGB	Abschreibung Forderung (Insolvenz des Schuldners)	− 200.000
§ 275 Abs. 2 Nr. 8 HGB	Mietaufwand	− 120.000
§ 275 Abs. 2 Nr. 8 HGB	Sonstige betriebliche Aufwendungen	− 300.000
§ 275 Abs. 2 Nr. 16 HGB	Steuern vom Einkommen und Ertrag (hier nicht zu berücksichtigen)	Nach Aufgabenstellung unberücksichtigt
§ 275 Abs. 2 Nr. 17 HGB	**Jahresüberschuss**	**= 13.540.000**

Die **Alternative 2** – Ansatz der neu hergestellten Software mit einem Zugangswert von EUR 650.000 – führt dagegen zu folgender GuV der GAG für das betrachtete Geschäftsjahr:

Gewinn – und Verlustrechnung

Gesetzliche Bestimmung	Posten	Betrag in Euro (€)
§ 275 Abs. 2 Nr. 1 HGB	Umsatzerlöse (aus Konsolenverkauf und Lizensierung von Software insgesamt)	+30.000.000
§ 275 Abs. 2 Nr. 1 HGB	Verminderung des Konsolenbestands	− 13.000.000
§ 275 Abs. 2 Nr. 3 HGB	Andere aktivierte Eigenleistung	+650.000 (Alternative 2)
§ 275 Abs. 2 Nr. 6a HGB	Löhne und Gehälter	− 2.600.000
§ 275 Abs. 2 Nr. 7a HGB	Planmäßige Abschreibung der Software	− 700.000
§ 275 Abs. 2 Nr. 7a HGB	Planmäßige Abschreibung der EDV	− 40.000

Gewinn – und Verlustrechnung

Gesetzliche Bestimmung	Posten	Betrag in Euro (€)
§ 275 Abs. 2 Nr. 7b HGB	Abschreibung Forderung (Insolvenz des Schuldners)	− 200.000
§ 275 Abs. 2 Nr. 8 HGB	Mietaufwand	− 120.000
§ 275 Abs. 2 Nr. 8 HGB	Sonstige betriebliche Aufwendungen	− 300.000
§ 275 Abs. 2 Nr. 16 HGB	Steuern vom Einkommen und Ertrag (hier nicht zu berücksichtigen)	Nach Aufgabenstellung unberücksichtigt
§ 275 Abs. 2 Nr. 17 HGB	**Jahresüberschuss**	**= 13.690.000**

Literatur

Hesse, Michael. 2008. Forderungsbewertung und Wertermittlungspflichten im Insolvenzfall, DStR 2008, 150 ff., zit.: *Hesse*, DStR 2008, S.

Wesentliche Grundlagen kaufmännischer Rechnungslegung (IV): Rechnungsabgrenzungsposten, Rückstellungen, Anhang, Abschlussprüfung

In der Bilanz eines Unternehmens sind nicht nur Vermögensgegenstände und Schulden zu erfassen, sondern – bei Vorliegen bestimmter Voraussetzungen – auch sogenannte *„Rechnungsabgrenzungsposten"* und *„Rückstellungen"*. Dass in der Rechnungslegung auch Rechnungsabgrenzungsposten zu bilden sind, folgt unmittelbar aus § 246 Abs. 1 HGB. Dort werden die Rechnungsabgrenzungsposten neben den Vermögensgegenständen und Schulden als eigene Kategorie genannt. Rückstellungen werden weder in § 246 noch in § 247 HGB genannt. Jedoch folgt aus § 249, dass Rückstellungen unter den dort genannten Voraussetzungen gebildet werden müssen. Weder Rechnungsabgrenzungsposten noch Rückstellungen stellen marktfähige – im Sinn übertragbarer – Positionen dar. Beide sollen lediglich den Informationswert des Jahresabschlusses steigern, konkret der Bilanz.

Diesen Zweck hat auch der sogenannte „Anhang". Rechtsformabhängig und deshalb nicht bei allen Unternehmen stellt der Anhang neben Bilanz und GuV den dritten Teil des Jahresabschlusses dar. Als solcher beinhaltet der Anhang Erläuterungen zu den einzelnen Posten der Bilanz und der GuV. In diesem Kapitel wird dargestellt, warum und wie der Informationswert eines Jahresabschlusses durch Rechnungsabgrenzungsposten, Rückstellungen und einen Anhang gesteigert wird.

5.1 Rechnungsabgrenzungsposten

5.1.1 Zweck: Bilanzierungshilfen zur Umsetzung des Stichtagsprinzips

Rechnungsabgrenzungsposten sind weder Vermögensgegenstände noch Verbindlichkeiten noch Aufwand noch Ertrag. Rechnungsabgrenzungsposten dienen der nach wirtschaftlicher Betrachtungsweise gebotenen Zuordnung von Aufwand und Ertrag zu einem Geschäftsjahr und können sowohl auf der Aktiv- als auch auf der Passivseite einer Bilanz gebildet werden.

5.1.2 Aktive Rechnungsabgrenzungsposten („ARAP")

Auf der Aktivseite der Bilanz muss ein ARAP angesetzt werden, wenn das Unternehmen vor Ende des Geschäftsjahres Ausgaben (= Geldabfluss) tätigt, die bei wirtschaftlicher Betrachtungsweise Aufwand eines späteren Geschäftsjahres darstellen.[1] Hat ein Unternehmen, dessen Geschäftsjahr dem Kalenderjahr entspricht, z. B. Geschäftsräume angemietet und bereits Ende Dezember des Jahres 1 die Miete für Januar des Jahres 2 an den Vermieter überwiesen, obwohl die Mietzahlung erst Anfang Januar des Jahres 2 fällig ist, dann läge zunächst folgende Buchung dieses Geschäftsvorfalls nahe:

Soll		an	Haben	
Mietaufwand	EUR 10.000		Bankkonto	EUR 10.000

Würde das Unternehmen wenige Tage später den Jahresabschluss zum 31. Dezember des Jahres 1 aufstellen und diese Buchung in der Bilanz und GuV konsolidieren, würde der Mietaufwand das Ergebnis des Jahres 1 mindern. Die Mietzahlung erfolgt jedoch als Gegenleistung dafür, dass das Unternehmen die angemieteten Geschäftsräume im Januar des Jahres 2 nutzen darf. Wirtschaftlich betrachtet ist der Mietaufwand daher dem Jahr 2 zuzuordnen, obwohl die Mietausgaben bereits im Dezember des Jahres 1 getätigt wurden. Um zu erreichen, dass der Aufwand für die Miete der Geschäftsräume für den Monat Januar des Jahres 2 auch zulasten des Ergebnisses des Jahres 2 geht (und nicht zulasten des Ergebnisses des Jahres 1), wird die noch im Dezember des Jahres 1 getätigte, jedoch erst für den Januar des Jahres 2 geschuldete Mietzahlung im (ab-) laufenden Geschäftsjahr 1 daher zunächst wie folgt gebucht:

Soll		an	Haben	
ARAP	EUR 10.000		Bankkonto	EUR 10.000

Diese Buchung führt dazu, dass der Stand des Bankkontos im Jahresabschluss des Unternehmens für das Jahr 1 zutreffend abgebildet wird. Das Absinken des Bankkontos um EUR 10.000 wird jedoch nicht gegen ein Aufwandskonto gebucht, sondern gegen das aktive Bestandskonto „aktive Rechnungsabgrenzungsposten". Das Ergebnis des Jahres 1 wird dadurch nicht gemindert. Denn der Abgang auf dem Bankkonto wird durch einen Zugang auf dem aktiven Bestandskonto „aktive Rechnungsabgrenzungsposten" kompensiert. Erst nach Ablauf (Ende) des Jahres 1 wird dann zu dem Zeitpunkt, zu dem

---

[1] So die Vorgabe in § 250 Abs. 1 HGB.

5.1 Rechnungsabgrenzungsposten

die Mietzahlung fällig gewesen wäre, also Anfang Januar des Jahres 2, dieser ARAP wie folgt aufgelöst, also ausgebucht:

Soll		an	Haben	
Mietaufwand	EUR 10.000		ARAP	EUR 10.000

Indem der ARAP Anfang Januar des Jahres 2 gegen das Aufwandskonto „Mietaufwand" aufgelöst (ausgebucht) wird, mindert diese Buchung das Ergebnis des Jahres 2. Durch die Bildung des ARAP im Jahr 1 und dessen anschließende Auflösung „gegen Aufwand" im Jahr 2 wird erreicht, dass der Mietaufwand das Ergebnis des Jahres mindert, dem der Mietaufwand wirtschaftlich betrachtet zuzuordnen ist, nämlich das Ergebnis des Jahres 2.

5.1.3 Passive Rechnungsabgrenzungsposten („PRAP")

Nicht nur Ausgaben wie z. B. Mietzahlungen und der dazugehörige Aufwand können in jeweils unterschiedliche Geschäftsjahre fallen, sondern auch Einnahmen und die dazugehörigen Erträge. Betrachtet man die im vorangegangenen Beispiel gebuchte Mietzahlung des Unternehmens aus Sicht des Vermieters, wäre an sich folgende Buchung des Eingangs der Mietzahlung (= Einnahmen) noch im Jahr 1 denkbar:

Soll		an	Haben	
Bankkonto	EUR 10.000		Mietertrag	EUR 10.000

Würde der Vermieter diese Buchung jedoch in seinem Jahresabschluss für das Jahr 1 konsolidieren, dann würde die bereits im Dezember des Jahres 1 vereinnahmte Mietzahlung das Ergebnis des Jahres 1 erhöhen. Durch die Miete wurde jedoch die Bereitstellung der Geschäftsräume an den Mieter während des Monats Januar des Jahres 2 abgegolten. Wirtschaftlich betrachtet ist der durch die Vermietung erwirtschaftete Vermögenszuwachs, also der Mietertrag, daher nicht dem Jahr 1 zuzuordnen, sondern dem Jahr 2. Um eine Zuordnung des Mietertrags zum Jahr 2 zu erreichen, muss der Vermieter den Zahlungseingang der Miete daher zunächst wie folgt buchen:[2]

Soll		an	Haben	
Bankkonto	EUR 10.000		PRAP	EUR 10.000

Das Konto „passive Rechnungsabgrenzungsposten" ist ein passives Bestandskonto. Zuwächse auf diesem Konto mindern das Eigenkapital. Durch die Buchung wird folglich dafür gesorgt, dass der Zugang auf dem Bankkonto in Höhe von EUR 10.000 durch einen

---

[2] So die Vorgabe in § 250 Abs. 2 HGB.

PRAP kompensiert wird und das Eigenkapital des Vermieters durch den Geschäftsvorfall „Zahlungseingang Miete für Januar Jahr 2" unverändert bleibt. Das Konsolidieren dieser Buchung im Jahresabschluss des Vermieters für das Jahr 1 führt dazu, dass der Zahlungseingang auf dem Bankkonto das Ergebnis des Vermieters für das Jahr 1 nicht erhöht. Erst nach Abschluss des Jahres 1 kann und muss der Vermieter dann Anfang Januar des Jahres 2 den PRAP zu dem Zeitpunkt, an dem die Mietzahlung fällig wäre, wie folgt ausbuchen (auflösen):

Soll		an	Haben	
PRAP	EUR 10.000		Mietertrag	EUR 10.000

Auf diese Weise wird der Ertrag aus der Vermietung der Geschäftsräume im Januar des Jahres 2 auch erst im Jahr 2 realisiert, also in dem Jahr, dem der Ertrag wirtschaftlich zuzuordnen ist. Um einen weiteren Anwendungsfall für die Bildung eines PRAP geht es auch im nachfolgenden Übungsfall 5.

5.2 Rückstellungen

Daneben beinhaltet Übungsfall 5 ein Anwendungsbeispiel für die Bildung einer Rückstellung. Rückstellungen bilden Risiken ab. „Risiko" bedeutet in diesem Zusammenhang Aufwand, dessen Anfall am Abschlussstichtag noch nicht 100 % sicher ist. Die Abbildung von Risiken ist Ausfluss der GoB der Vorsicht, der Wahrheit und der Vollständigkeit. Ebenso wie die Aktivierung von Vermögensgegenständen und die Passivierung von Schulden wirft auch die Abbildung von Risiken die Fragen auf,

i) ob, und, wenn ja,
ii) mit welchem Wert diese gegebenenfalls anzusetzen sind.

5.2.1 Bildung von Rückstellungen dem Grunde nach

5.2.1.1 Gesetzliche Regelung

Unter welchen Vorrausetzungen ein Unternehmen im Jahresabschluss eine Rückstellung bilden muss, wird in § 249 HGB geregelt. Gemäß § 249 HGB müssen in der kaufmännischen Rechnungslegung Rückstellungen gebildet werden für

- sogenannte „ungewisse Verbindlichkeiten",
- drohende Verluste aus schwebenden Geschäften,
- im Geschäftsjahr unterlassene Aufwendungen für Instandhaltung, die im folgenden Geschäftsjahr innerhalb von 3 Monaten nachgeholt werden,
- im Geschäftsjahr unterlassene Abraumbeseitigung, die im folgenden Geschäftsjahr nachgeholt wird, sowie
- Gewährleistungen, die ohne rechtliche Verpflichtung erbracht werden.

5.2 Rückstellungen

Rückstellungen müssen gemäß § 249 Abs. 1 HGB gebildet werden für:	Typische Situationen (Beispiele):
Ungewisse Verbindlichkeiten	Ernsthafte Inanspruchnahme durch Dritte z. B. wegen auf Grundlage von §§ 280 Abs. 1 BGB, 1 Abs. 1 ProdHaftG oder 139 Abs. 2 PatG behaupteter, vom Unternehmen jedoch dem Grunde oder der Höhe nach bestrittener Schadensersatzforderung: Ungewiss, weil abhängig vom Ausgang des Rechtsstreits
	Zusagen auf Altersversorgung: Ungewiss, weil nicht sicher ist, ob die Berechtigten das für den Eintritt des Versorgungsfalls erforderliche Alter erreichen
Unterlassene Instandhaltung	Nur bei Nachholen der Maßnahmen in den ersten drei Monaten des folgenden Geschäftsjahres
Unterlassene Abraumbeseitigung	Nur bei Nachholen im folgenden Geschäftsjahr
Gewährleistungen ohne rechtliche Verpflichtung	Kulanzhalber zugesagte Leistungen mit dem Ziel, eine bereits bestehende Geschäftsbeziehung zu erhalten[3]
Drohende Verluste	Verpflichtungsüberschüsse aus
	Beschaffungsgeschäften
	Absatzgeschäfte unterhalb der Selbstkosten

5.2.1.2 Steuerrückstellungen

Zu den ungewissen Verbindlichkeiten gehören auch absehbare, jedoch noch nicht festgesetzte Steuerverbindlichkeiten.[4] Allerdings kann bezweifelt werden, ob allein der Umstand, dass die Finanzverwaltung die Steuern noch nicht festgesetzt hat, ausreicht, um die für die Anwendbarkeit von § 249 Abs. 1 Satz 1 HGB erforderliche „Ungewissheit" zu begründen. Bestehen an der Verwirklichung eines Besteuerungstatbestands[5] und der Höhe der dadurch entstandenen Steuerschuld keine Zweifel, ist auch der Ansatz einer entsprechenden Verbindlichkeit vertretbar.[6]

---

[3] Keine Rückstellung für „*Gewährleistungen, die ohne rechtliche Verpflichtungen erbracht werden*" (§ 249 Abs. 1 Satz 2 Nr. 2 HGB) rechtfertigen dagegen Kulanzleistungen ohne Bezug zu vorangegangenen Verträgen. Darunter fallen z. B. kulanzhalber erbrachte Instandhaltungen von Gebrauchsgegenständen, die bei Dritten erworben wurden (vgl. z. B. *Merkt* in *Baumbach/Hopt*, Handelsgesetzbuch, 40. Auflage 2021, § 249, Rdnr. 35, unter Bezugnahme auf BFH, Urteil vom 06.04.1965 [I 23/63 U], wo jedoch keine ausdrückliche Aussage [nur] in Bezug auf die Reparatur von Fremderzeugnissen getroffen wird).

[4] Vgl. dazu z. B. *Schubert* in Beck'scher Bilanz-Kommentar, 12. Auflage 2020, § 266, Rdnr. 201; *Suchan* in Münchener Kommentar zum Bilanzrecht, 1. Auflage 2013, § 266, Rdnr. 116.

[5] Im Sinn von § 38 AO.

[6] Vgl. dazu z. B. *Schubert* in Beck'scher Bilanz-Kommentar, 12. Auflage 2020, § 266, Rdnr. 201.

5.2.1.3 Drohverlustrückstellungen

Rückstellungen für drohende Verluste – „Drohverlustrückstellungen" – dienen der Umsetzung des GoB der Vorsicht.[7] Die Bildung einer Drohverlustrückstellung durchbricht den Grundsatz, dass schwebende Geschäfte in der Rechnungslegung grundsätzlich nicht abgebildet werden.

5.2.1.4 Buchung

Rückstellungen dürfen und müssen nur in den in § 249 HGB genannten Fällen gebildet werden,[8] und zwar auf passiven Bestandskonten. Rückstellungen werden folglich wie Verbindlichkeiten gebucht und mindern das Eigenkapital. Das Einbuchen (= die Bildung) einer Rückstellung erfolgt deshalb gegen ein Aufwandskonto wie folgt:

Soll		an	Haben	
Aufwand für die Bildung einer Rückstellung für: [Begründung]	[Betrag]		Rückstellung für: [Begründung]	[Betrag]

Dass Rückstellungen wie Verbindlichkeiten eingebucht werden, darf nicht darüber hinwegtäuschen, dass Rückstellungen keine Verbindlichkeiten sind. Verbindlichkeiten stehen nach Grund und Betrag fest. Jeder Rückstellung ist dagegen mindestens ein Unsicherheitsfaktor immanent. Ob der Aufwand, für den die Rückstellung gebildet wird, tatsächlich anfällt, hängt zum Zeitpunkt der Bildung der Rückstellung noch vom Eintritt einer oder mehrerer Bedingungen ab – auch wenn der Bedingungseintritt noch so wahrscheinlich sein mag. Rückstellung werden daher immer nur vorsichtshalber gebildet. In Anbetracht dieser tatbestandsimmanenten Unsicherheit jeder Rückstellung stellt sich die Frage, in welcher Höhe (Wertansatz) Rückstellungen gegebenenfalls zu bilden sind.

5.2.2 Ansatz von Rückstellungen der Höhe nach

5.2.2.1 Grundsatz

Gemäß § 253 Abs. 1 Satz 2 sind „*Rückstellungen in Höhe des nach vernünftiger kaufmännischer Beurteilung notwendigen Erfüllungsbetrages anzusetzen.*"[9] Der unbestimmte Rechtsbegriff „vernünftige kaufmännische Beurteilung" ist unter Beachtung der GoB auszulegen, und zwar insbesondere auch unter Beachtung der GoB der Wahrheit und der Vorsicht (Imparitätsprinzip). Aus der Bezugnahme auf den voraussichtlichen „Erfüllungsbetrag" folgt, dass der Zugangswert einer Rückstellung grundsätzlich demjenigen

---

[7] Vgl. dazu z. B. *Schubert* in Beck'scher Bilanz-Kommentar, 12. Auflage 2020, § 249, Rdnr. 51.
[8] Dies folgt aus § 249 Abs. 2 Satz 1 HGB.
[9] Wortlaut von § 253 Abs. 1 Satz 2 HGB.

5.2 Rückstellungen

Betrag entspricht, mit dessen Abfluss für den Fall gerechnet werden muss, dass sich das betreffende Risiko nach dem Bilanzstichtag realisiert. Deshalb sind z. B. auch bis zum voraussichtlichen Erfüllungszeitpunkt absehbare Marktpreisänderungen zu berücksichtigen, die Auswirkungen auf die Höhe des Erfüllungsbetrags haben[10].

Dagegen hat die Eintrittswahrscheinlichkeit des Risikos, für das die Rückstellung gebildet wird, grundsätzlich keine Auswirkungen auf deren Zugangswert. Der jedem Risiko bereits begriffsnotwendig immanente Unsicherheitsfaktor kommt bereits dadurch zum Ausdruck, dass eine Rückstellung gebildet wird und keine Verbindlichkeit. Das folgende Beispiel soll dies verdeutlichen:

> **Beispiel**
>
> Ein Unternehmen wird auf Grundlage von § 1 Abs. 1 ProdHaftG gerichtlich auf Schadensersatz in Höhe von EUR 300.000 in Anspruch genommen. Das Unternehmen verteidigt sich gegen die Schadensersatzklage. Der Rechtsanwalt, den das Unternehmen mit der Verteidigung beauftragt hat, schätzt das Risiko einer Prozessniederlage auf 50 %.
>
> Für den Fall, dass das Unternehmen zur Leistung von Schadensersatz verurteilt wird, muss das Unternehmen gemäß § 249 Abs. 1 Satz 1 Alternative 1 HGB eine Rückstellung für eine ungewisse Verbindlichkeit bilden. Maßgeblich für den Betrag, mit dem die Rückstellung der Höhe nach einzubuchen ist (Zugangswert), ist der voraussichtliche Erfüllungsbetrag für den Fall, dass sich das Risiko einer Verurteilung zur Schadensersatzzahlung realisiert. Bei der Bildung der Rückstellung muss das Unternehmen folglich nicht nur den eingeklagten Nominalbetrag berücksichtigen. Zusätzlich müssen die bis zum Zeitpunkt der Urteilsfindung gegebenenfalls anfallenden Prozesszinsen[11] und die im Fall einer Prozessniederlage anfallenden Kosten des Rechtsstreits in den Zugangswert der Rückstellung einfließen.[12] Sind z. B. bis zum Urteilszeitpunkt auflaufende Prozesszinsen in Höhe von EUR 10.000 und zudem Prozesskosten im Umfang von EUR 30.000 zu erwarten, wäre eine Rückstellung in Höhe von EUR 340.000 wie folgt zu bilden:

---

[10] So z. B. *Merkt* in *Baumbach/Hobt,* Handelsgesetzbuch, 40. Auflage 2021, § 253 Rdnr. 3.
[11] Dazu § 291 BGB.
[12] Wer in einem Zivilprozess – z. B. wie hier in einem Schadensersatzprozess auf Grundlage des ProdHaftG – unterliegt, muss nicht nur die eigenen Kosten, insbesondere die Kosten für die Beauftragung eines Rechtsanwalts, sondern die Kosten des Rechtsstreits insgesamt tragen. Dazu gehören neben den Gerichtskosten auch die Kosten der obsiegenden Gegenpartei, z. B. deren Rechtsanwaltskosten. Diese muss die unterliegende Partei der obsiegenden Gegenpartei nach § 91 ZPO erstatten.

Soll		an	Haben	
Aufwand für die Bildung einer Rückstellung für ungewisse Verbindlichkeiten wegen produkthaftungsrechtlicher Inanspruchnahme[13]	EUR 340.000		Rückstellung für ungewisse Verbindlichkeiten wegen produkthaftungsrechtlicher Inanspruchnahme	EUR 340.000

◂

Nicht mit dem GoB der Vorsicht vereinbar wäre dagegen, wenn das Unternehmen im Beispiel die vom Rechtsanwalt geschätzte Wahrscheinlichkeit einer Prozessniederlage in Form eines 50 %igen Abschlags berücksichtigen und die Rückstellung nur in Höhe von EUR 170.000 bilden würde. Dieser Unsicherheitsfaktor kommt in der Rechnungslegung bereits dadurch zum Ausdruck, dass eben „nur" eine Rückstellung gebildet und keine Verbindlichkeit passiviert wird.

5.2.2.2 Abzinsung

Zur Berücksichtigung des Zeitfaktors ordnet § 253 Abs. 2 Satz 1 HGB an, dass Rückstellungen mit einer Restlaufzeit von über einem Jahr abzuzinsen sind. Anzuwenden ist der durchschnittliche *„Marktzinssatz, der sich ... aus den vergangenen sieben Geschäftsjahren ergibt."*[14] Die jeweils konkret anzuwendenden Abzinsungssätze werden von der Deutschen Bundesbank nach den Vorgaben der sogenannten „Rückstellungsabzinsungsverordnung" („RückAbzinsV")[15] ermittelt und bekannt gemacht.

5.2.2.3 Rückstellungen für Altersvorsorgeverpflichtungen

Für die Bewertung von Rückstellungen für – ungewisse – Altersversorgungsverpflichtungen („Pensionsrückstellungen") gelten abweichend von den vorstehend dargestellten Grundsätzen einige Besonderheiten. Für die Abzinsung von Pensionsrückstellungen ist der durchschnittliche Marktzinssatz aus den vergangenen 10 Geschäftsjahren anzuwenden.[16] Alternativ *„dürfen Rückstellungen für Altersversorgungsverpflichtungen oder vergleichbare*

---

[13] aRückstellungen wegen einer gerichtlichen Inanspruchnahme auf Grundlage des ProdHaftG werden in der Bilanz im Unterposten *„sonstige Rückstellungen"* (§ 66 Abs. 3 B.3. HGB) konsolidiert.

[14] Wortlaut von § 253 Abs. 2 Satz 1 HGB.

[15] Die Rückstellungsabzinsungsverordnung ist vom Bundesministerium der Justiz und für Verbraucherschutz (BMJV) auf der Grundlage von § 253 Abs. 2 Satz 5 HGB im Benehmen mit der Deutschen Bundesbank erlassen worden als „Verordnung über die Ermittlung und Bekanntgabe der Sätze zur Abzinsung von Rückstellungen (Rückstellungsabzinsungsverordnung – RückAbzinsV)".

[16] So § 253 Abs. 2 Satz 1 HGB.

langfristig fällige Verpflichtungen pauschal mit dem durchschnittlichen Marktzinssatz abgezinst werden, der sich bei einer angenommenen Restlaufzeit von 15 Jahren ergibt."[17]

5.2.3 Auflösung von Rückstellungen

Realisiert sich das Risiko nicht, für das eine Rückstellung gebildet worden ist, entfällt der Grund für die Bildung der Rückstellung. Die Rückstellung muss[18] dann wieder aufgelöst werden. Hat ein Unternehmen z. B. deshalb eine Rückstellung gebildet, weil es auf Schadensersatz verklagt wurde, und gewinnt das Unternehmen dann den Rechtsstreit (Abweisung der Klage), ist die Rückstellung wie folgt aufzulösen:

Soll		an	Haben	
(Sonstige) Rückstellung für: [Begründung]	EUR 100.000		Ertrag[19] aus der Auflösung der (sonstigen) Rückstellung für: [Begründung]	EUR 100.000

Durch die Auflösung der Rückstellung wächst das Eigenkapital des Unternehmens wieder in dem Umfang, in dem es durch deren Bildung zunächst gesunken war. Man kann Rückstellungen deshalb auch als „bedingtes" oder „potenzielles" Eigenkapital bezeichnen. Denn wenn es nicht zum Bedingungseintritt, also zur Realisierung des Risikos kommt, muss eine Rückstellung wieder erfolgswirksam aufgelöst werden. Das Eigenkapital des Unternehmens steigt dann wieder entsprechend.

Wird eine Rückstellung nicht für Pensions- oder Steuerverbindlichkeiten gebildet, sondern in der Bilanz unter dem Posten „*sonstige Rückstellungen*"[20] konsolidiert, ist der Informationsgehalt für die Adressaten des Jahresabschlusses freilich recht gering. Denn diese können der Bilanz weder den Grund für die Bildung der Rückstellung noch die Wahrscheinlich dafür entnehmen, dass sich das Risiko realisiert, für das die Rückstellung gebildet worden ist. Dieses Informationsdefizit der Bilanz soll der Anhang kompensieren.

---

[17] Wortlaut von § 253 Abs. 2 Satz 2 HGB.

[18] In § 249 Abs. 2 Satz 2 HGB steht zwar, dass Rückstellungen gegebenenfalls aufgelöst werden *„dürfen"*. Zur Umsetzung des GoB der Wahrheit ist dieses *„dürfen"* jedoch dahingehend auszulegen, dass eine Rückstellung aufgelöst werden muss, wenn der Grund für ihre Bildung entfällt. Denn anderenfalls würde die Rechnungslegung die Vermögens-, Finanz- und Ertragslage des Unternehmens unzutreffend (= unwahr) abbilden (dazu z. B. *Ballwieser* in Münchener Kommentar zum HGB, 4. Auflage 2020, § 249, Rdnr. 85).

[19] Erträge aus der Auflösung von Rückstellungen werden in der GuV im Posten *„sonstige betriebliche Erträge"* (§ 275 Abs. 2 Nr. 4 bzw. Abs. 3 Nr. 6 HGB) erfasst.

[20] Dazu § 266 Abs. 3 B.3. HGB.

5.3 Anhang

5.3.1 Grundsätzliches

Bilanz und GuV bilden die Grundbestandteile des Jahresabschlusses gewerblicher Unternehmen.[21] Rechtsformabhängig müssen diese beiden Grundbestandteile um einen Anhang erweitert werden.[22] Dieser soll die Aussagekraft des Jahresabschlusses durch Erläuterung einzelner Posten der Bilanz und der GuV steigern.

Im Einzelnen regeln die §§ 284, 285, 264c Abs. 2 (letzter Satz) und 265 Abs. 4 Satz 2 HGB, welche Informationen ein Anhang grundsätzlich enthalten muss. Es hängt jedoch von der Rechtsform und der Zuordnung eines Unternehmens zu einer bestimmten Größenklasse ab, ob und gegebenenfalls mit welchem Inhalt ein Anhang erstellt werden muss.

5.3.2 Betroffene Unternehmen

Welche Unternehmen einen Anhang erstellen müssen, folgt aus §§ 264, 264a, 336 HGB und § 172 VAG. Danach sind nur Unternehmen zur Erstellung eines Anhangs verpflichtet, die von einer Kapitalgesellschaft betrieben werden und/oder für deren Verbindlichkeiten kein Mensch kraft Gesetzes unbeschränkt persönlich haftet.

Einzelkaufleute[23] müssen keinen Anhang erstellen. Personenhandelsgesellschaften sind nur dann zur Erstellung eines Anhangs verpflichtet, wenn keine natürliche Person unmittelbar oder mittelbar auf Grundlage von § 128 HGB für deren Verbindlichkeiten unbeschränkt persönlich haftet. Damit sind im Ergebnis Unternehmen zur Erstellung eines Anhangs verpflichtet, die betrieben werden von einer/m

- GmbH einschließlich UG (haftungsbeschränkt)[24],
- AG,

---

[21] Dies folgt aus § 242 Abs. 3 HGB.

[22] Aus § 264 Abs. 1 Satz 1 HGB folgt zunächst, dass die gesetzlichen Vertreter von Kapitalgesellschaften – darunter fallen alle AG, KGA, SE und GmbH – *„den Jahresabschluß (§ 242) um einen Anhang zu erweitern"* haben, *„der mit der Bilanz und der Gewinn- und Verlustrechnung eine Einheit bildet"*. Durch § 264a HGB wird diese Pflicht auch auf die gesetzlichen Vertreter offener Handelsgesellschaften (OHG) und von Kommanditgesellschaften (KG) erstreckt, die keinen, auch keinen über andere Personengesellschaften mittelbar beteiligte Menschen (natürliche Person) als persönlich haftenden Gesellschafter haben. Deshalb müssen z. B. auch GmbH & Co. KGs ihren Jahresabschluss um einen Anhang erweitern. Denn eine GmbH & Co. KG ist – zumindest typischerweise – eine KG, deren einzige persönlich haftende Gesellschafterin (Komplementärin) eine GmbH ist.

[23] Damit sind selbstständige Kaufleute im Sinn von § 1 HGB gemeint. Das sind Menschen, die unmittelbar selbst – ohne „Zwischenschaltung" einer Gesellschaft - Inhaber eines Gewerbebetriebs sind.

[24] Eine UG (haftungsbeschränkt) ist eine GmbH, deren Stammkapital EUR 25.000 unterschreiten kann und die deshalb nicht als GmbH firmieren darf, sondern statt „GmbH" den Rechtsformzusatz „Unternehmergesellschaft (haftungsbeschränkt)" oder „UG (haftungsbeschränkt)" führen muss (vgl. dazu § 5a GmbHG).

5.3 Anhang

- KGaA,
- SE mit Sitz in Deutschland,
- Genossenschaft,
- SCE mit Sitz in Deutschland,
- VVaG[25] oder
- OHG, KG oder EWIV mit Sitz in Deutschland[26], für deren Verbindlichkeiten kein Mensch (keine natürliche Person) unmittelbar oder mittelbar auf Grundlage von § 128 HGB unbeschränkt persönlich haftet.

Sindt z. B. eine GmbH und eine AG die einzigen Gesellschafter einer OHG, dann muss auch diese OHG ihren Jahresabschluss um einen Anhang erweitern. Denn in dieser Konstellation gibt es keine natürliche Person, die unbeschränkt persönlich auf Grundlage von § 128 HGB für die Verbindlichkeiten dieser OHG haftet.

Dasselbe gilt z. B. für eine GmbH & Co. KG, bei der ein oder mehrere Kommanditisten natürliche Personen sind, deren einzige Komplementärin jedoch eine GmbH ist. Denn die Kommanditisten haften nur beschränkt auf die Haftsumme.[27] Die Komplementärin (die Komplementär-GmbH) haftet zwar unbeschränkt persönlich auf Grundlage von § 128 HGB[28], ist aber keine natürliche Person.

Hat eine OHG dagegen zumindest einen Menschen als Gesellschafter, entfällt die Pflicht zur Erstellung eines Anhangs. Dasselbe gilt für eine OHG, an der eine weitere Personengesellschaft, z. B. eine andere OHG, als Gesellschafterin beteiligt ist[29], wenn diese weitere Personengesellschaft zumindest eine natürliche Person als unbeschränkt haftenden Gesellschafter hat. Denn für die Verbindlichkeiten der OHG haftet dann auf Grundlage von § 128 HGB unbeschränkt persönlich die weitere Personengesellschaft, und für deren Verbindlichkeiten haftet wiederum diese natürliche Person unbeschränkt

---

[25] Nach § 172 Satz 2 VAG gelten für die Rechnungslegung eines VVaG „*die Vorschriften des zweiten Unterabschnitts des vierten Abschnitts in Verbindung mit den Vorschriften des ersten und zweiten Abschnitts des dritten Buchs des Handelsgesetzbuchs.*" Dieser Verweis schließt § 264 HGB ein.

[26] Gemäß § 1 des EWIV-Ausführungsgesetzes gelten für Europäische wirtschaftliche Interessenvereinigungen (EWIV) mit Sitz in Deutschland ergänzend die für OHG geltenden Vorschriften; zudem wird klargestellt, dass eine EWIV mit Sitz in Deutschland als Handelsgesellschaft im Sinn von § 6 HGB gilt.

[27] Mit dem Begriff „Haftsumme" ist die „Einlage" im Sinn von § 171 Abs. 1 HGB gemeint.

[28] Die Anwendbarkeit von § 128 HGB auf die Komplementärin einer Kommanditgesellschaft folgt aus dem Verweis in § 161 Abs. 2 HGB.

[29] Beteiligungsverhältnisse und -ketten zwischen Personengesellschaften werden auch „doppel-" bzw. „mehrstöckige Personengesellschaften" genannt, vgl. z. B. *Hülsmann*, DStR 2014, S. 184 f.; *Wacker*, DStR 2019, S. 836 ff.

persönlich. Damit haftet die natürliche Person auf Grundlage von § 128 HGB mittelbar auch für die Verbindlichkeiten der ersten OHG.

5.3.3 Größenabhängige Erleichterungen

Nicht jedes Unternehmen, das grundsätzlich zur Erstellung eines Anhangs verpflichtet ist, muss dort sämtliche Angaben machen, die in den §§ 284, 285, 264c Abs. 2 und 265 Abs. 4 HGB vorgeschrieben sind. Vielmehr können Unternehmen abhängig von ihrer Größenklasse von bestimmten Anhang-Angaben absehen. Die Zuordnung einer Kapital- oder Personenhandelsgesellschaft zu einer bestimmten Größenklasse richtet sich nach den § 264a, 267 und 267a HGB. Gemäß §§ 267, 267a HGB gilt folgende Einteilung:

Größenklasse	Definiert in
Kleinst-(Kapital-)Gesellschaft	§ 267a HGB
Kleine (Kapital-)Gesellschaft	§ 267 Abs. 1 und 3 Satz 2 HGB
Mittelgroße (Kapital-)Gesellschaft	§ 267 Abs. 2 und 3 Satz 2 HGB
Große (Kapital-)Gesellschaft	§ 267 Abs. 3 HGB

Die Zugehörigkeit einer Kapital- oder insoweit gleichgestellten Personengesellschaft zu einer bestimmten Größenklasse ist nicht nur für Erleichterungen bei der Erstellung des Anhangs maßgeblich. Auch die Frage, ob der Jahresabschluss einer Gesellschaft von einem Abschlussprüfer geprüft werden muss, hängt davon ab, in welche Größenklasse sie fällt.

5.4 Prüfung des Jahresabschlusses durch Abschlussprüfer

5.4.1 Grundlage der Prüfungspflicht

Gemäß § 316 Abs. 1 Satz 1 HGB müssen die Jahresabschlüsse von Kapital- und insoweit gleichgestellten Personengesellschaften[30], die weder kleine noch Kleinst(kapital) gesellschaften sind, durch einen Abschlussprüfer geprüft werden.[31] Die Jahresabschlüsse

---

[30] Gemäß § 264a Abs. 1 HGB gelten die Bestimmungen des dritten Unterabschnitts des zweiten Abschnitts des dritten Buchs des HGB und damit die §§ 316 ff. HGB auch für Personenhandelsgesellschaften, bei denen kein unmittelbar oder über eine andere Personengesellschaft mittelbar beteiligter persönlich haftender Gesellschafter eine natürliche Person ist.

[31] Dass die Prüfungspflicht auch für die Jahresabschlüsse von Kleinstkapitalgesellschaften entfällt, wird in § 316 Abs. 1 HGB zwar nicht ausdrücklich geregelt, folgt jedoch aus § 267a und 2 HGB. Danach gelten die im HGB für kleine Kapitalgesellschaften im Sinn von § 267 Abs. 1 HGB vorgesehenen besonderen Regelungen grundsätzlich auch für Kleinstkapitalgesellschaften.

5.4 Prüfung des Jahresabschlusses durch Abschlussprüfer

von Kreditinstituten[32], Finanzdienstleistungsinstituten[33] und Versicherungsunternehmen müssen unabhängig von deren Rechtsform und Größenklasse stets durch einen Abschlussprüfer geprüft werden.[34]

5.4.2 Abschlussprüfer

Zum Abschlussprüfer eines Unternehmens können Wirtschaftsprüfer und Wirtschaftsprüfungsgesellschaften bestellt werden, in einigen Konstellationen auch vereidigte Buchprüfer und Buchprüfungsgesellschaften.[35] Zwischen dem Träger[36] eines Unternehmens, dessen Jahresabschluss zu prüfen ist, und dem Abschlussprüfer bestehen in der Regel zwei rechtliche Beziehungen. Grundlage der Position des Abschlussprüfers ist zunächst dessen Wahl durch die Gesellschafter der Gesellschaft, deren Jahresabschluss geprüft werden soll.[37] Durch die Wahl und deren Annahme rückt der Abschlussprüfer in die Rolle eines unabhängigen Sachverständigen mit gesetzlich vorgegebenen Kontrollaufgaben.[38]

Daneben kann zwischen der Gesellschaft und dem Abschlussprüfer ein schuldrechtlicher Vertrag („Prüfungsauftrag", „Prüfungsvertrag") abgeschlossen werden. In diesem können die Vergütung des Abschlussprüfers und Einzelheiten der Prüfung geregelt werden, z. B. bestimmte Prüfungsschwerpunkte. Der (schuldrechtliche) Prüfungsvertrag ist ein Werkvertrag im Sinn der §§ 631 ff. BGB.[39]

---

[32] Der Begriff „Kreditinstitut" wird in § 1 Abs. 1 Satz 1 KWG definiert.

[33] Der Begriff „Finanzdienstleistungsinstitut" wird in § 1 Abs. 1a Satz 1 KWG definiert.

[34] Dazu insbesondere §§ 340k, 340 Abs. 4 und 341k HGB.

[35] Dazu § 319 Abs. 1 HGB; ein vereidigter Buchprüfer kann jedoch z. B. auch dann nicht zum Abschlussprüfer eines Kreditinstituts bestellt werden, wenn dieses von einer lediglich mittelgroßen GmbH betrieben wird. Denn § 340k Abs. 1 Halbsatz 2 HGB verbietet die Bestellung eines vereidigten Buchprüfers oder einer Buchprüfungsgesellschaft zum Abschlussprüfer eines Kreditinstituts unabhängig von dessen Zugehörigkeit zu einer bestimmten Größenklasse.

[36] Wird ein Unternehmen von einer Gesellschaft betrieben, z. B. von einer AG, dann ist diese AG der „Träger" – im Sinn von „Rechtsträger" – des Unternehmens. Alternativ kann die Gesellschaft als Inhaberin des Unternehmens bezeichnet werden.

[37] Dazu § 318 Abs. 1 Satz 1 HGB; mit Annahme der Wahl werden der gewählte Wirtschaftsprüfer bzw. die gewählte Wirtschaftsprüfungsgesellschaft Abschlussprüfer der Gesellschaft für den im betreffenden Gesellschafterbeschluss genannten Jahresabschluss.

[38] So z. B. OLG Düsseldorf, Beschluss vom 24.05.2006 (26 W 9/06 AktE), NZG 2006, S. 758 ff. (759).

[39] BGH, Urteil vom 01.02.2000 (X ZR 198/97), NJW 2000, S. 1107: *„Das zwischen den Parteien bestehende Vertragsverhältnis ist, was die Prüfung der beiden Jahresabschlüsse angeht, ..., als Werkvertrag anzusehen."* Zustimmend z. B. *Merkt* in *Baumbach/Hopt*, Handelsgesetzbuch, 40. Auflage 2021, § 318, Rdnr. 3.

5.4.3 Zweck

Der wesentliche Zweck einer Jahresabschlussprüfung ist letztlich ein Realitätscheck. Ziel der Prüfung ist die Beantwortung der Frage, ob der Jahresabschluss die Vermögens-, Finanz- und Ertragslage des Unternehmens zutreffend abbildet.

5.4.4 Umfang

Um diese Frage beantworten zu können, muss der Abschlussprüfer auch die Buchführung des Unternehmens in den Blick nehmen.[40] Vor diesem Hintergrund hat sich die Prüfung des Jahresabschlusses *„darauf zu erstrecken, ob die gesetzlichen Vorschriften und sie ergänzende Bestimmungen des Gesellschaftsvertrags oder der Satzung beachtet worden sind. Die Prüfung ist so anzulegen, dass Unrichtigkeiten und Verstöße gegen"* gesetzliche Bestimmungen, den Gesellschaftsvertrag oder die Satzung[41], *„die sich auf die Darstellung des sich nach § 264 Abs. 2 ergebenen Bildes der Vermögens-, Finanz- und Ertragslage des Unternehmens wesentlich auswirken, bei gewissenhafter Berufsausübung erkannt werden."*[42] Um die dafür erforderlichen Einblicke in das Unternehmen zu erhalten, hat der Abschlussprüfer nach § 320 HGB umfangreiche Informations- und Vorlageansprüche.

5.4.5 Prüfungsbericht

Über die Durchführung der Jahresabschlussprüfung muss der Abschlussprüfer einen schriftlichen Bericht verfassen.[43] In diesem Prüfungsbericht ist u. a. festzustellen, *„ob die Buchführung und die weiteren geprüften Unterlagen, der Jahresabschluss, ... den gesetzlichen Vorschriften und den ergänzenden Bestimmungen des Gesellschaftsvertrags oder der Satzung entsprechen."*[44] Zudem sind im Prüfungsbericht Prüfungshandlungen

---

[40] So ausdrücklich § 317 Abs. 1 Satz 1 HGB.

[41] Gesellschaftsvertrag bzw. Satzung ist die vertragsrechtliche Grundlage einer Gesellschaft. Bei Personengesellschaften wird der Begriff Gesellschaftsvertrag genutzt, bei Körperschaften zumindest überwiegend der Begriff Satzung. Auch GmbH sind Körperschaften, im GmbHG wird jedoch überwiegend der Begriff Gesellschaftsvertrag genutzt (z. B. in §§ 2 und 3 GmbHG). Letztlich meinen beide Begriffen dasselbe, nämlich die vertrags- und organisationsrechtliche Grundlage einer Gesellschaft.

[42] Wortlaut von § 317 Abs. 1 Sätze 2 und 3 HGB.

[43] Dazu insbesondere § 321 HGB.

[44] Wortlaut von § 321 Abs. 2 Satz 1 HGB.

5.4 Prüfung des Jahresabschlusses durch Abschlussprüfer

zu dokumentieren, wie z. B. das Einholen sogenannter „Saldenbestätigungen" von Schuldnern des Unternehmens.[45]

5.4.6 Bestätigungsvermerk

Das Ergebnis der Prüfung muss der Abschlussprüfer in einem sogenannten „Bestätigungsvermerk" zusammenfassen.[46] Dieser Bestätigungsvermerk kann uneingeschränkt oder eingeschränkt erteilt oder – aus verschiedenen Gründen – versagt werden.[47]

In einem uneingeschränkten Bestätigungsvermerk muss der Abschlussprüfer erklären, dass die Prüfung *„zu keinen Einwendungen geführt hat und"* der Jahresabschluss *„den gesetzlichen Vorschriften entspricht und unter Beachtung der Grundsätze ordnungsmäßiger Buchführung oder sonstiger maßgeblicher Rechnungslegungsgrundsätze ein den tatsächlichen Verhältnissen entsprechendes Bild der Vermögens- Finanz- und Ertragslage des Unternehmens"*[48] vermittelt.

5.4.7 Folgen unterbliebener Prüfung

Ein prüfungspflichtiger Jahresabschluss darf gemäß § 316 Abs. 1 Satz 2 HGB nicht festgestellt werden, wenn keine Prüfung stattgefunden hat. Die Prüfung des Jahresabschlusses ist damit bei mittelgroßen und großen Kapital- und gleichgestellten Personengesellschaften ein unumgänglicher Schritt zwischen der Aufstellung und der Feststellung des Jahresabschlusses. „Feststellung" in diesem Sinn bedeutet Billigung des Jahresabschlusses durch das dafür zuständige Organ der Gesellschaft.[49]

5.4.8 Bedeutung der Feststellung des Jahresabschlusses

Erst ein festgestellter Jahresabschluss ist eine verbindliche Grundlage für die Verwendung des Ergebnisses, z. B. für die Ausschüttung des Jahresüberschusses oder eines Teils davon. Zudem wird in vielen Fällen die Ermittlung von Mitarbeitertantiemen anhand des festgestellten Jahresabschlusses vereinbart.

---

[45] Vgl. § 321 Abs. 3 HGB sowie *Ebke* in Münchener Kommentar zum HGB, 4. Auflage 2020, § 321, Rdnr. 73.
[46] Dazu § 322 HGB.
[47] Dazu § 322 Abs. 2 und 5 HGB.
[48] Wortlaut von § 322 Abs. 3 HGB.
[49] Vgl. dazu z. B. *Lieder* in *Oetker*, Handelsgesetzbuch, 7. Auflage 2021, § 120, Rdnr. 24.

5.4.9 Zuständigkeiten

Bei Personenhandelsgesellschaften und GmbH ist die Gesellschafterversammlung für die Feststellung des Jahresabschlusses zuständig, bei eingetragenen Genossenschaften ist es die General-[50] und bei KGaA die Hauptversammlung. Die Hauptversammlung bedarf gemäß § 286 Abs. 1 AktG jedoch der Zustimmung der persönlich haftenden Gesellschafter.

Bei AG liegt die Feststellungskompetenz gemäß § 172 AktG grundsätzlich bei Vorstand und Aufsichtsrat.[51] Vorstand und Aufsichtsrat können die Feststellung jedoch alternativ der Hauptversammlung überlassen.[52] Zudem ist die Hauptversammlung dann für die Feststellung des Jahresabschlusses zuständig, wenn entweder der Aufsichtsrat den Jahresabschluss nicht billigt[53] oder seine Berichtspflicht nach § 171 Abs. 3 AktG auch innerhalb einer vom Vorstand gesetzten Nachfrist nicht erfüllt.[54]

5.5 Übungsaufgabe 5

5.5.1 Fallszenario

Die Eröffnungsbilanz der Software-GmbH („S-GmbH") mit Sitz in Berlin für das betrachtete, dem Kalenderjahr entsprechende Geschäftsjahr hat folgenden Inhalt:

Aktiva (Vermögen) in Euro (EUR)		Passiva (Kapital) in Euro (EUR)	
Rechte an Software	3.000.000	Eigenkapital	4.900.000
Beteiligung an I-GmbH	1.000.000		
Hardware	3.000.000	Darlehen	4.000.000
Forderungen aus Lieferungen und Leistungen	200.000	Verbindlichkeiten aus Lieferungen und Leistungen	100.000
Bankguthaben	1.800.000		
Bilanzsumme:	**9.000.000**		**9.000.000**

---

[50] Dazu § 48 Abs. 1 Satz 1 GenG.
[51] Dazu z. B. *Hennrichs/Pöschke* in Münchener Kommentar zum AktG, 4. Auflage 2018, § 172, Rdnr. 1.
[52] Dies folgt unmittelbar aus § 172 Satz 1 AktG.
[53] Dies folgt aus § 173 Abs. 1 Alternative 2 AktG.
[54] In diesem Fall gilt der Jahresabschluss gemäß § 171 Abs. 3 Satz 2 AktG „*als vom Aufsichtsrat nicht gebilligt*" mit der Folge, dass ebenfalls § 173 Abs. 1 Satz 1 Alternative 2 AktG zur Anwendung kommt.

5.5 Übungsaufgabe 5

Die S-GmbH hatte im letzten Geschäftsjahr 30 % der Geschäftsanteile an der Innovations-GmbH („I-GmbH") in der Erwartung erworben, diese werde neue Geschäftsmodelle und Vertriebsansätze entwickeln. Die Anschaffungskosten der Geschäftsanteile an der I-GmbH betrugen EUR 1.000.000.

Vermögensgegenstände des Anlagevermögens, deren Nutzungsdauer zeitlich begrenzt ist, schreibt die S-GmbH planmäßig linear ab. Hardware wird von der S-GmbH in der Regel über einen Zeitraum von 5 Jahren genutzt.

Die zu Beginn des Geschäftsjahrs bei der S-GmbH bestehenden Softwarerechte haben eine voraussichtliche durchschnittliche Restnutzungsdauer von 6 Jahren.

Zu Beginn des Geschäftsjahrs leisteten zunächst die Schuldner sämtlicher Forderungen aus Lieferungen und sonstigen Leistungen die ausstehenden Zahlungen in Höhe von EUR 200.000 an die S-GmbH. Zudem erfüllte die S-GmbH die ausstehenden Verbindlichkeiten aus Lieferungen und sonstigen Leistungen in Höhe von EUR 100.000.

Die Rückzahlung des Darlehens ist erst einigen Jahren fällig. Bis zum Fälligkeitszeitpunkt schuldet die S-GmbH die Zahlung von Zinsen in Höhe von 6 % p.a. an die darlehensgebende Bank. Diese bucht die Zinsen am Ende jedes Kalenderjahrs vom Bankkonto der S-GmbH ab.

Die Gehälter sämtlicher Geschäftsführer und Arbeitnehmer der S-GmbH betragen im betrachteten Geschäftsjahr insgesamt EUR 2.400.000. Davon entfällt ein Betrag in Höhe von EUR 600.000 auf Arbeitnehmer, die ausschließlich vorhandene Software optimieren und neue Software programmieren.

Der Aufwand für die Miete für die von der S-GmbH genutzten Geschäftsräume beträgt monatlich EUR 20.000. Gehälter und Mietzahlungen werden – wie sämtliche anderen Zahlungssein- und Ausgänge auch – ausschließlich über das Bankkonto der S-GmbH abgewickelt.

Zur Steigerung des Lock-in-Effekts bietet die S-GmbH im diesem Geschäftsjahr Kunden erstmals ein bestimmtes SaaS[55]-Paket einschließlich Updates gegen eine einmalige, pauschale und sofort fällige Vorab-Zahlung in Höhe von EUR 300.000 für einen Zeitraum von 3 Jahren an. Die S-GmbH nennt das Angebot „3 Jahre SaaS + Updates gegen einmalige Flatrate".

Im Juni des Geschäftsjahres konnte die S-GmbH mit der K-AG die erste Kundin für dieses Angebot gewinnen. Am 30. Juni des Geschäftsjahres überwies die K-AG EUR 300.000 an die S-GmbH, um das angebotene SaaS-Paket ab dem 01. Juli des laufenden Geschäftsjahrs für einen Zeitraum von 3 Jahren zu nutzen.

---

[55] „SaaS" steht für *„Software as a Service"*.

Neben dem ersten Flatrate-Geschäft mit der K-AG erzielte die S-GmbH weitere Umsatzerlöse im Umfang von EUR 9.950.000 mit der Lizensierung von Software. Davon waren am Ende des Geschäftsjahres noch Forderungen in Höhe von insgesamt EUR 950.000 gegen Kunden offen.

Im September des Geschäftsjahrs wurde evident, dass die I-GmbH die Erwartungen nicht erfüllte, welche die S-GmbH gehabt hatte, als sie im vorangegangenen Geschäftsjahr diee Beteiligung an der I-GmbH erworben hatte. Am 30. September des Geschäftsjahrs wurde die I-GmbH zahlungsunfähig und deren Geschäftsführer stellten einen Antrag auf Eröffnung des Insolvenzverfahrens. Das Insolvenzverfahren wurde am 15. November des Geschäftsjahrs eröffnet. Nach Auskunft des Insolvenzverwalters können Gläubiger der I-GmbH bestenfalls mit einer Insolvenzquote in einer Größenordnung von 20 % rechnen.

Die Insolvenz der I-GmbH war jedoch nicht der einzige Rückschlag für die S-GmbH im laufenden Geschäftsjahr. Mitte Dezember des Geschäftsjahrs erhob der selbstständige Programmierer P eine Schadensersatzklage gegen die S-GmbH mit der Begründung, dass die S-GmbH durch das Angebot bestimmter Software-Module Urheberrechte von P verletze. Mit der Klage verlangt P Schadensersatz in Höhe von EUR 500.000. Die S-GmbH bestreitet den Vorwurf der Urheberrechtsverletzung und beauftragt einen Rechtsanwalt mit der Verteidigung gegen die Klage. Nach Einschätzung des Rechtsanwalts muss die S-GmbH mit einer Wahrscheinlichkeit von mindestens 40 % damit rechnen, den Rechtsstreit gegen P zu verlieren. Mit einem Urteil des zuständigen Gerichts ist Mitte des nächsten Jahres zu rechnen. Die bis dahin auflaufenden Prozesszinsen würden gegebenenfalls rund EUR 15.000 betragen, die Kosten des Rechtsstreits insgesamt rund EUR 30.000 (Gerichts- und Rechtsanwaltskosten beider Parteien).

Die S-GmbH beschafft am Ende jedes Geschäftsjahrs neue Hardware im Umfang der Abschreibungen auf die vorhandene Hardware. Zum Ende des Geschäftsjahres beschaffte die S-GmbH daher neue Hardware im Wert von insgesamt EUR 600.000. Die Hardware wurde noch Ende des Geschäftsjahres an die S-GmbH geliefert und von den Lieferanten in Rechnung gestellt. Die Rechnungsbeträge in Höhe von insgesamt EUR 600.000 wurden von der S-GmbH jedoch erst Mitte Januar des folgenden Geschäftsjahres ausgeglichen.

5.5.2 Übungsaufgaben und -fragen

Buchen Sie sämtliche im Sachverhalt mitgeteilten Geschäftsvorfälle der S-GmbH! Umsatz- und andere steuerrechtliche Fragen können und sollen dabei vollständig außer Betracht bleiben. Zur Vereinfachung können i) Mietzahlungen und ii) Gehaltszahlungen jeweils in einer Buchung zusammengefasst werden. Lohn- und sozialversicherungsrechtliche Fragen können und sollen ebenfalls vollständig außer Betracht bleiben. Zudem kann die Anschaffung neuer Hardware im Umfang der jährlichen Abschreibungen in einer Buchung zusammengefasst werden.

Erstellen Sie anschließend die Bilanz sowie die GuV der S-GmbH nach dem Gesamtkostenverfahren für das betrachtete Geschäftsjahr!

Gehen Sie die §§ 284 und 285 HGB durch und benennen Sie die Angaben, die der Anhang der S-GmbH zu einzelnen Posten der Bilanz und der GuV enthalten müsste.

5.5.3 Mögliche Antworten zu den Übungsaufgaben und -fragen

5.5.3.1 Buchung der Geschäftsvorfälle des laufenden Geschäftsjahrs

5.5.3.1.1 Realisierung der ausstehenden Forderungen

Die Realisierung der ausstehenden Forderungen aus Lieferungen und sonstigen Leistungen beinhaltet einen erfolgsneutralen Aktivtausch, der wie folgt zu buchen ist:

Soll		an	Haben	
Bankguthaben	EUR 200.000		Forderungen aus Lieferungen und Leistungen	EUR 200.000

5.5.3.1.2 Erfüllung der ausstehenden Verbindlichkeiten

Die Erfüllung der ausstehenden Verbindlichkeiten aus Lieferungen und Leistungen ist ebenfalls erfolgsneutral, verkürzt jedoch die Bilanzsumme der S-GmbH. Denn die Erfüllung von Verbindlichkeiten bewirkt ein synchrones Sinken der Bestände auf dem aktiven Bestandskonto Bankguthaben und dem passiven Bestandskonto Verbindlichkeiten aus Lieferungen und Leistungen um jeweils EUR 100.000. Dieser Vorgang ist wie folgt zu buchen:

Soll		an	Haben	
Verbindlichkeiten aus Lieferungen und Leistungen	EUR 100.000		Bankguthaben	EUR 100.000

5.5.3.1.3 Geschäftsraummiete

Nicht erfolgsneutral wirken dagegen die Mietzahlungen in Höhe von EUR 20.000, welche die S-GmbH monatlich an den Vermieter der Geschäftsräume bezahlen muss. Diese Zahlungen mindern das Netto-Unternehmensvermögen (Eigenkapital) der S-GmbH und stellen somit Aufwand dar. Diese Mietzahlungen betragen im betrachteten Geschäftsjahr insgesamt EUR 240.000 und können in folgender Buchung zusammengefasst werden:[56]

---

[56] Dass an dieser Stelle sämtliche während des Geschäftsjahrs anfallenden, insgesamt 12 Mietzahlungen in einer Buchung zusammengefasst werden entspricht der Arbeitsanweisung in der Aufgabenstellung. Tatsächlich müsste die S-GmbH kalendermonatlich jede Mietzahlung einzeln wie folgt buchen: EUR 20.000 Mietaufwand an Bankguthaben EUR 20.000.

Soll		an	Haben	
Mietaufwand[57]	EUR 240.000		Bankguthaben	EUR 240.000

5.5.3.1.4 Zahlung der Gehälter an Geschäftsführer und Arbeitnehmer

Etwas komplexer ist dagegen die Buchung der Gehaltszahlungen im Umfang von insgesamt EUR 2.400.000. Denn diese entfallen im Umfang von EUR 600.000 auf Arbeitnehmer, die ausschließlich die vorhandene Software der S-GmbH optimieren und neue Software programmieren.

Die Gehaltszahlungen an die Programmierer sind Aufwendungen für „*die Inanspruchnahme von Diensten*"[58] für die Herstellung eines Vermögensgegenstands, nämlich die Rechte der S-GmbH an der Software. Soweit keine neue Software programmiert, sondern bereits vorhandene Software optimiert wird, erfolgt eine über den bereits bestehenden „*Zustand hinausgehende wesentliche Verbesserungen*"[59] der Software.

Dass der S-GmbH die Nutzungs- und Verwertungsbefugnisse an der Software zustehen, die von Arbeitnehmern der S-GmbH in Ausübung arbeitsvertraglicher Pflichten programmiert wird, folgt aus § 69b Abs. 1 UrhG. Die Gehaltszahlungen an die programmierenden Arbeitnehmer im Umfang von EUR 600.000 sind folglich Herstellungskosten eines – aus Sicht der S-GmbH – selbst geschaffenen immateriellen Vermögensgegenstands des Anlagevermögens im Sinn von § 255 Abs. 2a in Verbindung mit Abs. 2 HGB. Aus der Bilanz der S-GmbH zum Ende des letzten Geschäftsjahrs ist zudem ersichtlich, dass die S-GmbH das aus § 248 Abs. 2 Satz 1 HGB folgende Wahlrecht zugunsten eines Ansatzes selbst geschaffener, dem Anlagevermögen zuzuordnender Software ausübt. Dementsprechend sind die Gehaltszahlungen im Umfang von insgesamt EUR 2.400.000 wie folgt zu buchen:[60]

Soll		an	Haben	
Personalaufwand[61]	EUR 2.400.000		Bankguthaben	EUR 2.400.000
Rechte an Software	EUR 600.000		Erhöhung des Bestands an Softwarerechten	EUR 600.000

---

[57] Im Rahmen einer nach dem Gesamtkostenverfahren erstellten GuV werden die Mietaufwendungen in der Regel im Posten „*sonstige betriebliche Aufwendungen*" im Sinn von § 275 Abs. 2 Nr. 8 HGB konsolidiert.

[58] Wortlaut von § 255 Abs. 2 Satz 1 HGB.

[59] Wortlaut von § 255 Abs. 2 Satz 1 HGB.

[60] Entsprechend der Arbeitsanweisung in der Aufgabenstellung werden sämtliche Gehaltszahlungen in einer Buchung zusammengefasst. Bei kalendermonatlich erfolgender, gleichmäßiger Auszahlung der Gehälter wären die Gehaltszahlungen nicht in einer Buchung zu konsolidieren, sondern jeweils kalendermonatlich wie folgt zu buchen: Personalaufwand EUR 200.000 an Bankguthaben EUR 200.000.

[61] Im Sinn von § 275 Abs. 2 Nr. 6a) HGB.

5.5.3.1.5 Flatrate-SaaS-Geschäft mit der K-AG

Die Zahlung der K-AG führt zunächst zu einem Anstieg des aktiven Bestandskontos „Bankguthaben" der S-GmbH um EUR 300.000. Allerdings zahlt die K-AG diesen Betrag für eine Nutzung der SaaS-Leistungen der S-GmbH über einen Zeitraum von insgesamt 3 Jahren.

Von diesen 3 Jahren fällt nur ein halbes Jahr in das betrachtete Geschäftsjahr, nämlich der Zeitraum vom 01.07. – 31.12. des Geschäftsjahres. Dieses halbe Jahr entspricht nur 1/6 des gesamten Leistungszeitraums, der durch die Zahlung des Betrags in Höhe von EUR 300.000 von der K-AG abgegolten wird.

Wirtschaftlich betrachtet stellt daher nur 1/6 des vereinnahmten Betrags – also EUR 300.000: 6 = EUR 50.000 – Ertrag dar, der dem betrachteten Geschäftsjahr der S-GmbH zuzuordnen ist. Die übrigen Einnahmen in Höhe von EUR 250.000 sind dagegen Zeiträumen nach Abschluss des Geschäftsjahrs zuzuordnen. Deshalb sind die von der S-GmbH vereinnahmten EUR 300.000 im betrachteten Geschäftsjahr lediglich in Höhe eines Anteils von 1/6, also im Umfang von EUR 50.000 an Umsatzerlöse zu buchen. Im Übrigen ist gemäß § 250 Abs. 2 HGB ein passiver Rechnungsabgrenzungsposten zu bilden. Dies ist wie folgt zu buchen:

Soll		an	Haben	
Bankguthaben	EUR 300.000		Umsatzerlöse	EUR 50.000
			Passiver Rechnungsabgrenzungsposten (PRAP)	EUR 250.000

5.5.3.1.6 Weitere Umsatzerlöse

Hinzu kommen die weiteren Umsatzerlöse der S-GmbH in Höhe von EUR 9.950.000. Da davon am Ende des Geschäftsjahres noch Forderungen gegen Kunden in Höhe von EUR 950.000 offen sind, während die übrigen EUR 9.000.000 offenbar vereinnahmt wurden, können diese weiteren Umsatzerlöse in folgender Buchung zusammengefasst werden:

Soll		an	Haben	
Bankguthaben	EUR 9.000.000		Umsatzerlöse	EUR 9.950.000
Forderungen aus Lieferungen und sonstigen Leistungen	EUR 950.000			

5.5.3.1.7 Insolvenz der I-GmbH

Spätestens mit Eröffnung des Insolvenzverfahrens über das Vermögen der I-GmbH muss davon ausgegangen werden, dass die gesellschaftsrechtliche Beteiligung an der I-GmbH keinen realisierbaren Verkehrswert mehr hat. Dies wird dadurch bestätigt, dass selbst Fremdkapital-Gläubiger der I-GmbH wohl nur noch mit einer Insolvenzquote in einer Größenordnung von 20 % rechnen können. Die S-GmbH muss die Beteiligung an der I-GmbH deshalb gemäß § 253 Abs. 3 Satz 5 HGB außerplanmäßig vollumfänglich abschreiben.

Soll		an	Haben	
Außerplanmäßige Abschreibung wegen Insolvenz	EUR 1.000.000		Beteiligung an I-GmbH	EUR 1.000.000

5.5.3.1.8 Schadensersatzklage wegen behaupteter Urheberrechtsverletzung

Aus der Perspektive der S-GmbH stellt die vom Programmierer P gerichtlich geltend gemachte Schadensersatzforderung eine ungewisse Verbindlichkeit dar. Ob die S-GmbH tatsächlich Schadensersatz an P zahlen muss, hängt vom Ausgang des Rechtsstreits ab. Die S-GmbH muss deshalb gemäß § 249 Abs. 1 Satz 1 HGB eine Rückstellung für ungewisse Verbindlichkeiten bilden.

Diese ist gemäß § 253 Abs. 1 Satz 2 HGB „*in Höhe des nach vernünftiger kaufmännischer Beurteilung notwendigen Erfüllungsbetrages anzusetzen.*"[62] Die S-GmbH muss im Fall einer Prozessniederlage gegen P nicht nur Schadensersatz in Höhe von EUR 500.000, sondern auch aufgelaufene Prozesszinsen in Höhe von EUR 15.000 zahlen und die Kosten des Rechtsstreits in Höhe von rund EUR 30.000 tragen. Daher ist die Rückstellung von der S-GmbH in einem Gesamtumfang von EUR 545.000 wie folgt einzubuchen:

Soll		an	Haben	
Aufwand für die Bildung einer Rückstellung für ungewisse Schadensersatzverbindlichkeit gegenüber P (einschließlich Zinsen und Kosten)	EUR 545.000		Rückstellung für ungewisse Schadensersatzverbindlichkeit gegenüber P (einschließlich Zinsen und Kosten)	EUR 545.000

5.5.3.1.9 Zinsen

Die am Ende des Geschäfts- und Kalenderjahrs von der darlehensgebenden Bank abgebuchten Zinsen in Höhe von 6 *p.a.* aus EUR 4.000.000 betragen EUR 240.000. Diesen Geldabfluss ist zunächst als Zinsaufwand im Sinn von § 275 Abs. 2 Nr. 13 HGB erfassen. Denkbar ist zudem, auch einen Teil der Zinszahlungen gemäß § 255 Abs. 3 Satz 2 HGB als Herstellungskosten der Software zu erfassen. Allerdings ist aus der

---

[62] Wortlaut von § 253 Abs. 1 Satz 2 HGB.

Aufgabenstellung kein sachlicher Bezug zwischen der Aufnahme des Darlehens und der Beschäftigung der programmierenden Arbeitnehmer ersichtlich.[63]

Soll		an	Haben	
Zinsaufwand[64]	EUR 240.000		Bankguthaben	EUR 240.000

5.5.3.1.10 Planmäßige Abschreibungen

Als zeitlich begrenzt nutzbare Vermögensgegenstände des Anlagevermögens sind von der S-GmbH sowohl die Hardware als auch die Rechte an Software planmäßig abzuschreiben. Da die durchschnittliche Nutzungsdauer der Hardware 5 Jahre beträgt, ist die Hardware bei linearer Abschreibung im betrachteten Geschäftsjahr in Höhe von EUR 3.000.000 : 5 = EUR 600.000 abzuschreiben.

Da die zu Beginn des Geschäftsjahrs vorhandenen Softwarerechte der S-GmbH eine durchschnittliche Restnutzungsdauer von 5 Jahren hatte, sind die Softwarerechte der S-GmbH um EUR 3.000.000 : 6 = EUR 500.000 abzuschreiben. Damit können die planmäßigen Abschreibungen der S-GmbH am Ende des Geschäftsjahres wie folgt gebucht werden:

Soll		an	Haben	
AfA Hardware	EUR 600.000		Hardware	EUR 600.000
AfA Software	EUR 500.000		Rechte an Software	EUR 500.000

5.5.3.1.11 Beschaffung neuer Hardware

Am Ende des Geschäftsjahrs beschaffte die S-GmbH zudem neue Hardware im Umfang der Abschreibungen auf die vorhandene Hardware, also für EUR 600.000. Aus der Aufgabenstellung geht zudem hervor, dass die Verbindlichkeiten der S-GmbH gegenüber den Hardware-Lieferanten in Höhe von EUR 600.000 am Ende des Geschäftsjahrs noch offen sind. Folglich muss die Hardware-Beschaffung wie folgt gebucht werden:

---

[63] Dass neben dem von § 255 Abs. 3 Satz 2 HGB ausdrücklich vorausgesetzten Zeitraumbezug auch ein konkreter sachlicher Zusammenhang bestehen muss, folgt aus der Formulierung in § 255 Abs. 3 HGB, dass das betreffende Fremdkapital – hier das Darlehen – „*zur Finanzierung der Herstellung des Vermögensgegenstands verwendet*" werden muss (vgl. dazu z. B. *Ballwieser* in Münchener Kommentar zum HGB, 4. Auflage 2020, § 255, Rdnr. 77).

[64] Im Sinn von § 275 Abs. 2 Nr. 13 HGB.

Soll		an	Haben	
Hardware	EUR 600.000		Verbindlichkeiten aus Lieferungen und Leistungen	EUR 600.000

5.5.3.2 Bilanz zum Ende des Geschäftsjahrs

Konsolidiert man die vorstehend abgebildeten Buchungen – soweit diese Bestandskonten betreffen – in einer auf den 31.12. des betrachteten Geschäftsjahrs aufgestellten Bilanz der S-GmbH, führt dies zu folgendem Ergebnis:

Aktiva (Vermögen) in Euro (EUR)		Passiva (Kapital) in Euro (EUR)	
Rechte an Software	3.100.000	Eigenkapital	9.975.000
Beteiligung an I-GmbH	-0-	Rückstellung	545.000
Hardware	3.000.000	Darlehen	4.000.000
Forderungen aus Lieferungen und sonstigen Leistungen	950.000	Verbindlichkeiten aus Lieferungen und Leistungen	600.000
Bankguthaben	8.320.000	PRAP	250.000
Bilanzsumme:	**15.370.000**		**15.370.000**

5.5.3.3 GuV für das betrachtete Geschäftsjahr

Konsolidiert man zudem die Buchungen auf den Ertrags- und Aufwandskonten während des betrachteten Geschäftsjahres im Rahmen einer nach dem Gesamtkostenverfahren (§ 275 Abs. 2 HGB) aufgestellten GuV, führt dies zu folgendem Ergebnis:

Gewinn – und Verlustrechnung		
Gesetzliche Bestimmung	Posten	Betrag in Euro (EUR)
§ 275 Abs. 2 Nr. 1 HGB	Umsatzerlöse	+10.000.000
§ 275 Abs. 2 Nr. 1 HGB	Bestandserhöhung Softwarerechte	+600.000
§ 275 Abs. 2 Nr. 6a HGB	Löhne und Gehälter	−2.400.000
§ 275 Abs. 2 Nr. 7a HGB	Abschreibung Software	−500.000
§ 275 Abs. 2 Nr. 7a HGB	Abschreibung Hardware	−600.000
§ 275 Abs. 2 Nr. 7a HGB	Außerplanmäßige Abschreibung I-GmbH	−1.000.000
§ 275 Abs. 2 Nr. 8 HGB	Mietaufwand	−240.000
§ 275 Abs. 2 Nr. 8 HGB	Aufwand für Bildung der Rückstellung	−545.000

Gewinn – und Verlustrechnung

Gesetzliche Bestimmung	Posten	Betrag in Euro (EUR)
§ 275 Abs. 2 Nr. 13 HGB	Zinsaufwand	− 240.000
§ 275 Abs. 2 Nr. 16 HGB	Steuern vom Einkommen und Ertrag (hier nicht zu berücksichtigen)	unberücksichtigt
§ 275 Abs. 2 Nr. 17 HGB	Jahresüberschuss	5.075.000

5.5.3.4 Anhang der S-GmbH

Gemäß § 264 Abs. 1 Satz 1 HGB müssen die Geschäftsführer der S-GmbH deren Jahresabschluss um einen Anhang erweitern. In Anbetracht der Bilanzsumme, der Umsatzerlöse und der Zahl der Arbeitnehmer der S-GmbH ist diese nach den §§ 267 und 267a HGB eine kleine Kapitalgesellschaft im Sinn von § 267 Abs. 1 HGB. Deshalb kann die S-GmbH bei Erstellung des Anhangs die in § 288 HGB vorgesehenen größenabhängigen Erleichterungen in Anspruch nehmen. Konkret muss die S-GmbH im Anhang für das betrachtete Geschäftsjahr daher lediglich folgendes erläutern:

- Die auf die Posten der Bilanz und der Gewinn- und Verlustrechnung angewandten Bilanzierungs- und Bewertungsmethoden (§ 284 Abs. 2 Nr. 1 HGB).
- Gemäß § 285 Nr. 31 HGB müsste die S-GmbH im Anhang darüber informieren, dass die außerplanmäßige Abschreibung der Beteiligung an der I-GmbH darauf beruht, dass die I-GmbH einen Insolvenzantrag stellen musste und deshalb davon auszugehen ist, dass die Beteiligung keinen realisierbaren Verkehrswert mehr hat.

Das Fallszenario enthält dagegen keine Anhaltspunkte dafür, dass die S-GmbH zur Anwendung von § 254 HGB (§ 285 Nr. 23 HGB) oder zu einer etwaigen Verrechnung von Vermögensgegenständen und Schulden (§ 285 Nr. 25 HGB) etwas berichten könnte.

Wiederholung und Verständniskontrolle I 6

In den bisherigen Kapiteln wurden wesentliche Grundlagen der kaufmännischen Rechnungslegung erläutert und anhand von Beispielfällen veranschaulicht. Fragen der Besteuerung wurden bislang weitgehend außer Betracht gelassen, obwohl enge Zusammenhänge zwischen der kaufmännischen Rechnungslegung und der Besteuerung gewerblicher Unternehmen bestehen.

Die wesentlichen Grundlagen der Besteuerung gewerblicher Unternehmen sind Gegenstand der folgenden Kapitel. Die Verflechtung der Besteuerung mit der kaufmännischen Rechnungslegung führt zu zusätzlicher Komplexität. Wer sich der Besteuerung nähern will, sollte deshalb zunächst die wesentlichen Grundregeln kaufmännischer Rechnungslegung verstanden haben und anwenden können. Ziel dieses Kapitels ist es daher, durch Wiederholungs- und Verständnisfragen zur kaufmännischen Rechnungslegung auf den nächsten Schritt vorzubereiten, nämlich die Befassung mit der Besteuerung gewerblicher Unternehmen.

Dieses Kapitel besteht daher ausschließlich aus Wiederholungs- und Verständnisfragen, die im Rahmen einer Lehreinheit durchgegangen, in schriftlichen oder mündlichen Prüfungen gestellt oder zur Prüfungsvorbereitung und Lernkontrolle genutzt werden können. Der zweite Teil dieses Kapitels enthält Musterantworten – im Sinn von Lösungsvorschlägen – zu jeder dieser Fragen.

6.1 Wiederholungs- und Verständnisfragen

1 Welche Unternehmen sind zur Rechnungslegung nach Maßgabe des Handelsgesetzbuchs verpflichtet?
2 Was ist ein „Geschäftsvorfall"?

3 Nennen Sie beispielhaft 2 Geschäftsvorfälle, die mit Aufwand, aber nicht mit einem Liquiditätsabfluss verbunden sind.
4 Nennen Sie beispielhaft 2 Geschäftsvorfälle, die mit Ertrag, aber nicht mit einem Liquiditätszufluss verbunden sind.
5 Nennen Sie beispielhaft einen Geschäftsvorfall, der mit einem Liquiditätsabfluss, aber nicht mit Aufwand verbunden ist.
6 Nennen Sie beispielhaft einen Geschäftsvorfall, der mit einem Liquiditätszufluss, aber nicht mit Ertrag verbunden ist.
7 Was ist der „Buchwert" eines Vermögensgegenstands?
8 In welchem Umfang können Finanzierungskosten als Anschaffungs- und/oder Herstellungskosten angesetzt werden?
9 Welche grundlegenden Zusammenhänge bestehen zwischen Buchführung, Bilanz und GuV?
10 Was sind „stille Reserven" und „stille Lasten"?
11 Was sollte bei Entdeckung einer stillen Last stets geprüft werden?
12 Unter welchen Voraussetzungen ist ein Unternehmen insolvent?
13 Wem dient der Jahresabschluss eines gewerblichen Unternehmens als Informationsquelle und in welche Richtung (in welcher Hinsicht) wird ein Jahresabschluss von diesen Personen oder Behörden typischerweise jeweils ausgewertet?
14 Welche Bedeutung haben die Begriffe „Anlagevermögen" und „Umlaufvermögen"?
15 Welche Folgen hat die Zuordnung eines Vermögensgegenstands zum Anlage- oder zum Umlaufvermögen?
16 Was ist der Sinn eines Rechnungsabgrenzungspostens?
17 Was ist ein „derivativer Geschäftswert"?
18 Was ist die „Bilanzsumme" und welche Bedeutung hat sie für ein Unternehmen?
19 Welche „Größenklassen" kennt das HGB und welche Bedeutung haben diese Größenklassen?
20 Warum sollten Unternehmen die Größenklassen und die Folgen der Zuordnung zu einer bestimmten Größenklasse bei einer Investition berücksichtigen, die durch die Aufnahme eines Darlehens finanziert wird?

6.2 Mögliche Antworten

6.2.1 Nach HGB zur Rechnungslegung verpflichtete Unternehmen

Zur Rechnungslegung nach Maßgabe des HGB verpflichtet sind Unternehmen, die in den Anwendungsbereich des HGB fallen. In den Anwendungsbereich des HGB fallen selbständige Gewerbetreibende[1] („Einzelkaufleute")[2] und „Handelsgesellschaften" im Sinn von § 6 Abs. 1 HGB.

Unter den Begriff „Handelsgesellschaft" fallen sämtliche Personenhandelsgesellschaften (OHG, Kommanditgesellschaften und EWIV mit Sitz in Deutschland) sowie AG[3], KGaA[4], SE mit Sitz in Deutschland[5], GmbH[6], eingetragene Genossenschaften[7] und SCE mit Sitz in Deutschland.

6.2.2 Zum Begriff „Geschäftsvorfall"

„Geschäftsvorfall" ist jedes Ereignis, das Auswirkungen auf die Vermögens-, Finanz- und/oder Ertragslage eines Unternehmens hat.

6.2.3 Beispiele für Aufwand ohne Liquiditätsabfluss

Ein erstes Beispiel für einen Geschäftsvorfall, der zu Aufwand ohne Liquiditätsabfluss führt, ist die Abschreibung eines Wirtschaftsguts. Diese ist wie folgt zu buchen:

Soll		an	Haben	
Aufwand für Abschreibung	Betrag		Vermögensgegenstand	Betrag

Eine Abschreibung bildet eine Minderung des Unternehmens-Nettovermögens ab, die durch Absinken des Werts eines Vermögensgegenstands verursacht wird. Ein Abfluss von Geld ist damit jedoch nicht verbunden. Dies gilt auch für die Bildung einer Rückstellung als weiteres, zweites Beispiel für einen Geschäftsvorfall, der Aufwand ohne Liquiditätsabfluss beinhaltet und wie folgt zu buchen ist:

Soll		an	Haben	
Aufwand für die Bildung einer Rückstellung	Betrag		Rückstellung	Betrag

---

[1] Damit gemeint sind natürliche Personen (Menschen), die als solche Inhaber eines Gewerbebetriebs sind (Einzelkaufleute).
[2] Vgl. dazu §§ 1 und 241a HGB.
[3] Eine AG gilt gemäß § 3 Abs. 1 AktG stets als Handelsgesellschaft im Sinn von § 6 HGB, und zwar unabhängig vom konkreten Geschäftsgegenstand der AG.
[4] Über den Verweis in § 278 Abs. 3 AktG gilt § 3 AktG auch für KGaA.
[5] Für SE mit Sitz in Deutschland gilt ebenfalls § 3 AktG, und zwar über die in Art. 9 Abs. 1c) ii) SE-VO enthaltene Bezugnahme auf das AktG.
[6] Gemäß § 13 Abs. 3 GmbHG gilt jede GmbH stets unabhängig von ihrem konkreten Geschäftsgegenstand als Handelsgesellschaft im Sinn von § 6 HGB. Dies gilt auch für sämtliche UG (haftungsbeschränkt).
[7] Dies folgt aus § 17 Abs. 2 GenG.

6.2.4 Beispiele für Ertrag ohne Liquiditätszufluss

Entfällt der Grund für die Bildung einer Rückstellung, ist die Rückstellung wieder aufzulösen. Das ist z. B. der Fall, wenn ein Unternehmen auf Schadensersatz verklagt wird und deshalb eine Rückstellung für ungewisse Verbindlichkeiten für den Fall einer Verurteilung bildet, den Rechtsstreit dann jedoch gewinnt. Die Auflösung der Rückstellung führt bei dem Unternehmen dann zu einem entsprechenden Ertrag ohne Liquiditätszufluss. Dieser Geschäftsvorfall ist wie folgt zu buchen:

Soll		an	Haben	
Rückstellung	Betrag		Ertrag aus der Auflösung der Rückstellung	Betrag

Eine ähnliche Wirkung hat z. B. eine Wertaufholung nach § 253 Abs. 5 Satz 1 HGB, durch die eine zuvor außerplanmäßig oder in Anwendung des Niederstwertprinzips (§ 253 Abs. 4 HGB) erfolgte Abschreibung ganz oder teilweise wieder zugeschrieben wird. Dies ist z. B. geboten, wenn als Vorratsvermögen erfasste Rohstoffe infolge eines Marktpreisverfalls zunächst nach § 253 Abs. 4 Satz 1 auf einen unter dem ursprünglichen Zugangswert liegenden Marktwert abgeschrieben wurden und der Markt sich anschließend wieder erholt. Die durch die Markterholung begründete Wertaufholung führt zu keinem Liquiditätszufluss, aber zu einem wie folgt zu buchenden Ertrag:

Soll		an	Haben	
Vermögensgegenstand	Betrag		Ertrag aus Wertaufholung[8]	Betrag

6.2.5 Beispiel für Liquiditätsabfluss ohne Aufwand

Zu einem Liquiditätsabfluss ohne Aufwand kommt es, wenn ein Unternehmen Zahlungsverbindlichkeiten erfüllt. Das Absinken des Liquiditätsbestands geht dann stets mit einem betragsmäßig identischen Absinken des Bestands an Verbindlichkeiten einher, was wie folgt zu buchen ist:

Soll		an	Haben	
Zahlungsverbindlichkeit	Betrag		Bank oder Kassenbestand	Betrag

---

[8] In der GuV wird dieser Ertrag im Posten sonstige betriebliche Erträge (§ 275 Abs. 2 Nr. 4 bzw. Abs. 3 Nr. 6 HGB) konsolidiert.

6.2.6 Beispiel für Liquiditätszufluss ohne Ertrag

Zum gegenteiligen Effekt kommt es, wenn ein Unternehmen ausstehende Geldforderungen vereinnahmt. Dann wird der Rückgang des Forderungsbestands durch eine entsprechende Erhöhung des Liquiditätsbestands kompensiert. Dies ist wie folgt zu buchen:

Soll		an	Haben	
Bank oder Kassenbestand	Betrag		(Geld-)Forderung	Betrag

Dies gilt auch dann, wenn der Schuldner der Geldforderung den geschuldeten Betrag auf ein debitorisches Bankkonto des Gläubigers überweist. Der Zahlungseingang erfolgt dann auf einem Bankkonto, das zum Zeitpunkt des Zahlungseingangs einen Sollbestand ausweist (z. B. infolge der Ausnutzung einer von der Bank bereitgestellten Kontokorrentlinie). In solchen Fällen geht das Ausbuchen der Forderung auf der Aktivseite mit einem entsprechenden Rückgang der Verbindlichkeiten gegenüber der Bank auf der Passivseite einher. Das Eigenkapital bleibt davon unberührt.

6.2.7 Zum Buchwert eines Vermögensgegenstands

Der Buchwert eines Vermögensgegenstands ist der Wert, mit dem dieser Vermögensgegenstand in der Rechnungslegung aktiviert ist. Das sollte grundsätzlich der dem Vermögensgegenstand nach § 253 HGB beizulegende Wert sein, also der Zugangswert abzüglich etwaiger Abschreibungen und zuzüglich etwa erfolgter Wertaufholungen. Wurde § 253 HGB nicht oder fehlerhaft angewandt, sollte der Buchwert des Vermögensgegenstands folglich entsprechend korrigiert werden.

6.2.8 Zum Ansatz von Finanzierungskosten im Rahmen von Anschaffungs- und Herstellungskosten

Finanzierungskosten können grundsätzlich keine Anschaffungskosten sein, gehen also nicht in die Zugangswerte angeschaffter Vermögensgegenstände ein.

Für die Ermittlung von Herstellungskosten gilt zwar gemäß § 255 Abs. 3 Satz 1 HGB ebenfalls der Grundsatz, dass Zinsen für Fremdkapital keine Herstellungskosten sind. In § 255 Abs. 3 Satz 2 HGB wird jedoch ausnahmsweise erlaubt, *„Zinsen für Fremdkapital, das zur Finanzierung der Herstellung eines Vermögensgegenstands verwendet wird"* als Herstellungskosten (mit) anzusetzen, *„soweit sie auf den Zeitraum der Herstellung entfallen"*[9]. Das bedeutet:

Fremdkapitalzinsen sind keine Anschaffungskosten. Sie können jedoch ausnahmsweise unter den Voraussetzungen von § 255 Abs. 3 Satz 2 HGB als Herstellungskosten mit angesetzt werden.

---

[9] Wortlaut von § 255 Abs. 3 Satz 2 HGB.

6.2.9 Zu den grundlegenden Zusammenhängen zwischen Buchführung, Bilanz und GuV

Die Buchführung beinhaltet das Erfassen und Dokumentieren der Geschäftsvorfälle eines Unternehmens auf dafür angelegten Konten, insbesondere auf Bestands- und Erfolgskonten. Auf den Bestandskonten werden in erster Linie Vermögensgegenstände (auf „aktiven" Bestandskonten) und Verbindlichkeiten (auf „passiven" Bestandskonten) erfasst.

Auf Erfolgskonten werden Veränderungen des Unternehmens-Nettovermögens erfasst, die durch die Geschäftstätigkeit des Unternehmens auf Absatz- und Beschaffungsmärkten verursacht werden (und weder Ausschüttungen noch Einlagen darstellen). Das Sinken des Unternehmens-Nettovermögens wird (sofern keine Ausschüttung vorliegt) auf Aufwandskonten erfasst, Vermögenszuwächse auf Ertragskonten (sofern keine Einlage vorliegt).

Im Rahmen eines Jahresabschlusses werden die Bestandskonten in der Bilanz konsolidiert. Die Erfolgskonten werden in der GuV konsolidiert. Bilanz und GuV sind die beiden Grundbestandteile des Jahresabschlusses eines gewerblichen Unternehmens.

6.2.10 Stille Reserven und Lasten

Stille Reserven entstehen, wenn der tatsächliche Verkehrswert eines Vermögensgegenstands über dessen Buchwert liegt. Stille Lasten entstehen dagegen, wenn der tatsächliche Verkehrswert eines Vermögensgegenstands unter dessen Buchwert liegt.

6.2.11 Stille Lasten werfen folgende Frage auf:

Liegt der tatsächliche Verkehrswert eines Vermögensgegenstands unter dessen Buchwert, ist zu prüfen, ob eine außerplanmäßige Abschreibung nach § 253 Abs. 3 Satz 4 HGB oder, falls der Vermögensgegenstand dem Umlaufvermögen zuzuordnen ist, eine Abschreibung auf niedrigeren beizulegenden Wert nach § 253 Abs. 4 HGB erfolgen muss.

6.2.12 Zur Insolvenz von Unternehmen

6.2.12.1 Zahlungsunfähigkeit

Unabhängig von der Rechtsform ist ein Unternehmen insolvent, sobald es zahlungsunfähig ist. Zahlungsunfähigkeit liegt vor, wenn das Unternehmen „*nicht in der Lage ist, die fälligen Zahlungspflichten zu erfüllen.*"[10]

6.2.12.2 Überschuldung

Juristische Personen (Körperschaften) wie z. B. eine AG oder GmbH und diesen insoweit gleichgestellte Personengesellschaften[11] sind auch insolvent, wenn sie überschuldet sind.

---

[10] Wortlaut von § 17 Abs. 2 Satz 1 InsO.

[11] Dazu § 19 Abs. 3 InsO.

Überschuldung beinhaltet gemäß § 19 Abs. 2 InsO ein zweistufiges Konzept. Danach liegt Überschuldung nur dann vor, wenn

1. die Fortführung des Unternehmens in den nächsten 12 Monaten nicht überwiegend wahrscheinlich ist (keine positive Fortbestehensprognose) und
2. das bei dem Unternehmen vorhandene Vermögen dessen Verbindlichkeiten nicht (mehr) deckt (Vermögen/Schulden < 1).

Für die Beantwortung der Frage, ob das Vermögen die Schulden (noch) deckt, sind nicht die Buchwerte, sondern die Verkehrswerte der Vermögensgegenstände maßgeblich. Bei Ermittlung des Verhältnisses zwischen Vermögen und Schulden sind etwa vorhandene stille Reserven und/oder stille Lasten folglich aufzudecken und zu berücksichtigen.

Hat das Unternehmen eine positive Fortbestehensprognose, kommt es auf das Verhältnis zwischen Vermögen und Schulden dagegen nicht an. Das Unternehmen ist dann unabhängig von der Schuldendeckungsquote nicht überschuldet. Denn das Vorliegen einer positiven Fortbestehensprognose schließt eine Überschuldung im Sinn von § 19 InsO aus.

6.2.13 Zum Jahresabschluss als Informationsquelle

Die Frage nach den Adressaten eines Jahresabschlusses und dem jeweiligen Informations- und Auswertungsinteresse kann z. B. in Form einer Tabelle wie folgt beantwortet werden:

Für den Jahresabschluss eines Unternehmens interessieren sich insbesondere:	Mithilfe des Jahresabschlusses sollen insbesondere auch folgende Fragen beantwortet werden:
Management/Unternehmensleitung (Inhaber, persönlich haftende Gesellschafter, Geschäftsführer, Vorstandsmitglieder)	Ist das Unternehmen solvent? Oder kann oder muss[12] sogar – auch zur Vermeidung eigener Haftung – ein Insolvenzantrag gestellt werden?
	Hatte das Unternehmen im Geschäftsjahr Erfolg[13] oder Misserfolg?
	Was waren die Ursachen des Erfolgs („Ertragstreiber") oder Misserfolgs? (Handlungsbedarf?)

---

[12] Zur Erinnerung: Ein Insolvenzantrag gestellt werden muss nur im Fall der Insolvenz einer juristischen Person (= Körperschaft, z. B. AG, KGaA, SE, GmbH oder UG) oder einer insoweit gemäß § 15a.1 Satz 2 InsO gleichgestellten Personengesellschaft. Insolvente Einzelkaufleute sind nicht nach § 15a Abs. 1 InsO zur Insolvenzantragstellung verpflichtet. Insolvente Einzelkaufleute können, müssen aber keinen Insolvenzantrag stellen. Strafbarkeitsrisiken bestehen dann jedoch gleichwohl, z. B. nach § 283 StGB. Zudem können auch Gläubiger einen Insolvenzantrag stellen (§ 14 InsO).

[13] Wesentlichster Indikator für ein erfolgreiches Geschäftsjahr ist zunächst ein Jahresüberschuss. Ist dieser jedoch bei genauerem Hinsehen z. B. nur durch Auflösung passiver Rechnungsabgrenzungsposten oder sonstige betriebliche Erträge zustande gekommen, mag die Beurteilung anders ausfallen.

(Wirtschaftliche) Eigentümer (Inhaber oder Gesellschafter)	Hatte das Unternehmen Erfolg oder Misserfolg?
	Warum war das Unternehmen erfolgreich bzw. warum nicht? (Kontrolle des Managements)
	In welchem Umfang kann eine Ausschüttung (Entnahme oder Dividende) an Eigentümer/ Gesellschafter erfolgen?
(Potenzielle) Gläubiger, z. B. Darlehensgeber oder Lieferanten	Wie ist die Bonität des Unternehmens und damit die Wahrscheinlichkeit, dass Forderungen auch erfüllt, z. B. ein Darlehen auch zurückgezahlt werden kann („Ausfallrisiko")?
(Potenzielle) Investoren (Erwerber einer Beteiligung am Unternehmen)	Welchen Wert hat das Unternehmen?
	Welche Möglichkeiten bestehen, Synergien zu realisieren?
Warenkreditversicherer	Wie ist die Bonität des Unternehmens und damit die Wahrscheinlichkeit, dass Forderungen auch erfüllt werden, insbesondere die Forderungen von Lieferanten (Einschätzung des Ausfallrisikos – „Rating")?
Finanzverwaltung	Welche Steuern werden in welchem Umfang (Beträge) geschuldet?

6.2.14 Anlage- und Umlaufvermögen

Der Begriff „Anlagevermögen" wird in § 247 Abs. 2 HGB definiert als Vermögen, das dazu bestimmt ist, *„dauernd dem Geschäftsbetrieb zu dienen."*[14] Der Begriff „dauernd" ist nicht im Sinn eines bestimmten Zeitraums oder einer Mindesthaltedauer zu verstehen, sondern funktional auszulegen. Danach sollen diejenigen Vermögensgegenstände „dauernd" dem Geschäftsbetrieb dienen, deren Zweck darin besteht, mehrfach (wiederholt) für Umsatzgeschäfte (einschließlich Produktion, Vorbereitung, Geschäftsanbahnung und Abwicklung) genutzt zu werden.

Der Begriff „Umlaufvermögen" ist dagegen nicht gesetzlich definiert. Zum Umlaufvermögen gehören diejenigen Vermögensgegenstände, die nicht dem Anlagevermögen zuzuordnen sind. Das sind insbesondere diejenigen Vermögensgegenstände, deren Zweck in einmaliger Nutzung, Einziehung oder Verbrauch besteht.

---

[14] Wortlaut von § 247 Abs. 2 HGB.

6.2.15 Zu den Folgen der Zuordnung eines Vermögensgegenstands zum Anlage- oder Umlaufvermögen

Die Zuordnung eines Vermögensgegenstands zum Anlage- oder Umlaufvermögen ist insbesondere für die Frage entscheidend, nach welchen Regeln der Vermögensgegenstand abzuschreiben ist. Eine planmäßige – z. B. lineare – Abschreibung ist nur für Vermögensgegenstände des Anlagevermögens vorgesehen, sofern deren Nutzung zeitlich begrenzt ist.[15] Vermögensgegenstände des Umlaufvermögens sind dagegen nach § 253 Abs. 4 HGB nach dem (strengen) Niederstwertprinzip abzuschreiben.[16]

6.2.16 Zum Sinn und Zweck von Rechnungsabgrenzungsposten

Rechnungsabgrenzungsposten dienen der periodengerechten Zuordnung von Einnahmen und Ausgaben bzw. Erträgen und Aufwendungen. Aktive Rechnungsabgrenzungsposten (ARAP) sollen die Zuordnung bereits getätigter Ausgaben zu einem späteren Geschäftsjahr ermöglichen, passive Rechnungsabgrenzungsposten (PRAP) sollen dagegen die Zuordnung bereits vereinnahmter Geldbeträge zu einem späteren Geschäftsjahr ermöglichen.

6.2.17 Zum derivativen Geschäftswert

Ein „derivativer Geschäftswert" ist ein gemäß § 246 Abs. 1 Satz 4 HGB zu aktivierender *„entgeltlich erworbener Geschäfts- oder Firmenwert"*[17]. Anzusetzen ist dieser zunächst (Zugangswert) in Höhe des Unterschiedsbetrags, *„um den die für die Übernahme eines Unternehmens bewirkte Gegenleistung den Wert der einzelnen Vermögensgegenstände des Unternehmens abzüglich der Schulden im Zeitpunkt der Übernahme übersteigt"*[18]. Anschließend ist der derivative Geschäftswert planmäßig abzuschreiben.

6.2.18 Zur Bedeutung der Bilanzsumme

Der Begriff „Bilanzsumme" ist in § 267 Abs. 4a HGB gesetzlich definiert. Danach gilt: *„Die Bilanzsumme setzt sich aus den Posten zusammen, die in den Buchstaben A bis E des § 266 Absatz 2 aufgeführt sind. Ein auf der Aktivseite ausgewiesener Fehlbetrag*

---

[15] Dies folgt aus § 253 Abs. 3 Satz 1 HGB.
[16] Vgl. dazu z. B. *Merkt* in *Baumbach/Hopt*, Handelsgesetzbuch, 40. Auflage 2021, § 253, Rdnr. 18.
[17] Wortlaut § 246 Abs. 1 Satz 4 HGB.
[18] Wortlaut § 246 Abs. 1 Satz 4 HGB.

(§ 268 Absatz 3) wird nicht in die Bilanzsumme einbezogen."[19] Die Bilanzsumme ist u. a. für die Zuordnung zu einer bestimmten Größenklasse maßgeblich.

6.2.19 Zu den Größenklassen

Die §§ 267, 267a HGB ordnen Kapitalgesellschaften und Personengesellschaften ohne natürliche Person als unmittelbar oder mittelbar persönlich haftendem Gesellschafter unterschiedlichen Größenklassen zu. Nach den §§ 267, 267a HGB gibt es

- Kleinstkapitalgesellschaften (§ 264a Abs. 1 HGB),
- kleine Kapitalgesellschaften (§ 267 Abs. 1 HGB),
- mittelgroße Kapitalgesellschaften (§ 267 Abs. 2 HGB) und
- große Kapitalgesellschaften (§ 267 Abs. 3 HGB).

Die Zuordnung zu einer bestimmten Größenklasse hat Auswirkungen auf die Regeln, die für

- die Bilanz[20],
- die GuV[21],
- den Anhang[22],
- die Offenlegungspflicht[23] und
- die Prüfungspflicht[24]

der betreffenden Gesellschaft gelten.

6.2.20 Zur Bedeutung der Größenklassen für fremdfinanzierte Investitionen

Tätigt ein Unternehmen eine Investition, die durch Aufnahme eines Darlehens finanziert wird, führt dies zu einer Ausdehnung der Bilanzsumme. Die Erhöhung der Bilanzsumme

---

[19] Wortlaut § 267 Abs. 4a HGB.
[20] Vgl. § 266 Abs. 1 Satz 2 HGB.
[21] Vgl. § 275 Abs. 5 HGB.
[22] Vgl. §§ 288 HGB.
[23] Vgl. § 326 HGB.
[24] Vgl. § 316 Abs. 1 HGB.

kann dazu führen, dass das Unternehmen in die nächste Größenklasse „hineinwächst". Dies kann mit zusätzlichem Aufwand einhergehen.

Wird z. B. eine kleine Kapitalgesellschaft durch Erhöhung der Bilanzsumme zu einer mittelgroßen Kapitalgesellschaft, wird deren Jahresabschluss gemäß § 316 HGB prüfungspflichtig. Die Prüfung des Jahresabschlusses ist mit Aufwand verbunden, der bislang nicht anfiel. Dieser zusätzliche Aufwand in Folge der Zuordnung zu einer anderen Größenklasse muss im Rahmen der Investitionsrechnung berücksichtigt werden.

Einführung Umsatzsteuer I 7

In den vorangegangenen Übungsfällen blieben umsatzsteuerliche Fragen außer Betracht. Bislang standen zunächst die Mechanik der kaufmännischen Buchführung und das grundsätzliche Zusammenspiel von Buchführung und Aufstellung des Jahresabschlusses im Fokus.

Nahezu alle Geschäftsvorfälle, welche die Beziehungen eines Unternehmens zu dessen Lieferanten oder Kunden betreffen, werfen jedoch auch umsatzsteuerliche Fragen auf, die in der Buchführung ebenfalls abgebildet werden müssen. Deshalb werden in diesem Kapitel aufbauend auf die in den vorherigen Kapiteln dargestellten Grundzüge der kaufmännischen Rechnungslegung wesentliche Grundlagen des Umsatzsteuerrechts dargestellt. Damit rückt das Umsatzsteuergesetz (UStG) ins Zentrum der Betrachtung.

7.1 Hintergrund

Das UStG ist ein von den deutsche Gesetzgebungsorganen in Kraft gesetztes Bundesgesetz, durch das inhaltlich im wesentlichen Vorgaben der EU umgesetzt werden. Diese Vorgaben macht die EU in der „Mehrwertsteuersystemrichtlinie" („MwStSystRL").[1]

Die MwStSystRL der EU ist eine Richtlinie im Sinn von Art. 288 Abs. 3 des Vertrags über die Arbeitsweise der Europäischen Union („AEUV"). Danach ist eine EU-Richtlinie ein von der EU in Kraft gesetztes Gesetz, dass sich an die einzelnen Mitgliedsstaaten richtet und diese dazu verpflichtet, die in der Richtlinie enthaltenen Vorgaben in das jeweilige nationale Recht umzusetzen. Auf der MwStSystRL basiert folglich nicht

---

[1] Richtlinie 2006/112/EG des Rates vom 28.11.2006 über das gemeinsame Mehrwertsteuersystem („MwStSystRL") in der jeweils geltenden Fassung.

© Der/die Autor(en), exklusiv lizenziert durch Springer Fachmedien Wiesbaden GmbH, ein Teil von Springer Nature 2022
N. Schädel, *Buchführung, Jahresabschluss und Besteuerung gewerblicher Unternehmen*, https://doi.org/10.1007/978-3-658-34607-2_7

nur das deutsche UStG. Auch die Umsatzsteuergesetze der anderen EU-Mitgliedstaaten setzen die in der MwStSystRL enthaltenen Vorgaben um. Deshalb haben die Umsatzsteuersysteme aller Mitgliedstaaten der EU gleichlaufende Strukturen und Regelungskategorien, was grenzüberschreitende Transaktionen innerhalb des EU-Binnenmarkts erleichtert.

7.2 Begrifflichkeiten

Das UStG regelt die Besteuerung verschiedener Umsatzarten. Um die Annäherung an die Besteuerung von Umsätzen zu erleichtern, werden in diesem Kapitel zunächst diejenigen Umsätze betrachtet, die „Lieferungen oder sonstige Leistungen" genannt werden. Im Rahmen dieses Kapitels geht es deshalb nur um die Umsätze im Sinn von § 1 Abs. 1 Nr. 1 UStG, wobei die Begriffe „Umsatz", „Lieferung" und „sonstige Leistung" in diesem Kapitel wie folgt genutzt werden:

Oberbegriff	Umsatz	
Unterkategorie	Lieferung	Sonstige Leistung
Definition	Verschaffen der Verfügungsmacht über einen körperlichen Gegenstand (§ 3 Abs. 1 UStG)	Leistungen, die keine Lieferung sind (§ 3 Abs. 9 UStG), denkbar auch in Form eines Unterlassens
Beispiele	Lieferung von Rohstoffen, Lebensmitteln, Komponenten, Maschinen oder Grundstücken	Dienstleistungen oder die Einräumung einer vorübergehenden Nutzungsbefugnis an einem körperlichen Gegenstand, z. B. Vermietung von Räumen oder Kfz, oder an einem unkörperlichen Gegenstand (Immaterialgut), z. B. eine Lizenz zur Nutzung einer durch Patente geschützten Erfindung

7.3 Bedeutung

Die Einnahmen aus der Umsatzsteuer – synonym: Mehrwertsteuer – tragen maßgeblich zum Steueraufkommen der Bundesrepublik Deutschland bei. Nach ihrer Grundkonzeption wird die Umsatzsteuer auf Lieferungen und sonstige Leistungen zwar von Unternehmen geschuldet, aber von den Verbrauchern getragen. Bei der Umsatzsteuer kommt es damit zu einem Auseinanderfallen von Steuerschuldner und Steuerträger.

7.4 Grundkonzeption

7.4.1 Steuerschuldner und Steuerbelastung

Grundsätzlich wird die Umsatzsteuer von allen Unternehmen entlang einer Wertschöpfungskette auf deren jeweilige Lieferungen oder sonstige Leistungen erhoben. Das bedeutet, dass die Umsatzsteuer von Unternehmen geschuldet und bezahlt wird. Es bedeutet jedoch nicht, dass die Unternehmen die Umsatzsteuer dann auch wirtschaftlich tragen, also auf der Steuerbelastung „sitzen bleiben". Vielmehr wälzt zunächst jedes Unternehmen die eigene Umsatzsteuerschuld auf das Unternehmen auf der nachfolgenden Wertschöpfungsstufe ab, also auf seine Kunden. Dieses Abwälzen erfolgt, indem dem Unternehmen auf der nächsten Stufe der Wertschöpfungskette zusätzlich zum Entgelt für die erbrachte Lieferung oder sonstige Leistung ein Betrag in Höhe der eigenen Umsatzsteuerschuld in Rechnung gestellt wird, z. B. wie folgt:

Rechnung für Lieferung oder sonstige Leistung		
(Netto-)Entgelt		EUR 100.000
zuzüglich		+
19 % anfallende Umsatzsteuer		EUR 19.000
Rechnungsbetrag (= Gesamtforderung an Kunden)	=	**EUR 119.000**

Die Lieferungen und sonstigen Leistungen, die ein Unternehmen an seine Kunden erbringt, werden auch als „Ausgangsumsätze" des Unternehmens[2] bezeichnet. Der in einer Rechnung für eine solchen Ausgangsumsatz offen ausgewiesene Umsatzsteuerbetrag ist nichts anderes als die Umsatzsteuer, deren Zahlung der Unternehmer für diesen Ausgangsumsatz an die Finanzverwaltung schuldet.

Der leistende Unternehmer konsolidiert das Entgelt für die erbrachte Leistung und die dafür geschuldete Umsatzsteuer zu einem Gesamtforderungsbetrag (Brutto-Forderung, Rechnungsbetrag). Diese Gesamtforderung wird durch Stellen der Rechnung an den Kunden geltend gemacht. Die Weiterbelastung der Umsatzsteuer erfolgt also, indem die geschuldete Umsatzsteuer als eine Komponente in die Gesamtforderung eingeht, die ein Unternehmer seinen Kunden für die Leistungserbringung in Rechnung stellt.

Lediglich den letzten Kunden jeder Wertschöpfungskette – Verbraucher, in Betracht kommen aber auch andere Nicht-Unternehmer wie z.B. Vereine, die lediglich ideelle Zwecke verfolgen – steht keine Weiterbelastungsmöglichkeit zur Verfügung. Deshalb tragen am Ende die Verbraucher die wirtschaftliche Last der Umsatzsteuer.

---

[2] Vgl. dazu z. B. *Haidner* in *Bunjes*, Umsatzsteuergesetz, 19. Auflage 2020, § 15, Rdnr. 19 ff.; *Englisch*, UR 2020.

7.4.2 Umsatzsteuer und Vorsteuer: Zwei Seiten derselben Medaille

Umsatzsteuer, die ein Unternehmen seinen Kunden in Rechnung stellt (weiterbelastet), wird aus Sicht des Kunden (Leistungsempfänger) als „Vorsteuer" bezeichnet. Die von einem Lieferanten geschuldete und an den Kunden weiterbelastete Umsatzsteuer ist aus Sicht des Kunden die Vorsteuer, mit der die vom Kunden am Markt beschafften Ressourcen belastet sind.

Ein und derselbe Geldbetrag ist aus Sicht des Lieferanten die geschuldete und weiterbelastete Umsatzsteuer und aus Sicht des Kunden (Leistungsempfänger) die vom Lieferanten in Rechnung gestellte Vorsteuer. Die von einem Unternehmen (Leistungsempfänger) am Markt von anderen Unternehmen bezogenen Lieferungen und sonstigen Leistungen sind aus Sicht des leistungsempfangenen Unternehmens dessen „Eingangsumsätze".[3]

Perspektive des leistenden Unternehmens (Lieferant):	B2B-Geschäft	Perspektive des Leistungsempfängers (Kunde):
Der Lieferant erbringt **Ausgangsumsätze**		Der Kunde bezieht **Eingangsumsätze**
und schuldet dafür **Umsatzsteuer**		und erhält die **Vorsteuer** erstattet

7.5 Vorsteuerabzug (Vorsteuererstattung)

7.5.1 Grundlegende Voraussetzungen

Nach der Grundkonzeption der Umsatzbesteuerung haben Unternehmen unter bestimmten Voraussetzungen einen Anspruch gegen die Finanzverwaltung auf Erstattung der Vorsteuer, die Ihnen von Ihren Lieferanten in Rechnung gestellt, also an sie weiter belastet wird. Nach § 15 Abs. 1 und 2 UStG erstattet die Finanzverwaltung einem Unternehmen die Vorsteuer grundsätzlich dann, wenn folgende Voraussetzungen vorliegen:

1. Die Vorsteuer muss auf Lieferungen oder sonstige Leistungen entfallen, die von einem anderen Unternehmen, also „B2B", bezogen wurden.
2. Das Unternehmen (Leistungsempfänger/Kunde) ist im Besitz einer Rechnung, die den Anforderungen des Umsatzsteuergesetzes entspricht und vom jeweiligen Lieferanten für die betreffenden Lieferungen oder sonstigen Leistungen ausgestellt worden ist.

---

[3] Zu dieser Diktion vgl. z. B. *Heidner* in *Bunjes*, Umsatzsteuergesetz, 19. Auflage 2020, § 15, Rdnr. 18 ff.

7.5 Vorsteuerabzug (Vorsteuererstattung)

3. Das Unternehmen verwendet die bezogenen Lieferungen oder sonstigen Leistungen (Eingangsumsätze) selbst weder zur Erbringung steuerfreier Umsätze noch zur Erbringung von Umsätzen *„im Ausland, die steuerfrei wären, wenn sie im Inland ausgeführt würden."*[4]

Die Vorsteuerabzugsmöglichkeit verhindert, dass ein Unternehmen durch die von seinen Lieferanten in Rechnung gestellte Vorsteuer wirtschaftlich belastet wird. Die Vorsteuer ist Teil des Rechnungsbetrags, der an den Lieferanten gezahlt wird und führt damit zu einem entsprechenden Liquiditätsabfluss beim Leistungs- und Rechnungsempfänger. Die Finanzverwaltung kompensiert diesen Abfluss jedoch durch Erstattung des Vorsteuerbetrags an das Unternehmen, das die Leistung und die Rechnung empfangen hat.

Verbraucher haben dagegen keine Vorsteuerabzugsmöglichkeit. Auch die Unternehmen auf der letzten Stufe der Wertschöpfungskette, z. B. Einzelhändler, stellen ihren Kunden – also den Verbrauchern – die für die ausgeführten Lieferungen oder sonstigen Leistungen anfallende Umsatzsteuer zusätzlich zum Nettoentgelt in Rechnung. Auch im B2C-Geschäft wird die Umsatzsteuer folglich weiterbelastet und erhöht den vom Verbraucher für die Lieferung oder sonstige Leistung geschuldeten Preis. Verbraucher müssen die in Rechnung gestellten Preise einschließlich der offen ausgewiesenen Umsatzsteuer an die Unternehmen zahlen, ohne dass der im Rechnungsbetrag steckende Umsatzsteueranteil von der Finanzverwaltung erstattet wird. Die Möglichkeit des Vorsteuerabzugs räumt § 15 Abs. 1 UStG nur Unternehmern ein. Verbraucher und andere Nicht-Unternehmer bleiben in § 15 Abs. 1 UStG dagegen unerwähnt (und damit vom Vorsteuerabzug ausgeschlossen).

7.5.2 Verrechnung und Zahllast

Nach der Grundkonzeption der Umsatzbesteuerung hat folglich jedes Unternehmen entlang einer Wertschöpfungskette

1. einen Anspruch gegen die Finanzverwaltung auf Erstattung der von seinen jeweiligen Lieferanten in Rechnung gestellten Vorsteuer und
2. gleichzeitig die Pflicht, die für die Lieferungen an die eigenen Kunden geschuldete Umsatzsteuer an die Finanzverwaltung zu zahlen.

Damit stehen die Vorsteuererstattungsansprüche eines Unternehmens gegen die Finanzverwaltung am Ende jedes Besteuerungszeitraums den Ansprüchen der Finanzverwaltung auf Zahlung der Umsatzsteuer gegenüber. Zur Vermeidung wechselseitigen

---

[4] Wortlaut von § 15 Abs. 2 Nr. 2 UStG.

Hin- und Herzahlens werden diese wechselseitig bestehenden Forderungen und Verbindlichkeiten zwischen Unternehmen und Finanzverwaltung am Ende jedes Voranmeldungs- oder Besteuerungszeitraums miteinander verrechnet. Soweit keine Verrechnung möglich ist, erfolgt eine Zahlung in Höhe des Differenzbetrags.

Ist die vom Unternehmen geschuldete Umsatzsteuer höher als die von der Finanzverwaltung zu erstattende Vorsteuer, zahlt das Unternehmen den Differenzbetrag an die Finanzverwaltung. Im umgekehrten Fall erstattet die Finanzverwaltung dem Unternehmen denjenigen Betrag, um den die Vorsteuer die vom Unternehmen geschuldete Umsatzsteuer übersteigt (Vorsteuerüberhang).

Zahlungen erfolgen dann immer nur in eine Richtung in Höhe des Differenzbetrags. Schuldet ein Unternehmen z. B. Umsatzsteuer in Höhe von EUR 19.000 und hat gleichzeitig einen Anspruch gegen das Finanzamt auf Erstattung von Vorsteuer in Höhe von EUR 9.500, kann das Unternehmen zunächst einen Betrag in Höhe des Vorsteuererstattungsanspruchs (EUR 9.500) von der geschuldeten Umsatzsteuer abziehen. Dann muss nur noch der Differenzbetrag in Höhe von EUR 9.500 an das Finanzamt überwiesen werden (tatsächliche Zahllast).

7.6 Unterbrechungen des Zyklus aus Zahlung, Weiterbelastung und Erstattung von Umsatzsteuer

Im Gegensatz zu Unternehmern haben Verbraucher grundsätzlich keinen Anspruch auf Erstattung von Vorsteuer.[5] Der Zyklus aus Zahlung, Weiterbelastung und Erstattung von Umsatzsteuer ist deshalb auf B2B-Verhältnisse beschränkt. Er wird unterbrochen, sobald eine Wertschöpfungskette in ein B2C-Verhältnis mündet, also insbesondere mit Erbringung einer Lieferung oder sonstigen Leistung an einen Verbraucher.

Auch die Unternehmen auf der letzten Stufe jeder Wertschöpfungskette – z. B. Einzelhändler – belasten die Umsatzsteuer zwar an die Verbraucher weiter. Im Gegensatz zu Unternehmen haben Verbraucher jedoch keinen Anspruch gegen die Finanzverwaltung auf Erstattung der Ihnen in Rechnung gestellten Vorsteuer.

Der Zyklus aus Zahlung, Weiterbelastung und Erstattung der Umsatzsteuer wird jedoch nicht nur im B2B-Verhältnis am Ende jeder Wertschöpfungskette unterbrochen. Auch im Fall grenzüberschreitender Lieferungen oder sonstigen Leistungen kommt es zu Unterbrechungen.

Daneben kommt es dort zu Unterbrechungen, wo Unternehmen – auch im B2B-Verhältnis – Lieferungen oder sonstige Leistungen tätigen, die Ausnahmsweise umsatz-

---

[5] Dies folgt aus § 15 Abs. 1 UStG. Dort wird klargestellt, dass (nur) *„Unternehmer ... die folgenden Vorsteuerbeträge abziehen"* können.

steuerfrei sind, z. B. die Gewährung eines Darlehens.[6]Soweit ein Unternehmen Ressourcen für die Erbringung solcher umsatzsteuerfreien Lieferungen oder sonstigen Leistungen verwendet, besteht kein Anspruch gegen die Finanzverwaltung auf Erstattung der Vorsteuer, die bei Beschaffung dieser Ressourcen angefallen ist. Dies bedeutet:

Auch wenn die Grundkonzeption der Umsatzsteuer einfach sein mag, muss bei jedem Liefer-, Leistungs- oder Beschaffungsvorgang geprüft werden, ob Umsatzsteuer anfällt, wer diese gegebenenfalls abzuführen hat und/oder ob Vorsteuer erstattungsfähig ist. Im Folgenden wird zunächst eine systematische gedankliche Herangehensweise an die umsatzsteuerliche Beurteilung von Liefer- und Leistungsvorgängen dargestellt. Diese Herangehensweise soll die Fehleranfälligkeit einer umsatzsteuerrechtlichen Würdigung von Ausgangsumsätzen reduzieren. Anschließend wird die Eingangsperspektive im Hinblick auf die Möglichkeit eines Vorsteuerabzugs in den Blick genommen.

7.7 Umsatzsteuer für entgeltliche Lieferungen und sonstige Leistungen eines Unternehmers

Um systematisch zu ermitteln, ob und gegebenenfalls in welchem Umfang ein Unternehmen für eine Lieferung oder sonstige Leistung Umsatzsteuer schuldet, ist eine Herangehensweise in 5 Schritten zu empfehlen. Diese Schritte sind folgende:

7.7.1 Prüfungsschritt 1: Steuerbarkeit des Umsatzes?

7.7.1.1 Grundsätzliches

Zunächst ist fraglich, ob ein Umsatz überhaupt in den Anwendungsbereich des deutschen Umsatzsteuergesetzes fällt. Ist dies der Fall, wird die betreffende Lieferung oder sonstige Leistung als „steuerbar" bezeichnet. Der Begriff „Steuerbarkeit" drückt die Anwendbarkeit eines bestimmten Steuergesetzes aus, in diesem Fall die Anwendbarkeit des (deutschen) Umsatzsteuergesetzes.

Umsätze, die nicht in den Anwendungsbereich des (deutschen) Umsatzsteuergesetzes (UStG) fallen, sind „nicht steuerbar". Auf nach dem UStG nicht steuerbare Lieferungen oder sonstige Leistungen fällt zumindest in Deutschland keine Umsatzsteuer an. Denkbar bleibt allerdings der Anfall von Umsatzsteuer oder einer vergleichbaren Steuer im Ausland nach dem dort geltenden Steuerrecht.

Lieferungen oder sonstige Leistungen sind gemäß § 1 Abs. 1 Nr. 1 UStG steuerbar, wenn sie (i) im Inland, (ii) gegen Entgelt (iii) von einem Unternehmer im Rahmen seines Unternehmens ausgeführt werden. Eine „Lieferung" in diesem Sinn liegt gemäß § 3 Abs. 1 UStG vor, wenn dem Abnehmer (Kunde) oder in dessen Auftrag einem Dritten

---

[6] Die Gewährung von Krediten ist gemäß § 4 Nr. 8a) umsatzsteuerfrei.

die Verfügungsmacht über einen Gegenstand verschafft wird. Sonstige Leistungen sind gemäß § 3 Abs. 9 UStG *"Leistungen, die keine Lieferungen sind. Sie können auch in einem Unterlassen oder im Dulden einer Handlung oder eines Zustands bestehen."*[7] Für die drei Voraussetzungen – (i) bis (iii) – der Steuerbarkeit solcher Lieferungen oder sonstigen Leistungen gilt im Einzelnen folgendes:

7.7.1.2 Unternehmer, Unternehmen

Unternehmer ist nach § 2 Abs. 1 UStG, *"wer eine gewerbliche oder berufliche Tätigkeit selbstständig ausübt."*[8] „Selbstständig" in diesem Sinn kann ein Mensch ebenso sein wie eine Gesellschaft oder ein sonstiger rechtsfähiger Marktteilnehmer, z. B. eine Stiftung.

Der Unternehmerbegriff und damit die Anwendbarkeit des Umsatzsteuergesetzes sind rechtsformneutral. Auch die Gewerblichkeit eines Unternehmens spielt für die Anwendbarkeit des UStG – im Gegensatz zum Anwendungsbereich des HGB – keine Rolle. Auch Steuerberater, Patentanwälte und sonstige Freiberufler sind „Unternehmer" im Sinn des UStG.

7.7.1.3 Inland

Steuerbar sind nur im Inland ausgeführte Lieferungen oder sonstige Leistungen. Die räumliche Zuordnung von Lieferungen folgt dabei anderen Regeln als die räumliche Zuordnung sonstiger Leistungen.

7.7.1.3.1 Ort einer Lieferung

Der – für die Umsatzsteuer maßgebliche – Ort einer Lieferung hängt zunächst davon ab, ob der gelieferte Gegenstand befördert wird (bewegte Lieferung) oder nicht (ruhende Lieferung). Für sogenannte „ruhende"[9] Lieferungen gilt: *"Wird der Gegenstand der Lieferung nicht befördert oder versendet, wir die Lieferung dort ausgeführt, wo sich der Gegenstand zur Zeit der Verschaffung der Verfügungsmacht befindet"*[10] Diese Regel findet zunächst – unweigerlich – auf die Lieferung von Grundstücken Anwendung. Eine ruhende Lieferung liegt jedoch z. B. auch dann vor, wenn die Verfügungsmacht an einem Gegenstand durch Übergabe sogenannter „Traditionsdokumente"[11] oder durch Vereinbarung eines sogenannten „Besitzkonstituts"[12] verschafft wird.

---

[7] Wortlaut von § 3 Abs. 9 UStG.

[8] Wortlaut von § 2 Abs. 1 Satz 1 UstG.

[9] Vgl. z. B. *Leonard/Robisch* in *Bunjes*, UStG, 19. Auflage 2020, § 3 Rdnr. 225.

[10] Wortlaut von § 3 Abs. 7 Satz 1 UStG.

[11] „Traditionsdokumente" (oder „Traditionspapiere") sind Dokumente, die das Eigentum an bestimmten Gegenständen verkörpern („verbriefen"), z. B. Lagerscheine (vgl. dazu insbesondere § 475 g HGB) oder Konnossements.

[12] Dazu insbesondere § 930 BGB.

Wird der Gegenstand der Lieferung dagegen durch den Lieferanten, Kunden oder einen vom Lieferanten oder Kunden *„beauftragen Dritten befördert oder versendet, gilt die Lieferung als dort ausgeführt, wo die Beförderung oder Versendung ... beginnt."*[13] Neben diesen Grundsätzen gelten Besonderheiten für

- sogenannte „Reihengeschäfte" (§ 3 Abs. 6a UStG),
- innergemeinschaftliche Beförderungs- oder Versendungslieferungen (§ 3c UStG),
- Lieferungen an Bord von Schiffen, Luftfahrzeugen oder in einer Eisenbahn (§ 3e UStG) und
- die Lieferung von Gas, Elektrizität, Wärme und Kälte (§ 3g UStG).

7.7.1.3.2 Ort einer sonstigen Leistung

Ähnliche Bedeutung wie die grundsätzliche Differenzierung zwischen ruhender und bewegter Lieferung hat für den Ort einer sonstigen Leistung die Differenzierung zwischen B2C- und B2B Geschäft. Gemäß § 3a Abs. 1 UStG wird eine sonstige Leistung grundsätzlich – insbesondere im Rahmen von B2C-Geschäften – *„an dem Ort ausgeführt, von dem aus der Unternehmer sein Unternehmen betreibt."*[14] Dieser Grundsatz gilt jedoch nicht für sonstige Leistungen, *„die an einen Unternehmer für dessen Unternehmen ausgeführt"*[15] werden. Vielmehr werden sonstige Leistungen im Rahmen von B2B-Geschäften gemäß § 3a Abs. 2 UStG grundsätzlich *„an dem Ort ausgeführt, von dem aus der Empfänger sein Unternehmen betreibt."*[16] Für den Ort sonstiger Leistungen ist bei B2C-Geschäften folglich der Ort des Leistungserbringers und bei B2B-Geschäften grundsätzlich der Ort des Leistungsempfängers maßgeblich. Hinzu kommen einige Sonderregelungen in § 3a Abs. 3 bis 8 UStG und in den §§ 3b und 3e UStG. Diese betreffen z. B.

- Leistungen im Zusammenhang mit Grundstücken, u. a. unter Einschluss der Vermietung (§ 3a Abs. 3 Nr. 1 UStG),
- die kurzfristige Vermietung von Beförderungsmitteln (§ 3a Abs. 3 Nr. 2 UStG),
- kulturelle, künstlerische, wissenschaftliche, unterrichtende, sportliche, unterhaltende und ähnliche Leistungen (§ 3a Abs. 3 Nr. 3a] UStG) sowie
- Beförderungsleistungen (§ 3b UStG).

Liegt der Ort an einer von einem Unternehmer im Rahmen seines Unternehmens gegen Entgelt erbrachten Lieferung oder sonstigen Leistung nach diesen Regeln im Inland,

---

[13] Wortlaut von § 3 Abs. 6 Satz 1 UStG.
[14] Wortlaut von § 3a Abs. 1 Satz 1 UStG.
[15] Wortlaut von § 3a Abs. 2 Satz 1 UStG.
[16] Wortlaut von § 3a Abs. 2 Satz 1 UStG.

kann der erste Prüfungsschritt mit dem Ergebnis abgeschlossen werden, dass die betreffende Lieferung oder sonstige Leistung „steuerbar" ist. Vor diesem Hintergrund kann dann der folgende Prüfungsschritt durchgeführt werden:

7.7.2 Prüfungsschritt 2: Etwaige Steuerfreiheit des Umsatzes?

Selbst wenn eine Lieferung oder sonstige Leistung in den Anwendungsbereich des deutschen Umsatzsteuergesetzes fällt, also „steuerbar" ist, kommt eine Befreiung von der Umsatzsteuer in Betracht. Denn gemäß § 4 UStG werden eine Reihe von Umsätzen, die, „an sich" gemäß § 1 Abs. 1 Nr. 1 UStG steuerbar sind, gleichwohl von der Umsatzsteuer befreit. Beispiele für solche umsatzsteuerbefreite Lieferungen oder sonstige Leistungen sind

- Exportlieferungen im Sinn von § 4 Nr. 1a) oder b) UStG,
- die Lieferung von Gold an Zentralbanken (§ 4 Nr. 4 UStG),
- die Gewährung und Vermittlung von Krediten (§ 4 Nr. 8a] UStG),
- Leistungen aufgrund eines Versicherungsverhältnisses (§ 4 Nr. 10a] UStG) und
- Krankenhaus- und Heilbehandlungen im Bereich der Humanmedizin durch Ärzte, Zahnärzte, Heilpraktiker, Physiotherapeuten und Hebammen (§ 4 Nr. 14 UStG).[17]

Wer steuerbare, aber gemäß § 4 UStG steuerfreie Lieferungen oder sonstige Leistungen ausführt, schuldet dafür keine Umsatzsteuer. Damit entfällt die Notwendigkeit einer Weiterbelastung an Kunden. Dem Kunden wird nur das Nettoentgelt in Rechnung gestellt.

Für Umsätze, die gemäß § 1 Abs. 1 Nr. 1 UStG steuerbar sind und nicht unter eine der in § 4 UStG geregelten Steuerbefreiungen fallen, bleibt es dagegen bei der Umsatzsteuerpflicht. Bei solchen umsatzsteuerpflichtigen Umsätzen muss ermittelt werden, in welchem Umfang Umsatzsteuer anfällt (Höhe der Umsatzsteuerschuld). Der Umfang der geschuldeten Umsatzsteuer entspricht – wie bei anderen Steuerarten auch – der mit dem einschlägigen Steuersatz multiplizierten Bemessungsgrundlage. Auch im Umsatzsteuerrecht gilt demnach folgende Formel:

Geschuldete (Umsatz-)Steuer = Bemessungsgrundlage X Steuersatz.

---

[17] Die Aufzählung dieser Beispiele ist nicht abschließend. In § 4 UStG werden eine Reihe weiterer Lieferungen und sonstiger Leistungen von der Umsatzsteuer befreit. Die Aufzählung hier soll dem Leser lediglich einen ersten Eindruck von der Bandbreite umsatzsteuerbefreiter Lieferungen und sonstiger Leistungen vermitteln. Im Übrigen wird auf § 4 UStG Bezug genommen.

7.7.3 Prüfungsschritt 3: Bemessungsgrundlage

Die Bemessungsgrundlage für die Umsatzsteuer wird in § 10 UStG geregelt. Gemäß § 10 Abs. 1 Satz 1 UStG ist die Bemessungsgrundlage für die Besteuerung von Lieferungen oder sonstigen Leistungen das Entgelt.

„Entgelt ist alles, was den Wert der Gegenleistung bildet, die der leistende Unternehmer vom Leistungsempfänger oder von einem anderen als dem Leistungsempfänger für die Leistung erhält oder erhalten soll, einschließlich der unmittelbar mit dem Preis dieser Umsätze zusammenhängenden Subventionen, jedoch abzüglich der für diese Leistung gesetzlich geschuldeten Umsatzsteuer."[18]

Am Ende der zitierten gesetzlichen Bestimmung findet man folglich eine wichtige Klarstellung: Die Umsatzsteuer selbst ist nicht Teil des Entgelts, sie geht also nicht in ihre eigene Bemessungsgrundlage ein. Bei Umsatzgeschäften, die einen Austausch von Gegenständen oder anderen Leistungen gegen Geld beinhalten, ist folglich der „Netto-Preis" die Bemessungsgrundlage für die Umsatzsteuer.

7.7.4 Prüfungsschritt 4: Steuersatz

Steht die Bemessungsgrundlage fest, ist der anwendbare Umsatzsteuersatz zu ermitteln. Das UStG kennt zwei verschiedene Steuersätze. In § 12 Abs. 1 UStG wird zunächst der grundsätzliche geltende, sogenannte „regelmäßige" Steuersatz geregelt. Der regelmäßige Umsatzsteuersatz beträgt 19 % der Bemessungsgrundlage. Dieser regelmäßige Umsatzsteuersatz gilt für sämtliche steuerpflichtigen Umsätze, für die nicht ausnahmsweise nach § 12 Abs. 2 UStG nur der sogenannte „ermäßigte" Umsatzsteuersatz gilt.

Gemäß § 12 Abs. 2 UStG gilt für die dort aufgeführten Umsätze ein ermäßigter Steuersatz von nur 7 %. Dieser ermäßigte Umsatzsteuersatz gilt z. B. für

- zahlreiche Nahrungsmittel einschließlich Zutaten sowie verschiedene Haus- und Nutztiere (§ 12 Abs. 2 Nr. 1 UStG),
- die Vermietung der in Anlage 2 zum UStG bezeichneten Gegenstände, z. B. Rollstühle und andere Fahrzeuge für Behinderte (§ 12 Abs. 2 Nr. 2 UStG),
- die Vermietung von Wohn- und Schlafräumen zur kurzfristigen Beherbergung von Fremden unter Einschluss von Campingflächen (§ 12 Abs. 2 Nr. 11 UStG),
- die Beförderungen von Personen im Schienenbahnverkehr sowie mit Oberleitungsomnibussen und Taxen (§ 12 Abs. 2 Nr. 10 UStG) sowie

---

[18] Wortlaut von § 10 Abs. 1 Satz 1 UStG.

- die Einräumung, Übertragung und Wahrnehmung von Rechten, die sich aus dem Urheberrechtsgesetz ergeben (§ 12 Abs. 2 Nr. 7c] UStG).[19]

Wurden der anwendbare Steuersatz und durch dessen Multiplikation mit der Bemessungsgrundlage auch die geschuldete Umsatzsteuer ermittelt, bleibt noch zu klären, wer die Zahlung der Umsatzsteuer an das Finanzamt schuldet.

7.7.5 Prüfungsschritt 5: Steuerschuldner

Gemäß § 13a Abs. 1 Nr. 1 UStG ist Schuldner der Umsatzsteuer im Fall der im Rahmen dieses Kapitels betrachteten Lieferungen und sonstigen Leistungen im Sinn von § 1 Abs. 1 Nr. 1 UStG grundsätzlich derjenige Unternehmer, der die Lieferung oder sonstige Leistung ausführt. Die Betrachtung der weiteren Regelungstatbestände in § 13a Abs. 1 UStG und § 13b UStG zeigt jedoch, dass es auch Fälle gibt, in denen die Umsatzsteuer nicht vom „Lieferanten" geschuldet wird, sondern vom „Kunden", also demjenigen Marktteilnehmer, der die Lieferung oder sonstige Leistung empfängt.

Zu einer Steuerschuldnerschaft des Leistungsempfängers kommt es z. B. in Konstellationen, in denen Unternehmer aus dem Ausland heraus Lieferungen oder sonstige Leistungen in Deutschland ausführen. Würden diese „ausländischen" Unternehmen gleichwohl die Zahlung von Umsatzsteuer in Deutschland schulden, wäre die Erhebung dieser Umsatzsteuer wegen fehlender Befugnisse der deutschen Finanzverwaltung im Ausland mit zusätzlicher Komplexität und Unsicherheit behaftet. Das folgende Beispiel soll dies veranschaulichen:

> **Beispiel**
>
> Der selbstständige Ingenieur und Erfinder I lebt und arbeitet in Indien. Für die Erfindungen von I wurden zahlreiche Patente erteilt – auch für das Gebiet der Bundesrepublik Deutschland. Auf Grundlage eines Patentlizenzvertrags mit dem Unternehmen U mit Sitz in Deutschland gestattet I die Nutzung der durch diese Patente geschützten Erfindungen durch U in Deutschland gegen Zahlung einer Lizenzgebühr (Entgelt).
>
> Diese Einräumung von Nutzungsrechten an Erfindungen ist eine sonstige Leistung im Sinn von § 1 Abs. 1 Nr. 1 UStG von I an U. Ort dieser sonstigen Leistung ist gemäß § 3a Abs. 2 UStG Deutschland. Käme § 13a Abs. 1 Nr. 1 UStG hier zur Anwendung, würde I in Deutschland die Zahlung von Umsatzsteuer in Höhe von 19 % auf die von U nach dem Lizenzvertrag geschuldete (Netto)Lizenzgebühr

---

[19] Die hier genannten Ausnahmen, die nach § 12 Abs. 2 UStG dem ermäßigten Umsatzsteuersatz von nur 7 % unterliegen, ist nicht abschließend, sondern soll lediglich einen Eindruck von der Vielfalt der Ausnahmeregelungen vermitteln. Im Übrigen wird auf § 12 Abs. 2 UStG verwiesen.

schulden. Der „Zugriff" der deutschen Finanzverwaltung auf einen Unternehmer mit Sitz im Ausland wie hier I in Indien wäre jedoch nicht im selben Maß gewährleistet wie deren Möglichkeit, Steuerforderungen gegen einen inländischen Steuerschuldner zu realisieren. Deshalb kommt es in dieser Konstellation gemäß § 13b Abs. 5 Satz 1 UStG in Verbindung mit § 13b Abs. 2 Nr. 1 Alternative 2 UStG zu einer Steuerschuldnerschaft des Leistungsempfängers für *„sonstige Leistungen eines im Ausland ansässigen Unternehmers."*[20] Das bedeutet: U ist Leistungsempfänger und muss in dieser Konstellation die Umsatzsteuer für die empfangene Leistung an die Finanzverwaltung entrichten. ◄

Auch im Fall eines sogenannten „innergemeinschaftlichen Erwerbs" im Sinn von § 1 Abs. 1 Nr. 5 UStG kommt es gemäß § 13a Abs. 1 Nr. 2 UStG zur Steuerschuldnerschaft des Importeurs. Ein innergemeinschaftlicher Erwerb im Sinn der §§ 1 Abs. 1 Nr. 5, 13a Abs. 1 Nr. 2 UStG gegen Entgelt liegt in den in § 1a UStG definierten Fällen vor. Darunter fallen z. B. Lieferungen von Rohstoffen, Komponenten oder anderen Waren von einem in Frankreich ansässigen Unternehmer gegen Entgelt an einen Unternehmer in Deutschland. Der Importeur in Deutschland wird dann wegen § 13a Abs. 1 Nr. 2 UStG zum Schuldner der Umsatzsteuer auf diesen Import. Gleichzeitig kann der Importeur jedoch die von ihm selbst zur Zahlung an die Finanzverwaltung geschuldete Umsatzsteuer als Vorsteuer von der Finanzverwaltung erstattet verlangen (sogenanntes „Reverse-Charge-Verfahren").

7.7.6 Zusammenfassung der Prüfungsschritte 1–5

Die Prüfungsschritte 1–5 können in folgender Übersicht zusammengefasst werden, bevor anschließend – aus Sicht der Leistungsempfänger – die Möglichkeiten des Vorsteuerabzugs betrachtet werden.

Prüfungsansatz zum Anfall von Umsatzsteuer nach dem UStG bei Geschäftsvorfällen		
Grundsätzliche Fragen:	Konkret zu prüfen:	§§ des UStG:
Löst der Geschäftsvorfall eine Umsatzsteuerverbindlichkeit nach dem UStG aus?	„Steuerbarkeit": Fällt der Geschäftsvorfall in den Anwendungsbereich des UStG?	§ 1 Abs. 1 und 3 UStG
	Besteht gegebenenfalls eine Umsatzsteuerbefreiung?	§ 4 UStG

---

[20]Wortlaut von § 13b Abs. 2 Nr. 1 Alternative 2 UStG; im Beispiel ist I dieser im Ausland ansässige Unternehmer, dessen Leistung darin besteht, U die Nutzungsrechte an Erfindungen einzuräumen.

Prüfungsansatz zum Anfall von Umsatzsteuer nach dem UStG bei Geschäftsvorfällen		
Grundsätzliche Fragen:	Konkret zu prüfen:	§§ des UStG:
In welchem Umfang wird gegebenenfalls Umsatzsteuer geschuldet?	Was ist die Bemessungsgrundlage?	§ 10 UStG
	Welcher Steuersatz findet Anwendung?	§ 12 UStG
Steuerschuldner?	Wer schuldet die Umsatzsteuer?	§§ 13a, 13b UStG

7.8 Vorsteuerabzug

7.8.1 Gesetzliche Grundlage

Wo Umsatzsteuer anfällt, besteht Anlass, die Möglichkeit eines Vorsteuerabzugs zu prüfen. Die

Möglichkeit des Vorsteuerabzugs wird in § 15 UStG geregelt. Gemäß § 15 Abs. 1 UStG können (nur) Unternehmer „*die folgenden Vorsteuerbeträge abziehen:*

1. *die gesetzlich geschuldete Steuer für Lieferungen und sonstige Leistungen, die von einem anderen Unternehmer für sein Unternehmen ausgeführt worden sind. Die Ausübung des Vorsteuerabzugs setzt voraus, dass der Unternehmer eine nach den §§ 14, 14a ausgestellte Rechnung besitzt. Soweit der gesondert ausgewiesene Steuerbetrag auf eine Zahlung vor Ausführung dieser Umsätze entfällt, ist er bereits abziehbar, wenn die Rechnung vorliegt und die Zahlung geleistet worden ist;*
2. *die entstandene Einfuhrumsatzsteuer für Gegenstände, die für sein Unternehmen nach § 1 Absatz 1 Nr. 4 eingeführt worden sind;*
3. *die Steuer für den innergemeinschaftlichen Erwerb von Gegenständen für sein Unternehmen, wenn der innergemeinschaftliche Erwerb nach § 3d Satz 1 im Inland bewirkt wird;*
4. *die Steuer für Leistungen im Sinne des § 13b Absatz 1 und 2, die für sein Unternehmen ausgeführt worden sind. Soweit die Steuer auf eine Zahlung vor Ausführung dieser Leistungen entfällt, ist sie abziehbar, wenn die Zahlung geleistet worden ist;*
5. *die nach § 13a Abs. 1 Nr. 6 geschuldete Steuer für Umsätze, die für sein Unternehmen ausgeführt worden sind.* "[21]

---

[21] Wortlaut von § 15 Abs. 1 Satz 1 UStG.

7.8.2 Ausschluss des Vorsteuerabzugs

Auch wenn die vorstehend zitierten, in § 15 Abs. 1 UStG genannten Voraussetzungen für einen Vorsteuerabzug vorliegen, sind nicht alle Vorsteuerbeträge abzugsfähig. In § 15 Abs. 1a, 1b, 2, 4, 4a und 4b UStG werden Vorsteuerbeträge bei Vorliegen der dort jeweils genannten Voraussetzungen vom Vorsteuerabzug ausgeschlossen. Erhebliche praktische Bedeutung hat dabei z. B. der in § 15 Abs. 2 Nr. 1 UStG geregelte Ausschlusstatbestand. Danach ist die auf Eingangsumsätze[22] eines Unternehmens entfallene Vorsteuer vom Vorsteuerabzug ausgeschlossen, wenn das Unternehmen diese Eingangsumsätze zur Ausführung steuerfreier Umsätze verwendet. Das folgende Beispiel soll dies verdeutlichen.

> **Beispiel**
>
> Ein selbstständiger Physiotherapeut erwirbt für seine Praxis eine Massageliege für einen Kaufpreis in Höhe von EUR 1.190. In diesem Kaufpreis enthalten sind ein Netto-Entgelt in Höhe von EUR 1.000 sowie die für die Lieferung vom Lieferanten geschuldete Umsatzsteuer in Höhe von EUR 190. Der Physiotherapeut kann die EUR 190 jedoch nicht als Vorsteuer abziehen. Denn der Physiotherapeut nutzt die Massageliege ausschließlich zur Erbringung von Heilbehandlungen, die gemäß § 4 Nr. 14a) UStG steuerfrei sind. Damit kommt der in § 15 Abs. 2 Nr. 1 UStG geregelte Ausschluss vom Vorsteuerabzug zur Anwendung. ◄

Soweit die nach § 15 UStG für den Vorsteuerabzug erforderlichen Voraussetzungen erfüllt sind, können Unternehmer Vorsteuerbeträge von ihrer eigenen Umsatzsteuerschuld abziehen. Im Ergebnis muss dann nur noch der überschüssige Differenzbetrag (Zahllast) an die Finanzverwaltung gezahlt werden.

„Vorsteuerabzug" bedeutet daher zunächst Verrechnung der abzugsfähigen Vorsteuerbeträge mit der Umsatzsteuer, deren Zahlung an das Finanzamt geschuldet wird. Soweit die abzugsfähigen Vorsteuerbeträge die geschuldete Umsatzsteuer übersteigen, besteht ein sogenannter „Vorsteuerüberhang"[23]. Ein Vorsteuerüberhang führt zu einem Erstattungsanspruch[24] des Unternehmers gegen die Finanzverwaltung, der durch eine entsprechende Zahlung der Finanzverwaltung an den Unternehmer auszugleichen ist.

---

[22] Unter den Begriff „Eingangsumsätze" in diesem Sinn fallen neben den Lieferungen und sonstigen Leistungen, die ein Unternehmer von Lieferanten erhält bzw. bezieht auch dessen Einfuhren und innergemeinschaftliche Erwerbe.

[23] Vgl. dazu z. B. *Leonard/Heidner* in *Bunjes*, UStG, 19. Auflage 2020, § 18, Rdnr. 9.

[24] Im Sinn von § 37 AO.

7.9 Besteuerungsverfahren

7.9.1 Jahresumsatzsteuererklärung

Die Verrechnung von Vorsteuerbeträgen mit geschuldeter Umsatzsteuer erfolgt im Rahmen der jährlichen Umsatzsteuerveranlagung und zuvor bereits vorläufig im Rahmen sogenannter „Voranmeldungen". Die Umsatzsteuer ist – wie auch z. B. die Einkommen- und die Körperschaftsteuer – eine Jahressteuer.[25] Deshalb müssen Unternehmer grundsätzlich spätestens am 31. Juli jedes Jahres die Umsatzsteuererklärung für das vorangegangene Kalenderjahr abgeben.[26]

7.9.2 Umsatzsteuervoranmeldungen

Die umsatzsteuerrechtlichen Deklarationspflichten sind jedoch nicht auf die kalenderjährliche Abgabe von Umsatzsteuerjahreserklärungen beschränkt. Vielmehr müssen Unternehmer zusätzlich spätestens 10 Tage nach Ablauf jedes sogenannten „Voranmeldungszeitraums" gemäß § 18 Abs. 1 UStG sogenannte „Voranmeldungen"[27] (Umsatzsteuervoranmeldungen) bei der Finanzverwaltung einreichen.

In jeder Umsatzsteuervoranmeldung sind die während des jeweiligen Voranmeldungszeitraums entstandenen Umsatzsteuerverbindlichkeiten des Unternehmens sowie alle abziehbaren Vorsteuerbeträge anzugeben und miteinander zu saldieren. Soweit es zu Vorsteuerüberhängen kommt, sind diese von der Finanzverwaltung auszuzahlen. In diesem Fall wird die Vorsteuer nicht nur abgezogen, sondern von der Finanzverwaltung erstattet.

7.9.3 Voranmeldungszeitraum

Die Dauer eines Voranmeldungszeitraums wird in § 18 Abs. 2 UStG definiert. Gemäß § 18 Abs. 2 Satz 1 UStG entspricht ein Voranmeldungszeitraum grundsätzlich dem Kalendervierteljahr (Kalenderquartal). Die praktische Bedeutung dieses Grundsatzes

---

[25] Dazu § 16 Abs. 1 Satz 2 UStG: „*Besteuerungszeitraum ist das Kalenderjahr.*"

[26] Dies folgt aus § 149 Abs. 2 AO: „*Soweit die Steuergesetze nichts anderes bestimmen, sind Steuererklärungen, die sich auf ein Kalenderjahr ... beziehen, spätestens 7 Monate nach Ablauf des Kalenderjahres ... abzugeben.*" (Wortlaut von § 149 Abs. 2 Satz 1 AO) Im Fall der Beauftragung eines zur geschäftsmäßigen Hilfeleistung in Steuersachen befugten Dienstleisters, z. B. eines Steuerberaters oder Wirtschaftsprüfers, mit der Erstellung der Umsatzsteuererklärung wird die Abgabefrist nach § 149 Abs. 3 Nr. 4 AO um weitere 7 Monate bis Ende Februar des übernächsten, auf den Besteuerungszeitraum folgenden Kalenderjahres verlängert.

[27] Eine Steueranmeldung ist gemäß § 150 Abs. 1 Satz 2 AO eine Steuererklärung, in der Steuerpflichtige die geschuldete Steuer selbst berechnen müssen.

ist jedoch überschaubar. Denn sobald die für ein gesamtes Kalenderjahr geschuldete Umsatzsteuer eines Unternehmens den Schwellenwert von EUR 7.500 überschreitet, ist gemäß § 18 Abs. 2 Satz 2 UStG jeder Kalendermonat ein Voranmeldungszeitraum. Dies ist folglich für Unternehmen mit steuerpflichtigen Umsätzen von mehr als EUR 39.474 relevant.

7.10 Entstehung von Umsatzsteuerverbindlichkeiten

7.10.1 Grundsätzliches

Gemäß § 13 Abs. 1 Nr. 1a) Satz 1 UStG entsteht die Umsatzsteuerverbindlichkeit für eine Lieferung oder sonstige Leistung grundsätzlich (erst) *„mit Ablauf des Voranmeldungszeitraums, in dem die Leistungen ausgeführt worden sind."*[28] Unternehmer können daher mit Ausführung einer Lieferung oder sonstigen Leistung im Zeitraum zwischen der Leistungserbringung und dem Ende des Voranmeldungszeitraums zunächst eine Umsatzsteuerrückstellung bilden. Diese muss dann mit Ablauf des Voranmeldungszeitraums in eine Umsatzsteuerverbindlichkeit umgebucht werden.

7.10.2 Anzahlungen

Umsatzsteuerverbindlichkeiten für Lieferungen und sonstige Leistungen entstehen abweichend vom vorstehend dargestellten Grundsatz auch bereits, sobald und soweit das eine Lieferung oder sonstigen Leistung vereinbarte Entgelt bereits vorab vereinnahmt wird. Gemäß § 13 Abs. 1 Nr. 1a) Satz 3 UStG führt bereits die Vereinnahmung des Entgelts (Vorkasse) oder eines Teilentgelts (Anzahlung) zur Entstehung einer Umsatzsteuerverbindlichkeit, obwohl zu diesem Zeitpunkt noch kein Umsatz vorliegt.

Sowohl der Anfall von Umsatzsteuer als auch die Möglichkeit des Vorsteuerabzugs können im Rahmen der nachfolgenden Übungsaufgabe 7 praktiziert werden. Die anschließenden Lösungsvorschläge ermöglichen einen Abgleich mit den eigenen Überlegungen und Ergebnissen.

---

[28] Wortlaut von § 13 Abs. 1 Nr. 1a) Satz 1 UStG.

7.11 Übungsaufgabe 6

7.11.1 Fallszenario

Die Hardware- und System-GmbH (HS-GmbH) mit Sitz, Geschäftsräumen und Warenlager in Bremen handelt mit Kopiergeräten, Rechnern und anderer IT-naher Hardware. Von Bremen aus beliefert die HS-GmbH Kunden im In- und Ausland. Die HS-GmbH führt die Transporte der Hardware aus dem eigenen Warenlager zu den Kunden nicht selbst durch, sondern beauftragt damit Logistik-Dienstleister.

Die Dienstleistungs-AG („DAG") mit Sitz in Dresden bestellt bei der HS-GmbH 20 Rechner für einen Stückpreis von EUR 500 zzgl. anfallender Umsatzsteuer. Der Kaufpreis soll innerhalb von 60 Tagen ab Lieferung der Rechner an die Zentrale der DAG in Dresden zahlbar sein. Die HS-GmbH liefert daraufhin die 20 Rechner an die DAG unter Beifügung eines Lieferscheins und einer Rechnung. Die Anschaffungskosten der HS-GmbH für die Rechner betrugen EUR 300 pro Stück.

Zur Aufstockung des Warenlagers erwirbt die HS-GmbH 100 Scanner von einem gewerblichen Lieferanten (L) aus München für einen Stückpreis von EUR 200 zzgl. 19 % Umsatzsteuer, zahlbar innerhalb von einer Woche ab Lieferung. L liefert die Scanner vom Warenlager in München auf das Betriebsgelände der HS-GmbH in Bremen unter gleichzeitiger Übergabe eines Lieferscheins und einer Rechnung.

Die Versicherungs-AG („VAG") mit Sitz in Köln bietet ausschließlich Haftpflicht- und Hausratsversicherungen an. Die VAG bestellt bei der HS-GmbH 100 Rechner für einen Stückpreis von EUR 400 zzgl. Umsatzsteuer, zahlbar innerhalb von 2 Wochen ab Lieferung. Die HS-GmbH liefert die Rechner an die VAG nach Köln unter Beifügung eines Lieferscheins und einer Rechnung. Die Anschaffungskosten der HS-GmbH für diese Rechner betrugen ebenfalls EUR 300 pro Stück.

Die Tourismus-AG („TAG") mit Sitz in Basel (Schweiz) bestellt bei der HS-GmbH 10 Rechner für einen Stückpreis in Höhe von EUR 600 zzgl. etwa anfallender Umsatzsteuer, zahlbar innerhalb von 2 Wochen ab Lieferung. Die HS-GmbH lässt die Rechner von einem Logistik-Dienstleister mitsamt der Rechnung zur TAG nach Basel transportieren. Die Anschaffungskosten der HS-GmbH für diese Rechner betrugen ebenfalls EUR 300 pro Stück.

7.11.2 Übungsfragen und -aufgaben

Wie muss die HS-GmbH die Lieferung der 20 Rechner an die DAG in Dresden buchen?
Wie muss die HS-GmbH den Eingang der von L gelieferten Scanner buchen?
Wie muss die HS-GmbH die Lieferung der 100 Rechner an die VAG buchen?
Wie muss die VAG den Erhalt der Rechnung von der HS-GmbH buchen?
Welchen Betrag muss die HS-GmbH der TAG für die Lieferung der Rechner in Rechnung stellen?

Welche Besonderheit muss die HS-GmbH bei Aufstellung der Rechnung an die TAG beachten?

7.11.3 Mögliche Antworten

7.11.3.1 Lieferung der 20 Rechner an die DAG

Die Lieferung der Rechner an die DAG führt bei der HS-GmbH zunächst zu einem Absinken des Warenbestands (aktives Bestandskonto) und einem damit verbundenen Abfluss von Vermögen (Aufwand). Da die HS-GmbH selbst für den Erwerb der Rechner Anschaffungskosten in Höhe von 20 X EUR 300 = EUR 6000 hatte, ist dieser Warenabgang von der HS-GmbH wie folgt zu buchen:

Soll		an	Haben	
Verminderung des Bestands an fertigen Erzeugnissen[29]	EUR 6000		Fertige Erzeugnisse und Waren	EUR 6000

Diese – auch im Sinn von § 3 Abs. 1 UStG – Lieferung der Rechner an die DAG erfolgt gemäß § 3 Abs. 6 Satz 1 UStG in Bremen und damit im Inland. Denn die Rechner werden von Bremen zum Sitz der DAG nach Dresden befördert.

Dass die HS-GmbH die Beförderung nicht selbst durchführt, sondern von einem Logistik-Dienstleister durchführen lässt, ist für den Ort der Lieferung unerheblich. Denn nach dem hier einschlägigen § 3 Abs. 6 Satz 1 UStG kommt es nicht darauf an, ob der Gegenstand der Lieferung durch den Lieferanten selbst, dessen Abnehmer (Kunden) oder einen vom Lieferanten oder Abnehmer beauftragten Dritten erfolgt. In allen Fällen *„gilt die Lieferung dort als ausgeführt, wo die Beförderung oder Versendung an den Abnehmer ... beginnt."*[30]

Die HS-GmbH ist auch „Unternehmer" im Sinn von § 2 Abs. 1 UStG und liefert die Rechner gegen Entgelt. Demnach ist die Lieferung der Rechner im Sinn von § 1 Abs. 1 Nr. 1 UStG „steuerbar".

Zudem ist keine der in § 4 UStG aufgeführten Steuerbefreiungen einschlägig. Die Lieferung ist folglich umsatzsteuerpflichtig. Die Höhe der anfallenden Umsatzsteuer richtet sich nach folgender Formel:

Bemessungsgrundlage X Steuersatz.

Bemessungsgrundlage ist gemäß § 10 Abs. 1 Satz 2 UStG die von der DAG geschuldete Gegenleistung. Das ist ein Betrag in Höhe von 20 X EUR 500 und damit insgesamt EUR 10.000.

---

[29] Dieses Aufwandskonto wird in der GuV im Posten „Erhöhung oder Verminderung des Bestands an fertigen und unfertigen Erzeugnissen" im Sinn von § 275 Abs. 2 Nr. 2 HGB konsolidiert.

[30] Wortlaut von § 3 Abs. 6 Satz 1 UStG.

Maßgeblicher Steuersatz ist der regelmäßige Steuersatz in Höhe von 19 %. Denn es greift keine der in § 12 Abs. 2 UStG vorgesehenen Ausnahmen, bei deren Vorliegen nur der ermäßigte Steuersatz anfällt. Im Ergebnis beträgt die anfallende Umsatzsteuer daher 19 % auf EUR 10.000 und damit EUR 1.900.

Steuerschuldner dieser Umsatzsteuer ist gemäß § 13a Abs. 1 Nr. 1 UStG die HS-GmbH. Bei der HS-GmbH entsteht folglich mit Ausführung der Lieferung eine Umsatzsteuerverbindlichkeit in Höhe von insgesamt EUR 1900. Die HS-GmbH belastet diese jedoch an die DAG weiter, indem die von der HS-GmbH an die Finanzverwaltung geschuldete Umsatzsteuer in die Gesamtforderung mit eingeht, welche die HS-GmbH der DAG für die Lieferung in Rechnung stellt. Die HS-GmbH stellt der DAG deshalb insgesamt folgende Gesamtforderung in Rechnung:

	EUR 10.000	(Netto-)Entgelt
+	EUR 1.900	anfallende Umsatzsteuer, aus Sicht der DAG Vorsteuer
=	EUR 11.900	Rechnungsbetrag

Die Entstehung dieser Forderung gegen die DAG ist von der HS-GmbH wie folgt zu buchen:

Soll		an	Haben	
Forderung aus Lieferung	EUR 11.900		Umsatzerlöse	EUR 10.000
			Umsatzsteuerverbindlichkeit	EUR 1.900

7.11.3.2 Erhalt der Scanner von L

Der Erhalt der Scanner von L führt bei der HS-GmbH zunächst zu einer Zahlungsverbindlichkeit gegenüber L in Höhe von EUR 20.000 zzgl. Umsatzsteuer. Damit ist die Umsatzsteuer gemeint, die L für die Lieferung der Scanner an die HS-GmbH zunächst selbst an die Finanzverwaltung schuldet und anschließend an die HS-GmbH weiterbelastet.

In Anbetracht des auch für die Lieferung von Scannern geltenden Umsatzsteuersatzes von 19 % beträgt die anfallende Umsatzsteuer folglich EUR 20.000 X 19 % = EUR 3.800. Die Gesamtverbindlichkeit der HS-GmbH gegenüber L beträgt folglich

EUR 20.000 (Netto−)Entgelt + EUR 3.800 Umsatzsteuer = EUR 23.800.

Mit Erhalt der Scanner und der Rechnung von L wächst bei der HS-GmbH folglich das passive Bestandskonto „Verbindlichkeiten aus Lieferungen und Leistungen"[31] um EUR 23.800.

---

[31] Vgl. dazu § 266 Abs. 3 C.4.

7.11 Übungsaufgabe 6

Allerdings beinhaltet diese Verbindlichkeit im Umfang von EUR 23.800 die von L geschuldete und von L an die HS-GmbH weiterbelastete Umsatzsteuer. Dieser Umsatzsteuerbetrag stellt aus Sicht der HS-GmbH Vorsteuer im Sinn von § 15 Abs. 1 Nr. 1 UStG mit der Folge dar, dass die HS-GmbH einen entsprechenden Erstattungsanspruch gegen die Finanzverwaltung hat.

Mit Erhalt der Scanner und der Rechnung von L entsteht bei der HS-GmbH folglich nicht nur eine Verbindlichkeit in Höhe von EUR 23.800, sondern die HS-GmbH erwirbt gleichzeitig einen Anspruch auf Erstattung von Vorsteuer in Höhe von EUR 3800 gegen die Finanzverwaltung. Dies bedeutet, dass bei der HS-GmbH das aktive Bestandskonto „Vorsteuer"[32] um EUR 3.800 wächst.

Der Zugang der Scanner im Warenlager der HS-GmbH führt zudem zu einer Erhöhung des Bestands auf dem aktiven Bestandskonto, auf dem Scanner erfasst werden.[33]

Die Erhöhung des Bestands auf diesem aktiven Bestandskonto muss in Höhe der Zugangswerte der Scanner erfolgen. Die Zugangswerte entsprechen den Anschaffungskosten. Das sind gemäß § 255 Abs. 1 Satz 1 HGB grundsätzlich die *„Aufwendungen, die geleistet werden, um einen Vermögensgegenstand zu erwerben"*[34].

Die Entstehung der Verbindlichkeit gegenüber L in Höhe von insgesamt EUR 23.800 führt bei der HS-GmbH jedoch nur im Umfang von EUR 20.000 zu Aufwand (= Minderung des Unternehmensnettovermögens). Denn im Umfang von EUR 3.800 wird die entstehende Verbindlichkeit durch den Vorsteuererstattungsanspruch Höhe von EUR 3.800 kompensiert. Deshalb betragen die Anschaffungskosten der HS-GmbH für die Scanner nur EUR 20.000 (EUR 200 pro Scanner). Damit ist die Lieferung der Scanner und die Übergabe der Rechnung von L an die HS-GmbH von der HS-GmbH wie folgt zu buchen:

Soll		an	Haben	
Scanner	EUR 20.000		Verbindlichkeit aus Lieferung	EUR 23.800
Vorsteuer	EUR 3800			

---

[32] Vorsteuererstattungsansprüche, die am Ende eines Geschäftsjahres noch nicht im Rahmen der unterjährigen Umsatzsteuervoranmeldungen mit Umsatzsteuerverbindlichkeiten verrechnet wurden, werden in der Bilanz im Posten „sonstige Vermögensgegenstände" im Sinn von § 266 Abs. 2 B. II. 4. konsolidiert.

[33] In der Bilanz der HS-GmbH wird dieses aktive Bestandskonto im Posten „fertige Erzeugnisse und Waren" (§ 266 Abs. 2 B. I. 3. HGB) konsolidiert.

[34] Wortlaut von § 255 Abs. 1 Satz 1 HGB.

7.11.3.3 Lieferung der 100 Rechner von der HS-GmbH an die VAG

Die Lieferung der 100 Rechner an die VAG führt bei der HS-GmbH erneut zu einem entsprechenden Abgang auf dem aktiven Bestandskonto „fertige Erzeugnisse und Waren" im Umfang der dort aktivierten Anschaffungskosten der Rechner. Der Abgang auf dem aktiven Bestandskonto beträgt damit $100 \times $ EUR $300 = $ EUR 30.000. Dieser Warenabgang ist von der HS-GmbH wie folgt zu buchen:

Soll		an	Haben	
Verminderung des Warenlagers / Bestands an fertigen Erzeugnissen[35]	EUR 30.000		Fertige Erzeugnisse und Waren	EUR 30.000

Im Übrigen gilt für die Lieferung der Rechner an die VAG strukturell nichts anders als für die Lieferung der Rechner an die DAG. Auch diese Lieferung fällt gemäß § 1 Abs. 1 Nr. 1 UStG in den Anwendungsbereich des UStG und ist damit steuerbar, weil die HS-GmbH die Lieferung als Unternehmer (§ 2 Abs. 1 UStG) gegen Entgelt im Inland ausführt. Dass der Ort dieser Lieferung im Inland liegt, folgt auch in dieser Konstellation aus § 3 Abs. 6 Satz 1 UStG.

Da weder eine Steuerbefreiung im Sinn von § 4 UStG einschlägig noch der ermäßigte Umsatzsteuersatz (§ 12 Abs. 2 UStG) anwendbar ist, führt die Lieferung der Rechner an die VAG zu einer Umsatzsteuerschuld der HS-GmbH in Höhe von 19 % auf das (Netto-)Entgelt. Die Umsatzsteuer beträgt folglich EUR 40.000 $\times$ 19 % = EUR 7600. Da die HS-GmbH zwar Schuldnerin dieser Umsatzsteuer ist (§ 13a Abs. 1 Nr. 1 UStG), diese jedoch an die VAG weiterbelastet, ist die infolge der Lieferung entstehende Forderung gegen die VAG von der HS-GmbH wie folgt zu buchen:

Soll		an	Haben	
Forderung aus Lieferung	EUR 47.600		Umsatzerlöse	EUR 40.000
			Umsatzsteuerverbindlichkeit	EUR 7.600

7.11.3.4 Erhalt der 100 Rechner aus Sicht der VAG

Der Erhalt der Rechner mit dazugehöriger Rechnung führt bei der VAG zunächst zu einem Zuwachs auf dem passiven Bestandskonto „Verbindlichkeiten aus Lieferungen und Leistungen"[36] in Höhe von EUR 47.600. Insoweit korrespondiert die Verbindlichkeit der VAG mit der Forderung der HS-GmbH.

---

[35] Dieses Aufwandskonto wird in der GuV im Posten „Erhöhung oder Verminderung des Bestands an fertigen und unfertigen Erzeugnissen" im Sinn von § 275 Abs. 2 Nr. 2 HGB konsolidiert.

[36] Vgl. § 266 Abs. 3 C. 4.

Bei der VAG kommt es jedoch nicht dazu, dass der in der Kaufpreisverbindlichkeit in Höhe von insgesamt EUR 47.600 enthaltene Vorsteueranteil in Höhe von EUR 7.600 durch einen entsprechenden Vorsteuererstattungsanspruch gegen die Finanzverwaltung kompensiert wird. Denn die VAG ist aus folgenden Gründen gemäß § 15 Abs. 2 Nr. 1 UStG vom Vorsteuerabzug ausgeschlossen:

Die VAG erbringt den eigenen Kunden gegenüber *„Leistungen aufgrund eines Versicherungsverhältnisses"* im Sinn von § 4 Nr. 10a) UStG. Diese Leistungen lösen bei der VAG wegen der in § 4 UStG vorgesehenen Freistellung von der Umsatzsteuer keine Umsatzsteuerpflicht aus. Gemäß § 15 Abs. 2 geht damit jedoch der Ausschluss vom Vorsteuerabzug einher. Die VAG hat deshalb keine Möglichkeit zum Vorsteuerabzug, sondern muss die Rechner – wie ein Verbraucher – „brutto gleich netto" erwerben. Das erhöht die Anschaffungskosten der VAG für die Rechner – im Vergleich zu einem vorsteuerabzugsberechtigten Unternehmen – entsprechend. Deshalb ist der Zugang der Rechner bei der VAG wie folgt zu buchen:

Soll		an	Haben	
Betriebs- und Geschäftsausstattung	EUR 47.600		[37]Verbindlichkeiten aus Lieferungen	EUR 47.600

7.11.3.5 Lieferung der Rechner an die TAG (CH)

Die Lieferung der Rechner an die TAG führt bei der HS-GmbH erneut zu einem Warenabgang in Höhe der Anschaffungskosten, also zu einer Verminderung des Bestands an fertigen Erzeugnissen in Höhe von insgesamt EUR 3.000. Gleichzeitig entsteht mit der Lieferung eine Forderung der HS-GmbH gegen die TAG auf Zahlung des vereinbarten Kaufpreises. Das führt zu der Frage, ob die Lieferung für die HS-GmbH umsatzsteuerpflichtig ist und die HS-GmbH die geschuldete Umsatzsteuer an die TAG weiterbelasten kann.

Die Lieferung der Rechner an die TAG ist zunächst ein nach dem UStG steuerbarer Umsatz im Sinn von § 1 Abs. 1 Nr. 1 UStG. Denn die HS-GmbH liefert als Unternehmerin im Sinn von § 2 Abs. 1 UStG die Rechner gegen Entgelt im Inland. Dass auch der Ort der Lieferung an die TAG in Deutschland liegt, folgt aus § 3 Abs. 6 Satz 1 UStG. Danach ist nicht entscheidend, wo die Rechner am Ende ankommen, sondern es kommt darauf an, wo die Versendung der Rechner beginnt. Damit liegt der Ort der Lieferung in Bremen (= Inland).

Die Lieferung der Rechner an die TAG ist jedoch gemäß § 4 Nr. 1a) UStG umsatzsteuerfrei. Denn es liegt eine Ausfuhrlieferung im Sinn von § 6 Abs. 1 Nr. 1 UStG vor,

---

[37]Vgl. § 266 Abs. 2 A. II. 3. HGB; zur Abgrenzung vom Unterposten *„technische Anlagen und Maschinen"* z. B. *Schubert/F.Huber* in Beck'scher Bilanz-Kommentar, 12. Auflage 2020, § 266, Rdnrn. 66 und 67.

weil die HS-GmbH die Rechner zur TAG nach Basel (Schweiz) und damit in Drittlandsgebiet versendet. Damit ist die Lieferung der Rechner an die TAG von der HS-GmbH wie folgt zu buchen:

Soll		an	Haben	
Verminderung des Bestands an fertigen Erzeugnissen	EUR 3.000		Fertige Erzeugnisse und Waren	EUR 3.000
Forderung aus Lieferungen und Leistungen	EUR 6.000		Umsatzerlöse	EUR 6.000

Literatur

Englisch, Joachim. 2020. Der unmittelbare und direkte Zusammenhang zwischen Eingangs- und Ausgangsumsatz, UR 2020, zit.: *Englisch*, UR 2020.

Haidner, Hans-Hermann, Christian Korn, und Martin Robisch. 2021. Umsatzsteuergesetz, 20. Aufl., zit.: *Verfasser* in *Bunjes*, Umsatzsteuergesetz, 19. Aufl., §, Rdnr.

Einführung Umsatzsteuer II

8.1 Anwendungsbereich des UStG: Steuerbare Umsätze

Im letzten Kapitel wurde zunächst nur die Besteuerung von Lieferungen und sonstigen Leistungen im Sinn von § 1 Abs. 1 Nr. 1 UStG betrachtet, die Unternehmer im Inland gegen Entgelt ausführen. Das UStG kennt jedoch noch zwei weitere Kategorien steuerbarer Umsätze, die im Folgenden dargestellt werden, nämlich

- *„die Einfuhr von Gegenständen im Inland"*[1] und
- *„der innergemeinschaftliche Erwerb im Inland gegen Entgelt."*

8.1.1 Einfuhr

Gemäß § 1 Abs. 1 Nr. 4 UStG unterliegt auch *„die Einfuhr von Gegenständen im Inland"*[2] der Umsatzsteuer. Entscheidend für die Verwirklichung des Einfuhrtatbestands ist das Verbringen eines Gegenstands aus einem Drittlandsgebiet in das Inland.[3] Dabei hängt der Anfall von „Einfuhrumsatzsteuer" nicht davon ab, dass die Einfuhr durch einen

---

[1] So der Wortlaut von § 1 Abs. 1 Nr. 4 UStG, der weiter lautet *„oder in den österreichischen Gebieten Jungholz und Mittelberg (Einfuhr Umsatzsteuer)"*. Die Einfuhr von Gegenständen in diese beiden österreichischen Gebiete (Kleinwalsertal) wird im Rahmen dieses Werks jedoch nicht weiter betrachtet.

[2] Wortlaut von § 1 Abs. 1 Nr. 4 UStG; Die Einfuhr in die österreichischen Gebiete Jungholz und Mittelberg bleibt im Rahmen dieses Werks außer Betracht.

[3] *Robisch* in *Bunjes*, UStG, 19. Auflage 2020, § 1, Rdnr. 157.

Unternehmer im Sinn von §2 Abs. 1 UStG erfolgt. Auch Nicht-Unternehmer (z. B. Verbraucher) können Einfuhrumsatzsteuer schulden.

Für die Einfuhrumsatzsteuer gilt gemäß § 21 Abs. 2 UStG im Wesentlichen das Zollrecht analog. Auch für die Bemessungsgrundlage der Einfuhrumsatzsteuer ist gemäß §11 UStG der „Zollwert"[4] maßgeblich. Die Anwendbarkeit zollrechtlicher Bestimmungen für die Einfuhr liegt ebenso nahe wie die Zuständigkeit der Zollbehörden.[5] Denn anders als bei Importen aus anderen EU-Mitgliedstaaten, die mit der Bundesrepublik Deutschland einen gemeinsamen Binnenmarkt[6] bilden, müssen Importe aus Drittlandsgebieten eine Zollgrenze passieren.

8.1.2 Innergemeinschaftlicher Erwerb

Importe aus anderen EU-Mitgliedstaaten sind „innergemeinschaftliche Erwerbe". Konkret liegt ein innergemeinschaftlicher Erwerb gegen Entgelt gemäß § 1a Abs. 1 UStG „*vor, wenn die folgenden Voraussetzungen erfüllt sind:*

1. *Ein Gegenstand gelangt bei einer Lieferung an den Abnehmer (Erwerber) aus dem Gebiet eines Mitgliedstaates in das Gebiet eines anderen Mitgliedstaates oder aus dem übrigen Gemeinschaftsgebiet in die in § 1 Abs. 3 bezeichneten Gebiete, auch wenn der Lieferer den Gegenstand in das Gemeinschaftsgebiet eingeführt hat,*
2. *der Erwerber ist*
    a) *ein Unternehmer, der den Gegenstand für sein Unternehmen erwirbt, oder*
    b) *eine juristische Person, die nicht Unternehmer ist oder die den Gegenstand nicht für ihr Unternehmen erwirbt, und*
3. *die Lieferung an den Erwerber*
    a) *wird durch einen Unternehmer gegen Entgelt im Rahmen seines Unternehmens ausgeführt und*
    b) *ist nach dem Recht des Mitgliedstaates, der für die Besteuerung des Lieferers zuständig ist, nicht auf Grund der Sonderregelung für Kleinunternehmer steuerfrei.*"[7]

---

[4] Wortlaut von § 11 Abs. 1 UStG.

[5] Dies folgt aus § 21 Abs. 1 UStG i.V.m. § 13 Abs. 2 des Gesetzes über die Finanzverwaltung (FVG).

[6] Dazu insbesondere Art. 26 und 27 AEUV.

[7] Wortlaut von § 1a Abs. 1 UStG. Gemäß § 1a Abs. 2 UStG gilt als innergemeinschaftlicher Erwerb gegen Entgelt zudem „*das Verbringen eines Gegenstands des Unternehmens aus dem Übrigen Gemeinschaftsgebiet in das Inland durch einen Unternehmer zu seiner Verfügung, ausgenommen zu einer nur vorübergehenden Verwendung, auch wenn der Unternehmer den Gegenstand in das Gemeinschaftsgebiet eingeführt hat.*" In diesem Fall gilt der Unternehmer gemäß § 1a Abs. 1 Satz 2 UStG „*als Erwerber*". Diese Art eines innergemeinschaftlichen Erwerbs durch eine unternehmensinterne Warenbewegung wird im Rahmen dieses Werks jedoch nicht näher betrachtet.

Die Regelung ist weitgehend selbsterklärend, setzt jedoch Kenntnis eines bislang nicht betrachteten Konzepts voraus, nämlich das des "Kleinunternehmers".

8.1.3 Kleinunternehmer

Dass es – wie von § 1a Abs. 1 UStG vorausgesetzt – den Mitgliedstaaten der EU besondere Kleinunternehmerbestimmungen gibt, folgt aus den Vorgaben der Mehrwertsteuersystemrichtlinie.[8] Wer im Anwendungsbereich des deutschen UStG „Kleinunternehmer" ist, regelt § 19 Abs. 1 Satz 1 UStG. Unternehmer, welche die dort genannten Schwellenwerte nicht überschreiten, sind von der Umsatzbesteuerung, jedoch auch von der Möglichkeit eines Vorsteuerabzugs ausgenommen. Die maßgeblichen Schwellenwerte sind

- Umsatz zzgl. darauf entfallende Umsatzsteuer im vorangegangenen Kalenderjahr $\leq$ EUR 22.000 und
- voraussichtlicher Umsatz im laufenden Kalenderjahr $\leq$ EUR 50.000.

Wer Kleinunternehmer im Sinn von § 19 Abs. 1 Satz 1 UStG ist, kann gemäß § 19 Abs. 2 UStG gleichwohl durch Erklärung gegenüber der Finanzverwaltung zur Umsatzsteuerpflicht optieren. Die Ausübung dieser Option führt zur Umsatzsteuerpflicht der Ausgangsumsätze von Kleinunternehmern, eröffnet ihnen jedoch auch die Möglichkeit des Vorsteuerabzugs. Das macht die Option insbesondere für Kleinunternehmer mit B2B-Geschäft interessant.

8.1.4 Schadensersatz

Auch Schadensersatzleistungen lösen grundsätzlich keine Umsatzsteuerpflicht aus. Dies gilt zunächst für Fälle, in denen Schadensersatz in Geld geleitet wird: *„Entschädigungen oder Schadensersatzzahlungen sind .... kein Entgelt im Sinne des Umsatzsteuerrechts, wenn die Zahlung nicht ‚für eine Lieferung oder sonstige Leistung' an den Zahlenden erfolgt, sondern weil der Zahlende nach Gesetz oder Vertrag für einen Schaden und seine Folgen einzustehen hat (...)."*[9]

---

[8] Vgl. dazu insbesondere Art 282 MwStSystRL; das Umsatzsteuerrecht der anderen EU-Mitgliedsstaaten, auch deren Kleinunternehmerregelungen, wird im Rahmen dieses Werks jedoch ebenso wenig in den Blick genommen wie das Umsatzsteuerrecht sonstiger Dritt-Staaten.
[9] BFH, Urteil vom 16.01.2003 (X R36/01), DStRE 2003, S. 681 ff. (682).

Wird Schadensersatz nicht in Form einer Geldzahlung geleistet, sondern als sogenannte „Naturalrestitution"[10], liegt kein steuerbarer Umsatz vor, wenn die Naturalrestitution nicht im Austausch gegen ein Entgelt oder eine andere Gegenleistung erfolgt. Damit ist letztlich die Anspruchsgrundlage (Rechtsgrundlage), auf deren Basis die Schadensbeseitigung durchgeführt wird, entscheidend für die Steuerbarkeit der erbrachten Leistung. Leistet der Schädiger die Naturalrestitution zur Erfüllung einer Schadensersatzverbindlichkeit, z. B. aus § 280 Abs. 1 oder § 823 Abs. 1 BGB, liegt kein Leistungsaustausch mit dem Geschädigten und somit auch keine steuerbare Lieferung oder sonstige Leistung vor.[11] Wird ein Schaden dagegen auf Grundlage eines Auftragsverhältnisses gegen Entgelt beseitigt, erfolgt ein Leistungsaustausch, der steuerbar ist, wenn die übrigen Voraussetzungen von § 1 Abs. 1 Nr. 1 UStG vorliegen.

8.2 Umsatzsteueranwendungserlass

Differenzierungen wie die vorstehende werden im UStG nicht ausdrücklich geregelt, sondern sind das Ergebnis der Auslegung des UStG in Wissenschaft und Praxis. Die Praxis wird maßgeblich von der Finanzverwaltung und den Finanzgerichten geprägt.

Die Auffassung der Finanzverwaltung zu wesentlichen Fragen der Auslegung des UStG wird im Umsatzsteueranwendungserlass (UStAE) abgebildet. Der UStAE ist ein in Form eines sogenannten „BMF-Schreibens" ergangener Erlass des Bundesministeriums der Finanzen (BMF), der Weisungen an die Finanzbehörden zur Auslegung und Anwendung des Umsatzsteuergesetzes enthält.[12]

Die im UStAE enthaltenen Weisungen binden zwar die Finanzbehörden, aber die Finanzgerichte sind nicht zu deren Befolgung verpflichtet. Denn der UStAE ist kein Gesetz im Sinn von Art. 97 Abs. 1 GG, dem Richter unterworfen sind, sondern lediglich eine Verwaltungsanweisung. Steuerpflichtige, welche die im UStAE zum Ausdruck gebrachte Auffassung der Finanzverwaltung nicht teilen, haben deshalb die Möglichkeit, eine andere Auffassung über die Auslegung des Umsatzsteuergesetzes zu vertreten und im Fall eines Rechtsstreits mit der Finanzverwaltung damit vor den Finanzgerichten durchzudringen.

---

[10] Nach der Systematik des BGB ist Schadensersatz gemäß § 249 Abs. 1 BGB grundsätzlich in Form einer Naturalrestitution zu leisten: *„Wer zum Schadensersatz verpflichtet ist, hat den Zustand herzustellen, der bestehen würde, wenn der zum Ersatz verpflichtende Umstand nicht eingetreten wäre."* (Wortlaut von § 249 Abs. 1 BGB). Nach den §§ 250, 251 BGB ist eine Geldentschädigung (anstelle einer Naturalrestitution) nur bei Vorliegen weiterer Voraussetzungen vorgesehen, z. B. dann, wenn eine Naturalrestitution *„nicht möglich oder zur Entschädigung des Gläubigers nicht genügend ist"* (Wortlaut von § 251 Abs. 1 BGB).
[11] BFH, Urteil vom 11.03.1965 (X 37/62 S), NJW 1965, S. 1983.
[12] Vgl. dazu z. B. *Luhs*, SteuK 2011, S. 144 ff.; *Bathe*, BC 2011, S. 126 ff.

8.3 Übungsaufgabe 7

8.3.1 Fallszenario

Die Verpackungsmaschinen-AG („VAG") mit Sitz und einzigem Werk in Dortmund stellt Maschinen zur sterilen Verpackung von Arzneimitteln her und verkauft diese an Arzneimittelhersteller im In- und Ausland. Das Geschäftsjahr der VAG entspricht dem Kalenderjahr. Die VAG verfügt über ein breites Portfolio an Patenten. Bei der VAG ereignen sich folgende Geschäftsvorfälle:

Die Pharma-GmbH („P-GmbH") mit Sitz in Köln bestellt eine Verpackungsmaschine bei der VAG für einen Kaufpreis in Höhe von EUR 6.000.000 zzgl. etwa anfallender Umsatzsteuer. Die VAG und die P-GmbH vereinbaren, dass die P-GmbH zunächst eine Anzahlung in Höhe von EUR 2.000.000 zzgl. etwa anfallender Umsatzsteuer an die VAG leistet und die VAG die Maschine dann innerhalb von einer Woche nach Erhalt der Anzahlung an die P-GmbH liefert. Den Rest des Kaufpreises soll die P-GmbH dann innerhalb von 2 Wochen nach Lieferung an die VAG überweisen. Anschließend werden die getroffenen Absprachen von der VAG und der P-GmbH umgesetzt. Die Herstellungskosten der an die P-GmbH gelieferten Maschine betragen EUR 3.500.000.

Die VAG bestellt bei der Composantes S.A. („CSA") mit Sitz und Werk in Nancy (Frankreich) 100 Steuergeräte zum Stückpreis von EUR 5.000. Zwischen VAG und CSA wird vereinbart, dass die VAG zunächst eine Anzahlung in Höhe von EUR 250.000 an die CSA leistet und diese anschließend die Steuergeräte innerhalb von einer Woche ins Werk der VAG in Dortmund liefert. Die VAG soll den ausstehenden Restkaufpreis dann innerhalb von einer Woche ab Erhalt der Lieferung an die CSA überweisen. Anschließend wird die Vereinbarung umgesetzt.

In den Steuergeräten will die VAG eine neue Software einsetzen. Nach Definition der Anforderungen an diese Software beauftragt die VAG die Software-GmbH („S-GmbH") mit Sitz und Geschäftsräumen in München mit deren Herstellung. Durch den Auftrag wird die S-GmbH verpflichtet, die Software innerhalb von 6 Wochen zu programmieren und der VAG gegen Zahlung einer einmaligen pauschalen Vergütung in Höhe von EUR 100.000 zzgl. anfallender Umsatzsteuer sämtliche Rechte an der Software ausschließlich einzuräumen.

Für die nächste Maschinengeneration will die VAG eine Technik nutzen, die Gegenstand eines auf Grundlage des PatG erteilten deutschen Patents ist. Inhaberin dieses Patents ist die Invention-Corporation („I") mit Sitz in den USA. Die VAG schließt mit I einen Patentlizenzvertrag über die Nutzung der Technik für einen Zeitraum von 10 Jahren ab. Danach wird die VAG zur Zahlung einer pauschalen jährlichen Lizenzgebühr in Höhe von EUR 100.000 an I verpflichtet, die jeweils zum 30. Juni jedes Kalenderjahres zur Zahlung fällig ist. Anschließend wird die Vereinbarung umgesetzt.

Die Landwirtschaftsmaschinen-GmbH (L) mit Sitz und einzigem Werk in Bielefeld will in Traktorenmotoren eine der Techniken nutzen, für die der VAG ein Patent erteilt worden ist. L und die VAG einigen sich auf einen Lizenzvertrag, nach dem L die Technik gegen eine einmalige, pauschale und sofort fällige Lizenzgebühr von EUR 315.000 zzgl. anfallender Umsatzsteuer ab dem 1. Juli des laufenden Jahres für insgesamt 10,5 Jahre in Deutschland nutzen darf. L überweist daraufhin EUR 374.850 an die VAG.

8.3.2 Übungsaufgaben und -fragen

8.3.2.1 Zum Geschäft mit der P-GmbH
Wie hoch ist der von der P-GmbH an die VAG als Anzahlung zu überweisende Betrag?

Wie muss die VAG i) den Abschluss der Vereinbarung mit der P-GmbH über die Lieferung der Maschine, ii) den Erhalt der Anzahlung von der P-GmbH, iii) die Lieferung der Maschine an die P-GmbH und abschließend iv) den Erhalt des Restkaufpreises von der P-GmbH buchen?

Wie muss die VAG die Leistung der Anzahlung an die CSA, den Erhalt der Steuergeräte und die Zahlung des Restkaufpreises an die CSA buchen?

In welchem Umfang schuldet die S-GmbH nach Auffassung der Finanzverwaltung Umsatzsteuer für die Einräumung der ausschließlichen Nutzungsrechte an der neu hergestellten Software an die VAG?

8.3.3 Mögliche Antworten zu den Übungsaufgaben und -fragen

8.3.3.1 Zum Geschäft mit der P-GmbH

8.3.3.1.1 Zum Umfang der geschuldeten Anzahlung
Da die VAG mit der P-GmbH eine Anzahlung in Höhe von EUR 2.000.0000 zzgl. anfallender Umsatzsteuer vereinbart hat, schuldet die P-GmbH insgesamt eine Anzahlung in Höhe von EUR 2.380.000. Denn aus § 13 Abs. 1 Nr. 1a) Satz 3 UStG folgt, dass bereits die Vereinnahmung einer Anzahlung eine Umsatzsteuerverbindlichkeit auslöst.

Die von der VAG geschuldete Maschinenlieferung findet zudem gemäß § 3 Abs. 6 Satz 1 UStG im Inland statt, ist nicht nach § 4 UStG umsatzsteuerfrei und unterliegt dem regelmäßigen Steuersatz (§ 12 Abs. 1 UStG) von 19 %. Damit löst die Anzahlung – mit Ablauf des betreffenden Voranmeldungszeitraums[13] – eine Umsatzsteuerverbindlichkeit in Höhe von EUR 380.000 aus, um die sich der von der P-GmbH als Anzahlung zu leistende Betrag erhöht.

---

[13] Die folgt aus § 13 Abs. 1a) Satz 3 UStG.

8.3.3.1.2 Buchung der Anzahlung

Der vor der Anzahlung zwischen VAG und P-GmbH abgeschlossene Kaufvertrag über die Verpackungsmaschine ist von der VAG als solcher zunächst nicht auf Bestands- oder Erfolgskonten zu erfassen. Denn insoweit gilt zunächst der Grundsatz „keine Bilanzierung schwebender Geschäfte".

Mit Eingang der Anzahlung in Höhe von EUR 2.380.000 bei der VAG ändert sich dieser Schwebezustand. Der Zahlungseingang führt zur Erhöhung des Bestands auf dem Bankkonto der VAG (aktives Bestandskonto). Zudem erhöht sich der Bestand auf dem passiven Bestandskonto, auf dem Umsatzsteuerverbindlichkeiten erfasst werden, um EUR 380.000. Daneben erhöht sich der Bestand auf dem passiven Bestandskonto „erhaltene Anzahlungen" der VAG. Damit ist der Eingang der Anzahlung von der VAG insgesamt wie folgt zu buchen:

Soll		an	Haben	
Bankguthaben	EUR 2.380.000		Erhaltene Anzahlungen	EUR 2.000.000
			Umsatzsteuerverbindlichkeit	EUR 380.000

8.3.3.1.3 Buchung der Maschinenlieferung

Die Auslieferung der Maschine von der VAG an die P-GmbH führt bei der VAG zunächst zu einer Verminderung des Bestands an Fertigerzeugnissen im Umfang der Herstellungskosten der an die P-GmbH gelieferten Verpackungsmaschine. Dieser Abgang auf dem aktiven Bestandskonto „Fertige Erzeugnisse und Waren"[14] kann wie folgt gebucht werden:

Soll		an	Haben	
Verminderung des Bestands an fertigen Erzeugnissen[15]	EUR 3.500.000		Fertige Erzeugnisse und Waren	EUR 3.500.000

Mit Lieferung der Maschine an die P-GmbH entsteht bei der VAG gleichzeitig der Anspruch auf die Restkaufpreisforderung in Höhe von EUR 4.000.000 zzgl. Umsatzsteuer, also in Höhe von insgesamt EUR 4.760.000. Dem steht eine mit Ablauf des Voranmeldungszeitraums entstehende, weitere Umsatzsteuerverbindlichkeit der VAG in Höhe von EUR 760.000 gegenüber.

Zudem kann mit Lieferung der Maschine davon ausgegangen werden, dass die VAG die bereits von der P-GmbH erhaltene Anzahlung nicht zurückzahlen muss. Damit

---

[14] Vgl. § 266 Abs. 2 B. I 3. HGB.

[15] Dieses Aufwandskonto wird in der GuV im Posten „Erhöhung oder Verminderung des Bestands an fertigen und unfertigen Erzeugnissen" im Sinn von § 275 Abs. 2 Nr. 2 HGB konsolidiert.

kann die bereits erhaltene Anzahlung nunmehr in die von der VAG mit der Maschinenlieferung erzielten Umsatzerlöse eingehen. Die Lieferung der Maschine an die P-GmbH löst bei der VAG folglich neben dem Warenabgang folgende weitere Buchung aus:

Soll		an	Haben	
Forderung aus Lieferung	EUR 4.760.000		Umsatzerlöse	EUR 6.000.000
Erhaltene Anzahlung	EUR 2.000.000		(Restliche) Umsatzsteuer	EUR 760.000

8.3.3.1.4 Vereinnahmung des Restkaufpreises

Die Vereinnahmung des Restkaufpreises von der P-GmbH führt bei der VAG dann nur noch zu einem Aktivtausch, der wie folgt zu buchen ist:

Soll		an	Haben	
Bankguthaben	EUR 4.760.000		Forderung aus Lieferung und Leistung	EUR 4.760.000

8.3.3.2 Geschäft mit der CSA

8.3.3.2.1 Leistung der Anzahlung

Die Leistung der Anzahlung in Höhe von EUR 250.000 an die CSA führt bei der VAG zu einem entsprechenden Abgang auf dem aktiven Bestandskonto Bankguthaben. Zugleich wächst der Bestand auf dem aktiven Bestandskonto *„geleistete Anzahlungen"*[16] um EUR 250.000. Dieser Aktivtausch ist von der VAG wie folgt zu buchen:

Soll		an	Haben	
Geleistete Anzahlung	EUR 250.000		Bankguthaben	EUR 250.000

8.3.3.2.2 Erhalt der Steuergeräte

Der Erhalt der Steuergeräte führt bei der VAG zunächst zu einem entsprechenden Zuwachs auf dem aktiven Bestandskonto *„unfertige Erzeugnisse"* im Umfang der Anschaffungskosten für die Steuergeräte, also in Höhe von 100 × EUR 5.000 = EUR 500.000. Dieser Erhöhung des aktiven Bestandskontos steht zum einen die Restkaufpreisschuld in Höhe von EUR 250.000 gegenüber, die den Bestand auf dem passiven Bestandskonto *„Verbindlichkeiten aus Lieferungen und Leistungen"*[17] erhöht. Zum anderen geht die bereits geleistete Anzahlung in Höhe von EUR 250.000, die sich mit

---

[16] Vgl. § 266 Abs. 2 A.II.4. HGB.
[17] Vgl. § 266 Abs. 3 C.4. HGB.

Erhalt der Steuergeräte erledigt hat, in deren Anschaffungskosten ein. Damit ist der Zugang des Steuergeräts im Umfang von EUR 250.000 in (an) die bereits geleistete Anzahlung mit der Folge zu buchen, dass der Bestand auf dem aktiven Bestandskonto „geleistete Anzahlungen" wieder entsprechend sinkt.

Der Erhalt der Steuergeräte von der CSA löst bei der VAG jedoch auch eine Umsatzsteuerpflicht aus, weil die VAG einen „innergemeinschaftlichen Erwerb im Inland gegen Entgelt" im Sinn von § 1 Abs. 1 Nr. 5 UStG tätigt. Denn die Steuergeräte gelangen bei der Lieferung an die VAG (Abnehmer, Erwerber) aus dem Gebiet eines anderen Mitgliedstaats der EU – hier Frankreich – ins Inland im Sinn von §§ 1a und 1 Nr. 1 UStG. Da die VAG Unternehmerin im Sinn von § 2 UStG ist und die Steuergeräte im Sinn von § 1a Abs. 1 Nr. 2a) UStG für ihr Unternehmen erwirbt, ist der Zugang der Steuergeräte bei der VAG steuerbar.

Da keine Steuerbefreiung (§ 4 UStG) einschlägig ist und der regelmäßige Steuersatz von 19 % (§ 12 Abs. 1 UStG) zur Anwendung kommt, schuldet die VAG gemäß § 13a Abs. 1 Nr. 2 UStG Umsatzsteuer in Höhe von 19 % des für die Steuergeräte geschuldeten Entgelts (19 % ×X EUR 500.000=EUR 95.000). Allerdings kann die VAG diese von ihr selbst geschuldete Umsatzsteuer gemäß § 15 Abs. 1 Nr. 3 UStG von der Finanzverwaltung auch wieder als Vorsteuer erstattet verlangen (Reverse-Charge-Verfahren). Da die VAG die von ihr selbst geschuldete Umsatzsteuer folglich gleichzeitig als Vorsteuer abziehen kann, ist der Zugang der Steuergeräte von der VAG insgesamt wie folgt zu buchen:

Soll		an	Haben	
Steuergeräte (Vorräte)	EUR 500.000		Verbindlichkeiten aus Lieferungen und Leistungen	EUR 250.000
			Geleistete Anzahlung	EUR 250.000
Vorsteuer	EUR 95.000		Umsatzsteuer	EUR 95.000

8.3.3.2.3 Tilgung der Restkaufpreisschuld

Die Überweisung des Restkaufpreises von der VAG an die CSA führt bei der VAG zu einem parallelen Absinken der Bestände auf dem aktiven Bestandskonto „Bankguthaben" und dem passiven Bestandskonto „Verbindlichkeiten aus Lieferungen und Leistungen" um jeweils EUR 250.000. Dies ist von der VAG wie folgt zu buchen:

Soll		an	Haben	
Verbindlichkeiten aus Lieferungen und Leistungen	EUR 250.000		Bankguthaben	EUR 250.000

8.3.3.3 Zahlung der Lizenzgebühr an I

Die Überweisung der Lizenzgebühr in Höhe von EUR 100.000 an I führt bei der VAG zunächst zu einem entsprechenden Abgang auf dem aktiven Bestandskonto Bankguthaben. Die Einräumung der Nutzungsbefugnis an der patentrechtlich geschützten Technik gegen Entgelt in Form einer Lizenzgebühr stellt zudem eine gemäß § 1 Abs. 1 Nr. 1 UStG steuerbare sonstige Leistung von I an die VAG dar. Diese sonstige Leistung löst jedoch keine Umsatzsteuerverbindlichkeit von I, sondern – hier ausnahmsweise – gemäß § 13b Abs. 5 Satz 1 UStG eine Umsatzsteuerpflicht der VAG aus, obwohl die VAG die Leistungsempfängerin ist. Dazu im Einzelnen:

- Die Einräumung der Nutzungsbefugnis an der patentrechtlich geschützten Technik stellt eine sonstige Leistung im Sinn von § 3 Abs. 9 UStG dar, deren Ort gemäß § 3a Abs. 2 Satz 1 UStG im Inland liegt. Denn gemäß § 3a Abs. 2 Satz 1 UStG ist für den Ort einer sonstigen Leistung im B2B-Geschäft grundsätzlich der Ort maßgeblich, von dem aus der Leistungsempfänger sein Unternehmen betreibt.
- Die Einräumung von Nutzungsrechten an einer patentrechtlich geschützten Erfindung ist auch nicht gemäß § 4 UStG von der Umsatzsteuer befreit.
- Bemessungsgrundlage ist das Netto-Entgelt (§ 10 Abs. 1 UStG), hier also EUR 100.000.
- Es gilt der regelmäßige Steuersatz nach § 12 Abs. 1 UStG, also 19 %, da keiner der in § 12 Abs. 2 UStG geregelten Ausnahmetatbestände eingreift.
- Die Steuerschuldnerschaft der VAG folgt aus § 13b Abs. 5 Satz 1 in Verbindung mit § 13b Abs. 2 Nr. 1 Alternative 2 UStG.

Damit schuldet die VAG Umsatzsteuer in Höhe von 19 % × EUR 100.000 = EUR 19.000. Die VAG kann diese Umsatzsteuer jedoch gleichzeitig auch im Rahmen des Vorsteuerabzugs geltend machen. Damit ist der Vorgang von der VAG wie folgt zu buchen:

Soll		an	Haben	
Lizenzaufwand	EUR 100.000		Bankguthaben	EUR 100.000
Vorsteuer	EUR 19.000		Umsatzsteuer	EUR 19.000

8.3.3.4 Umsatzsteuerschuld der S-GmbH für die Lieferung der Software an die VAG

Die Einräumung der ausschließlichen Nutzungsrechte an einer Software ist eine sonstige Leistung im Sinn von § 3 Abs. 9 UStG. Gemäß § 2 Abs. 1 Nr. 1 UrhG zählen *„Computerprogramme"*[18] – und damit Software – zu den nach dem Urheberrechtsgesetz geschützten Werken. Wegen § 12 Abs. 2 Nr. 7c) UStG liegt für die Einräumung von

---

[18] Wortlaut von § 2 Abs. 1 Nr. 1 UrhG.

Nutzungsbefugnissen an einer Software daher die Anwendbarkeit des ermäßigten Steuersatzes nahe. Im UStAE wird dazu folgendes ausgeführt:

„Nach §12 Abs.2 Nr.7 Buchstabe c UStG sind sonstige Leistungen begünstigt, deren wesentlicher Inhalt in der Einräumung, Übertragung und Wahrnehmung von Rechten nach dem UrhG besteht. Ob dies der Fall ist, bestimmt sich nach dem entsprechend der vertraglichen Vereinbarung erzielten wirtschaftlichen Ergebnis. Hierfür ist neben dem vertraglich vereinbarten Leistungsentgelt maßgebend, für welchen Teil der Leistung die Gegenleistung im Rahmen des Leistungsaustausches erbracht wird (vgl. BFH-Urteil vom 14.2.1974, VR129/70, BStBl II S.261). Nicht ausschlaggebend ist die Leistungsbezeichnung in der Rechnung, z. B. „Übertragung von Nutzungsrechten" oder „künstlerische Tätigkeit". Ist eine nicht begünstigte Lieferung anzunehmen, ändert eine Aufsplittung des Rechnungsbetrags in Honorar und Lieferung daran nichts. Nicht begünstigt sind z.B. Leistungen auf dem Gebiet der Meinungs-, Sozial-, Wirtschafts-, Markt-, Verbraucher- und Werbeforschung, weil der Hauptinhalt dieser Leistungen nicht in einer Rechtsübertragung, sondern in der Ausführung und Auswertung demoskopischer Erhebungen usw. besteht. Das Gleiche gilt für die Überlassung von Programmen für Anlagen der elektronischen Datenverarbeitung (Software) zum Betrieb von EDV-Anlagen. Wenn der wirtschaftliche Gehalt der Überlassung des Computerprogramms überwiegend auf seine Anwendung für die Bedürfnisse des Leistungsempfängers gerichtet ist, ist die hiermit verbundene Übertragung urheberrechtlicher Nutzungsrechte Bestandteil einer einheitlichen wirtschaftlichen Gesamtleistung, die nicht in der Übertragung urheberrechtlicher Schutzrechte, sondern in der Überlassung von Software zur Benutzung besteht. Die Einräumung oder Übertragung von urheberrechtlichen Befugnissen stellt dazu nur eine Nebenleistung dar. Dagegen unterliegt die Überlassung von urheberrechtlich geschützten Computerprogrammen dem ermäßigten Steuersatz, wenn dem Leistungsempfänger die in §69c Satz1 Nr.1 bis 4 UrhG bezeichneten Rechte auf Vervielfältigung und Verbreitung nicht nur als Nebenfolge eingeräumt werden (vgl. BFH-Urteil vom 27.9.2001, VR14/01, BStBl 2002 II S.114). Dabei ist von den vertraglichen Vereinbarungen und den tatsächlichen Leistungen auszugehen."[19]

Nach Auffassung der Finanzverwaltung ist folglich die Auslegung des zwischen der VAG und der S-GmbH abgeschlossenen Vertrags für den Umfang der Umsatzsteuerschuld der S-GmbH maßgeblich. Dass zwischen VAG und S-GmbH die ausschließliche Einräumung sämtlicher Rechte an der Software an die VAG vereinbart war, spricht dafür, dass die Finanzverwaltung von der Anwendbarkeit des ermäßigten Umsatzsteuersatzes ausgehen dürfte.

8.3.3.5 Zum Geschäft mit L

8.3.3.5.1 Umsatzsteuerrechtliche Folge des Zahlungseingangs

Wegen § 13 Abs. 1 Nr. 1a) Satz 3 UStG löst auch der Eingang des Entgelts vor Erbringung der Leistung eine Umsatzsteuerverbindlichkeit für steuerbare Lieferungen und sonstige Leistungen aus. Die Steuerbarkeit der Einräumung der Erlaubnis zur Nutzung der patentrechtlich geschützten Technik an L ist aus folgenden Gründen umsatzsteuerpflichtig:

---

[19] So die in Ziff. 12.7 (1) des Umsatzsteuer-Anwendungserlasses (UStAE) vertretene Auffassung der Finanzverwaltung.

Die Einräumung der Erlaubnis zur Nutzung der patentrechtlich geschützten Technik an L stellt eine sonstige Leistung der VAG im Sinn von § 3 Abs. 9 UStG dar (keine Lieferung, daher sonstige Leistung). Der Ort dieser sonstigen Leistung liegt gemäß § 3a Abs. 2 UStG in Deutschland. Denn die hier als Leistungsempfängerin maßgebliche L betreibt ihr Unternehmen von Bielefeld aus.

Ein Steuerbefreiungstatbestand im Sinn von § 4 UStG ist nicht einschlägig. Zudem greift keine der in § 12 Abs. 2 UStG für die Anwendbarkeit des ermäßigten Steuersatzes geregelten Ausnahmen.

Deshalb kann davon ausgegangen werden, dass sich der von L überwiesene Betrag in Höhe von EUR 374.850 aus dem vereinbarten Nettoentgelt (EUR 315.000) und 19 % Umsatzsteuer auf diesen Betrag (EUR 59.850) – aus Sicht von L Vorsteuer – zusammensetzt. Der Zahlungseingang führt bei der VAG folglich zu einer Umsatzsteuerverbindlichkeit in Höhe von EUR 59.850.

8.3.3.5.2 Buchung des Zahlungseingangs

Der Zahlungseingang bewirkt bei der VAG zunächst einen Anstieg auf dem passiven Bestandskonto „Umsatzsteuerverbindlichkeiten" um EUR 59.850. Zudem wächst der Bestand auf dem aktiven Bestandskonto „Bankguthaben" der VAG infolge des Zahlungseingangs um insgesamt EUR 374.850.

Von diesen Einnahmen entfällt jedoch nur 1/21 auf die Einräumung der Nutzungsbefugnis an der patentrechtlich geschützten Technik im noch laufenden, halben Geschäftsjahr (ab 1. Juli bis Jahresende). Die übrigen 20/21 der Einnahmen entfallen dagegen auf die Einräumung der Nutzungsbefugnis an L für die folgenden 10 Jahre. Um eine periodengerechte Zuordnung der Einnahmen und Erträge herbeizuführen, muss die VAG daher in Höhe von 20/21 des erhaltenen Netto-Entgelts (insgesamt EUR 315.000) und damit EUR 300.000 in einen PRAP bilden. Dieser PRAP ist dann in den folgenden 10 Jahren in Höhe von jeweils EUR 30.000 pro Jahr aufzulösen. Damit muss die VAG den Eingang der Zahlung in Höhe von insgesamt EUR 374.850 wie folgt buchen:

Soll		an	Haben	
Bankguthaben	EUR 374.850		Lizenzerträge	EUR 15.000
			PRAP	EUR 300.000
			Umsatzsteuerverbindlichkeit	EUR 59.850

Literatur

Bathe, Hans Jürgen. 2011. Umsatzsteueranwendungserlass (UStAE): Neues zur Rechnungserteilung und zum Vorsteuerabzug, BC 2011, 126 ff., zit.: *Bathe*, BC 2011, S.

Luhs, Michaela. 2011. die Umgehung des Bundesrates bei der Entstehung des neuen Umsatzsteuer-Anwendungserlasses, SteuK, 144 ff., zit.: *Luhs*, SteuK 2011, S.

9 Kaufmännische Rechnungslegung und Einkommensteuer I

In den vorangehenden Kapiteln wurde in die Rechnungslegung eingeführt, die für gewerbliche Unternehmen nach dem HGB verpflichtend ist, auch unter Berücksichtigung von Umsatz- und Vorsteuer. Gegenstand dieses Kapitels ist der Zusammenhang zwischen der Rechnungslegung nach Maßgabe des HGB und der Einkommensteuer.

9.1 Einkommensteuerpflicht

9.1.1 Einkommensteuersubjekte

Nur Menschen können nach dem Einkommensteuergesetz (EStG) einkommensteuerpflichtig und damit „Steuersubjekte" sein. Andere Marktteilnehmer, z. B. Gesellschaften oder Stiftungen, schulden keine Einkommensteuer.

9.1.2 Kategorien der Einkommensteuerpflicht

In den Kategorien des EStG gibt es nicht, beschränkt und unbeschränkt einkommensteuerpflichtige Menschen. Nicht einkommensteuerpflichtig ist zumindest grundsätzlich[1], wer in Deutschland keinen Wohnsitz, keinen gewöhnlichen Aufenthalt und keine Einkunfts-

---

[1] Eine Ausnahme von diesem Grundsatz gilt z.B. gemäß § 1 Abs. 2 EStG für Menschen, die in Deutschland „*weder einen Wohnsitz noch ihren gewöhnlichen Aufenthalt haben*", jedoch „*zu einer inländischen juristischen Person des öffentlichen Rechts in einem Dienstverhältnis stehen und dafür Arbeitslohn aus einer inländischen öffentlichen Kasse beziehen*" (Wortlaut von § 1 Abs. 2 Satz 1 EStG).

quelle hat. Menschen, die in Deutschland nicht einkommensteuerpflichtig sind, werden im Rahmen dieses Werks nicht weiter betrachtet. Im Folgenden geht es ausschließlich um unbeschränkt oder zumindest beschränkt einkommensteuerpflichtige natürliche Personen.

9.1.2.1 Unbeschränkte Einkommensteuerpflicht

Unbeschränkt einkommensteuerpflichtig ist, wer in Deutschland Wohnsitz oder gewöhnlichen Aufenthalt[2] hat. Bei unbeschränkt einkommensteuerpflichtigen natürlichen Personen wird deren gesamtes weltweit erzieltes Einkommen („Welteinkommen") von der Einkommensteuerpflicht nach dem EStG erfasst. Dies gilt selbst dann, wenn kein einziger Cent dieses Welteinkommens in Deutschland erwirtschaftet wird. Das folgende Beispiel soll dies veranschaulichen:

Beispiel

M wohnt in Freiburg und ist beruflich als Arbeitnehmer eines Unternehmens in Straßburg (Frankreich) tätig. Zur Arbeitsstätte in Straßburg pendelt M an Arbeitstagen jeweils morgens von Freiburg über die deutsch-französische Grenze nach Straßburg und am Nachmittag wieder zurück nach Freiburg. Zudem ist M Aktionär der US-amerikanischen A-Corporation mit Sitz in Seattle (USA). Von dieser erhält M jährlich eine Dividende. Außerdem ist M Eigentümer einer Immobilie in Zürich (Schweiz). Auf der Immobilie befindet sich ein Haus mit mehreren Wohnungen, die M an verschiedene Parteien vermietet.

Damit hat M insgesamt 3 Einkunftsquellen, nämlich i) eine Arbeitsstätte in Frankreich, ii) eine Beteiligung an einer Gesellschaft in den USA und iii) eine vermietete Immobilie in der Schweiz. Das Welteinkommen von M besteht aus dem vom Arbeitgeber in Frankreich bezogenen Gehalt, den aus den USA bezogenen Dividenden und den in der Schweiz erzielten Mieteinkünften. Obwohl M keinen einzigen Cent in Deutschland erwirtschaftet, unterliegt das gesamte Welteinkommen von M zumindest grundsätzlich der Einkommenbesteuerung in Deutschland. Denn dort ist M infolge seines Wohnsitzes in Freiburg gemäß § 1 Abs. 1 Satz 1 EStG unbeschränkt einkommensteuerpflichtig. ◄

9.1.2.2 Beschränkte Einkommensteuerpflicht

Beschränkt einkommensteuerpflichtig sind gemäß § 1 Abs. 4 EStG natürliche Personen, die in Deutschland weder Wohnsitz noch gewöhnlichen Aufenthalt, aber Einkünfte im Sinn von § 49 EStG haben, z. B. aus einem Gewerbebetrieb.[3] Beschränkt einkommen-

---

[2] Gemäß § 9 AO hat ein Mensch einen gewöhnlichen Aufenthalt *„dort, wo er sich unter Umständen aufhält, die erkennen lassen, dass er an diesem Ort oder in diesem Gebiet nicht nur vorübergehend verweilt."* Als gewöhnlicher Aufenthalt in Deutschland gilt *„stets und von Beginn an ein zeitlich zusammenhängender Aufenthalt von mehr als sechs Monaten Dauer … ; kurzfristige Unterbrechungen bleiben unberücksichtigt."* Dies *„gilt nicht, wenn der Aufenthalt ausschließlich zu Besuchs-, Erholungs-, Kur- oder ähnlichen privaten Zwecken genommen wird und nicht länger als ein Jahr dauert."* (Wortlaut von § 9 AO)

[3] Vgl. dazu § 49 Abs. 1 Nr. 2 EStG.

9.2 Umfang der Einkommensteuerschuld

steuerpflichtig ist „über den Daumen gepeilt" folglich in erster Linie, wer zwar nicht in Deutschland wohnt, aber dort eine Einkunftsquelle hat.[4]

9.2 Umfang der Einkommensteuerschuld

Die Höhe einer Steuerschuld entspricht in der Regel dem Produkt aus Bemessungsgrundlage und Steuersatz. Anders als andere Steuergesetze sieht das EStG jedoch keine einheitliche *„Flatrate"* vor, sondern einen progressiven Steuersatz. Das bedeutet, dass die durchschnittliche Einkommensteuerbelastung und bis zum Erreichen bestimmter Schwellenwerte auch die Grenzsteuerbelastung mit zunehmendem Einkommen steigen.

9.2.1 Steuersatz

Der progressive Einkommensteuersatz (Einkommensteuertarif) wird in § 32a Abs. 1 EStG in 5 Stufen geregelt. Diese Stufen bewirken, dass die durchschnittliche Einkommensteuerlast pro Euro mit jedem Euro steigt, um den die Bemessungsgrundlage wächst. Konkret wird in den einzelnen Stufen gemäß § 32a Abs. 1 EStG folgendes vorgesehen, wobei für die einzelnen Abkürzungen und Variablen Nachstehendes gilt:

Abkürzung/Variable	Bedeutung
zvE	zu versteuerndes Einkommen (Bemessungsgrundlage der ESt))
ESt	Einkommensteuer
y	1/10.000 der Differenz aus dem auf volle Euro abgerundeten zvE und EUR 9.775
z	1/10.000 der Differenz aus dem auf volle Euro abgerundeten zvE und EUR 14.753
x	Das auf vollen Euro abgerundete zvE

Einkommensteuertarife:

Stufe	zvE	Anfallende Einkommensteuer
1	bis EUR 9.744	Sogenannter *„Grundfreibetrag"*[5]: Für die ersten EUR 9.744 des zvE wird keine Einkommensteuer geschuldet.
2	von EUR 9745 bis EUR 14.753	Für den Teil des zvE, der den Grundfreibetrag, aber nicht den Betrag von EUR 14.753 überschreitet, wird ESt geschuldet nach der Formel: $(995{,}21 \cdot y + 1\,400) \cdot y$[6]

---

[4] Diese Einkunftsquelle kann z.B. ein Arbeitsverhältnis („Grenzpendler") oder eine Immobilie in Deutschland sein, die vermietet wird.
[5] Vgl. § 32a Abs. 1 Nr. 1 EStG.
[6] Vgl. § 32a Abs. 1 Nr. 2 EStG.

Stufe	zvE	Anfallende Einkommensteuer
3	von EUR 14.754 bis EUR 57.918	Für den Teil des zvE, der über EUR 14.754 und unter EUR 57.919 liegt, wird ESt geschuldet nach der Formel (208,85 · z + 2 397) · z + 950,96[7]
4	von EUR 57.919 bis EUR 274.612	Für jeden Euro des zvE über dem Schwellenwert von EUR 57.918 bis EUR 274.612 werden 42 ct ESt geschuldet.[8]
5	über EUR 274.612	Für jeden vollen Euro zvE oberhalb des Schwellenwerts von EUR 274.612 werden 45 ct ESt geschuldet.[9]

9.2.2 Bemessungsgrundlage

Das in der vorstehenden Übersicht in Bezug genommene „zu versteuernde Einkommen" ist die einkommensteuerliche Bemessungsgrundlage.[10] Die Zusammensetzung und Ermittlung dieser Bemessungsgrundlage wird in § 2 EStG geregelt. Wesentliche Bezugsgröße für die Ermittlung des zu versteuernden Einkommens und damit wesentlicher „Treiber" der Einkommensteuerschuld ist danach die sogenannte *„Summe der Einkünfte"*[11].

9.2.2.1 Summe der Einkünfte

Die *„Summe der Einkünfte"*[12] ist die Summe aller (einkommen-)steuerbaren Einkünfte, die ein Mensch während dessen beschränkter oder unbeschränkter Einkommensteuerpflicht in einem Jahr erzielt.[13] Dabei ist nicht jede Art von Einkunft steuerbar, sondern nur die in § 2 Abs. 1 EStG genannten, insgesamt 7 Einkunftsarten.

9.2.2.2 Gewinn- und Überschusseinkunftsarten

Einkommensteuerpflichtige Menschen können eine, mehrere oder alle dieser Einkunftsarten erzielen. Das EStG gliedert die 7 Einkunftsarten in zwei Unterkategorien, nämlich

- die sogenannten „Überschusseinkunftsarten" und
- die sogenannten „Gewinneinkunftsarten".

---

[7] Vgl. § 32a Abs. 1 Nr. 3 EStG.
[8] Vgl. § 32a Abs. 1 Nr. 4 EStG.
[9] Vgl. § 32a Abs. 1 Nr. 5 EStG.
[10] Vgl. §§ 2, 32a EStG.
[11] Wortlaut von § 2 Abs. 3 EStG.
[12] Im Sinn von § 2 Abs. 3 EStG.
[13] Vgl. dazu § 2 Abs. 1 Satz 1 EStG.

9.2.2.2.1 Überschusseinkünfte

Soweit ein einkommensteuerpflichtiger Mensch Einkünfte aus nichtselbstständiger Arbeit, Kapitalvermögen, Vermietung und Verpachtung oder sonstige Einkünfte im Sinn von § 22 EStG erzielt, geht der jeweils erzielte Überschuss in *„Summe der Einkünfte"*[14] ein. Das bedeutet, dass für jede dieser Einkunftsarten der jeweilige Überschuss der Einnahmen über die Werbungskosten zu ermitteln ist. Anschließend sind die ermittelten Überschüsse zu addieren .

Bei Ermittlung eines Überschusses, der als Ergebnis einer realisierten Überschusseinkunftsart in die Summe der Einkünfte eines Steuerpflichtigen eingeht, ist die Differenz aus Einnahmen und Werbungskosten zu berechnen. Was zu den „Einnahmen" zählt, wird in § 8 EStG geregelt, während der Begriff „Werbungskosten" in § 9 EStG definiert wird.

9.2.2.2.1.1 Einnahmen

Gemäß § 8 Abs. 1 Satz 1 EStG zählen zu den Einnahmen grundsätzlich *„alle Güter, die in Geld oder Geldeswert bestehen und dem Steuerpflichtigen im Rahmen einer der"* Überschusseinkunftsarten *„zufließen."*[15] Im Einzelnen wird auf § 8 EStG Bezug genommen. Soweit Einnahmen nicht in Geld bestehen, sondern in geldwerten Sach- oder sonstigen Leistungen, muss eine Bewertung dieser Sach- oder sonstigen Leistung in Euro erfolgen. Für die in der Praxis verbreitete Überlassung eines betrieblichen Kfz zur privaten Nutzung wird dieses Bewertungsproblem durch einen Verweis auf § 6 Abs. 1 Nr. 4 Satz 2 EStG gelöst.[16] Danach ist für jeden Kalendermonat der privaten Nutzung 1 % des inländischen Listenpreises des betreffenden Kfz zum Zeitpunkt der Erstzulassung (einschließlich Umsatzsteuer) als Einnahmen in Geldeswert anzusetzen, wobei Ermäßigungen für Elektro- und Hybridelektrofahrzeuge gelten.

9.2.2.2.1.2 Werbungskosten

Werbungskosten sind gemäß § 9 Abs. 1 Satz 1 EStG grundsätzlich alle *„Aufwendungen zur Erwerbung, Sicherung und Erhaltung der Einnahmen."*[17] Aus der Bezugnahme auf „Aufwendungen" – nicht: „Ausgaben" – folgt, dass Werbungskosten keinen Geldabfluss voraussetzen. Dies kommt auch in der Aufzählung abzugsfähiger Werbungskosten in § 9 Abs. 1 Satz 3 EStG zum Ausdruck. Danach können Werbungskosten u.a. sein die im Rahmen einer Einkunftsart erwachsenen

- Schuldzinsen,
- Steuern vom Grundbesitz,
- sonstige öffentliche Abgaben,

---

[14] I.S.v. § 2 Abs. 3 EStG.
[15] Wortlaut von § 8 Abs. 1 Satz 1 EStG.
[16] Die Bezugnahme auf § 6 Abs. 1 Nr. 4 Satz 2 EStG erfolgt in § 8 Abs. 2 Satz 2 EStG.
[17] Wortlaut von § 9 Abs. 1 Satz 1 EStG.

- Versicherungsbeträge,
- Beiträge zu Berufsverbänden,
- Aufwendungen von Arbeitnehmern für Wege zwischen Wohnung und Tätigkeitsstätte oder andere beruflich veranlasste Fahrten,
- Mehraufwendungen für beruflich veranlasste Übernachtungen,
- Aufwendungen für Arbeitsmittel (z. B. Werkzeuge und typische Berufskleidung) und
- Absetzungen für Abnutzung und für Substanzverringerung („AfA", Abschreibungen).[18]

9.2.2.2.2 Gewinneinkünfte
9.2.2.2.2.1 Gewinn als Vorsteuergröße

Soweit einkommensteuerpflichtige Menschen Einkünfte aus Land- und Forstwirtschaft, Gewerbebetrieb oder selbstständiger Arbeit erzielen, geht der jeweils erzielte Gewinn in deren *„Summe der Einkünfte"*[19] ein. Realisiert ein Mensch mehr als eine dieser Gewinneinkunftsarten, ist der Gewinn aus jeder Einkunftsart gesondert zu ermitteln und anschließend mit den Gewinnen aus den anderen Einkunftsarten und den Überschüssen aus den realisierten Überschusseinkunftsarten zur *„Summe der Einkünfte"* zu addieren.

Im Unterschied zum handelsrechtlichen Endergebnis-Posten „Jahresüberschuss" ist „Gewinn" folglich nur ein Zwischenergebnis vor Steuern. Die Summe der Einkünfte ist eine wesentliche Grundlage und Zwischengröße auf dem Weg zur Ermittlung des zu versteuernden Einkommens. Gewinne, die in die Summe der Einkünfte eingehen, sind daher maßgebliche Treiber der einkommensteuerlichen Bemessungsgrundlage. Dies führt zu der Frage, wie „Gewinn" zu ermitteln ist.

Auf diese Frage gibt das EStG mehr als eine Antwort. Beispielsweise können Freiberufler als Einkünfte aus selbstständiger Arbeit den Gewinn nach § 4 Abs. 3 EStG in Form des Überschusses der Betriebseinnahmen über die Betriebsausgaben ansetzen.[20] Andere Gewinnermittlungsvorschriften, die für Land- und Forstwirte gelten, findet man in § 13a EStG. Im Fokus dieses Werks stehen jedoch weder Freiberufler noch Land- und Forstwirte, sondern ausschließlich gewerbliche Unternehmen. Deren Gewinnermittlung erfolgt durch sogenannten „Betriebsvermögensvergleich".[21]

---

[18] Die Aufzählung ist nicht abschließend; im Übrigen wird auf § 9 Abs. 1 Satz 3 EStG Bezug genommen.

[19] I.S.v. § 2 Abs. 3 EStG.

[20] Sogenannte „Einnahmen-Überschuss-Rechnung" („EÜR") oder „4-III-Rechnung". Da es im Rahmen dieses Werks um die Rechnungslegung und Besteuerung gewerblicher Unternehmen geht, werden Freiberufler sowie Land- und Forstwirte nicht weiter betrachtet.

[21] Zu diesem Begriff vgl. z.B. BFH, Urteil vom 20.03.2013 (X R 15/11); BFH, Urteil vom 15.05.1997 (IV R 46/96); BGH, Beschluss vom 17.09.2019 (1 StR 379/19).

9.2.2.2.2.2 Gewinnermittlung durch Betriebsvermögensvergleich

Die Formel für die Ermittlung des Gewinns aus Gewerbebetrieb regelt § 4 Abs. 1 Satz 1 EStG wie folgt: *„Gewinn ist der Unterschiedsbetrag zwischen dem Betriebsvermögen am Schluss des Wirtschaftsjahres und dem Betriebsvermögen am Schluss des vorangegangenen Wirtschaftsjahres, vermehrt um den Wert der Entnahmen und vermindert um den Wert der Einlagen."*[22] Ob ein Gewinn aus Gewerbebetrieb vorliegt, muss daher in folgenden Schritten ermittelt werden:

Ausgangsgröße		Betriebsvermögen am Ende des betrachteten Geschäftsjahrs
abzüglich	−	Betriebsvermögen am Ende des letzten Geschäftsjahrs
erhöht um	+	während des Geschäftsjahres getätigte Entnahmen
bereinigt um	−	während des Geschäftsjahres getätigte Einlagen
	=	Gewinn oder Verlust

Die Ermittlung des Gewinns eines gewerblichen Unternehmens in diesen Schritten erklärt sich aus der Zielsetzung des Einkommensteuerrechts, das am Markt erzielte Primäreinkommen der Steuerpflichtigen zur besteuern. Dabei wird Einkommen nicht als Geldzufluss verstanden, sondern als Vermögenszuwachs.

Weil nur der am Markt erwirtschaftete Vermögenszuwachs (Primäreinkommen) besteuert werden soll, dürfen Zuwächse des Betriebsvermögens nicht berücksichtigt werden, die durch Vermögenseinlagen des Inhabers des Gewerbebetriebs bewirkt wurden. Deshalb werden während eines Geschäftsjahrs geleistete Einlagen aus dem zu versteuernden Vermögenszuwachs herausgerechnet, also abgezogen.

Umgekehrt müssen während eines Geschäftsjahrs getätigte Entnahmen zur Ermittlung des Gewinns wieder hinzugerechnet werden. Denn durch Entnahmen bewirkte Minderungen des Betriebsvermögens sind nicht auf eine werbende Tätigkeit des gewerblichen Unternehmens am Markt zurückzuführen. Sie beruhen ausschließlich auf Zuordnungs- und Verwendungsentscheidungen des Inhabers des Gewerbebetriebs. Würde man von einer Hinzurechnung getätigter Entnahmen absehen, käme es zu Besteuerungslücken.

9.2.2.2.2.3 Betriebsvermögen

Den Rahmen für die Gewinnermittlung im Weg eines Betriebsvermögensvergleichs bildet das Betriebsvermögen. Dessen Ermittlung und Zusammensetzung wird daher nachfolgend betrachtet.[23]

Mit der Zielsetzung des Einkommensteuerrechts, am Markt erwirtschaftete Vermögenszuwächse als Ausdruck von Leistungsfähigkeit zu besteuern, wäre es unvereinbar, wenn der Begriff „Betriebsvermögen" nur Vermögensgegenstände erfassen

---

[22] Wortlaut von § 4 Abs. 1 Satz 1 EStG.
[23] Vgl. dazu z.B. FG Schleswig-Hollstein, Urteil vom 26.07.2011 (2 K 124/10).

würde. Dann blieben Verbindlichkeiten unberücksichtigt, obwohl diese letztlich nichts anderes sind als negatives Vermögen. Als Maßstab von Leistungsfähigkeit muss das Betriebsvermögen daher dem Saldo aus Vermögen und Schulden entsprechen, also dem "Unternehmensnettovermögen". Dieses entspricht betragsmäßig dem aus der handelsrechtlichen Rechnungslegung bekannten Posten „Eigenkapital". Diese Überlegung führt zu der Frage, ob im Rahmen des Einkommensteuerrechts auf die Kategorien und Größen des Handelsrechts zurückgegriffen werden kann.

9.2.2.2.2.4 Maßgeblichkeitsgrundsatz

Für die im Fokus dieses Werks stehenden gewerblichen Unternehmen beantwortet § 5 Abs. 1 EStG diese Frage in Form des sogenannten „Maßgeblichkeitsgrundsatzes". Danach ist die nach Maßgabe des HGB aufzustellende Bilanz eines Gewerbetreibenden grundsätzlich auch für die Bestimmung des Betriebsvermögens maßgeblich, welches im Rahmen der Gewinnermittlung anzusetzen ist.[24] Damit stellt § 5 Abs. 1 Satz 1 EStG die Verbindung zwischen HGB und EStG her: Die Einkommenbesteuerung gewerblicher Unternehmen setzt grundsätzlich auf deren handelsrechtlicher Rechnungslegung auf.

9.2.2.2.2.5 Grenzen des Maßgeblichkeitsgrundsatzes

Der Maßgeblichkeitsgrundsatz wird insbesondere durch § 5 Abs. 6 EStG begrenzt. Dort wird angeordnet, dass (spezifische) einkommensteuerrechtliche Bestimmungen, die von den handelsrechtlichen Rechnungslegungsbestimmungen abweichen, für die Einkommensbesteuerung vorrangig gelten. Das bedeutet:

Soweit die Bestimmungen des Einkommensteuerrechts im Hinblick auf einen bestimmten Sachverhalt eine andere Regelungsanordnung beinhalten als die Rechnungslegungsvorschriften des HGB, gilt (nur) für die Besteuerung die einkommensteuerrechtliche Regelung. Für Zwecke der Besteuerung muss der nach den Bestimmungen des HGB erstellte Jahresabschluss („Handelsbilanz") nach den steuerrechtlichen Bestimmungen modifiziert werden („Steuerbilanz").

Für handels- und gesellschaftsrechtliche Fragen wie z.B. die Höhe eines ausschüttbaren Jahresüberschusses bleibt dann die Handelsbilanz maßgeblich, während die Besteuerung auf Grundlage der Steuerbilanz erfolgt. In diesen Fällen hat ein Unternehmen zwei inhaltlich zumindest leicht voneinander abweichende Bilanzen, nämlich eine Handels- und eine Steuerbilanz, mit jeweils unterschiedlichen Funktionen. Das folgende Beispiel soll dies veranschaulichen:

---

[24] Gemäß § 5 Abs. 1 Satz 1 EStG gilt: *„Bei Gewerbetreibenden, die auf Grund gesetzlicher Vorschriften verpflichtet sind, Bücher zu führen und regelmäßig Abschlüsse zu machen, oder die ohne eine solche Verpflichtung Bücher führen und regelmäßig Abschlüsse machen, ist für den Schluss des Wirtschaftsjahres das Betriebsvermögen anzusetzen (§ 4 Absatz 1 Satz 1), das nach den handelsrechtlichen Grundsätzen ordnungsmäßiger Buchführung auszuweisen ist, es sei denn, im Rahmen der Ausübung eines steuerlichen Wahlrechts wird oder wurde ein anderer Ansatz gewählt."*

9.2 Umfang der Einkommensteuerschuld

> **Beispiel**
>
> Caterer C nimmt kurz vor Abschluss des Geschäftsjahrs einen Auftrag von Auftraggeber A für einen Festpreis in Höhe von EUR 8.000 an. Nach dem Inhalt dieses Auftrags schuldet C Cateringleistungen (Bewirtung und Service) im Rahmen eines von A nach Abschluss des Geschäftsjahrs geplanten Events. Unmittelbar nach Annahme des Auftrags erkennt C, dass er versehentlich falsch kalkuliert hat und die Erbringung der von A beauftragten Leistungen für C mit Kosten im Umfang von EUR 9.000 verbunden sein wird. In der Bilanz seines auf das Ende des Geschäftsjahrs aufgestellten Jahresabschlusses bildet C daher eine Drohverlustrückstellung in Höhe von EUR 1.000. Denn gemäß § 249 Abs. 1 Satz 1 Alternative 2 HGB ist C zu Bildung dieser Drohverlustrückstellung in seiner „Handelsbilanz" verpflichtet, weil der Verlust in Höhe von EUR 1.000 aus dem noch schwebenden Geschäft mit A am Abschlussstichtag (Bilanzstichtag) bereits absehbar ist.
>
> Während die „Handelsbilanz" von C diese Drohverlustrückstellung beinhalten muss, ordnet § 5 Abs. 4a Satz 1 EStG folgendes an: *„Rückstellungen für drohende Verluste aus schwebenden Geschäften dürfen nicht gebildet werden."*[25] Mit anderen Worten: Während § 249 Abs. 1 Satz 1 HGB die Bildung einer Drohverlustrückstellung in der Handelsbilanz zwingend vorschreibt, wird die Bildung einer Drohverlustrückstellung für Zwecke der Einkommensbesteuerung von § 5 Abs. 4a EStG verboten.
>
> In der Folge kommt es bei C zu einem Auseinanderfallen von Handels- und Steuerbilanz. Während die Drohverlustrückstellung den (handelsrechtlichen) Jahresüberschuss von C mindert, darf sie den (einkommensteuerrechtlichen) Gewinn von C nicht mindern. Die für die Ermittlung des – einkommensteuerlichen – Gewinns maßgebliche Steuerbilanz von C darf daher keine Drohverlustrückstellung enthalten. ◄

Diese grundlegenden Zusammenhänge zwischen handelsrechtlicher Rechnungslegung und der Einkommensteuer können im Rahmen der nachstehenden Übungsaufgabe 9 praktiziert werden.

9.3 Übungsaufgabe

9.3.1 Fallszenario:

9.3.1.1 Vermietung von Wohnungen

Die natürliche Person D wohnt in Hamburg und ist dort Eigentümer eines Mehrfamilienhauses mit insgesamt 5 Wohnungen. Deren Vermietung an verschiedene Mieter führt bei D zu jährlichen Mieteinnahmen in Höhe von insgesamt EUR 90.000. Für den Erwerb

---

[25] Wortlaut von § 5 Abs. 4a Satz 1 EStG.

des Mehrfamilienhauses hatte D ein Darlehen aufgenommen, welches im betrachteten Kalenderjahr noch mit durchschnittlich EUR 1.200.000 valutiert und für das D 2 % Zinsen *p.a.* an die darlehensgebende Bank entrichten muss. Neben diesen Zinsausgaben musste D im betrachteten Kalenderjahr insgesamt EUR 6.000 an verschiedene Handwerker für Instandhaltungsarbeiten am Mehrfamilienhaus zahlen. Nach den einschlägigen Vorschriften des EStG[26] muss D das Mehrfamilienhaus im betrachteten Jahr um insgesamt EUR 20.000 abschreiben.

9.3.1.2 Betrieb eines Copyshops

Zudem betreibt D in angemieteten Geschäftsräumen in Hamburg einen Copyshop mit 5 teilzeitbeschäftigten Arbeitnehmern und insgesamt 8 Kopiermaschinen. Das Geschäftsjahr von D entspricht dem Kalenderjahr. Sämtliche Lieferungen von D an Kunden sind umsatzsteuerpflichtig und fallen in den Anwendungsbereich von Ziffer 49 der Anlage 2 zum UStG. Mit dem Copyshop hat D in der Vergangenheit stets Umsatzerlöse über EUR 1.000.000 und Jahresüberschüsse über EUR 100.000 erzielt. Die Bilanz von D zum Ende des vorangegangenen Geschäftsjahrs hat folgenden Inhalt:

Aktiva (Vermögen) in EUR		Passiva (Kapital) in EUR	
Kopiermaschinen	4.000.000	Eigenkapital	2.170.000
Betriebs-/Geschäftsausstattung	100.000	Darlehen	2.000.000
Vorräte (Papier)	10.000		
Forderungen aus Lieferungen und Leistungen	32.100	Verbindlichkeiten aus	
Vorsteuer	1.900	Lieferungen und Leistungen	11.900
Bankguthaben	30.000		
Kassenbestand	10.000	USt-Verbindlichkeiten	2.100
Summe	**4.184.000**	**Summe**	**4.184.000**

Zu Beginn des Geschäftsjahrs vereinnahmt D zunächst alle ausstehenden Forderungen und gleicht alle ausstehenden Verbindlichkeiten aus. Zudem überweist D am 10. Januar die ausstehenden Umsatzsteuerverbindlichkeiten unter Verrechnung mit dem bestehenden Vorsteuerguthaben an die Finanzverwaltung.

Im betrachteten Geschäftsjahr erzielt D durch den Betrieb des Copyshops Umsatzerlöse im Umfang von EUR 1.200.000. Am Ende des Geschäftsjahrs hatte D noch Forderungen gegen Kunden aus Lieferungen und Leistungen in Höhe von EUR 53.500.

Um die den Umsatzerlösen zugrunde liegenden Lieferungen und Leistungen zu erbringen, verbrauchte D Papiervorräte mit Anschaffungskosten in Höhe von insgesamt EUR 180.000. Deshalb erwarb D fortlaufend weiteres Papier von Lieferanten und glich

---

[26] Dazu §§ 7 ff EStG.

die Kaufpreisforderungen der Lieferanten weitgehend aus. Am Ende des Geschäftsjahrs hatte D noch Papier mit Anschaffungskosten in Höhe von EUR 20.000 vorrätig und offene Verbindlichkeiten aus Papierlieferungen in Höhe von EUR 23.800.

Die von den Lieferanten an D für die Papierlieferungen in Rechnung gestellte und weiter belastete Vorsteuer verrechnete D nach Ablauf der jeweiligen Voranmeldungszeiträumen stets mit den eigenen Umsatzsteuerverbindlichkeiten. Den überschießenden Saldo glich D durch Überweisung des entsprechenden Betrags an die Finanzverwaltung aus. Am Ende des Geschäftsjahrs, also unmittelbar nach Ablauf des Voranmeldungszeitraums Dezember, hatte D noch EUR 3.500 offene Umsatzsteuerverbindlichkeiten und aus erhaltenen Papierlieferungen ein Vorsteuerguthaben in Höhe von EUR 3.800.

Kurz vor Ende des Geschäftsjahrs nahm D noch einen größeren Auftrag einer Eventagentur entgegen, dessen Ausführung D für das folgende Geschäftsjahr zusagte. Kurz nach Bestätigung des Auftrags fiel D ein bei der Auftragskalkulation versehentlich unterlaufener Fehler auf. Die Folge dieses Kalkulationsfehlers ist, dass D mit der Durchführung des Auftrags für die Eventagentur im folgenden Geschäftsjahr einen absehbaren Verlust in Höhe von EUR 2.000 erleiden wird.

Die Kopiermaschinen schreibt D linear und im betrachteten Geschäftsjahr um insgesamt EUR 700.000 ab. Neue Kopiermaschinen schaffte D im betrachteten Geschäftsjahr nicht an. Die übrige Betriebs- und Geschäftsausstattung von D wird im betrachteten Geschäftsjahr insgesamt im Umfang von EUR 25.000 planmäßig linear abgeschrieben.

Am Ende des Geschäftsjahrs erwarb D noch ein neues Kassiersystem für EUR 23.800 von einem Anbieter aus Dresden. Dieses wurde am 31. Dezember des Geschäftsjahrs geliefert und von D ab Beginn des folgenden Geschäftsjahrs in Betrieb genommen. Die vom Lieferanten des Kassiersystems gestellte Rechnung über EUR 23.800 glich D erst zu Beginn des folgenden Geschäftsjahrs aus.

Für das – erst in einigen Jahren endfällige – Darlehen muss D 5 % *p.a.* Zinsen an die darlehensgebende Bank zahlen. Die Zinsen werden jeweils am Jahresende vom Bankkonto von D abgebucht. Die jeweils zum Monatsersten fällige Miete für die von D genutzten Geschäftsräume beträgt EUR 3.000 pro Kalendermonat und enthält keine Vorsteuer. Die mit entsprechenden Ausgaben verbundenen Kosten von D für Energie, Arbeitnehmer und Versicherungen betragen im betrachteten Geschäftsjahr insgesamt EUR 120.000.

9.3.1.3 Glücklicher Zufall im privaten Bereich

Am 02. Juli des betrachteten Kalenderjahres war es D gelungen, ein Gemälde an den Kunstsammler K zu einem Kaufpreis in Höhe von EUR 100.000 zu veräußern. D hatte dieses Gemälde erst wenige Wochen zuvor Ende Mai auf einem Flohmarkt für gerade einmal EUR 1.000 erworben und anschließend zunächst im Wohnzimmer der Wohnung aufgehängt, in der D in Hamburg wohnt. K, mit dem D privat befreundet ist, hatte das Gemälde dort anlässlich eines Besuchs bei D bemerkt.

9.3.2 Übungsaufgaben und -fragen

Ist D unbeschränkt, beschränkt oder nicht einkommensteuerpflichtig?

Welche Arten einkommensteuerbarer Einkünfte erzielt D?

Buchen Sie sämtliche Geschäftsvorfälle des von D betriebenen Copyshops im betrachteten Geschäftsjahr und erstellen Sie die Schlussbilanz für den Copyshop-Betrieb zum Ende des betrachteten Geschäftsjahrs! Sämtliche Mietzahlungen, die Anschaffung von Papier und sämtliche sonstigen betrieblichen Aufwendungen können und sollen jeweils in einer Buchung zusammengefasst werden. Absehbarer Aufwand für Einkommen- oder Gewerbesteuer kann und soll vollständig unberücksichtigt bleiben. Zudem kann und soll unterstellt werden, dass sämtliche Zahlungsein- und -ausgänge ausschließlich über das Bankkonto von D abgewickelt werden.

Welchen Gewinn hat D im betrachteten Geschäftsjahr durch den Betrieb des Copyshops erzielt?

Wie hoch ist die Summe der Einkünfte von D im betrachteten Kalenderjahr?

9.3.3 Mögliche Antworten zu den Übungsaufgaben und -fragen:

9.3.3.1 Zur Einkommensteuerpflicht von D:

D ist gemäß § 1 Abs. 1 Satz 1 EStG unbeschränkt einkommensteuerpflichtig. Denn D hatte während des betrachteten Kalenderjahrs seinen Wohnsitz in Hamburg.

9.3.3.2 Von D erzielte, einkommensteuerbare Einkünfte (Einkunftsarten)

9.3.3.2.1 Einkünfte aus Vermietung und Verpachtung

Zunächst erzielt D Einkünfte aus Vermietung und Verpachtung im Sinn der §§ 2 Abs. 1 Nr. 6, 21 EStG. Denn D vermietet Gebäudeteile (Wohnungen) an verschiedene Mieter.

9.3.3.2.2 Einkünfte aus Gewerbebetrieb

Zudem erzielt D Einkünfte aus Gewerbebetrieb im Sinn der §§ 2 Abs. 1 Nr. 2, 15 Abs. 1 Nr. 1 Satz 1 EStG. Der von D betriebene Copyshop ist ein „Gewerbebetrieb" im Sinn von § 15 Abs. 2 Satz 1 EStG. Denn D betreibt diesen Copyshop als Inhaber selbstständig, nachhaltig und mit Gewinnerzielungsabsicht.

Es liegen keine Anhaltspunkte dafür vor, dass D den Copyshop lediglich als Hobby („Liebhaberei") betreibt. Der Betrieb des Copyshops stellt zudem weder „*Ausübung von Land- und Forstwirtschaft*"[27] im Sinn von § 13 EStG noch „*Ausübung eines freien Berufs*"[28] dar. Der Betrieb eines Copyshops kann insbesondere auch keinem der in § 18 Abs. 1 Nr. 1 Satz 2 EStG genannten,freiberuflichen Berufsbilder zugeordnet werden.

---

[27] Wortlaut von § 15 Abs. 2 Satz 1 EStG.

[28] So die weitere, in § 15 Abs. 2 Satz 1 EStG für das Vorliegen eines Gewerbebetriebs genannte, negative Voraussetzung.

9.3.3.2.3 Sonstige Einkünfte

Darüber hinaus realisiert D durch Veräußerung des Gemäldes sonstige Einkünfte im Sinn der §§ 2 Abs. 1 Nr. 7, 22 Nr. 2 EStG in Form eines privaten Veräußerungsgeschäfts. Gemäß § 23 Abs. 1 Nr. 2 EStG liegt ein steuerbares privates Veräußerungsgeschäft dann vor, wenn ein Wirtschaftsgut, das nicht zu den *„Gegenständen des täglichen Gebrauchs"*[29] zählt, innerhalb der sogenannten „Spekulationsfrist" angeschafft und weiter veräußert wird. Gemäß § 23 Abs. 1 Nr. 2 Satz 1 EStG beträgt die Dauer der Spekulationsfrist für bewegliche Gegenstände 1 Jahr.

9.3.3.3 Buchung der Geschäftsvorfälle und Erstellung der Schlussbilanz

9.3.3.3.1 Realisierung der offenen Forderungen aus Lieferungen und Leistungen

Die Vereinnahmung der zu Beginn des Geschäftsjahrs noch offenen Forderungen aus Lieferungen und Leistungen führt bei D zu einem „Aktivtausch". Während der Bestand auf dem aktiven Bestandskonto Bankguthaben um EUR 32.100 wächst, sind die Forderungen aus Lieferungen und Leistungen dagegen wie folgt auszubuchen:

Soll		an	Haben	
Bankguthaben	EUR 32.100		Forderungen aus Lieferungen und Leistungen	EUR 32.100

9.3.3.3.2 Ausgleich offener Verbindlichkeiten aus Lieferungen und Leistungen

Der Ausgleich der zu Beginn des Geschäftsjahrs noch offenen Verbindlichkeiten aus Lieferungen und Leistungen in Höhe von EUR 11.900 kann wie folgt gegen den Bestand auf dem Bankkonto gebucht werden:

Soll		an	Haben	
Verbindlichkeiten aus Lieferungen und Leistungen	EUR 11.900		Bankguthaben	EUR 11.900

9.3.3.3.3 Ausgleich der Umsatzsteuerverbindlichkeiten

Der Ausgleich der offenen Umsatzsteuerverbindlichkeiten unter Verrechnung des bestehenden Vorsteuerguthabens am 10. Januar ist wie folgt zulasten des Bankguthabens zu buchen:

---

[29] So die in § 23 Abs. 1 Nr. 2 Satz 2 EStG geregelte Ausnahme.

Soll		an	Haben	
Umsatzsteuerverbindlichkeit	EUR 2.100		Vorsteuer	EUR 1.900
			Bankguthaben	EUR 200

9.3.3.3.4 Mietzahlungen

Die von D monatlich geschuldete Geschäftsraummiete beträgt EUR 3.000. Die von D im betrachteten Geschäftsjahr insgesamt geleisteten Mietzahlungen in Höhe von insgesamt 12 × EUR 3.000 = EUR 36.000 können damit in folgender Buchung zusammengefasst werden:

Soll		an	Haben	
Mietaufwand	EUR 36.000		Bankguthaben	EUR 36.000

9.3.3.3.5 Sonstige betriebliche Aufwendungen

Die sonstigen betrieblichen Aufwendungen von D für Arbeitnehmer (Gehälter), Energie und Versicherungen im Umfang von insgesamt EUR 120.000 sind nach dem Fallszenario ausgabewirksam und mit entsprechenden Geldabflüssen vom Bankkonto verbunden. Diese sonstigen betrieblichen Aufwendungen können deshalb in folgender Buchung an das Bankguthaben zusammengefasst werden:

Soll		an	Haben	
Sonstige betriebliche Aufwendungen für Arbeitnehmer, Energie und Versicherungen	EUR 120.000		Bankguthaben	EUR 120.000

9.3.3.3.6 Materialaufwand (Papierbeschaffung und- verbrauch)

Den Angaben im Fallszenario kann entnommen werden, dass D am Ende des Geschäftsjahrs noch Papier mit Anschaffungskosten in Höhe von EUR 20.000 vorrätig und offene Verbindlichkeiten aus Papierlieferungen in Höhe von EUR 23.800 hatte und während des Geschäftsjahrs Papier mit Anschaffungswert in Höhe von insgesamt EUR 180.000 verbraucht hat.

Da D zu Beginn des Geschäftsjahrs Papier mit Anschaffungskosten in Höhe von EUR 10.000 vorrätig hatte, muss D während des Geschäftsjahres Papier in Höhe der nachstehend berechneten Anschaffungskosten erworben haben:

Endbestand Papiervorrat am Ende des Geschäftsjahrs:		EUR 20.000
zzgl. Papierverbrauch während des Geschäftsjahrs:	+	EUR 180.000
abzüglich des Anfangsbestands zu Beginn des Geschäftsjahrs:	−	EUR 10.000
Papiererwerb während des Geschäftsjahrs:	=	EUR 190.000

9.3 Übungsaufgabe

Damit können die Anschaffung und der Verbrauch von Papier während des Geschäftsjahrs unter Berücksichtigung der am Jahresende noch offenen Verbindlichkeiten aus Papierlieferungen in folgender Buchung zusammengefasst werden:

Soll		an	Haben	
Vorräte (Papier)	EUR 190.000		Verbindlichkeiten aus Lieferungen und Leistungen	EUR 23.800
Vorsteuer	EUR 36.100		Bankguthaben	EUR 202.300
Materialaufwand (Verminderung des Papiervorratsbestands)	EUR 180.000		Vorräte (Papier)	EUR 180.000

9.3.3.3.7 Umsatzerlöse

Nach dem Fallszenario erzielte D im Geschäftsjahr Umsatzerlöse in Höhe von EUR 1.200.000. Da sämtliche Umsätze von D umsatzsteuerpflichtig sind und der ermäßigte Steuersatz von 7 % Anwendung findet, müssen diese Umsatzerlöse zu Forderungen aus Lieferungen und Leistungen gegen Kunden in Höhe von insgesamt EUR 1.200.000 $\times$ 1,07[30] = EUR 1.284.000 geführt haben.

Nach dem Fallszenario sind daraus am Ende des Geschäftsjahres noch Forderungen aus Lieferungen und Leistungen in Höhe von insgesamt EUR 53.500 offen. Im Übrigen hat D die Forderungen vereinnahmt. Die Vereinnahmung von Forderungen im Umfang von EUR (1.284.000–53.500 =) 1.230.500 führte folglich zu einem entsprechenden Anstieg auf dem Bankkonto von D. Damit können die im Geschäftsjahr von D erzielten Umsatzerlöse in Höhe von 1.200.000 und die dabei angefallenen Umsatzsteuerverbindlichkeiten in Höhe von insgesamt EUR 84.000 in folgender Buchung zusammengefasst werden:

Soll		an	Haben	
Bankguthaben	EUR 1.230.500		Umsatzerlöse	EUR 1.200.000
Forderungen aus Lieferungen und Leistungen	EUR 53.500		Umsatzsteuerverbindlichkeit	EUR 84.000

---

[30] Der Faktor 1,07 bildet den Anfall von 7 % Umsatzsteuer und die durch die Weiterbelastung dieser Umsatzsteuer an die Kunden bedingte Erhöhung der Forderungen aus Lieferungen und Leistungen ab.

9.3.3.3.8 Verrechnung von Vorsteuerguthaben und Umsatzsteuerverbindlichkeiten

Aus dem Fallszenario folgt des Weiteren, dass die D von Papierlieferanten in Rechnung gestellte Vorsteuer im betrachteten Geschäftsjahr insgesamt EUR 36.100 beträgt. Die daraus folgenden Vorsteuererstattungsansprüche hat D mit Ausnahme des am Ende des Geschäftsjahrs noch bestehenden Vorsteuerguthaben in Höhe von EUR 3.800 und damit im Umfang von EUR (36.100–3.800 =) 32.300 mit Umsatzsteuerverbindlichkeiten verrechnet.

Die während des Geschäftsjahrs entstandenen Umsatzsteuerverbindlichkeiten von D betrugen EUR 84.000. Davon sind am Ende des Geschäftsjahrs nach den Angaben im Fallszenario noch Umsatzsteuerverbindlichkeiten in Höhe von EUR 3.500 offen. Damit kann die Verrechnung von Vorsteuern und Umsatzsteuerverbindlichkeiten während des Geschäftsjahrs unter Berücksichtigung der am Ende des Geschäftsjahrs noch bestehenden Vorsteuerguthaben und Umsatzsteuerverbindlichkeiten von D in folgender Buchung zusammengefasst werden:

Soll		an	Haben	
Umsatzsteuerverbindlichkeiten	EUR 80.500		Vorsteuer	EUR 32.300
			Bankguthaben	EUR 48.200

9.3.3.3.9 Anschaffung des Kassiersystems

Mit Anschaffung des Kassiersystems für EUR 23.800 wächst bei D zunächst der Bestand auf dem passiven Bestandskonto „Verbindlichkeiten aus Lieferungen und Leistungen"[31] um EUR 23.800. Zudem wächst der Bestand auf dem aktiven Bestandskonto „Betriebs- und Geschäftsausstattung"[32] in Höhe der Anschaffungskosten für das neue Kassiersystem.

Da das Kassiersystem von einem Anbieter aus Dresden geliefert wurde, muss davon ausgegangen werden, dass der Kaufpreis in Höhe von EUR 23.800 auch einen Umsatz- bzw. – aus Sicht von D – Vorsteueranteil in Höhe von 19 % des Nettoentgelts enthält. Dieser Vorsteueranteil beträgt folglich 19/119 aus EUR 23.800 und damit EUR 3.800. Somit beträgt das (Netto-)Entgelt für das neue Kassiersystem EUR 23.800–EUR 3.800 = EUR 20.000. Deshalb ist der Anschaffungsvorgang wie folgt zu buchen:

---

[31] Vgl. § 266 Abs. 3 C.4. HGB.
[32] Vgl. § 266 Abs. 2 A.II 3. HGB.

9.3 Übungsaufgabe

Soll		an	Haben	
Betriebs- und Geschäftsausstattung	EUR 20.000		Verbindlichkeiten aus Lieferungen und Leistungen	EUR 23.800
Vorsteuer	EUR 3.800			

9.3.3.3.10 Darlehenszinsen

Da D auf den Darlehensbetrag von EUR 2.000.000 Zahlungen von Zinsen in Höhe von 5 % p.a. und damit EUR 100.000 für das betrachtete Geschäftsjahr schuldet, ist die Abbuchung der Zinsen durch die darlehensgebende Bank von D wie folgt zu buchen:

Soll		an	Haben	
Zinsaufwendungen[33]	EUR 100.000		Bankguthaben	EUR 100.000

9.3.3.3.11 Drohender Verlust aus angenommenem Auftrag

Der von der Eventagentur erteilte Auftrag stellt am Ende des betrachteten Geschäftsjahrs lediglich ein schwebendes Geschäft dar, weil zu diesem Zeitpunkt zwischen D und der Eventagentur noch kein Leistungsaustausch erfolgt ist. Insoweit gilt grundsätzlich „keine Bilanzierung schwebender Geschäfte". Ist jedoch absehbar, dass die Durchführung eines bereits verbindlich abgeschlossenen Geschäfts mit mehr Aufwand als Ertrag verbunden sein wird, muss gemäß § 249 Abs. 1 Alternative 2 HGB eine Rückstellung gebildet werden „*für drohende Verluste aus schwebenden Geschäften*"[34]. Da für D aus dem Geschäft mit der Eventagentur ein Verlust in Höhe von EUR 2.000 für das folgende Geschäftsjahr absehbar ist, muss D eine entsprechende Drohverlustrückstellung bilden. Diese ist wie folgt einzubuchen:

Soll		an	Haben	
Aufwand für die Bildung einer Drohverlustrückstellung[35]	EUR 2.,000		Drohverlustrückstellung	EUR 2.000

9.3.3.3.12 Abschreibungen

Als letzte Buchung des Geschäftsjahrs muss D den alters- und verschleißbedingten Wertverlust der Kopiermaschinen und sonstigen Betriebs- und Geschäftsausstattung in

---

[33] Im Sinn von § 275 Abs. 2 Nr. 13 HGB.
[34] Wortlaut von § 249 Abs. 1 Satz 1 HGB.
[35] Diese Aufwendung wird in der GuV im Posten „*sonstige betriebliche Aufwendungen*" (§ 275 Abs. 2 Nr. 8 HGB) konsolidiert.

Form planmäßiger Abschreibungen abbilden. Dass die Kopiermaschinen und sonstige Betriebs- und Geschäftsausstattung planmäßig abzuschreiben sind, folgt aus deren Einordnung als zeitlich begrenzt nutzbare Vermögensgegenstände des Anlagevermögens im Sinn der §§ 247 Abs. 2, 253 Abs. 3 Satz 1 HGB. Nach den Sachverhaltsangaben muss D insoweit folgende Abschreibungen buchen:

Soll		an	Haben	
Abschreibung Kopiermaschinen	EUR 700.000		Kopiermaschinen	EUR 700.000
Abschreibung Betriebs- und Geschäftsausstattung	EUR 25.000		Betriebs- und Geschäftsausstattung	EUR 25.000

9.3.3.4 Schlussbilanz zum Ende des Geschäftsjahrs

Konsolidiert man die vorstehend gebuchten Änderungen auf den Bestandskonten, führt dies zu folgender Schlussbilanz von D für das betrachtete Geschäftsjahr:

Aktiva (Vermögen) in EUR		Passiva (Kapital) in EUR	
Kopiermaschinen	3.300.000	Eigenkapital	2.230.800
Betriebs-/Geschäftsausstattung	95.000	Drohverlustrückstellung	2.000
Vorräte (Papier)	20.000	Darlehen	2.000.000
Forderungen aus Lieferungen und Leistungen	53.500	Verbindlichkeiten aus	
Vorsteuer	7.600[36]	Lieferungen und Leistungen	23.800
Bankguthaben	774.000	USt-Verbindlichkeiten	3.500
Kassenbestand	10.000		
Summe	**4.260.100**	**Summe**	**4.260.100**

9.3.3.5 Einkünfte (Gewinn) von D aus Gewerbebetrieb

Der von D durch den Betrieb des Copyshops erzielte „Gewinn" ist gemäß § 4 Abs. 1 Satz 1 EStG durch „Betriebsvermögensvergleich" zu ermitteln. Ermittelt werden muss folglich *„der Unterschiedsbetrag zwischen dem Betriebsvermögen am Schluss des Wirtschaftsjahres und dem Betriebsvermögen am Schluss des vorangegangenen Wirtschaftsjahres, vermehrt und den Wert der Entnahmen und vermindert um den Wert der Einlagen"*[37].

---

[36] Dieser Betrag setzt sich zusammen aus dem noch bestehenden Vorsteuerguthaben aus Papierlieferungen in Höhe von EUR 3800 sowie dem Vorsteuerguthaben aus der Lieferung des neuen Kassiersystems in Höhe von ebenfalls EUR 3800.

[37] Wortlaut von § 4 Abs. 1 Satz 1 EStG.

9.3 Übungsaufgabe

Da D nach Maßgabe der §§ 238 ff. HGB Bücher führen und Abschlüsse machen muss, ist das Betriebsvermögen gemäß § 5 Abs. 1 Satz 1 grundsätzlich *„nach den handelsrechtlichen Grundsätzen ordnungsmäßiger Buchführung"* anzusetzen. Mit dem Begriff „Betriebsvermögen" ist das Unternehmensnettovermögen im Sinn des Saldos aus Vermögen und Verbindlichkeiten und damit grundsätzlich ein Betrag in Höhe des in der handelsrechtlichen Rechnungslegung anzusetzenden Eigenkapitals gemeint. Für D führt dies im betrachteten Geschäftsjahr zu folgendem Betriebsvermögensvergleich im Sinn von § 4 Abs. 1 Satz 1 EStG:

	EUR 2.230.800	Betriebsvermögen (EK) am Ende des betrachteten Geschäftsjahrs
−	EUR 2.170.000	Betriebsvermögen (EK) am Ende des vorangegangenen Geschäftsjahrs
=	EUR 60.800	

Eine Korrektur dieses Ergebnisses um während des Geschäftsjahrs von D getätigte Entnahmen oder Einlagen ist nicht erforderlich, weil D nach den Angaben im Fallszenario im betrachteten Geschäftsjahr weder Entnahmen noch Einlagen tätigte. Gleichwohl ist die vorstehend ermittelte Differenz in Höhe von EUR 60.800 aus folgendem Grund zunächst nur ein Zwischenergebnis:

Die Ausgangsgröße der berechneten Differenz, also das Eigenkapital von D zum Ende des betrachteten Geschäftsjahrs, ist durch die passivierte Drohverlustrückstellung um EUR 2.000 gemindert worden. Wegen § 5 Abs. 4a EStG darf diese Drohverlustrückstellung bei Ermittlung des einkommensteuerlichen Gewinns jedoch nicht berücksichtigt werden. Zur Ermittlung des Gewinns im Sinn von § 4 Abs. 1 Satz 1 EStG muss der als Zwischenergebnis ermittelte Betrag von EUR 60.800 deshalb noch gemäß §§ 5 Abs. 4a und 6 EStG um EUR 2.000 auf dann insgesamt EUR 62.800 erhöht werden.

Zum gleichen Ergebnis wäre man gelangt, wenn man die Handelsbilanz von D zunächst in eine Steuerbilanz überführt hätte, indem die gebildete Drohverlustrückstellung ausgebucht und das Eigenkapital dementsprechend um EUR 2.000 auf dann EUR 2.232.800 erhöht worden wäre. Zieht man von diesem Betrag dann das Betriebsvermögen am Ende des vorangegangenen Geschäftsjahrs in Höhe von EUR 2.170.000 ab, ist das Ergebnis und damit der Gewinn von D ebenfalls EUR 62.800. Unter Berücksichtigung dieses Gewinns aus Gewerbebetrieb kann im nächsten Schritt die Summe der Einkünfte von D im betrachteten Kalenderjahr ermittelt werden.

9.3.3.6 Summe der Einkünfte von D im betrachteten Kalenderjahr

9.3.3.6.1 Vorüberlegung

Gemäß § 2 Abs. 1 bis 3 EStG besteht die Summe der Einkünfte von D aus dessen Gewinn aus Gewerbebetrieb und den Überschüssen aus Vermietung und Verpachtung sowie aus sonstigen Einkünften. Damit ist die Summe der Einkünfte von D wie folgt zu ermitteln:

	Gewinn aus dem Betrieb des Copyshops
+	Überschuss aus der Vermietung der Wohnungen
+	Überschuss aus der Veräußerung des Gemäldes
=	Summe der Einkünfte von D

Der Gewinn aus dem Betrieb des Copyshops im betrachteten Geschäftsjahr wurde bereits ermittelt und beträgt EUR 62.800. Ergänzend dazu sind noch die von D aus der Vermietung und Verpachtung der Wohnungen und aus der Veräußerung des Gemäldes erzielten Überschüsse zu ermitteln.

9.3.3.6.2 Überschuss aus Vermietung der Wohnungen

Der durch Vermietung der Wohnungen von D ermittelte Überschuss ist gemäß § 2 Abs. 2 Nr. 2 EStG durch Abzug der Werbungskosten von den durch die Vermietung erzielten Einnahmen zu ermitteln. Dies führt zu folgender Rechnung:

Berechnungsschritt	Betrag	Erläuterung
Mieteinnahmen	EUR 90.000	„Einnahmen" im Sinn von § 8 Abs. 1 Satz 1 EStG
- Ausgaben für Handwerker	EUR 6.000	Werbungskosten i.S.v. § 9 Abs. 1 Satz 1 EStG
- Darlehenszinsen	EUR 24.000	Schuldzinsen i.S.v. § 9 Abs. 1 Satz 3 Nr. 1 Satz 1 EStG
- Abschreibung (AfA)	EUR 20.000	AfA i.S.v. § 9 Abs. 1 Satz 3 Nr. 7 EStG
= Überschuss	EUR 40.000	Überschuss i.S.v. § 2 Abs. 2 Nr. 2 EStG

D erzielte folglich einen Überschuss und damit Einkünfte aus Vermietung und Verpachtung im Sinn von § 2 Abs. 1 Nr. 6, Abs. 2 Nr. 2 EStG in Höhe von EUR 40.000. Um die Summe der Einkünfte von D berechnen zu können, muss zudem die Höhe der sonstigen Einkünfte von D im betrachteten Kalenderjahr ermittelt werden.

9.3.3.6.3 Überschuss aus der Veräußerung des Gemäldes

Nach dem Fallszenario führte die Veräußerung des Gemäldes als privates Veräußerungsgeschäft i.S.v. §§ 22 Nr. 2, 23 Abs. 1 Nr. 2 EStG zu sonstigen Einkünften i. S. v. § 2 Abs. 1 Nr. 7 EStG bei D. Für die Ermittlung des Überschusses von D aus diesem privaten Veräußerungsgeschäft gilt § 23 Abs. 3 EStG. Danach entsprechen die durch ein privates Veräußerungsgeschäft erzielten sonstigen Einkünfte der Differenz aus i) dem Veräußerungspreis und ii) der Summe aus den Anschaffungskosten für das veräußerte Wirtschaftsgut und etwaigen weiteren Werbungskosten. Demnach sind die sonstigen Einkünfte von D im betrachteten Geschäftsjahr wie folgt zu ermitteln:

	EUR 100.000	Veräußerungspreis für das Gemälde
-	EUR 1.000	Anschaffungskosten für das Gemälde
=	EUR 99.000	Gewinn aus privatem Veräußerungsgeschäft

9.3.3.6.4 Ergebnis
Damit kann die Summe der Einkünfte von D im betrachteten Geschäftsjahr (Veranlagungszeitraum) wie folgt berechnet werden:

	EUR 62.800	Gewinn aus dem Betrieb des Copyshops
+	EUR 40.000	Überschuss aus der Vermietung der Wohnungen
+	EUR 99.000	Überschuss aus der Veräußerung des Gemäldes
=	EUR 201.800	Summe der Einkünfte von D

Kaufmännische Rechnungslegung und Einkommensteuer II

10.1 Einleitung

Im letzten Kapitel wurde dargestellt, was „Gewinn" ist und welche Auswirkungen ein durch Gewerbebetrieb erzielter Gewinn auf das zu versteuernde Einkommen (zvE) des Inhabers dieses Gewerbebetriebs hat. Das zvE ist die Bemessungsgrundlage für die Ermittlung der Einkommensteuer. Diese Bemessungsgrundlage wird durch einen durch Betrieb eines Gewerbes erzielten Gewinn erhöht. Folge ist ein entsprechendes Anwachsen der Einkommensteuerschuld.

Die einkommensteuerrechtliche Gewinnermittlung setzt auf der handelsrechtlichen Rechnungslegung auf, zu der der Inhaber eines Gewerbebetriebs nach den Bestimmungen des HGB verpflichtet ist. Allerdings gilt diese Maßgeblichkeit der kaufmännischen Rechnungslegung für die einkommensteuerliche Gewinnermittlung nicht uneingeschränkt. Das Einkommensteuerrecht beinhaltet einige Regelungen, die von den Rechnungslegungsvorschriften des HGB abweichen und diesen im Rahmen der einkommensteuerlichen Gewinnermittlung vorgehen. Im vorangegangenen Kapitel wurde dies anhand von Drohverlustrückstellungen beispielhaft veranschaulicht:

Während § 249 Abs. 1 Satz 1 HGB im Fall eines drohenden Verlusts die Bildung einer Drohverlustrückstellung zwingend vorschreibt, verbietet § 5 Abs. 4a EStG die Berücksichtigung drohender Verluste bei Ermittlung der einkommensteuerlichen Bemessungsgrundlage. Um eine nach Maßgabe des HGB erstellte Bilanz („Handelsbilanz"), die eine Drohverlustrückstellung enthält, in eine dem EStG entsprechende Bilanz („Steuerbilanz") zu überführen, muss die Drohverlustrückstellung deshalb ausgebucht werden. Folge dieser Ausbuchung ist, dass die Steuerbilanz ein entsprechend höheres Eigenkapital ausweist als die Handelsbilanz.

Gegenstand dieses Kapitels sind einige weitere praxisrelevante Bestimmungen des Einkommensteuerrechts, die Abweichungen von den Bestimmungen des HGB vorsehen und diese daher im Rahmen der einkommensteuerlichen Gewinnermittlung verdrängen. Zudem wird im Rahmen dieses Kapitels der einkommensteuerrechtliche Umgang mit Verlusten betrachtet.

10.2 Begrifflichkeiten

Die im EStG für die Gewinnermittlung geregelten Abweichungen von den handelsrechtlichen Rechnungslegungsbestimmungen werden in Wissenschaft und Praxis auch als *„Abweichungen zwischen Handelsbilanz und Steuerbilanz"*[1] betrachtet.[2] Diese Begriffe dürfen jedoch nicht darüber hinwegtäuschen, dass sich die Unterschiede auch auf – in einer Bilanz nicht abgebildete – Aufwendungen erstrecken. Die Korrekturen der Handelsbilanz zur Ermittlung des (einkommensteuerlichen) Gewinns müssen dann durch außerbilanzielle Hinzurechnungen oder Abzüge erfolgen.

Das bedeutet nicht, dass die Handels- und die Steuerbilanz eines Unternehmens stets voneinander abweichen müssen. Beinhaltet eine Handelsbilanz keine Posten, die nach dem EStG nicht oder nicht so angesetzt werden dürfen und erfordert das EStG auch keinen Ansatz zusätzlicher Posten, sind die Handels- und die Steuerbilanz des Unternehmens identisch. Die Bilanz des Unternehmens wird dann „Einheitsbilanz" genannt[3].

10.3 Beispiele für wesentliche Unterschiede zwischen Handels- und Steuerbilanz

10.3.1 Ansatz selbstgeschaffener immaterieller Vermögensgegenstände des Anlagevermögens

Ein wesentlicher und praxisrelevanter Unterschied zwischen Handels- und Steuerbilanz besteht im Bereich des Ansatzes selbst geschaffener immaterieller Vermögensgegenstände des Anlagevermögens. Selbst geschaffene immaterielle Vermögensgegenstände

---

[1] So *Ertel/Rosnitschek/Schanz*, DStR 2017, S. 2068 ff.

[2] Vgl. z. B. *Bense*, DStR 2020, S. 1658 ff.; *Oser*, DStR 2017, S. 1889 ff.; Schleswig-Holsteinisches FG, Urteil vom 12.02.1998 (I 714/95), DStR 1998, S. 505/506; BFH, Urteil vom 20.11.2019 (XI R 46/17), DStR 2020, S. 378 ff.

[3] Vgl. dazu z. B. *Ertel/Rosnitschek/Schanz*, DStR 2017, S. 2068 ff.; *Zwirner/Mugler*, DStR 2011, S. 1191 ff.

des Anlagevermögens können z. B. die vermögensrechtlichen Befugnisse an einer Software[4], die Rechte an einer Datenbank[5] oder an einem Filmwerk[6] sein.

Gemäß § 248 Abs. 1 Satz 2 HGB besteht für selbst geschaffene immaterielle Vermögensgegenstände des Anlagevermögens in der Handelsbilanz grundsätzlich ein Aktivierungswahlrecht, soweit gemäß § 248 Abs. 2 Satz 2 nicht ein Aktivierungsverbot (Ansatzverbot) greift. Danach kann ein gewerblicher Unternehmer z. B. die Herstellungskosten für selbst geschaffene, dem Anlagevermögen zuzuordnende Filme oder Software in der Handelsbilanz aktivieren, muss dies jedoch nicht.

In der Steuerbilanz besteht diese Aktivierungsmöglichkeit dagegen nicht. Denn gemäß § 5 Abs. 2 EStG dürfen Aktivposten für immaterielle Wirtschaftsgüter des Anlagevermögens nur dann angesetzt werden, wenn diese *„entgeltlich erworben wurden."*[7] Das bedeutet:

Werden Filmwerke, Software oder andere Immaterialgüter nicht selbst hergestellt, sondern werden die Rechte an solchen Immaterialgütern entgeltlich von anderen Marktteilnehmern erworben, müssen diese bei Zugang sowohl in der Handels- als auch in der Steuerbilanz in der Höhe der Anschaffungskosten aktiviert werden. Für nicht von anderen Marktteilnehmern entgeltlich erworbene, sondern selbst hergestellte immaterielle Vermögensgegenstände des Anlagevermögens folgt dagegen im Umkehrschluss aus § 5 Abs. 2 EStG, dass in der Steuerbilanz kein Aktivposten gebildet werden darf. Das Nebeneinander von § 248 Abs. 2 HGB und § 5 Abs. 2 EStG kann damit wie folgt zusammengefasst werden:

Handelsbilanz	Immaterielles Wirtschaftsgut des Anlagevermögens wird	Steuerbilanz
Ansatzpflicht[8]	entgeltlich von einem anderen Marktteilnehmer erworben	Ansatzpflicht;[9]
Unter Beachtung von § 248 Abs. 2 Satz 2 HGB Aktivierungswahlrecht[11]	selbst hergestellt	Aktivierungsverbot;[10]

---

[4] Vgl. dazu insbesondere auch § 69b UrhG.

[5] Dazu insbesondere § 87b Abs. 1 UrhG.

[6] Dazu §§ 88 ff. UrhG.

[7] Wortlaut von § 5 Abs. 2 EStG.

[8] In Höhe des Zugangswerts (Anschaffungskosten), vgl. §§ 246 Abs. 1 Satz 1, 266 Abs. 2 A.I.2. HGB.

[9] Insoweit ist die Handelsbilanz gemäß § 5 Abs. 1 Satz 1 EStG auch für die Steuerbilanz maßgeblich.

[10] Umkehrschluss aus § 5 Abs. 2 EStG.

[11] Vgl. § 248 Abs. 2 Satz 1 HGB.

10.3.2 Aufwand für Einkommen- und bestimmte andere Steuern

Ein weiterer wesentlicher und letztlich sich selbsterklärender Unterschied zwischen Handels- und Steuerbilanz besteht im Hinblick auf die Berücksichtigung von Aufwand für Einkommensteuern. Gemäß § 12 Nr. 3 EStG dürfen *„die Steuern vom Einkommen und sonstige Personensteuern"*[12] grundsätzlich *„weder bei den einzelnen Einkunftsarten noch vom Gesamtbetrag der Einkünfte abgezogen werden"*.[13] Dieses Abzugsverbot soll verhindern, dass die Einkommensteuer ihre eigene Bemessungsgrundlage mindert.

Für die Einkommensteuer bedeutet dies: Unabhängig davon, ob Aufwand für Einkommensteuer in Form von Vorauszahlungen bereits zu einem Liquiditätsabfluss geführt hat oder als Rückstellung oder Verbindlichkeit passiviert wurde, muss der Aufwand zur Gewinnermittlung wieder hinzugerechnet werden.

10.3.3 Verluste

10.3.3.1 Negative Einkünfte

Folgt man der in § 4 Abs. 1 Satz 1 EStG zur Ermittlung eines Gewinns vorgegebenen Vorgehensweise, kann das Ergebnis auch negativ ausfallen. Führt ein nach § 4 Abs. 1 Satz 1 EStG durchgeführter Betriebsvermögensvergleich zu einem negativen Ergebnis, wurde ein Verlust erzielt.[14] Der Inhaber des Gewerbebetriebs hat dann negative Einkünfte aus Gewerbebetrieb.

10.3.3.2 Auswirkung auf die einkommensteuerliche Bemessungsgrundlage

Während positive Einkünfte – Gewinn – aus Gewerbebetrieb die einkommensteuerliche Bemessungsgrundlage erhöhen, mindern negative Einkünfte – Verlust – aus Gewerbebetrieb die einkommensteuerliche Bemessungsgrundlage. Denn negative Einkünfte reduzieren die *„Summe der Einkünfte"* im Sinn von § 2 Abs. 3 EStG. Und die Summe der Einkünfte ist eine wesentliche Zwischengröße auf dem Weg zur Ermittlung des zvE.

Hat ein Gewerbetreibender nur einen Verlust aus Gewerbebetrieb und daneben keine weiteren positiven Einkünfte aus anderen Einkunftsarten, ist die Summe der Einkünfte im Sinn von § 2 insgesamt negativ. Das gleiche gilt, wenn und soweit ein Verlust aus Gewerbebetrieb die positiven Einkünfte aus anderen Einkunftsarten übersteigt. In beiden Fällen ist dann auch der „Gesamtbetrag der Einkünfte" des Gewerbetreibenden im Sinn von § 2 Abs. 3 EStG negativ.

---

[12] Wortlaut von § 12 Nr. 3 EStG.
[13] Wortlaut von § 12 EStG.
[14] Zur Klarstellung bei dieser Gelegenheit: „Verlust" ist das Gegenteil von „Gewinn", während „Jahresfehlbetrag" das Gegenteil eines „Jahresüberschusses" ist.

10.3 Beispiele für wesentliche Unterschiede zwischen Handels- und Steuerbilanz

Der „Gesamtbetrag der Einkünfte" ist eine weitere Zwischengröße auf dem Weg zur Ermittlung des zvE. Er entspricht der Differenz aus der Summe der Einkünfte und den in § 2 Abs. 3 EStG genannten Beträgen[15], deren Abzug bei Vorliegen bestimmter Voraussetzungen gestattet wird.

Der nächste Schritt zur Ermittlung des zvE ist der Abzug sogenannter „Sonderausgaben" und „außergewöhnlicher Belastungen" vom Gesamtbetrag der Einkünfte.[16]

Der um Sonderausgaben und außergewöhnliche Belastungen verminderte Gesamtbetrag der Einkünfte ist das „Einkommen". Das um bestimmte weitere Abzugsbeträge bereinigte Einkommen ist dann das zvE.[17] Die Schritte zur Ermittlung des zvE können damit wie folgt zusammengefasst werden:

	Gewinne und/oder Überschüsse aus allen realisierten Einkunftsarten	=	Summe der Einkünfte
−	Altersentlastungsbetrag, Entlastungsbetrag für Alleinerziehende und/oder Abzug nach § 13 Abs. 3 EStG	=	Gesamtbetrag der Einkünfte
−	Sonderausgaben und/oder außergewöhnliche Belastungen	=	Einkommen
−	Freibeträge nach § 32 Abs. 6 EStG und/oder etwaige weitere Abzugsbeträge	=	zu versteuerndes Einkommen (zvE)

10.3.3.3 Verlustrücktrag

Ist der Gesamtbetrag der Einkünfte negativ, besteht die Möglichkeit eines sogenannten „Verlustrücktrags". Gemäß § 10d Abs. 1 Satz 1 EStG sind „[n]*egative Einkünfte, die bei der Ermittlung des Gesamtbetrags der Einkünfte nicht ausgeglichen werden, ... bis zu einem Betrag von 10 000 000 EUR, bei Ehegatten, die nach den §§ 26, 26b zusammenveranlagt werden, bis zu einem Betrag von 20 000 000 EUR*[18] *vom Gesamtbetrag der Einkünfte des unmittelbar vorangegangenen Veranlagungszeitraums vorrangig vor Sonderausgaben, außergewöhnlichen Belastungen und sonstigen Abzugsbeträgen abzuziehen (Verlustrücktrag).*"[19]

---

[15] Abgezogen werden können – soweit der Steuerpflichtige die erforderlichen Voraussetzungen erfüllt – der „Altersentlastungsbetrag", der „Entlastungsbetrag für Alleinerziehende" und der Abzug nach § 13 Abs. 3 EStG. Der Abzug nach § 13 Abs. 3 EStG ist z. B. nur dann möglich, wenn der Steuerpflichtige Einkünfte aus Land- und Forstwirtschaft erzielt. Der Abzug eines Altersentlastungsbetrags setzt die Vollendung des 64. Lebensjahres vor Beginn des jeweiligen Veranlagungszeitraums voraus (vgl. § 24a Abs. 1 Satz 3 EStG).

[16] Dazu § 2 Abs. 4 EStG.

[17] Dazu § 2 Abs. 5 Satz 1 EStG.

[18] Die Möglichkeiten und Folgen einer Zusammenveranlagung (§§ 26, 26b EStG) werden im Rahmen dieses Werks nicht weitergehend betrachtet (Anmerkung diesseits).

[19] Wortlaut von § 10d Abs. 1 Satz 1 EStG.

Verluste können folglich bis zur Höhe der in § 10d Abs. 1 Satz 1 EStG genannten Betragsgrenzen zu einer rückwirkenden Minderung der einkommensteuerlichen Bemessungsgrundlage für das unmittelbar vorangegangene Jahr genutzt werden. Der Steuerpflichtige schuldet für das vorangegangene Kalenderjahr dann nur noch die auf Grundlage der reduzierten Bemessungsgrundlage anfallende Einkommensteuer. In Höhe überzahlter Beträge entsteht dagegen ein Steuererstattungsanspruch gegen die Finanzverwaltung.[20] Geht ein in einem Veranlagungszeitraum erzielter Verlust auch mit einem Liquiditätsengpass einher, kann der Verlustrücktrag auf diese Weise zur Linderung der Liquiditätsnot genutzt werden.

10.3.3.4 Verlustvortrag

Soweit ein Verlustrücktrag nicht möglich ist, können negative Einkünfte als sogenannter „Verlustvortrag" in zukünftige Veranlagungszeiträume „mitgenommen" (vorgetragen) werden. Ein Verlustvortrag kann dann unter Beachtung bestimmter Beschränkungen mit den in den späteren Veranlagungszeiträumen erzielten positiven Einkünften verrechnet und auf diese Weise genutzt (verbraucht) werden. Die Nutzung eines vorgetragenen Verlusts in einem späteren Veranlagungszeitraum führt zu einer Minderung der Bemessungsgrundlage und damit zu einer Senkung der Einkommensteuerlast in diesem späteren Veranlagungszeitraum.

Konkret können nicht durch Verlustrücktrag genutzte, negative Einkünfte *„in den folgenden Veranlagungszeiträumen bis zu einem Gesamtbetrag der Einkünfte von 1 Mio. Euro unbeschränkt, darüber hinaus bis zu 60 % des 1 Mio. Euro übersteigenden Gesamtbetrags der Einkünfte vorrangig vor Sonderausgaben, außergewöhnlichen Belastungen und sonstigen Abzugsbeträgen"*[21] abgezogen werden.

Soweit Verlustvorträge in dem auf das „Verlustjahr" unmittelbar folgenden Veranlagungszeitraum nicht verbraucht – also mit positiven Einkünften verrechnet – werden, können sie bis zum vollständigen Verbrauch in spätere Veranlagungszeiträume vorgetragen werden.[22] Um einen Verlustvortrag geht es auch in der nachfolgenden Übungsaufgabe 9.

---

[20] Vgl. § 37 Abs. 2 AO.

[21] Wortlaut von § 10d Abs. 2 Satz 1 EStG.

[22] Dazu § 10d Abs. 4 EStG.

10.4 Übungsaufgabe 9

10.4.1 Fallszenario

A ist selbstständiger Bauunternehmer mit Wohnsitz und Geschäftsbetrieb in Köln. A hat 30 Arbeitnehmer, von denen 2 für die betriebliche IT zuständig sind. Das Geschäftsjahr von A entspricht dem Kalenderjahr.

Im vorangegangenen Geschäftsjahr lief das Geschäft zufriedenstellend. Der Gesamtbetrag der Einkünfte von A im Sinn von § 2 Abs. 3 EStG hatte EUR 2.160.000, das zvE von A hatte EUR 2.150.000 betragen. A hat bereits sämtliche für das vergangene Kalenderjahr geschuldete Einkommensteuer vollständig entrichtet. Die Bilanz von A am Ende des vorangegangenen Geschäftsjahres hatte folgenden Inhalt:

Aktiva (Vermögen) in EUR		Passiva (Kapital) in EUR	
Geschäftsausstattung	100.000	Eigenkapital	5.560.500
Forderungen aus Lieferungen und Leistungen	2.380.000	Verbindlichkeiten aus Lieferungen und Leistungen	59.500
Vorsteuer	9.500		
Bankguthaben	3.510.500	USt-Verbindlichkeiten	380.000
Summe	**6.000.000**	**Summe**	**6.000.000**

In Anbetracht dieser Liquiditätssituation tätigte A im betrachteten Geschäftsjahr Entnahmen im Umfang von insgesamt EUR 1.500.000. Einlagen waren nicht erforderlich und wurden von A nicht getätigt.

Die beiden für die IT zuständigen Arbeitnehmer von A verwendeten im betrachteten Geschäftsjahr entsprechend einer Weisung von A die Hälfte ihrer Arbeitszeit zur Programmierung einer neuen Software. Diese Software soll Prognosen über verschiedene Entwicklungen am Immobilienmarkt unterstützen, z. B. die Mietpreisentwicklung in Innenstadtlagen. A will die Software selbst nutzen und erwägt zudem die Erteilung entgeltlicher Lizenzen an Marktteilnehmer in anderen Ballungszentren.

Beide für die IT zuständigen Arbeitnehmer von A erhalten jeweils ein Bruttojahresgehalt in Höhe von EUR 100.000. In seiner Bilanz zum Ende des betrachteten Geschäftsjahrs aktivierte A daher die von diesen beiden Arbeitnehmern programmierte Software in Höhe der Herstellungskosten von EUR 100.000.

Im Übrigen verlief das Geschäft von A im betrachteten Geschäftsjahr nur schleppend. Zudem verkalkulierte sich A versehentlich am Ende des Geschäftsjahrs bei der Annahme eines größeren Projektentwicklungsauftrags. A muss deshalb davon ausgehen, dass die Erfüllung dieses – leider bereits verbindlich vereinbarten – Auftrags im folgenden Geschäftsjahr mit einem Verlust in Höhe von EUR 1.000.000 einhergehen wird. Nach Buchung aller weiteren Geschäftsvorfälle erstellte A auf das Ende des betrachteten Geschäftsjahrs daher eine Bilanz mit folgendem Inhalt:

Aktiva (Vermögen) in EUR		Passiva (Kapital) in EUR	
Software	100.000	Eigenkapital	2.786.200
Geschäftsausstattung	80.000	Drohverlustrückstellung	1.000.000
Forderungen aus Lieferungen und Leistungen	1.190.000	Verbindlichkeiten aus Lieferungen und Leistungen	23.800
Vorsteuer	3.800		
Bankguthaben	2.626.200	USt-Verbindlichkeiten	190.000
Summe	**4.000.000**	**Summe**	**4.000.000**

10.4.2 Übungsaufgaben und -fragen

Ermitteln Sie den Gewinn von A im betrachteten Geschäftsjahr!

In welchem Umfang kann A die Rückzahlung von für das vorangegangene Kalenderjahr entrichteter Einkommensteuer beanspruchen?

10.4.3 Mögliche Antworten zu den Übungsaufgaben und -fragen

10.4.3.1 Ermittlung des Gewinns von A im betrachteten Geschäftsjahr

10.4.3.1.1 Vorüberlegungen

Der Gewinn von A im betrachteten Geschäftsjahr ist nach Maßgabe von § 4 Abs. 1 Satz 1 EStG durch einen um Entnahmen und Einlagen bereinigten Betriebsvermögensvergleich zu ermitteln. Zur Durchführung des Betriebsvermögensvergleichs sind zunächst die Handelsbilanzen von A in Steuerbilanzen zu überführen.

10.4.3.1.2 Überführung der Handels- in Steuerbilanzen

Die Handelsbilanz von A zum Ende des vorangegangenen Geschäftsjahres lässt keine Anpassungsnotwendigkeiten erkennen. Deshalb kann davon ausgegangen werden, dass die Handelsbilanz von A am Ende des vorangegangenen Geschäftsjahrs auch der Steuerbilanz entspricht (Einheitsbilanz).

Die Handelsbilanz von A zum Ende des betrachteten Geschäftsjahrs beinhaltet jedoch zwei Posten, für die das EStG abweichende Regelungen beinhaltet, nämlich

- die Software auf der Aktiv- und
- die Drohverlustrückstellung auf der Passivseite.

Der Ansatz der selbst hergestellten Software im Umfang der Herstellungskosten ist zwar gemäß § 248 Abs. 2 Satz 1 HGB nicht zwingend erforderlich, aber zulässig. Denn nach dieser Bestimmung des HGB besteht für selbst hergestellte immaterielle Vermögensgegenstände des Anlagevermögens ein Ansatzwahlrecht. Aus einem Umkehrschluss aus § 5 Abs. 2 EStG folgt jedoch, dass der Ansatz der Software als selbst hergestelltem immateriellem Vermögensgegenstand des Anlagevermögens in der Steuerbilanz untersagt ist. Deshalb muss die Software im Umfang von EUR 100.000 zulasten des Eigenkapitals aus der Handelsbilanz „ausgebucht" werden, um diese in eine Steuerbilanz zu überführen.

Ebenfalls „ausgebucht" werden muss die von A gebildete Drohverlustrückstellung. In der Handelsbilanz musste A diese Drohverlustrückstellung zwar gemäß § 249 Abs. 1 Satz 1 HGB bilden. In der Steuerbilanz ist deren Ansatz jedoch gemäß § 5 Abs. 4a EStG mit der Folge untersagt, dass A in der Steuerbilanz ein entsprechend höheres Eigenkapital ansetzen muss.

Die beiden gemäß §§ 5 Abs. 2 und Abs. 4a EStG erforderlichen Anpassungen führen dazu, dass die Steuerbilanz von A zum Ende des betrachteten Geschäftsjahrs folgenden Inhalt hat:

Aktiva (Vermögen) in EUR		Passiva (Kapital) in EUR	
Geschäftsausstattung	80.000	Eigenkapital	3.686.200
Forderungen aus Lieferungen und Leistungen	1.190.000	Verbindlichkeiten aus Lieferungen und Leistungen	23.800
Vorsteuer	3800		
Bankguthaben	2.626.200	USt-Verbindlichkeiten	190.000
Summe	**3.900.000**	**Summe**	**3.900.000**

Das zum Ende des betrachteten Geschäftsjahrs anzusetzende Betriebsvermögen von A i.S.v. § 4 Abs. 1 Satz 1 EStG (= Eigenkapital) beträgt folglich EUR 3.686.200. Zieht man davon das Betriebsvermögen (Eigenkapital) von A am Schluss des vorangegangenen Geschäftsjahrs ab, führt dies zu folgendem Zwischenergebnis:

	EUR 3.686.200	Betriebsvermögen am Schluss des Geschäftsjahrs
−	EUR 5.560.500	Betriebsvermögen am Schluss des letzten Geschäftsjahrs
=	EUR −1.874.300	Differenz (Zwischenergebnis)

Gemäß § 4 Abs. 1 Satz 1 EStG ist dieses Zwischenergebnis um die von A während des betrachteten Geschäftsjahrs getätigten Einlagen und Entnahmen zu bereinigen. Nach dem Fallszenario tätigte A zwar keine Einlagen, jedoch Entnahmen im Umfang von insgesamt EUR 1.500.000. Dieser Betrag ist gemäß § 4 Abs. 1 Satz 1 EStG deshalb wie folgt hinzuzurechnen:

	−EUR 1.874.300	Zwischenergebnis Betriebsvermögensvergleich
+	EUR 1.500.000	Entnahmen während des betrachteten Geschäftsjahrs
=	−EUR 374.300	Verlust

Im betrachteten Geschäftsjahr erzielte A folglich einen Verlust und damit negative Einkünfte aus Gewerbebetrieb in Höhe von (−) EUR 374.300. Da A keine anderweitigen Einkünfte hat, sind folglich auch die Summe und der Gesamtbetrag der Einkünfte von A im betrachteten Geschäftsjahr entsprechend negativ. Dies führt zu der Frage, in welchem Umfang A die Rückzahlung von Einkommensteuer verlangen kann, die A für das vorangegangene Kalenderjahr entrichtet hat.

10.4.3.2 Anspruch auf Rückzahlung von für das vorangegangene Kalenderjahr entrichteter Einkommensteuer

Da die negativen Einkünfte von A im betrachteten Geschäftsjahr in Höhe von −EUR 374.300 *„bei der Ermittlung des Gesamtbetrags der Einkünfte"*[23] von A nicht ausgeglichen werden konnten, kann ein Verlustrücktrag nach Maßgabe von § 10d Abs. 1 EStG erfolgen. Wird der Gesamtbetrag der Einkünfte von A für das vorangegangene Kalenderjahr rückwirkend von EUR 2.160.000 um EUR 374.300 auf dann nur noch EUR 1.785.700 reduziert, sinkt auch das zvE von A rückwirkend um EUR 374.300 (auf dann nur noch EUR 1.775.700).

Damit liegt das zvE von A im vorangegangenen Kalenderjahr auch nach Abzug des zurück getragenen Verlusts noch über dem in § 32a Abs. 1 Nr. 5 EStG geregelten Schwellenwert von EUR 274.613. Daraus folgt, dass die Einkommensteuerbelastung von A auf demjenigen Teil des zvE, der durch den Verlustrücktrag rückwirkend entfällt, 45 % betrug. Damit hat A Anspruch auf Rückzahlung bereits bezahlter Einkommensteuer in Höhe von (0,45 × EUR 374.300 =) EUR 168.435.

Literatur

Bense, Jonas Max. 2020. Stetigkeit in der Steuerbilanz, DStR, 1658 ff., zit.: *Bense*, DStR 2020, S.

Ertel, Markus, Sabrina Rosnitschek, Sebastian Schanz. 2017. Abweichungen zwischen Handelsbilanz und Steuerbilanz vor und nach dem BilMoG, DStR 2017, 2068 ff., zit.: *Ertel, Rosnitschek, und Schanz*, DStR 2017, S.

Oser, Peter. 2017. Auflösung von Verbindlichkeiten mit Rangrücktritt in Handels- und Steuerbilanz, DStR 2017. 1889 ff., zit.: *Oser*, DStR 2017, S.

Zwirner, Christian, und Jörg Mugler. 2011. Einheitsbilanzklausel und BilMoG: Risiko, Handelsbedarf, Vertragsanpassung, DStR 2011, S. 1191 ff, zit.: *Zwirner und Mugler*, DStR 2011, S.

---

[23] Wortlaut von § 10d Abs. 1 Satz 1 EStG.

Kaufmännische Rechnungslegung und Körperschaftsteuer 11

11.1 Betroffene Rechtsformtypen (Körperschaftsteuersubjekte)

Die im Rahmen dieses Werks betrachteten Handelsgesellschaften (i.S.v. § 6 HGB) fallen nicht in den Anwendungsbereich des EStG, weil sie keine natürlichen Personen sind. Abhängig von der konkreten Rechtsform werden sie jedoch vom Anwendungsbereich des Körperschaftsteuergesetzes (KStG) erfasst.

Die Personenhandelsgesellschaften – OHG, KG und EWIV – unterliegen nicht der Körperschaftsteuer. Die Besteuerung dieser Personengesellschaften wird in einem späteren Kapitel betrachtet. Von den im Rahmen dieses Werks betrachteten Rechtsformtypen fallen im Wesentlichen die so genannten „Kapitalgesellschaften" und die Genossenschaften In den Anwendungsbereich des KStG.[1] Zu den Kapitalgesellschaften zählen SE (mit Sitz in Deutschland), AG, KGaA und GmbH (einschließlich UG [haftungsbeschränkt])[2].

---

[1] Konkret wird der Kreis der potenziellen Körperschafsteuersubjekte in § 1 Abs. 1 KStG definiert und schließt neben den hier betrachteten Kapitalgesellschaften und Genossenschaften u. a. SCE, Versicherungsvereine auf Gegenseitigkeit, Vereine und Stiftungen ein. Im Rahmen dieses Werks werden jedoch nur die als Träger gewerblicher Unternehmen konzipierten Rechtsformtypen betrachtet und damit in diesem Kapitel im Wesentlichen die Kapitalgesellschaften, während die übrigen von § 1 Abs. 1 KStG erfassten Rechtsformtypen außer Betracht bleiben.

[2] Vgl. § 1 Abs. 1 Nr. 1 KStG.

© Der/die Autor(en), exklusiv lizenziert durch Springer Fachmedien Wiesbaden GmbH, ein Teil von Springer Nature 2022
N. Schädel, *Buchführung, Jahresabschluss und Besteuerung gewerblicher Unternehmen*,
https://doi.org/10.1007/978-3-658-34607-2_11

11.2 Steuersatz

Anders als das EStG sieht das KStG keinen progressiven Steuersatz vor, sondern eine *„Flatrate"*. Gemäß § 23 Abs. 1 KStG beträgt die Körperschaftsteuer *„15 % des zu versteuernden Einkommens."*

Die Körperschaftsteuer ist – wie die Umsatz- und die Einkommensteuer – eine Jahressteuer.[3] Die für ein Kalenderjahr geschuldete Körperschaftsteuer entspricht folglich der mit dem Faktor 0,15 multiplizierten Bemessungsgrundlage.

11.3 Bemessungsgrundlage

Bemessungsgrundlage der Körperschaftsteuer ist – wie auch bei der Einkommensteuer – das „zu versteuernde Einkommen"[4] (zvE). Für die Ermittlung des zvE einer körperschaftsteuerpflichtigen Gesellschaft gelten zunächst die §§ 7 Abs. 1 und 8 KStG.

Nach diesen Bestimmungen ist das der Körperschaftsteuer unterliegende zvE zumindest grundsätzlich nach den Bestimmungen des EStG zu ermitteln: *„Was als Einkommen gilt und wie das Einkommen zu ermitteln ist, bestimmt sich nach den Vorschriften des Einkommensteuergesetzes und dieses Gesetzes."*[5]

Aus dem Zusatz *„und dieses Gesetzes"*[6] folgt, dass die Bestimmungen des KStG im Einzelnen von den Bestimmungen des EStG abweichen können. Kommt es zu solchen Abweichungen, sind insoweit die Bestimmungen des KStG für die Ermittlung des zvE maßgeblich.

Für Zwecke der Besteuerung entspricht das Verhältnis des KStG zum EStG somit in etwa dem Verhältnis des EStG zum HGB. Denn für die Einkommensteuer gilt: Maßgeblich ist grundsätzlich die kaufmännische Rechnungslegung nach HGB, soweit im EStG keine Abweichungen vorgesehen sind.[7] Für die Ermittlung der körperschaftsteuerlichen Bemessungsgrundlage gelten wiederum die Bestimmungen des EStG, soweit im KStG nichts Abweichendes geregelt wird. Soweit das KStG Abweichungen von den Bestimmungen des EStG vorsieht, gehen die Bestimmungen des KStG vor.

Indem § 8 Abs. 1 Satz 1 KStG auf das EStG Bezug nimmt, wird folglich mittelbar und nachrangig – über § 5 Abs. 1 Satz 1 EStG – auch auf die handelsrechtliche Rechnungslegung Bezug genommen. Für die Ermittlung des zvE einer körperschaftsteuerpflichtigen Körperschaft, die gewerbliche Einkünfte erzielt, gilt damit folgende Maßgeblichkeitsarchitektur:

---

[3] So ausdrücklich § 7 Abs. 3 Satz 1 KStG.
[4] Vgl. dazu §§ 7 Abs. 1 und 2 sowie 23 KStG.
[5] Wortlaut von § 8 Abs. 1 Satz 1 KStG.
[6] Wortlaut von § 8 Abs. 1 Satz 1 KStG.
[7] Dazu § 5 Abs. 1 Satz 1 und Abs. 6 EStG.

Ermittlung des körperschaftsteuerlichen zvE:	Maßgeblich für die Ermittlung des körperschaftsteuerlichen zvE ist zunächst das nach den Bestimmungen des EStG ermittelte Einkommen (§ 8 Abs. 1 Satz 1 KStG). Soweit die Bestimmungen des KStG jedoch Abweichungen von den Bestimmungen des EStG und/oder des HGB vorsehen, gelten die Bestimmungen des KStG vorrangig und verdrängen insoweit die Bestimmungen des EstG und des HGB.
Ermittlung des einkommensteuerlichen zvE:	Maßgeblich für die Ermittlung des einkommensteuerlichen zvE ist zunächst die handelsrechtliche Rechnungslegung. Soweit die §§ 4 ff. EStG von den Bestimmungen des HGB abweichen, gehen jedoch die Bestimmungen des EStG vor und verdrängen die Bestimmungen des HGB.[8]
Handelsrechtliche Rechnungslegung:	Grundlage auch der Gewinnbesteuerung ist die „kaufmännische" Rechnungslegung, zu der gewerbliche Unternehmen nach Maßgabe der §§ 238 ff. HGB verpflichtet sind.

11.4 Verengung auf Einkünfte aus Gewerbebetrieb

Für die im Rahmen dieses Kapitels betrachteten Rechtsformtypen - Kapitalgesellschaften und Genossenschaften - sieht § 8 Abs. 2 KStG eine wesentliche Abweichung von den Bestimmungen des EStG vor, die bei Ermittlung des zvE zu einer erheblichen Vereinfachung führt: Gemäß § 8 Abs. 2 KStG sind sämtliche Einkünfte, die eine unbeschränkt körperschaftsteuerpflichtige Kapitalgesellschaft oder Genossenschaft erzielt, stets *„als Einkünfte aus Gewerbebetrieb zu behandeln."*[9] Damit weicht § 8 Abs. 2 KStG von § 2 Abs. 1 EStG ab.

In § 2 Abs. 1 EStG werden 7 Einkunftsarten genannt, die einkommensteuerbar sind. Die Aufzählung der 7 Einkunftsarten in § 2 Abs. 1 EStG kann in zweifacher Hinsicht zu Abgrenzungsschwierigkeiten führen. Zum einen müssen die einkommensteuerbaren Einkunftsarten von Einkünften abgegrenzt werden, die nicht einkommensteuerbar sind. Zum anderen müssen die 7 Einkunftsarten untereinander abgegrenzt werden, da für einzelne Einkunftsarten teilweise unterschiedliche Regeln gelten. Durch die in § 8 Abs. 2 KStG

---

[8] Dazu auch an dieser Stelle nochmal das Beispiel „Drohverlustrückstellung": Ist bei Abschluss eines Geschäftsjahrs ein drohender Verlust aus einem schwebenden Geschäft absehbar, muss in der Handelsbilanz gemäß § 249 Abs. 1 Satz 1 HGB eine Drohverlustrückstellung gebildet werden. In der „Steuerbilanz", also zum Zweck der Ermittlung des zvE, dürfen Drohverlustrückstellungen gemäß § 5 Abs. 4a EStG jedoch nicht gebildet werden. Bei Ermittlung der einkommensteuerlichen Bemessungsgrundlage (zvE) hat § 5 Abs. 4a EStG folglich Vorrang vor (verdrängt) § 249 Abs. 1 Satz 1 HGB. Folge ist, dass eine nach den Bestimmungen des HGB in der Handelsbilanz gebildete Drohverlustrückstellung das einkommensteuerliche zvE nicht mindert.

[9] Wortlaut von § 8 Abs. 2 KStG.

für Kapitalgesellschaften und Genossenschaften angeordnete Vereinfachung entfallen diese Abgrenzungsschwierigkeiten bei der Ermittlung des zvE einer solchen Gesellschaft:

1. Die Notwendigkeit einer Zuordnung steuerbarer Einkünfte zu den einzelnen, in § 2 Abs. 1 EStG aufgeführten Einkunftsarten entfällt, weil Kapitalgesellschaften und Genossenschaften überhaupt nur eine Einkunftsart realisieren können, nämlich Einkünfte aus Gewerbebetrieb.
2. Die Notwendigkeit einer Abgrenzung zwischen steuerbaren und nicht steuerbaren Einkünften entfällt bei Kapitalgesellschaften und Genossenschaften ebenfalls, weil sämtliche durch eine Betätigung am Markt (nicht durch Einlagen der Gesellschafter) verursachten Zuwächse des (Netto-)Betriebsvermögens steuerbar sind.[10]

Die Ermittlung des zvE der im Rahmen dieses Kapitels betrachteten Kapitalgesellschaften und Genossenschaften wird dadurch zunächst entkompliziert. Andererseits entsteht zusätzliche Komplexität dadurch, dass das KStG an verschiedenen Stellen Abweichungen vom EStG vorsieht, die bei Ermittlung des zvE dieser Gesellschaften zu beachten sind. Einige dieser Abweichungen mit erheblicher Praxisrelevanz werden nachstehend dargestellt.

11.5 Dividendenbezug von Körperschaften

11.5.1 Vorüberlegung

Erhält eine Genossenschaft oder Kapitalgesellschaft eine Dividende von einer anderen Körperschaft, an der eine Beteiligung besteht, führt dies bei der Genossenschaft oder Körperschaft, welche die Dividende erhält, zu Erträgen aus Beteiligungen.[11] Damit geht ein entsprechender Betriebsvermögenszuwachs einher.

Würde das KStG für diesen Zuwachs an Betriebsvermögen keine besondere Regelung vorsehen, müsste die die Dividende empfangene Körperschaft darauf 15 % Körperschaftsteuer entrichten.[12] Bei mehrstufigen Beteiligungsverhältnissen wären Dividenden entlang der Beteiligungskette dann mit einer Körperschaftsteuerbelastung von 15 % auf jeder Beteiligungsstufe verbunden („Kaskadeneffekt"[13]). Wirtschaftlich betrachtet käme

---

[10] Vgl. dazu z. B. *Roser* in *Gosch*, KStG, 4. Auflage 2020, § 8, Rdnr. 66 ff.
[11] Im Sinn von § 275 Abs. 2 Nr. 9 bzw. Abs. 3 Nr. 8 HGB.
[12] Unter der Voraussetzung, dass die Körperschaft insgesamt ein positives zvE hat.
[13] Vgl. z. B. *Gosch* in *Gosch*, KStG, 4. Auflage 2020, § 8b, Rdnr. 279 l.

es zu einer Doppel- oder Mehrfachbesteuerung ein und desselben Steuersubstrats. Ein von einer Urenkelgesellschaft erzielter Gewinn würde z. B. insgesamt 5mal besteuert, wenn von der Urenkelgesellschaft die Beteiligungskette hoch bis hin zu den Anteilseignern der Muttergesellschaft ausgeschüttet wird.

11.5.2 Grundsatz

Um eine solche Mehrfachbesteuerung zu vermeiden bzw. zumindest erheblich abzumildern, regelt § 8b Abs. 1 Satz 1 KStG zunächst folgenden Grundsatz: *„Bezüge im Sinne des § 20 Abs. 1 Nr. 1, 2, 9 und 10 Buchstabe a des Einkommensteuergesetzes bleiben bei der Ermittlung des Einkommens außer Ansatz."*[14] Dividenden von einer anderen Körperschaft sind Bezüge im Sinn von § 20 Abs. 1 Nr. 1 EStG.[15] Der Anwendungsbereich von § 8b Abs. 1 Satz 1 KStG umfasst daneben jedoch z. B. auch Bezüge aus der Auflösung einer Kapitalgesellschaft oder Genossenschaft, *„die nicht in der Rückzahlung von Nennkapital bestehen"*[16].

Allerdings werden Kaskadeneffekte durch den in § 8b Abs. 1 Satz 1 KStG geregelten Grundsatz, wonach von anderen Körperschaften erhaltene Dividenden das körperschaftsteuerpflichtige Einkommen nicht erhöhen, nicht vollständig vermieden. Denn die in § 8b Abs. 5 KStG vorgesehene Fiktion nicht abzugsfähiger Betriebsausgaben kann zumindest in geringen Umfang zu einer Mehrfachbesteuerung führen.

11.5.3 Fiktion nicht abzugsfähiger Betriebsausgaben

Gemäß § 8b Abs. 5 Satz 1 KStG gilt ein Betrag in Höhe von 5 % der Dividenden, die eine Körperschaft von einer anderen Körperschaft erhält, *„als Ausgaben, die nicht als Betriebsausgaben abgezogen werden dürfen."*[17] Diese Regelung führt dazu, dass sich die in § 8b Abs. 1 Satz 1 KStG grundsätzlich vorgesehene Herausnahme erhaltener Dividenden aus der Körperschaftsteuerpflicht letztlich nur auf 95 % der erhaltenen Dividenden erstreckt. Die übrigen 5 % der Dividenden erhöhen dagegen das körperschaftsteuerpflichtige Einkommen derjenigen Körperschaft, welche die Dividende erhält. Dies sei anhand des folgenden Beispiels veranschaulicht:

---

[14] Wortlaut von § 8b Abs. 1 Satz 1 KStG.
[15] Die übrigen in § 8b Abs. 1 KStG in Bezug genommenen, in § 20 Abs. 1 Nr. 1,2,9 und 10a EStG genannten Bezüge werden hier nicht weiter betrachtet.
[16] Wortlaut von § 20 Abs. 1 Nr. 2 Satz 1 EStG.
[17] Wortlaut von § 8b Abs. 5 Satz 1 KStG.

Beispiel

Eine AG mit Sitz in Deutschland (Mutterunternehmen) hält sämtliche Aktien an einer anderen AG mit Sitz in Deutschland (Tochterunternehmen). Das Tochterunternehmen schüttet eine Dividende in Höhe von EUR 1.000.000 an das Mutterunternehmen aus. Gemäß § 8b Abs. 1 Satz 1 i.V.m. Abs. 5 Satz 1 KStG bleiben 95 % dieses Betrags, also EUR 950.000, bei Ermittlung Einkommens des Mutterunternehmens außer Ansatz, während die übrigen 5 % der Dividende und damit EUR 50.000 das Einkommen des Mutterunternehmens erhöhen.

Isoliert betrachtet ist der Erhalt der Dividende für das Mutterunternehmen deshalb mit einer Körperschaftsteuerbelastung in Höhe von $(0{,}05^{18} \times 0{,}15^{19} =)$ 0,075 % verbunden. Der Erhalt der Dividende in Höhe von EUR 1.000.0000 vom Tochterunternehmen führt beim Mutterunternehmen daher zu einer Körperschaftsteuermehrbelastung in Höhe von $(0{,}075 \times$ EUR $1.000.000 =)$ EUR 7.500. ◄

11.5.4 Ausnahmen bei „Streubesitz"

Erhält eine Körperschaft Dividenden von einer anderen Körperschaft, gilt die aus § 8b Abs. 1 Satz 1 i.V.m. Abs. 5 Satz 1 KStG folgende Besteuerungsmechanik, die lediglich zu einer Körperschaftsteuermehrbelastung von 0,075 % des Dividendenbetrags führt, nicht in allen Fällen. Denn gemäß § 8 Abs. 4 Satz 1 KStG ist der Erhalt von Dividenden von einer andern Körperschaft bei Ermittlung des Gewinns und damit des körperschaftsteuerpflichtigen Einkommens grundsätzlich dann vollumfänglich anzusetzen, *„wenn die Beteiligung zu Beginn des Kalenderjahres unmittelbar weniger als 10 % des Grund- oder Stammkapitals betragen hat; ist ein Grund- oder Stammkapital nicht vorhanden, ist die Beteiligung an dem Vermögen, bei Genossenschaften die Beteiligung an der Summe der Geschäftsguthaben maßgebend."*[20]

Die von dieser Bestimmung erfassten Beteiligungen an Körperschaften, die den genannten Schwellenwert von 10 % nicht erreichen, werden auch „Streubesitz" genannt.[21] Damit ist der Umfang der Beteiligung an der Körperschaft, von der Dividenden bezogen werden, ausschlaggebend für die mit dem Erhalt der Dividende verbundene Körperschaftsteuerbelastung. Wird die Beteiligungsschwelle von 10 % nicht erreicht, führen Dividenden bei der Körperschaft, welche die Dividenden erhält, zu einer

---

[18] Der Faktor 0,05 folgt aus § 8b Abs. 5 Satz 1 KStG und bildet die Fiktion nicht abzugsfähiger Betriebsausgaben in Höhe von 5 % des Dividendenbetrags ab.

[19] Der Faktor 0,15 bildet den in § 23 Abs. 1 KStG geregelten Körperschaftsteuersatz von 15 % ab.

[20] Wortlaut von § 8b Abs. 4 Satz 1 KStG.

[21] Vgl. dazu z. B. *Gosch* in *Gosch*, KStG, 4.Auflage 2020, § 8b, Rdnr. 287 ff.; *Hillebrand/Klamt/Migirov*, DStR 2013, S. 1646 ff.

entsprechenden (also vollumfänglichen) Erhöhung des Gewinns und damit des körperschaftsteuerpflichtigen Einkommens.[22]

11.6 Veräußerungsgewinne

Erzielt eine Körperschaft durch Veräußerung eines Anteils an einer anderen Körperschaft einen Gewinn, greift im Grundsatz die gleiche Besteuerungsmechanik wie bei der Vereinnahmung von Dividenden. Denn gemäß § 8b Abs. 2 Satz 1 KStG bleiben „[b]*ei der Ermittlung des Einkommens ... Gewinne aus der Veräußerung eines Anteils an einer Körperschaft oder Personenvereinigung, deren Leistungen beim Empfänger zu Einnahmen im Sinne des § 20 Abs. 1 Nr. 1, 2, 9 und 10 Buchstabe a des Einkommensteuergesetzes gehören, ... außer Ansatz.*"[23] Der Begriff „*Veräußerungsgewinn*" wird in § 8b Abs. 2 Satz 2 KStG definiert als „*der Betrag, um den der Veräußerungspreis oder der an dessen Stelle tretende Wert nach Abzug der Veräußerungskosten den Wert übersteigt, der sich nach den Vorschriften über die steuerliche Gewinnermittlung im Zeitpunkt der Veräußerung ergibt (Buchwert).*"[24]

Bliebe es bei der uneingeschränkten Geltung dieses Grundsatzes, wären Gewinne, die Körperschaften aus der Veräußerung von Anteilen an anderen Körperschaften erzielen, vollständig steuerfrei. Wie beim Bezug von Dividenden fingiert das KStG jedoch auch bei Veräußerungsgewinnen nicht abzugsfähige Betriebsausgaben im Umfang von 5 %.[25] Die Kombination aus grundsätzlicher Körperschaftsteuerfreiheit einerseits und pauschaler Nichtabzugsfähigkeit von 5 % eines Veräußerungsgewinns andererseits führt wie bei Dividenden zu einer Körperschaftsteuerbelastung in Höhe von 0,075 % auf Veräußerungsgewinne.[26]

„Über den Daumen gepeilt" gilt folglich: 95 % eines Veräußerungsgewinns, den eine Körperschaft durch Veräußerung von Anteilen an einer anderen Körperschaft erzielt, sind körperschaftsteuerfrei, während 5 % des Veräußerungsgewinns das körperschaftsteuerpflichtige Einkommen erhöhen. Diese körperschaftsteuerliche Privilegierung von Veräußerungsgewinnen ist jedoch nur eine Seite der Medaille, deren andere Seite die Behandlung von Gewinnminderungen ist, die im Zusammenhang mit Beteiligungen an anderen Körperschaften entstehen.

---

[22] Zur Vertiefung und Veranschaulichung z. B. *Schönfeld,* DStR 2013, S. 937 ff.
[23] Wortlaut von § 8b Abs. 2 Satz 1 KStG.
[24] Wortlaut § 8b Abs. 2 Satz 2 KStG.
[25] Diese Fiktion wird in § 8b Abs. 3 Satz 1 KStG geregelt.
[26] Dieser Prozentsatz folgt auch hier aus dem Produkt aus 0,05 (=5 % fingierte, nicht abzugsfähige Betriebsausgaben) und 0,15 (= der in § 23 Abs. 1 KStG geregelte Körperschaftsteuersatz von 15 %).

11.7 Gewinnminderungen im Zusammenhang mit Beteiligungen an anderen Körperschaften

Gemäß § 8b Abs. 3 Satz 3 KStG sind *„Gewinnminderungen, die im Zusammenhang mit dem in Abs. 2 genannten Anteil entstehen, ... bei der Ermittlung des Einkommens nicht zu berücksichtigen."*[27] Das folgende Beispiel soll die Wirkung von § 8b Abs. 3 Satz 3 KStG veranschaulichen:

> **Beispiel**
>
> Eine GmbH (Mutterunternehmen) ist Gesellschafterin einer anderen GmbH (Tochterunternehmen) im Umfang von 96 % des Stammkapitals. Der Buchwert der Beteiligung am Tochterunternehmen beträgt EUR 960.000. Durch unvorhergesehene Forderungsausfälle wird das Tochterunternehmen insolvent. Damit ist die Beteiligung am Tochterunternehmen wertlos und das Mutterunternehmen schreibt diese gemäß § 253 Abs. 3 Satz 5 HGB außerplanmäßig „auf 0 EUR ab". Der mit dieser außerplanmäßigen Abschreibung verbundene Aufwand führt wegen § 8b Abs. 3 Satz 3 KStG jedoch zu keiner Minderung des körperschaftsteuerlichen Gewinns des Mutterunternehmens. Mit dem handelsrechtlichen Aufwand des Mutterunternehmens für die außerplanmäßige Abschreibung des Werts des Tochterunternehmens geht folglich keine Minderung der körperschaftsteuerlichen Bemessungsgrundlage des Mutterunternehmens einher. ◄

11.8 Weitere Abzugsbeschränkungen in § 10 KStG

Weitere nicht abziehbare Aufwendungen neben § 8b Abs. 3 Satz 3 KStG regelt § 10 KStG. Danach sind u. a. ebenfalls nicht abziehbar *„die Hälfte der Vergütungen jeder Art, die an Mitglieder des Aufsichtsrats, Verwaltungsrats oder andere mit der Überwachung der Geschäftsführung beauftragte Personen gewährt werden."*[28] Die Wirkung von § 10 Nr. 4 KStG sei anhand des folgenden Beispiels verdeutlicht:

> **Beispiel**
>
> Eine AG zahlt EUR 100.000 Vergütung an die Mitglieder des Aufsichtsrats. Nach den Bestimmungen des HGB sind diese EUR 100.000 Aufwand im Sinn von § 275 Abs. 2 Nr. 6 HGB und mindern das Ergebnis der AG entsprechend um EUR 100.000. Dennoch sind gemäß § 10 Nr. 4 KStG bei Ermittlung des körperschaftsteuerlichen zvE der AG nur 50 % der Aufsichtsratvergütungen abziehbar.

---

[27] Wortlaut von § 8b Abs. 3 Satz 3 KStG.

[28] Wortlaut von § 10 Nr. 4 KStG; die in § 10 Nr. 1–3 KStG geregelten, nicht abziehbaren Aufwendungen werden im Rahmen dieses Werks nicht näher betrachtet.

Damit wird die AG abweichend von den Bestimmungen des HGB und des EStG so behandelt, als betrage der Aufwand für Aufsichtsratsvergütungen nur EUR 50.000. Die andere, körperschaftsteuerlich „nicht anerkannte" Hälfte der Aufsichtsratvergütungen ist zwar ebenfalls tatsächlich abgeflossen und mindert den (handelsrechtlichen) Jahresüberschuss der AG. Wegen § 10 Nr. 4 KStG erhöhen die „nicht anerkannten" EUR 50.000 jedoch die körperschaftsteuerliche Bemessungsgrundlage der AG. ◄

11.9 Verlustabzug

11.9.1 Grundsatz

Weitere körperschaftsteuerliche Besonderheiten gelten unter bestimmten Voraussetzungen gemäß § 8c KStG für Verlustvorträge[29], die von einer Körperschaft noch nicht genutzt, also nicht mit späteren positiven Einkünften verrechnet worden sind. *„Werden innerhalb von fünf Jahren mittelbar oder unmittelbar mehr als 50 % des gezeichneten Kapitals, der Mitgliedschaftsrechte, der Beteiligungsrechte oder der Stimmrechte an einer Körperschaft an einen Erwerber oder diesem nahe stehende Personen übertragen oder liegt ein vergleichbarer Sachverhalt vor (schädlicher Beteiligungserwerb), sind bis zum schädlichen Beteiligungserwerb nicht ausgeglichene oder abgezogene negative Einkünfte (nicht genutzte Verluste) vollständig nicht mehr abziehbar."*[30] Die Wirkung dieser gesetzlichen Bestimmung sei anhand des folgenden Beispiels veranschaulicht:

> **Beispiel**
>
> Eine GmbH hat aus früheren Geschäftsjahren einen kumulierten Verlustvortrag in Höhe von insgesamt EUR 3.000.000. Würde die GmbH diesen Verlustvortrag in späteren Geschäftsjahren nach und nach verbrauchen, also mit positiven Einkünften aus Gewerbebetrieb (Gewinn) verrechnen, könnte die GmbH Körperschaftsteuer im Umfang von EUR 3.000.000 × 0,15[31] = EUR 450.000 vermeiden. Bevor es dazu kommt, erwirbt jedoch Investor I Geschäftsanteile im Umfang von 80 % des Stammkapitals der GmbH von den bisherigen „Alt-Gesellschaftern". Durch diesen „schädlichen Beteiligungserwerb" geht der Verlustvortrag der GmbH und damit das entsprechende Steuersparpotential gemäß § 8c Abs. 1 Satz 1 KStG vollständig verloren. ◄

---

[29] Im Sinn von § 10d Abs. 2 EStG; dass § 10d EStG zumindest grundsätzlich auch im Rahmen der Körperschaftsteuer Anwendung findet, folgt aus dem in § 8 Abs. 1 KStG enthaltenen Verweis auf die *„Vorschriften des Einkommensteuergesetzes"* (Wortlaut von § 8 Abs. 1 Satz 1 KStG).
[30] Wortlaut § 8c Abs. 1 Satz 1 KStG.
[31] Der Faktor von 0,15 entspricht dem Körperschaftsteuersatz gemäß § 23 Abs. 1 KStG von 15 %.

11.9.2 Schädlicher Beteiligungserwerb durch Kapitalerhöhung

Ein zum Verlust von Verlustvorträgen führender, „schädlicher Beteiligungserwerb" kann nicht nur in der Weise erfolgen, dass bestehende Anteile an der Körperschaft an Erwerber veräußert werden. Auch die Übernahme neu geschaffener Anteile an einer Körperschaft stellt einen schädlichen Beteiligungserwerb in diesem Sinn dar, wenn es dadurch innerhalb des in § 8c Abs. 1 Satz 1 KStG genannten 5-Jahres-Zeitraums zu einer entsprechenden Änderung der Beteiligungsquoten kommt. Dies sei anhand des folgenden Beispiels veranschaulicht:

Beispiel

Eine GmbH hat ein Stammkapital in Höhe von EUR 100.000 und einen aus vergangenen Geschäftsjahren resultierenden Verlustvortrag in Höhe von EUR 1.000.000. Bevor die GmbH diesen Verlustvortrag verbrauchen kann, wird das Stammkapital der GmbH durch Beschluss der Alt-Gesellschafter um EUR 200.000 auf insgesamt EUR 300.000 erhöht und der neue Gesellschafter N zur Übernahme sämtlicher neu geschaffenen Geschäftsanteile zugelassen.

Nach Übernahme der neu geschaffenen Geschäftsanteile und Leistung der Einlagen durch N sowie der Eintragung der Kapitalerhöhung im Handelsregister ist N im Umfang von 2/3 am Stammkapital der GmbH beteiligt. Damit liegt die Beteiligungsquote des „Neu-Gesellschafters" über dem in § 8c Abs. 1 Satz 1 KStG genannten Schwellenwert von 50 %.

Rechtsfolge ist der Verlust des bislang von der GmbH nicht verbrauchten Verlustvortrags und des damit verbundenen Potenzials, zukünftigen Körperschaftsteueraufwand zu mindern. Denn § 8c Abs. 1 Satz 3 KStG stellt Kapitalerhöhungen, die zu einer Veränderung der Beteiligungsquoten am Kapital einer Körperschaft führen, einer Übertragung des gezeichneten Kapitals gleich. ◄

11.9.3 Ausnahmen

Von den vorstehend dargestellten Grundsätzen, nach denen Veränderungen der Beteiligungsquoten an Kapitalgesellschaften zu einem Verlust nicht genutzter Verluste führen, gibt es Ausnahmen. Diese werden in den §§ 8c Abs. 1 Sätze 4 ff. und Abs. 1a KStG geregelt. Auf diese Bestimmungen wird an dieser Stelle verwiesen. Im Übrigen können die vorstehend dargestellten Grundzüge und Besonderheiten des Körperschaftsteuerrechts im Rahmen der nachstehenden Übungsaufgabe 10 angewendet werden.

11.10 Übungsaufgabe 10

11.10.1 Fallszenario

Die Großhandel-AG („GAG") mit Sitz in Düsseldorf handelt mit Lebensmitteln in Deutschland. Das Geschäftsjahr der GAG entspricht dem Kalenderjahr. Im letzten Geschäftsjahr erzielte die GAG einen Verlust in Höhe von EUR 6.000.000. Davon wurden EUR 4.000.000 durch Verlustrücktrag in das vorletzte Geschäftsjahr verbraucht.

Die Lieferungen, welche die GAG von ihren Lieferanten erhält, sind zur Hälfte mit 7 % und zur Hälfte mit 19 % (durchschnittlich mit 13 %) Vorsteuer belastet. Für die Lebensmittellieferungen der GAG an Kunden fallen ebenfalls jeweils hälftig 7 % und 19 % Umsatzsteuer an. Die sogenannte „Handelsspanne" (Marge) im Sinn der Differenz zwischen dem Netto-Einkaufs- und dem Netto-Verkaufspreis der GAG beträgt durchschnittlich 100 % der Netto-Einkaufspreise.

Die GAG hat 2 Vorstandsmitglieder, 3 Aufsichtsratsmitglieder und 150 Arbeitnehmer. Die Löhne und Gehälter der Vorstandsmitglieder und Arbeitnehmer einschließlich sozialer Abgaben und Aufwendungen für Altersversorgung betragen insgesamt EUR 11.000.000 pro Jahr. Die Vergütungen der Aufsichtsratsmitglieder betragen insgesamt EUR 120.000 (netto) pro Jahr.

Die GAG betreibt ihr Geschäft von einem neuen, eigenen Gebäude in Düsseldorf aus. Die GAG hatte die Immobilie zu Beginn des letzten Geschäftsjahrs für insgesamt EUR 25.000.000 gekauft und bezogen. Von dem Kaufpreis entfielen EUR 20.000.000 auf das auf dem Grundstück befindliche Gebäude. Dieses schreibt die GAG gemäß §§ 253 Abs. HGB, 8 Abs. 1 KStG, 7 Abs. 4 Nr. 1 EStG im Umfang von 3 % der Anschaffungskosten pro Jahr linear ab.

Zudem hat die GAG an verschiedenen Orten in Deutschland Lagerhallen zur Nutzung angemietet. Die monatlich von der GAG an die jeweiligen Vermieter zu zahlenden Mieten betragen insgesamt EUR 200.000. Die Aufwendungen und Ausgaben der GAG für Energie, Logistik, externe Dienstleister (zusammen „sonstige Aufwendungen") betragen EUR 15.000.000 pro Jahr. Die Bilanz der GAG zum 31. Dezember des letzten Geschäftsjahrs hatte folgenden Inhalt:

Aktiva (Vermögen) in EUR		Passiva (Kapital) in EUR	
Grundstück	5.000.000	Eigenkapital	46.100.000
Gebäude	19.400.000	Darlehen	20.000.000
Beteiligung an L-GmbH	1.000.000		
Vorräte	20.000.000	Verbindlichkeiten aus Lieferungen und Leistungen	11.300.000
Forderungen aus Lieferungen und Leistungen	22.600.000		
Vorsteuer	1.300.000		
Bankguthaben	10.700.000	USt-Verbindlichkeiten	2.600.000
Summe	**80.000.000**	**Summe**	**80.000.000**

Vor 11 Jahren hatte die GAG eine 30 %ige Beteiligung an der Logistik-GmbH (L-GmbH) für insgesamt EUR 1.000.000 in der Absicht erworben, die Beteiligung nach und nach weiter bis hin zu einer Mehrheitsbeteiligung aufzustocken. Da sich die übrigen Gesellschafter der L-GmbH jedoch zwischenzeitlich nicht bereit gezeigt hatten, weitere Geschäftsanteile an die GAG zu veräußern, beabsichtigt die GAG inzwischen, die Beteiligung an der L-GmbH wieder zu veräußern.

Das Darlehen in Höhe von EUR 20.000.000 hatte die GAG zur Finanzierung des Immobilienerwerbs aufgenommen. Das Darlehen ist erst in einigen Jahren zur Rückzahlung fällig und bis dahin mit 4 % *p.a.* zu verzinsen. Die Zinsen werden von der darlehensgebenden Bank am Ende jedes Geschäftsjahrs vom Bankkonto der GAG abgebucht. Über dieses Bankkonto wickelt die GAG auch sämtliche weiteren Einnahmen und Ausgaben ab.

Zu Beginn des betrachteten Geschäftsjahrs vereinnahmte die GAG zunächst sämtliche offenen Forderungen aus Lieferungen und Leistungen und glich sämtliche offenen Umsatzsteuerverbindlichkeiten und Verbindlichkeiten aus Lieferungen und Leistungen aus. Der Ausgleich der Umsatzsteuerverbindlichkeiten erfolgte unter Abzug des bestehenden Vorsteuerguthabens.

Im April des betrachteten Geschäftsjahrs hatte die GAG von der L-GmbH eine Dividenden-Zahlung in Höhe von brutto[32] EUR 100.000 erhalten. Im Oktober des Geschäftsjahrs gelang es der GAG, die Geschäftsanteile an der L-GmbH für insgesamt EUR 2.000.000 an einen der anderen Gesellschafter der L-GmbH zu veräußern. Sowohl die Abtretung der Geschäftsanteile an der L-GmbH an diesen anderen Gesellschafter als auch die Vereinnahmung des Kaufpreises erfolgten ebenfalls noch im Oktober des Geschäftsjahrs.

Im betrachteten Geschäftsjahr hatte die GAG EUR 200.000.000 Umsatzerlöse. Am Ende des Geschäftsjahrs hatte die GAG noch offene Forderungen aus Lieferungen und Leistungen in Höhe von insgesamt EUR 11.300.000 und offene Umsatzsteuerverbindlichkeiten in Höhe von EUR 1.300.000. Im Übrigen konnte die GAG sämtliche Forderungen aus Lieferungen und Leistungen ungeschmälert vereinnahmen (keine Zahlungsausfälle).

Am Ende des Geschäftsjahrs hat die GAG noch Vorräte im Wert (Anschaffungskosten) von EUR 10.000.000 und offene Verbindlichkeiten aus Lieferungen und Leistungen in Höhe von EUR 5.650.000 Das Vorsteuerguthaben der GAG zum Ende des Geschäftsjahres betrug EUR 650.000.

---

[32] Fragen der Kapitalertragsteuer sind im Rahmen dieser Übungsaufgabe nicht zu berücksichtigen.

11.10.2 Übungsaufgaben und -fragen

Wie hoch muss der Wareneinsatz der GAG im Sinn der Anschaffungskosten der von der GAG im betrachteten Geschäftsjahr an Kunden ausgelieferten Lebensmittel gewesen sein?

In welchem Umfang muss die GAG im betrachteten Geschäftsjahr Waren von Lieferanten erworben haben?

Buchen Sie die Geschäftsvorfälle der GAG im betrachteten Geschäftsjahr und erstellen Sie anschließend die Bilanz der GAG zum Ende des betrachteten Geschäftsjahrs! Rückstellungen für Steuern können und sollen dabei außer Betracht bleiben. Die Beschaffung von Waren, die Warenlieferung und Umsatzerlöse, die Mieten, die sonstigen Aufwendungen, der Personalaufwand und die Aufsichtsratsvergütungen können und sollen dabei jeweils in einer Buchung zusammengefasst werden. Zudem kann der während des Geschäftsjahrs erfolgte Ausgleich der in Folge der Warenlieferungen entstandenen Umsatzsteuerverbindlichkeiten unter Verrechnung der von den Waren-Lieferanten in Rechnung gestellten Vorsteuer in einer Buchung zusammengefasst werden. Vorsteuer im Zusammenhang mit sonstigen Eingangsumsätzen der GAG, insbesondere im Zusammenhang mit den sonstigen Aufwendungen, kann und soll außer Betracht bleiben. Ebenso können und sollen lohnsteuer- und sozialversicherungsrechtliche Fragen außer Betracht bleiben. Im Hinblick auf die Anmietung von Lagerhallen kann und soll unterstellt werden, dass von den Vermietern keine Vorsteuer in Rechnung gestellt wird.

Welches Einkommen im Sinn von § 8 Abs. 1 Satz 1 KStG erzielte die GAG im betrachteten Geschäftsjahr?

11.10.3 Mögliche Antworten zu den Übungsaufgaben und -fragen

11.10.3.1 Zum Wareneinsatz der GAG im betrachteten Geschäftsjahr

Der Wareneinsatz ist das in Geldeinheiten gemessene Volumen des durch Lieferungen an Kunden verursachten Verbrauchs an Vorräten der GAG, der zur Erzielung der Umsatzerlöse erforderlich war. Nach den Angaben im Fallszenario erzielte die GAG EUR 200.000.000 Umsatzerlöse und hatte dabei eine Handelsspanne in Höhe von 100 %. Daraus folgt, dass der Wareneinsatz der GAG im betrachteten Geschäftsjahr EUR 100.000.000 betrug.

11.10.3.2 Warenerwerb von Lieferanten im betrachteten Geschäftsjahr

Um zu ermitteln, in welchem Umfang die GAG im betrachteten Geschäftsjahr Waren (Vorräte) von

Lieferanten erwarb, muss der ermittelte Wareneinsatz um den Anfangsbestand an Vorräten zu Beginn des Geschäftsjahrs und den Endbestand an Vorräten am Ende des Geschäftsjahrs bereinigt werden. Denn der Anfangsbestand mindert die Notwendigkeit von weiterem Warenbezug und ist daher vom Wareneinsatz abzuziehen. Der Endbestand ist hinzuzurechnen ist, weil insoweit zusätzlich – bislang nicht verbrauchte – Waren beschafft wurden. Der Umfang der von der GAG im betrachteten Geschäftsjahr von Lieferanten beschafften Waren kann daher wie folgt ermittelt werden:

	EUR 100.000.000	Wareneinsatz
−	EUR 20.000.000	Anfangsbestand
+	EUR 10.000.000	Endbestand
=	EUR 90.000.000	Volumen angeschaffter Waren (Vorräte)

11.10.3.3 Buchung der Geschäftsvorfälle des betrachteten Geschäftsjahrs

11.10.3.3.1 Vereinnahmung offener Forderungen

Die Vereinnahmung der zu Beginn des Geschäftsjahrs noch offenen Forderungen im Umfang von EUR 22.600.000 stellt einen Aktivtausch zugunsten des Bankguthabens und zulasten des Forderungskontos der GAG dar, der wie folgt zu buchen ist:

Soll		an	Haben	
Bankguthaben	EUR 22.600.000		Forderungen aus Lieferungen und Leistungen	EUR 22.600.000

11.10.3.3.2 Ausgleich offener Verbindlichkeiten aus Lieferungen und Leistungen

Der Ausgleich der zu Beginn des Geschäftsjahrs noch offenen Verbindlichkeiten in Höhe von EUR 11.300.000 führt dagegen zu einem parallelen Absinken der Bestände auf dem aktiven Bestandskonto „Bankguthaben" und dem passiven Bestandskonto „Verbindlichkeiten aus Lieferungen und Leistungen". Dieser Vorgang, der zu einer Verkürzung der Bilanzsumme führt, ist wie folgt zu buchen:

Soll		an	Haben	
Verbindlichkeiten aus Lieferungen und Leistungen	EUR 11.300.000		Bankguthaben	EUR 11.300.000

11.10.3.3.3 Ausgleich der Umsatzsteuerverbindlichkeiten mit Vorsteuerabzug

Der Ausgleich der zu Beginn des Geschäftsjahres offenen Umsatzsteuerverbindlichkeiten unter Verrechnung mit dem bestehenden Vorsteuerguthaben (Vorsteuerabzug) kann wie folgt zulasten des Bankguthabens gebucht werden:

Soll		an	Haben	
Umsatzsteuerverbindlichkeiten	EUR 2.600.000		Vorsteuerguthaben	EUR 1.300.000
			Bankguthaben	EUR 1.300.000

11.10.3.3.4 Warenbeschaffung

Da ermittelt wurde, dass die GAG im betrachteten Geschäftsjahr im Umfang von EUR 90.000.000 Vorräte von Lieferanten erwarb, kann die Warenbeschaffung unter Berücksichtigung folgender Informationen in einer Buchung zusammengefasst werden:

- In Anbetracht der Angaben im Fallszenario ist davon auszugehen, dass sich die Forderungen der Lieferanten von EUR 90.000.000 um durchschnittlich 13 % Umsatzsteuer und damit um EUR 11.700.000 auf insgesamt EUR 101.700.000 erhöhten.
- Da von den Forderungen der Lieferanten aus Lieferungen und Leistungen in Höhe von insgesamt EUR 101.700.000 am Ende des Geschäftsjahres nur noch EUR 5.650.000 offen waren, muss die GAG die Differenz in Höhe von (EUR 101.700.000– EUR 5.650.000 =) EUR 96.050.000 zulasten ihres Bankkontos ausgeglichen haben.

Damit kann der Warenerwerb (Vorratserwerb) der GAG während des betrachteten Geschäftsjahrs zunächst in folgender Buchung zusammengefasst werden:

Soll		an	Haben	
Waren (Vorräte)	EUR 90.000.000		Bankguthaben	EUR 96.050.000
Vorsteuer	EUR 11.700.000		Verbindlichkeiten aus Lieferungen und Leistungen	EUR 5.650.000

11.10.3.3.5 Umsatzerlöse

Um die Umsatzerlöse der GAG im betrachteten Geschäftsjahr (EUR 200.000.000) in einer Buchung zusammenzufassen, müssen folgende Informationen berücksichtigt werden:

- Die anfallende Umsatzsteuer betrug durchschnittlich 13 % der Umsatzerlöse und damit insgesamt EUR 26.000.000. Das bedeutet, dass insgesamt Forderungen aus Lieferungen und Leistungen gegen Kunden im Umfang von EUR 226.000.000 begründet wurden.

- Am Ende des Geschäftsjahrs hatte die GAG nach dem Fallszenario nur noch offene Forderungen aus Lieferungen und Leistungen in Höhe von EUR 11.300.000.
- Daraus folgt, dass die übrigen, während des Geschäftsjahrs gegenüber Kunden begründeten Forderungen aus Lieferungen und Leistungen von der GAG vereinnahmt wurden und zu entsprechenden Zuwächsen auf dem Bankkonto der GAG führten.
- Zur Erzielung der Umsatzerlöse mussten Waren im Umfang von EUR 100.000.000 (Wareneinsatz) ausgeliefert werden.

Unter Berücksichtigung dieser Informationen können die während des Geschäftsjahrs erzielten Umsatzerlöse der GAG in folgender Buchung zusammengefasst werden:

Soll		an	Haben	
Forderungen	EUR 11.300.000		Umsatzerlöse	EUR 200.000.000
Bankguthaben	EUR 214.700.000		Umsatzsteuer	EUR 26.000.000
Verminderung des Warenbestands	EUR 100.000.000		Waren (Vorräte)	EUR 100.000.000

11.10.3.3.6 Unterjährige Umsatzsteuerzahlungen mit Vorsteuerabzug

Nach dem Fallszenario hat die GAG am Ende des betrachteten Geschäftsjahrs noch Umsatzsteuerverbindlichkeiten von EUR 1.300.000 und ein Vorsteuerguthaben von EUR 650.000. Daraus folgt, dass die GAG während des betrachteten Geschäftsjahrs von den Umsatzsteuerverbindlichkeiten in Höhe von insgesamt EUR 26.000.000, welche die GAG für die ausgeführten Lieferungen und Leistungen schuldete (EUR 26.000.000–EUR 1.300.000 =) EUR 24.700.000 ausglich. Dies erfolgte jeweils unter Vorsteuerabzug (Verrechnung mit Vorsteuerguthaben).

Insgesamt stellten die Lieferanten der GAG Vorsteuer im Umfang von EUR 11.700.000 in Rechnung. Da die GAG am Ende des Geschäftsjahres noch ein Vorsteuerguthaben von EUR 650.000 hat, muss von der in Rechnung gestellten Vorsteuer im Umfang von insgesamt EUR 11.700.000 ein Betrag in Höhe von (EUR 11.700.000–EUR 650.000 =) EUR 11.050.000 abgezogen (verrechnet) worden sein.

Daraus folgt, dass die GAG Umsatzsteuer im Umfang von EUR 24.700.000 unter gleichzeitigem Vorsteuerabzug (Verrechnung) in Höhe von EUR 11.050.000 und im Übrigen zulasten des Bankguthabens an die Finanzverwaltung entrichtete. Diese unter Verrechnung mit Vorsteuerguthaben erfolgten Umsatzsteuerzahlungen können in folgender Buchung zusammengefasst werden:

Soll		an	Haben	
Umsatzsteuerverbindlichkeiten	24.700.000		Vorsteuer	EUR 11.050.000
			Bankguthaben	EUR 13.650.000

11.10.3.3.7 Löhne und Gehälter

Die Zahlung der Löhne und Gehälter an die Arbeitnehmer und Mitglieder des Vorstands in Höhe von insgesamt EUR 11.000.000 kann in folgender Buchung zusammengefasst werden:

Soll		an	Haben	
Personalaufwand	EUR 11.000.000		Bankguthaben	EUR 11.000.000

11.10.3.3.8 Aufsichtsratsvergütung

Die Zahlung der Aufsichtsratsvergütungen in Höhe von insgesamt EUR 120.000 kann in folgender Buchung zusammengefasst werden:

Soll		an	Haben	
Aufsichtsratsvergütung[33]	EUR 120.000		Bankguthaben	EUR 120.000

11.10.3.3.9 Mietzahlungen

Nach dem Fallszenario beträgt der monatliche Aufwand der GAG für die Anmietung von Lagerhallen EUR 200.000. Daher muss die GAG jährlich Mietzahlungen in Höhe von insgesamt EUR 2.400.000 an die Vermieter der Lagerhallen leisten. Diese Mietzahlungen können in folgender Buchung zusammengefasst werden:

Soll		an	Haben	
Mietaufwand	EUR 2.400.000		Bankguthaben	EUR 2.400.000

11.10.3.3.10 Sonstige Aufwendungen

Die sonstigen Aufwendungen für Energie, Logistik und externe Dienstleister der GAG im Umfang von insgesamt EUR 15.000.000 können in folgender Buchung zusammengefasst werden:

Soll		an	Haben	
Sonstige Aufwendungen	EUR 15.000.000		Bankguthaben	EUR 15.000.000

---

[33] Die Aufsichtsratsvergütung kann im Rahmen der sonstigen betrieblichen Aufwendungen im Sinn von § 275 Abs. 2 Nr. 8 bzw. Abs. 3 Nr. 7 HGB konsolidiert werden.

11.10.3.3.11 Dividende von der L-GmbH

Der Erhalt der Dividendenzahlung in Höhe von EUR 100.000 von der L-GmbH im April des betrachteten Geschäftsjahrs führte bei der GAG zu einem entsprechenden Zuwachs auf dem aktiven Bestandskonto Bankguthaben. Dieser Geldeingang kann wie folgt gegen (an) Erträge aus Beteiligungen[34] gebucht werden:

Soll		an	Haben	
Bankguthaben	EUR 100.000		Erträge aus Beteiligungen	EUR 100.000

11.10.3.3.12 Veräußerung der Geschäftsanteile an der L-GmbH

Die anschließende Veräußerung der Beteiligung an der L-GmbH gegen einen vereinnahmten Kaufpreis in Höhe von EUR 2.000.000 führte bei der GAG zu einem entsprechenden Zuwachs auf dem aktiven Bestandskonto Bankguthaben. Dagegen steht der Abgang der Beteiligung an der L-GmbH.

Zudem erzielte die GAG durch die Veräußerung einen Veräußerungsgewinn in Höhe der Differenz aus dem Kaufpreis und den ursprünglichen Anschaffungskosten der L-GmbH, also in Höhe von EUR 1.000.000. Dieser Veräußerungsgewinn wird jedoch nicht von der in § 277 Abs. 1 HGB enthaltenen Definition des Begriffs „Umsatzerlöse" erfasst, sondern stellt einen außergewöhnlichen, sonstigen betrieblichen Ertrag dar. Die Veräußerung der Beteiligung an der L-GmbH kann von der GAG daher zusammengefasst wie folgt gebucht werden:

Soll		an	Haben	
Bankguthaben	EUR 2.000.000		Außergewöhnlicher Ertrag	EUR 1.000.000
			Beteiligung an L-GmbH	EUR 1.000.000

11.10.3.3.13 Darlehenszinsen

Die Abbuchung von 4 % Zinsen für das Darlehen in Höhe von EUR 20.000.000 durch die darlehensgebende Bank am Ende des Geschäftsjahres ist von der GAG wie folgt zu buchen:

Soll		an	Haben	
Zinsaufwand	EUR 800.000		Bankguthaben	EUR 800.000

---

[34] Im Sinn von § 275 Abs. 2 Nr. 9 bzw. § 275 Abs. 3 Nr. 8 HGB.

11.10.3.3.14 Abschreibung des Gebäudes

Zudem steht am Ende des Geschäftsjahrs noch die Abschreibung des Gebäudes an, das die GAG zum Beginn des letzten Geschäftsjahrs für EUR 20.000.000 angeschafft hatte. Die Abschreibung erfolgt linear im Umfang von 3 % der Anschaffungskosten pro Jahr und ist wie folgt zu buchen:

Soll		an	Haben	
AfA Gebäude	EUR 600.000		Gebäude	EUR 600.000

11.10.3.4 Bilanz der GAG zum Ende des betrachteten Geschäftsjahrs

Im Anschluss an die vorstehenden Buchungen können die Bestandskonten der GAG in folgender Bilanz konsolidiert werden:

Aktiva (Vermögen) in EUR		Passiva (Kapital) in EUR	
Grundstück	5.000.000	Eigenkapital	117.280.000
Gebäude	18.800.000	Darlehen	20.000.000
Vorräte	20.000.000	Verbindlichkeiten aus Lieferungen und Leistungen	5.650.000
Forderungen aus Lieferungen und Leistungen	11.300.000		
Vorsteuer	650.000	USt-Verbindlichkeiten	1.300.000
Bankguthaben	98.480.000		
Summe	**144.230.000**	**Summe**	**144.230.000**

11.10.3.5 Ermittlung des Einkommens der GAG im betrachteten Geschäftsjahr

11.10.3.5.1 Vorüberlegung

Das Einkommen der GAG ist gemäß § 8 Abs. 1 KStG nach den Bestimmungen des EStG und des KStG zu ermitteln. Da nach den Bestimmungen des EStG grundsätzlich zunächst die handelsrechtliche Rechnungslegung der GAG für die Gewinnermittlung maßgeblich ist, kann zunächst ein Betriebsvermögensvergleich anhand der Handelsbilanzen am Ende und am Beginn des betrachteten Geschäftsjahrs durchgeführt werden. Das Ergebnis dieses Betriebsvermögensvergleichs ist dann jedoch noch nach Maßgabe des EStG und des KStG zu korrigieren, soweit im EStG oder im KStG Abweichungen von den Bestimmungen des HGB vorgesehen sind.

11.10.3.5.2 Betriebsvermögensvergleich anhand der Handelsbilanzen

Das in der Handelsbilanz der GAG am Ende des betrachteten Geschäftsjahrs ausgewiesene Eigenkapital beträgt EUR 117.200.000. Zieht man davon das zu Beginn des

Geschäftsjahres in der Handelsbilanz bestehende Eigenkapital von EUR 46.100.000 ab, führt dieser auf Grundlage der Handelsbilanzen durchgeführte Betriebsvermögensvergleich zu einer Differenz in Höhe von EUR 71.180.000.

Da während des betrachteten Geschäftsjahres weder Ausschüttungen noch Einlagen erfolgten, ist insoweit keine Korrektur dieses Ergebnisses erforderlich. Das anhand der Handelsbilanzen ermittelte (Zwischen-)Ergebnis muss jedoch noch anhand derjenigen Regelungen des KStG korrigiert werden, die Abweichungen von den Bestimmungen des HGB und des EStG vorsehen.

11.10.3.5.3 Korrekturen durch (außerbilanzielle) Hinzurechnungen und Abzüge

Konkreter Korrekturbedarf besteht sowohl im Hinblick auf § 8b KStG als auch wegen § 10 Nr. 4 KStG. Die nach diesen Vorschriften erforderlichen Änderungen des bislang anhand der Handelsbilanzen ermittelten Zwischenergebnisses werden im Folgenden dargestellt:

11.10.3.5.3.1 Korrekturen nach § 8b Abs. 1 und 5 KStG

In das bisher ermittelte Zwischenergebnis ist auch die Dividende in Höhe von EUR 100.000 eingeflossen, welche die GAG von der L-GmbH erhalten hat. Gemäß § 8b Abs. 1 Satz 1 KStG muss dieser Betrag bei Ermittlung des Einkommens der GAG jedoch außer Ansatz bleiben.

Allerdings gelten 5 % dieses Betrags und damit (EUR 100.000 Dividende × 0,05[35] =) EUR 5000 als nicht abzugsfähige Betriebsausgaben. Nach der in § 8b Abs. 1 und 5 KStG geregelten Besteuerungsmechanik müssen von dem bislang ermittelten Ergebnis daher EUR 95.000 abgezogen werden.

11.10.3.5.3.2 Weiterer Abzug gemäß § 8b Abs. 2 und 3 KStG

Durch Veräußerung der Beteiligung an der L-GmbH im Oktober des betrachteten Geschäftsjahrs erzielte die GAG zudem einen Veräußerungsgewinn i.S.v. § 8b Abs. 2 Satz 2 KStG in Höhe von EUR 1.000.000. Dieser muss bei Ermittlung des Einkommens der GAG gemäß § 8b Abs. 2 Satz 1 KStG grundsätzlich ebenfalls außer Ansatz bleiben.

Allerdings greift gemäß § 8b Abs. 3 Satz 1 KStG die gleiche Besteuerungsmechanik wie beim Erhalt der Dividendenzahlung. Danach gelten auch 5 % des Veräußerungsgewinns und damit EUR 50.000 als nicht abzugsfähige Betriebsausgaben. Von dem bislang anhand der Handelsbilanzen der GAG ermittelten Zwischenergebnis muss daher infolge des Zusammenspiels von § 8b Abs. 2 und 3 KStG ein weiterer Betrag in Höhe von (EUR 1.000.000 Veräußerungsgewinn − EUR 50.000 nicht abzugsfähiger Betriebsausgaben =) EUR 950.000 abgezogen werden.

---

[35] Der Faktor von 0,05 bildet die in § 8b Abs. 5 KStG geregelte Fiktion ab, nach der 5 % der erhaltenen Dividendenbeträge als nicht abzugsfähige Betriebsausgaben gelten.

11.10.3.5.3.3 Abzugsverbot gemäß § 10 Nr. 4 KStG

Das anhand der Handelsbilanzen ermittelte Zwischenergebnis wurde zudem durch die Vergütungen in Höhe von insgesamt EUR 120.000 gemindert, welche die GAG an die Aufsichtsratsmitglieder zahlte. Gemäß § 10 Nr. 4 KStG dürfen bei Ermittlung der körperschaftsteuerlichen Bemessungsgrundlage jedoch nur die Hälfte der an Aufsichtsratsmitglieder gezahlten Vergütungen gezogen werden.

Dem anhand der Handelsbilanzen ermittelten Zwischenergebnis muss die gemäß § 10 Nr. 4 KStG nicht abzugsfähige Hälfte der Aufsichtsratsvergütungen und somit EUR 60.000 wieder hinzugerechnet werden.

11.10.3.5.4 Ergebnis und Zusammenfassung

Damit kann der Korrekturbedarf in folgender Ermittlung des Einkommens der GAG für das betrachtete Geschäftsjahr zusammengefasst werden:

	EUR 71.180.000	Ergebnis Betriebsvermögensvergleichs anhand der Handelsbilanzen
−	EUR 95.000	Abzug von 95 % der Dividende (§ 8b Abs. 1 und 5 KStG)
−	EUR 950.000	Abzug von 95 % des Veräußerungsgewinns (§ 8b Abs. 2 und 3 KStG)
+	EUR 60.000	Hinzurechnung von 50 % der Aufsichtsratsvergütung (§ 10 Nr. 4 KStG)
=	EUR 70.195.000	Einkommen der GAG im betrachteten Geschäftsjahr

Literatur

Gosch, Dietmar. Hrsg. 2020. Körperschaftsteuergesetz, 4. Aufl., zit.: *Bearbeiter* in *Gosch*, KStG, 4.Aufl. 2020, §, Rdnr.

Hillebrand, Timo, Johannes Klamt, und Lev Migirov. 2013. Auswirkungen der Steuerpflicht von Streubesitzdividenden bei Beteiligungen über Investmentvermögen, DStR 2013, 1646 ff., zit.: *Hillebrand/Klamt/Migirov*, DStR 2013, S.

Schönfeld, Jens. 2013. Die Steuerpflicht von Streubesitzdividenden gemäß § 8b Abs. 4 KStG n. F. – dargestellt anhand von Fallbeispielen, DStR 2013, 937 ff., zit.: *Schönfeld*, DStR 2013, S.

Kaufmännische Rechnungslegung und Gewerbesteuer 12

12.1 Gegenstand der Besteuerung

Gemäß § 2 Abs. 1 GewStG unterliegt der Gewerbesteuer *„jeder stehende Gewerbebetrieb, soweit er im Inland betrieben wird. Unter Gewerbebetrieb ist ein gewerbliches Unternehmen im Sinne des Einkommensteuergesetzes zu verstehen. Im Inland betrieben wird ein Gewerbebetrieb, soweit für ihn im Inland oder auf einem in einem inländischen Schiffsregister eingetragenen Kauffahrteischiff eine Betriebsstätte unterhalten wird."*[1] Was eine „Betriebsstätte" in diesem Sinn ist, wird in § 12 AO definiert. Danach ist eine *„Betriebsstätte … jede feste Geschäftseinrichtung oder Anlage, die der Tätigkeit eines Unternehmens dient. Als Betriebsstätten sind insbesondere anzusehen:*

1. *Die Stätte der Geschäftsleitung,*
2. *Zweigniederlassungen,*
3. *Geschäftsstellen,*
4. *Fabrikations- oder Werkstätten,*
5. *Warenlager,*
6. *Ein- oder Verkaufsstellen,*
7. *Bergwerke, Steinbrüche oder andere stehende, örtlich fortschreitende oder schwimmende Stätten der Gewinnung von Bodenschätzen,*
8. *Bauausführungen oder Montagen, auch örtlich fortschreitende oder schwimmende, wenn*
   a) *die einzelne Bauausführung oder Montage oder*

---

[1] Wortlaut von § 2 Abs. 1 GewStG.

b) *eine von mehreren zeitlich nebeneinander bestehenden Bauausführungen oder Montagen oder*

c) *mehrere ohne Unterbrechung aufeinander folgende Bauausführungen oder Montagen*

länger als sechs Monate dauern. "[2]

Die Gewerbesteuer ist – wie die Umsatz-, Einkommen- und Körperschaftsteuer – ebenfalls eine Jahressteuer. Die Gewerbesteuerverbindlichkeit entsteht grundsätzlich mit Ablauf des sogenannten *„Erhebungszeitraums"*[3]. Jedes Kalenderjahr ist ein Erhebungszeitraum.[4]

12.2 Steuerschuldner

Steuerschuldner der Gewerbesteuer ist der Inhaber des Gewerbebetriebs. Das ist derjenige Marktteilnehmer, *„für dessen Rechnung das Gewerbe betrieben wird. Ist die Tätigkeit einer Personengesellschaft Gewerbebetrieb, so ist Steuerschuldner die Gesellschaft."*[5]

Diese Regelung bildet ab, dass zwischen einer Gesellschaft und ihren Gesellschaftern keine Identität besteht, auch nicht zwischen einer Personengesellschaft und ihren Gesellschaftern. Gesellschaften, Körperschaften ebenso wie Personengesellschaften, sind rechtlich selbstständige Marktteilnehmer mit der Fähigkeit, jeweils eigenes Vermögen zu erwerben, eigene Verbindlichkeiten zu begründen und Rechte wahrzunehmen und einzuklagen.[6]

Betreibt eine Gesellschaft ein Unternehmen, ist die Gesellschaft die Inhaberin dieses Unternehmens und nicht deren Gesellschafter. Das in der Bilanz einer Gesellschaft aktivierte Vermögen ist wirtschaftlich grundsätzlich der Gesellschaft zugeordnet, und nicht den Gesellschaftern. Schuldnerin der in der Bilanz der Gesellschaft passivierten

---

[2] Wortlaut von § 12 AO.

[3] So § 18 GewStG.

[4] So § 14 Satz 2 GewStG; soweit die Gewerbesteuerpflicht nicht während eines gesamten Kalenderjahrs besteht, z. B. weil der Gewerbebetrieb erst unterjährig eröffnet wurde, tritt der entsprechend abgekürzte Zeitraum bis Jahresende (bzw., im Fall einer unterjährigen Beendigung der Gewerbetätigkeit, ab Jahresanfang) an die Stelle des Kalenderjahrs.

[5] Wortlaut von § 5 Abs. 1 Satz 2 und 3 GewStG; zur EWIV vgl. § 5 Abs. 1 Satz 4 GewStG; danach sind im Fall einer EWIV *„abweichend von Satz 3 die Mitglieder Gesamtschuldner."*

[6] Vgl. dazu z. B. §§ 124 Abs. 1 HGB (für OHG), 161 Abs. 2 i.V.m. § 124 Abs. 1 HGB (für KG), § 1 Abs. 1 Satz 1 AktG (für AG) und § 13 Abs. 1 GmbHG (für GmbH und UG [haftungsbeschränkt]).

Verbindlichkeiten ist die Gesellschaft, nicht der oder die Gesellschafter.[7] Dies gilt auch für Gewerbesteuerverbindlichkeiten. Deren konkreter Umfang hängt von der Bemessungsgrundlage und vom einschlägigen Steuersatz ab.

12.3 Steuersatz

Einen einheitlichen Gewerbesteuersatz gibt es nicht. Vielmehr wird die Gewerbesteuer gemäß § 16 Abs. 1 GewStG *„auf Grund des Steuermessbetrags (§ 14) mit einem Prozentsatz (Hebesatz) festgesetzt und erhoben, der von der hebeberechtigten Gemeinde (§§ 4, 35a) zu bestimmen ist."*[8] Der anwendbare Steuersatz hängt deshalb davon ab, in welcher Gemeinde der Gewerbebetrieb ansässig ist.

Hat ein Unternehmen Betriebsstätten in mehreren Gemeinden, kommt es zu einer sogenannten „Zerlegung".[9] Den Maßstab für eine solche Zerlegung regelt § 29 GewStG. Auf diese Weise wird das von einem gewerblichen Unternehmen erhobene Gewerbesteueraufkommen auf sämtliche Gemeinden verteilt, in denen die Wertschöpfung des Unternehmens erfolgt.

12.4 Bemessungsgrundlage

12.4.1 Gesetzliche Regelungen

Die Bemessungsgrundlage für die Erhebung der Gewerbesteuer wird in § 6 GewStG wie folgt geregelt: *„Besteuerungsgrundlage für die Gewerbesteuer ist der Gewerbeertrag."*[10] Der Begriff „Gewerbeertrag" wird in § 7 Satz 1 GewStG wie folgt definiert:

„Gewerbeertrag ist der nach den Vorschriften des Einkommensteuergesetzes oder des Körperschaftsteuergesetzes zu ermittelnde Gewinn aus dem Gewerbebetrieb, der bei der Ermittlung des Einkommens für den dem Erhebungszeitraum (§ 14) entsprechenden Veranlagungszeitraum zu berücksichtigen ist, vermehrt und vermindert um die in den §§ 8

---

[7] Allerdings haften die Gesellschafter einer OHG und die persönlich haftenden Gesellschafter (Komplementäre) einer KG auf Grundlage von § 128 HGB (auf den in § 161 Abs. 2 HGB Bezug genommen wird) unbeschränkt persönlich für diese Verbindlichkeiten; bei AG (§ 1 Abs. 1 Satz 2 AktG) und GmbH (§ 13 Abs. 2 GmbHG) ist jedoch keine grundsätzliche gesetzliche Haftung der Gesellschafter (Aktionäre) für Verbindlichkeiten der Gesellschaft vorgesehen, auch keine „beschränkte Haftung".

[8] Wortlaut von § 16 Abs. 1 GewStG.

[9] Dazu § 28 GewStG.

[10] Wortlaut von § 6 GewStG.

und 9 bezeichneten Beträge."[11] Die Ermittlung der gewerbesteuerlichen Bemessungsgrundlage setzt folglich zunächst auf die Bestimmungen des EStG und im Fall von Körperschaften zusätzlich auf die Bestimmungen des KStG auf.

Die Bezugnahme in § 7 Satz 1 GewStG auf die *„Vorschriften des Einkommensteuergesetzes"*[12] erfasst auch § 5 Abs. 1 EStG und damit den dort geregelten Grundsatz der Maßgeblichkeit der handelsrechtlichen Rechnungslegung für die Ermittlung der einkommensteuerlichen Bemessungsgrundlage. Über diesen Verweis auf § 5 Abs. 1 Satz 1 EStG wird die handelsrechtliche Rechnungslegung mittelbar auch für die Ermittlung der gewerbesteuerlichen Bemessungsgrundlage maßgeblich. Wesentliche, nach dem GewStG erforderliche Modifikationen des einkommen- bzw. körperschaftsteuerlichen Ergebnisses zur Ermittlung des Gewerbeertrags sind die nach Maßgabe der §§ 8 und 9 GewStG durchzuführenden Hinzurechnungen und Kürzungen.

12.4.2 Hinzurechnungen

12.4.2.1 Grundsätzliches

In § 8 GewStG wird angeordnet, dass dem Gewerbeertrag bestimmte Aufwendungen wieder hinzugerechnet werden müssen, soweit diese den nach § 4 Abs. 1 Satz 1 EStG ermittelten Gewinn gemindert haben, der Grundlage für die Ermittlung des Gewerbeertrags ist. Insoweit wird zunächst auf die einzelnen, in § 8 GewStG geregelten Tatbestände Bezug genommen. Von diesen wird an dieser Stelle lediglich die in § 8 Nr. 1 GewStG angeordnete Hinzurechnung bestimmter – im weitesten Sinn – Finanzierungsaufwendungen näher betrachtet.

Gemäß § 8 Nr. 1 GewStG müssen dem Gewinn aus Gewerbebetrieb ein Viertel der Summe aus folgenden Beträgen wieder hinzugerechnet werden, soweit diese Beträge bei der Ermittlung des Gewinns abgesetzt worden sind und soweit die Summe den Betrag von EUR 200.000 übersteigt:

a)	Entgelte *„für Schulden. ²Als Entgelt gelten auch der Aufwand aus nicht dem gewöhnlichen Geschäftsverkehr entsprechenden gewährten Skonti oder wirtschaftlich vergleichbaren Vorteilen im Zusammenhang mit der Erfüllung von Forderungen aus Lieferungen und Leistungen vor Fälligkeit sowie die Diskontbeträge bei der Veräußerung von Wechsel- und anderen Geldforderungen. ³Soweit Gegenstand der Veräußerung eine Forderung aus einem schwebenden Vertragsverhältnis ist, gilt die Differenz zwischen dem Wert der Forderung aus dem schwebenden Vertragsverhältnis, wie ihn die Vertragsparteien im Zeitpunkt des Vertragsschlusses der Veräußerung zugrunde gelegt haben, und dem vereinbarten Veräußerungserlös als bei der Ermittlung des Gewinns abgesetzt,*

---

[11] Wortlaut von § 7 Satz 1 GewStG.
[12] Wortlaut von § 7 Satz 1 GewStG.

12.4 Bemessungsgrundlage

b)		Renten und dauernden Lasten. ²Pensionszahlungen auf Grund einer unmittelbar vom Arbeitgeber erteilten Versorgungszusage gelten nicht als dauernde Last im Sinne des Satzes 1,"
c)		Gewinnanteile „des stillen Gesellschafters,"
d)		ein „Fünftel der Miet- und Pachtzinsen (einschließlich Leasingraten) für die Benutzung von beweglichen Wirtschaftsgütern des Anlagevermögens, die im Eigentum eines anderen stehen. ²Eine Hinzurechnung nach Satz 1 ist nur zur Hälfte vorzunehmen bei
	aa)	Fahrzeugen mit Antrieb ausschließlich durch Elektromotoren, die ganz oder überwiegend aus mechanischen oder elektrochemischen Energiespeichern oder aus emissionsfrei betriebenen Energiewandlern gespeist werden (Elektrofahrzeuge),
	bb)	extern aufladbaren Hybridelektrofahrzeugen, für die sich aus der Übereinstimmungsbescheinigung nach Anhang IX der Richtlinie 2007/46/EG oder aus der Übereinstimmungsbescheinigung nach Artikel 38 der Verordnung (EU) Nr. 168/2013 ergibt, dass das Fahrzeug eine Kohlendioxidemission von höchstens 50 g je gefahrenen Kilometer hat oder die Reichweite des Fahrzeugs unter ausschließlicher Nutzung der elektrischen Antriebsmaschine mindestens 80 km beträgt, und
	cc)	Fahrrädern, die keine Kraftfahrzeuge sind,"
e)		die Hälfte „der Miet- und Pachtzinsen (einschließlich Leasingraten) für die Benutzung der unbeweglichen Wirtschaftsgüter des Anlagevermögens, die im Eigentum eines anderen stehen, und"
f)		ein „Viertel der Aufwendungen für die zeitlich befristete Überlassung von Rechten (insbesondere Konzessionen und Lizenzen, mit Ausnahme von Lizenzen, die ausschließlich dazu berechtigen, daraus abgeleitete Rechte Dritten zu überlassen). ²Eine Hinzurechnung nach Satz 1 ist nicht vorzunehmen auf Aufwendungen, die nach § 25 des Künstlersozialversicherungsgesetzes Bemessungsgrundlage für die Künstlersozialabgabe sind".

Wie bereits hervorgehoben: Die Hinzurechnung dieser Aufwendungen erfolgt gemäß § 8 Nr. 1 GewStG nur, „soweit die Summe den Betrag von 200 000 EUR übersteigt."[13] Die Hinzurechnung erhöht die gewerbesteuerliche Bemessungsgrundlage und damit die Gewerbesteuerbelastung.

Eine durch Hinzurechnungen nach § 8 Nr. 1 GewStG bewirkte Erhöhung der Gewerbesteuerbelastung ist nicht nur im Rahmen der Liquiditätsplanung eines Unternehmens zu berücksichtigen, sondern auch bei Investitionsrechnungen. Denn die Rendite einer fremdfinanzierten Investition kann auf diese Weise gemindert werden. Mit den von § 9 GewStG angeordneten Kürzungen des Gewerbeertrags verhält es sich dagegen umgekehrt.

12.4.3 Kürzungen

Gemäß § 9 GewStG ist die Summe des Gewinns und der Hinzurechnungen zur Ermittlung des Gewerbeertrags um bestimmte Beträge zu kürzen. Insoweit wird auf § 9

---

[13] Wortlaut § 8 Nr. 1 GewStG am Ende.

GewStG Bezug genommen. Mit Ausnahme von § 9 Nr. 2a GewStG werden die einzelnen Kürzungstatbestände im Rahmen dieses Werks nicht betrachtet. Denn deren Verständnis setzt tiefergehende steuerrechtliche Kenntnisse voraus, die im Rahmen dieses Werks nicht oder erst im nachstehenden Kapitel betrachtet werden. Insoweit wird insbesondere auch auf die einschlägige Kommentarliteratur verwiesen.

Gemäß § 9 Nr. 2a GewStG ist die Summe aus Gewinn und Hinzurechnungen u. a. zu kürzen um *„die Gewinne aus Anteilen an einer nicht steuerbefreiten inländischen Kapitalgesellschaft im Sinne des § 2 Abs. 2, ... einer Genossenschaft oder einer Unternehmensbeteiligungsgesellschaft im Sinne des § 3 Nr. 23, wenn die Beteiligung zu Beginn des Erhebungszeitraums mindestens 15 % des Grund- oder Stammkapitals beträgt und die Gewinnanteile bei Ermittlung des Gewinns (§ 7) angesetzt worden sind. Ist ein Grund- oder Stammkapital nicht vorhanden, so ist die Beteiligung an dem Vermögen, bei Genossenschaften die Beteiligung an der Summe der Geschäftsguthaben, maßgebend."*[14] Durch § 9 Nr. 2a GewStG werden gewerbesteuerliche Kaskadeneffekte auf Dividenden reduziert.[15]

Die Ermittlung des Gewerbeertrags eines Unternehmers unter Berücksichtigung der vorstehend betrachteten Hinzurechnungen und Kürzungen ist Gegenstand des folgenden Übungsfalls 12, der zudem Problemstellungen aus den vorangegangenen Kapiteln aufwirft:

12.5 Übungsfall 11

12.5.1 Fallszenario

Unternehmensgegenstand und Geschäftsmodell der Filmproduktions-AG („FAG") mit Sitz in München ist die Produktion und Lizensierung von Spielfilmen und Serien. Das Geschäftsjahr der FAG entspricht dem Kalenderjahr. Die FAG hat 2 Vorstands- und 3 Aufsichtsratsmitglieder sowie 20 Arbeitnehmer. Zahlungen wickelt die FAG ausschließlich über ihr Bankkonto ab.

Der Personalaufwand der FAG einschließlich des Aufwands für die Vergütung der Vorstandsmitglieder beträgt EUR 3.000.000 pro Jahr. Die Aufsichtsratsmitglieder werden jeweils mit EUR 60.000 pro Jahr vergütet. Die Geschäftsräume der FAG sind angemietet. Die Geschäftsraummiete beträgt jährlich EUR 300.000.

Die Betriebs- und Geschäftsausstattung („BGA") der FAG, z. B. Kameras, Mikrophone und Scheinwerfer, werden ebenfalls angemietet. Die dafür an die jeweiligen Vermieter zu entrichtenden Mietzahlungen betragen EUR 600.000 pro Jahr. Die sonstigen betrieblichen Aufwendungen der FAG (z. B. für Strom, Wasser, externe Berater etc.)

---

[14] Wortlaut § 9 Nr. 2a Sätze 1 und 2 GewStG.
[15] Dazu z. B. BFH, Beschluss vom 24.01.2012 (I B 34/11).

12.5 Übungsfall 11

betragen EUR 400.000 pro Jahr. Die Bilanz der FAG am Ende des letzten Geschäftsjahrs hatte folgenden Inhalt:

Aktiva (Vermögen) in EUR		Passiva (Kapital) in EUR	
Rechte an Filmwerken	20.000.000	Eigenkapital	19.860.000
Beteiligung Studio-AG	3.000.000	Darlehensverbindlichkeit	10.000.000
Forderungen aus LuL	2.140.000	Umsatzsteuerverbindlichkeit	140.000
Bankguthaben	4.860.000		
Summe	**30.000.000**	**Summe**	**30.000.000**

Die Beteiligung der FAG an der Studio-AG („SAG") umfasst 30 % der Aktien, der Stimmrechte und des Grundkapitals an der SAG. Die FAG hatte die Aktien an der SAG, deren Sitz ebenfalls in München ist, vor einigen Jahren für EUR 3.000.000 erworben. Zu Beginn des betrachteten Geschäftsjahres erhielt die FAG von der SAG eine Dividende in Höhe von EUR 150.000.

Für das erst in einigen Jahren endfällige Darlehen über EUR 10.000.000 schuldet die FAG Zinsen in Höhe von 6 % p.a. an die darlehensgebende Bank. Die Darlehenszinsen werden von der darlehensgebenden Bank am Ende jedes Kalenderjahrs abgebucht.

Zu Beginn des Geschäftsjahres vereinnahmte die FAG zunächst die offenen Forderungen aus Lieferungen und Leistungen (Lizenzforderungen) in Höhe von EUR 2.140.000 und erfüllte die Umsatzsteuerverbindlichkeit in Höhe von 140.000.

Im betrachteten Geschäftsjahr produzierte die FAG eine 10-teilige Krimiserie sowie 2 Spielfilme. Die Herstellungskosten für die Krimiserie und die Spielfilme betrugen insgesamt EUR 3.000.000. Dies bedeutet: Von den im Fallszenario geschilderten Gesamtaufwendungen der FAG im betrachteten Geschäftsjahr entfällt ein Betrag (Anteil) in Höhe von EUR 3.000.000 auf die Herstellung der Krimiserie und Spielfilme. Zur Finanzierung der Produktionskosten hatte die FAG ein weiteres Bankdarlehen in Höhe von EUR 5.000.000 aufgenommen, welches in einigen Jahren fällig und bis zum Fälligkeitszeitpunkt mit 7 % p.a. zu verzinsen ist. Der Darlehensbetrag wurde der FAG bereits am 02. Januar des betrachteten Geschäftsjahres gutgeschrieben (valutiert). Die Zinsen werden von der FAG ebenfalls jeweils am letzten Tag jedes Kalenderjahrs vom Bankkonto der FAG abgebucht.

Im betrachteten Geschäftsjahr erzielt die FAG Umsatzerlöse (Lizenzerlöse) in Höhe von EUR 10.000.000. Auf die zugrundeliegenden Leistungen der FAG findet der ermäßigte Umsatzsteuersatz in Höhe von 7 % Anwendung. Am Ende des Geschäftsjahres hatte die FAG noch offene Forderungen aus Lieferungen und Leistungen (Lizenzforderungen) in Höhe von EUR 535.000 sowie EUR 35.000 an offenen Umsatzsteuerverbindlichkeiten. Im Übrigen hatten sich die während des Geschäftsjahres von Lieferanten in Rechnung gestellte Vorsteuer, die während des Geschäftsjahres entstandenen Umsatzsteuerverbindlichkeiten der FAG und die aus der Weiterbelastung dieser Umsatzsteuerverbindlichkeiten an Kunden der FAG erzielten Einnahmen liquiditätsmäßig vollständig neutralisiert.

Kurz vor Ende des Geschäftsjahrs schloss die FAG noch einen Vertrag über eine Auftragsproduktion für einen Auftraggeber mit Sitz in Japan ab. Kurz nach Abschluss des Vertrags wurde evident, dass die FAG die Herstellungskosten für diese Auftragsproduktion unzureichend kalkuliert hatte und die – erst für das nächste Geschäftsjahr zugesagte – Erfüllung des Auftrags für die FAG daher mit einem Verlust in Höhe von EUR 500.000 einhergehen wird.

12.5.2 Übungsaufgabe

Ermitteln Sie den Gewerbeertrag der FAG für das betrachtete Geschäftsjahr (Erhebungszeitraum)! Gehalts-, Miet- und sonstige Zahlungen der FAG können und sollen dabei jeweils in einer Buchung zusammengefasst werden. Kapitalertragsteuerliche Fragen können und sollen vollständig außer Betracht bleiben. Zudem kann und soll unterstellt werden, dass der Vorstand der FAG bestehende Ansatzwahlrechte im Sinn einer Aktivierung ausübt.

12.5.3 Mögliche Antwort zur Übungsaufgabe

12.5.3.1 Vorüberlegung

Die Ermittlung des Gewerbeertrags der FAG i.S.v. § 7 Satz 1 GewStG setzt zunächst die Ermittlung des Gewinns der FAG nach Maßgabe des KStG voraus. Diese Gewinnermittlung basiert insbesondere auch auf der – erforderlichenfalls nach Maßgabe des EStG und des KStG zu modifizierenden – Handelsbilanz der FAG zum Schluss des betrachteten Geschäftsjahrs.

Um den Inhalt der Bilanz der FAG zum Ende des betrachteten Geschäftsjahrs zu ermitteln, müssen die im Fallszenario (zusammengefasst) mitgeteilten Geschäftsvorfälle gebucht und die Bestandskonten anschließend konsolidiert werden. Dies wird im Folgenden umgesetzt.

12.5.3.2 Buchung der Geschäftsvorfälle des betrachteten Geschäftsjahrs

12.5.3.2.1 Vereinnahmung der offenen Forderungen
Die Vereinnahmung der am Ende des letzten Geschäftsjahrs offenen Forderungen in Höhe von EUR 2.140.000 führt bei der FAG zu einem Aktivtausch, der wie folgt zu buchen ist:

12.5 Übungsfall 11

Soll		an	Haben	
Bankguthaben	EUR 2.140.000		Forderungen LuL (Lizenz-forderungen)	EUR 2.140.000

12.5.3.2.2 Ausgleich der Umsatzsteuerverbindlichkeit

Der Ausgleich der am Ende des letzten Geschäftsjahrs noch offenen Umsatzsteuerverbindlichkeit in Höhe von EUR 140.000 zulasten des Bankguthabens ist von der FAG wie folgt zu buchen:

Soll		an	Haben	
Umsatzsteuerverbindlichkeit	140.000		Bankguthaben	EUR 140.000

12.5.3.2.3 Valutierung des Darlehens

Die Gutschrift des (weiteren) Darlehensbetrags auf dem Bankkonto der FAG führt zu synchronen Zugängen auf dem aktiven Bestandskonto Bankguthaben und dem passiven Bestandskonto Darlehensverbindlichkeiten um jeweils EUR 5.000.000, was wie folgt zu buchen ist:

Soll		an	Haben	
Bankguthaben	EUR 5.000.000		Darlehensverbindlichkeiten	EUR 5.000.000

12.5.3.2.4 Dividende von der SAG

Der Eingang der Dividendenzahlung von der SAG ist von der FAG wie folgt zu buchen:

Soll		an	Haben	
Bankguthaben	EUR 150.000		Erträge aus Beteiligungen	EUR 150.000

12.5.3.2.5 Personalaufwand

Die Gehaltszahlungen an die Mitglieder des Vorstands und die sonstigen Mitarbeiter der FAG in Höhe von insgesamt EUR 3.000.000 können in folgender Buchung zusammengefasst werden:

Soll		an	Haben	
Personalaufwand	EUR 3.000.000		Bankguthaben	EUR 3.000.000

12.5.3.2.6 Aufsichtsratsvergütung

Nach der Aufgabenstellung kann und soll unterstellt werden, dass sich die Vorsteuern, die der FAG während des Geschäftsjahrs insgesamt in Rechnung gestellten wurden, liquiditätsmäßig mit den Zahlungen der FAG auf Umsatzsteuerverbindlichkeiten neutralisieren (mit Ausnahme der am Ende des Geschäftsjahrs noch offenen Umsatzsteuerverbindlichkeit der FAG). Deshalb kann eine etwaige Erhöhung der Aufsichtsratsvergütungen um etwa angefallene Umsatzsteuer außer Betracht bleiben.

Vielmehr kann unterstellt werden, dass an die Aufsichtsratsmitglieder lediglich jeweils EUR 60.000 ausgezahlt wurde. Damit können die an die 3 Aufsichtsratsmitglieder der FAG im betrachteten Geschäftsjahr geleisteten Vergütungszahlungen in folgender Buchung zusammengefasst werden:

Soll		an	Haben	
Aufwand für Aufsichtsratsvergütung	EUR 180.000		Bankguthaben	EUR 180.000

12.5.3.2.7 Geschäftsraummiete

Die Zahlungen für die Geschäftsraummiete können in folgender Buchung zusammengefasst werden, wobei etwaige Vorsteuern ebenfalls – entsprechend den vorstehend angestellten Überlegungen – außer Betracht bleiben können:

Soll		an	Haben	
Mietaufwand Geschäftsräume	300.000		Bankguthaben	EUR 300.000

12.5.3.2.8 Anmietung BGA

Auch die Mietzahlungen für die BGA können – aus den vorstehenden Überlegungen ohne Berücksichtigung einer etwaigen Erhöhung um Vorsteuer (überwälzte Umsatzsteuer) – in folgender Buchung zusammengefasst werden:

Soll		an	Haben	
Mietaufwand BGA	EUR 600.000		Bankguthaben	EUR 600.000

12.5.3.2.9 Sonstige betriebliche Aufwendungen

Auch bei den sonstigen betrieblichen Aufwendungen kann eine Erhöhung des im Fallszenario mitgeteilten Betrags von EUR 400.000 um von den Lieferanten in Rechnung gestellte Vorsteuer (überwälzte Umsatzsteuer) aus den vorstehend angestellten Überlegungen außer Betracht bleiben. Die sonstigen betrieblichen Aufwendungen können damit in folgender Buchung zusammengefasst werden:

Soll		an	Haben	
Sonstige betriebliche Aufwendungen	EUR 400.000		Bankguthaben	EUR 400.000

12.5.3.2.10 Umsatzerlöse (Lizenzerlöse)

Infolge der zu unterstellenden Neutralisierung der im Zusammenhang mit den Umsatzerlösen entstandenen Umsatzsteuerverbindlichkeiten der FAG mit in Rechnung gestellten Vorsteuern können auch die Lizenzerlöse (Umsatzerlöse) ohne Berücksichtigung von Umsatzsteuern gebucht werden. (Dies gilt freilich nur im Rahmen der hier angestellten Modellberechnungen; tatsächlich müssten Umsatz- und Vorsteuer jeweils gebucht und miteinander verrechnet bzw. in Höhe des jeweiligen Überhangs ausgeglichen werden.) Zu berücksichtigen ist lediglich die am Ende des betrachteten Geschäftsjahrs noch offene Umsatzsteuerverbindlichkeit der FAG, die dem Umsatzsteueranteil der am Ende des Geschäftsjahrs ebenfalls noch offenen Lizenzforderung in Höhe von EUR 535.000 entspricht. Damit können die Umsatzerlöse (Lizenzerlöse) der FAG im betrachteten Geschäftsjahr in folgender Buchung zusammengefasst werden:

Soll		an	Haben	
Bankguthaben	EUR 9.500.000		Umsatzerlöse	EUR 10.000.000
Lizenzforderung (Forderung aus LuL)	EUR 535.000		Umsatzsteuerverbindlichkeit	35.000

12.5.3.2.11 Zinsaufwand Darlehen (alt)

Für die bereits am Ende des letzten Geschäftsjahrs bestehende Darlehensverbindlichkeit über EUR 10.000.000 schuldet die FAG für das betrachtete Geschäftsjahr 6 % Zinsen und damit EUR 600.000. Die Zahlung dieser Zinsen an die darlehensgebende Bank am Ende des betrachteten Geschäftsjahrs ist wie folgt zu buchen:

Soll		an	Haben	
Zinsaufwand Darlehen alt	EUR 600.000		Bankguthaben	EUR 600.000

12.5.3.2.12 Zinsen für das neu aufgenommene Darlehen

Für das zu Beginn des betrachteten Geschäftsjahrs neu aufgenommene Darlehen über EUR 5.000.000 schuldet die FAG für das betrachtete Geschäftsjahr 7 % Zinsen und damit EUR 350.000. Die Zahlung dieses Zinsbetrags am Ende des betrachteten Geschäftsjahrs ist wie folgt zu buchen:

Soll		an	Haben	
Zinsaufwand Darlehen neu	EUR 350.000		Bankguthaben	EUR 350.000

12.5.3.2.13 Aktivierung von Rechten an Filmwerken

Nach dem Fallszenario übt der Vorstand der FAG Ansatzwahlrechte im Sinn einer Aktivierung aus. Deshalb ist davon auszugehen, dass die Herstellungskosten für die Krimi-Serie und die beiden Spielfilme in Höhe von insgesamt EUR 3.000.000 von der FAG gemäß § 248 Abs. 2 Satz 1 HGB aktiviert werden. Dies ist wie folgt zu buchen:

Soll		an	Haben	
Rechte an Filmwerken	EUR 3.000.000		Erhöhung des Bestands an Rechten an Filmen	EUR 3.000.000

12.5.3.2.14 Drohverlustrückstellung

Der von der FAG angenommene Auftrag über eine Auftragsproduktion stellt grundsätzlich ein am Ende des Geschäftsjahrs noch schwebendes Geschäft dar und wäre daher in der Bilanz an sich nicht abzubilden. Da die FAG jedoch davon ausgehen muss, dass mit Durchführung des Auftrags ein Verlust in Höhe von EUR 500.000 einhergehen wird, muss die FAG gemäß § 249 Abs. 1 Satz 1 HGB eine Drohverlustrückstellung wie folgt einbuchen (passivieren):

Soll		an	Haben	
Aufwand für die Bildung einer Drohverlustrückstellung	EUR 500.000		Drohverlustrückstellung	EUR 500.000

12.5.3.3 Handelsbilanz der FAG zum Ende des betrachteten Geschäftsjahrs

Die vorstehenden Buchungen können – soweit Bestandskonten betroffen sind – wie folgt in einer auf das Ende des betrachteten Geschäftsjahrs aufgestellten Handelsbilanz der FAG konsolidiert werden:

Aktiva (Vermögen) in EUR		Passiva (Kapital) in EUR	
Rechte an Filmwerken	23.000.000	Eigenkapital	24.080.000
Forderungen aus LuL	535.000		
Bankguthaben	16.080.000	Drohverlustrückstellung	500.000
		Darlehensverbindlichkeiten	15.000.000
		Umsatzsteuerverbindlichkeit	35.000
Summe	**39.615.000**	**Summe**	**39.615.000**

12.5.3.4 Ermittlung des Gewinns der FAG im betrachteten Geschäftsjahr

Um im nächsten Schritt den von der FAG im betrachteten Geschäftsjahr erzielten Gewinn (oder Verlust) zu ermitteln, kann zunächst anhand der Handelsbilanzen am Ende des vorangegangenen und am Ende des betrachteten Geschäftsjahrs ein Betriebsvermögensvergleich durchgeführt werden. Das Ergebnis ist dann um etwaige Einlagen und Ausschüttungen zu bereinigen und anhand der Vorschriften des EStG und des KStG zu modifizieren. Das auf diese Weise gefundene Ergebnis kann dann als Basis für die Ermittlung des Gewerbeertrags dienen.

Zieht man vom (handelsrechtlichen) Eigenkapital der FAG am Ende des betrachteten Geschäftsjahrs das (handelsrechtliche) Eigenkapital der FAG am Ende des letzten Geschäftsjahrs ab, führt dies zu folgender Rechnung:

	EUR 24.080.000	Betriebsvermögen Ende des Geschäftsjahrs
-	EUR 19.860.000	Betriebsvermögen Ende des vorangegangenen Geschäftsjahrs
=	EUR 4.220.000	Betriebsvermögenszuwachs (Gewinn/Zwischenergebnis)

Da während des betrachteten Geschäftsjahrs weder Ausschüttungen von der FAG ausgezahlt wurden noch Einlagen vonseiten der Aktionäre erfolgten, besteht insoweit kein Korrekturbedarf. Allerdings ist das (Zwischen-)Ergebnis des anhand der Handelsbilanzen durchgeführten Betriebsvermögensvergleichs nach Maßgabe der Bestimmungen des EStG und des KStG wie folgt zu korrigieren:

	EUR 4.220.000	(Zwischen-)Ergebnis des Betriebsvermögensvergleichs	
+	EUR 500.000	Ansatzverbot für Drohverlustrückstellung	§ 5 Abs. 4a EStG
−	EUR 3.000.000	Ansatzverbot für selbst geschaffene immaterielle Vermögensgegenstände des Anlagevermögens	§ 5 Abs. 2 EStG
+	EUR 90.000	Abzugsverbot für 50 % der Aufsichtsratsvergütung	§ 10 Nr. 4 KStG
−	EUR 142.500	95 % der Dividende bleiben bei der Gewinnermittlung gemäß KStG außer Ansatz	§ 8b Abs. 1 und Abs. 5 KStG
=	EUR 1.667.500	Gewinn der FAG gemäß KStG im betrachteten Geschäftsjahr	§ 8 Abs. 1 KStG

Auf Basis dieses körperschaftsteuerlichen Gewinns der FAG im betrachteten Geschäftsjahr kann nunmehr der Gewerbeertrag der FAG nach Maßgabe der §§ 7 ff. GewStG ermittelt werden.

12.5.3.5 Gewerbeertrag

Grundlage der Ermittlung des Gewerbeertrags ist der körperschaftsteuerliche Gewinn der FAG in Höhe von EUR 1.667.500. Zur Ermittlung des Gewerbeertrags sind diesem Gewinn gegebenenfalls die Beträge nach § 8 GewStG hinzuzurechnen und die Beträge nach § 9 GewStG in Abzug zu bringen.

12.5.3.5.1 Hinzurechnungen gemäß § 8 Nr. 1 GewStG

Folgende Beträge sind dem Gewinn gemäß § 8 Nr. 1 GewStG hinzuzurechnen, soweit deren Summe den Betrag von EUR 200.000 übersteigt:

+	EUR 237.500	25 % der Zinsen für die beiden Darlehen alt und neu (0,25 × 950.000)	§ 8 Nr. 1a) GewStG
+	EUR 30.000	25 % von 20 % der Mieten für die BGA (0,25 × 0,2 × EUR 600.000)	§ 8 Nr. 1d) GewStG
+	EUR 37.500	25 % von 50 % der Miete für die Geschäftsräume (0,25 × 0,5 × EUR 300.000)	§ 8 Nr. 1e) GewStG
=	EUR 305.000	Summe im Sinn von § 8 Nr. 1 GewStG	Zwischenergebnis

Damit liegt die Summe der gemäß § 8 Nr. 1 GewStG hinzuzurechnenden Beträge um EUR 105.000 über dem Betrag von EUR 200.000. Dem körperschaftsteuerlichen Gewinn der FAG sind damit gemäß § 8 Nr. 1 GewStG EUR 105.000 hinzuzurechnen (EUR 1.667.500 + EUR 105.000 = EUR 1.772.500). Dieses Ergebnis ist jedoch erforderlichenfalls noch nach Maßgabe von § 9 GewStG zu kürzen.

12.5.3.5.2 Kürzungen?

In Betracht kommt eine Kürzung nach Maßgabe von § 9 Nr. 2a Satz 1 GewStG im Hinblick auf die Dividende, welche die FAG von der SAG erhalten hat. Allerdings ist diese Dividende nicht im Sinn von § 9 Nr. 2a Satz 1 GewStG „*bei Ermittlung des Gewinns (§ 7) angesetzt worden.*"[16] Vielmehr blieb die Dividende gemäß § 8b Abs. 1 KStG bei Ermittlung des Gewinns außer Ansatz. Soweit der mit der Dividende von der SAG verbundene Ertrag aus Beteiligungen der FAG wegen § 8b Abs. 5 KStG bei Ermittlung des körperschaftsteuerlichen Gewinns im Ergebnis nur zu 95 % außer Ansatz blieb, erfolgt auch keine Kürzung in Höhe von 5 % der Dividende (= EUR 7.500). Denn gemäß § 9 Nr. 2a Satz 4 GewStG sind die nach § 8b Abs. 5 KStG nicht abziehbaren Betriebsausgaben keine Gewinne im Sinn von § 9 Nr. 2a Satz 1 GewStG.

12.5.3.5.3 Ergebnis

Im betrachteten Geschäftsjahr erzielte die FAG somit einen Gewerbeertrag in Höhe von EUR 1.772.500.

---

[16] Wortlaut § 9 Nr. 2a Satz 1 GewStG.

Besteuerung von Personenhandelsgesellschaften

13.1 Personengesellschaften als Steuersubjekte

13.1.1 Einführung

Der Titel dieses Kapitels könnte auch „Besteuerung von Mitunternehmerschaften" lauten. Der Begriff „Mitunternehmerschaft" ist der Oberbegriff für Gesellschaften, bei denen die Gesellschafter (nur) steuerrechtlich[1] als Unternehmer anzusehen sind.[2] Vom Begriff Mitunternehmerschaft können daher nicht nur Personenhandelsgesellschaften wie OHG und KG erfasst werden, sondern auch alle anderen Personengesellschaften einschließlich stiller Gesellschaften (Innengesellschaften). Voraussetzung für die Qualifikation einer stillen (Innen-)Gesellschaft als steuerrechtliche Mitunternehmerschaft ist jedoch, dass auch der stille Gesellschafter kraft vertraglicher Vereinbarung Mitunternehmerinitiative ergreifen kann und Mitunternehmerrisiko trägt.[3]

---

[1] Zivilrechtliche Inhaberin des jeweiligen Unternehmens ist die jeweilige Gesellschaft selbst.
[2] Vgl. dazu den Wortlaut von § 15 Abs. 1 Nr. 2 Satz 1 EstG.
[3] Dazu z. B. BFH, Beschluss vom 03.05.1993 (GrS 3/93), DStR 1993, S. 1193 ff. (1140): *„Dabei ist nach ständiger Rechtsprechung des BFH, an der festzuhalten ist, davon auszugehen, daß die Unternehmereigenschaft (Mitunternehmereigenschaft) nicht nur für die "anderen" Gesellschaften, sondern auch für die OHG und die KG gilt; Unternehmer (Mitunternehmer) des Betriebs einer PersGes. sind danach deren Gesellschafter, sofern sie Mitunternehmerrisiko tragen und Mitunternehmerinitiative entfalten können (...). Die Begriffe "Unternehmer" und "Mitunternehmer" sind gleichrangig. Auch der Mitunternehmer ist ein Unternehmer des Betriebs. Der Mitunternehmer unterscheidet sich vom Einzelunternehmer dadurch, daß er seine unternehmerische Tätigkeit nicht allein, sondern zusammen mit anderen (Mit-)Unternehmern in gesellschaftlicher Verbundenheit ausübt. Daraus folgt, daß bei Personenhandelsgesellschaften nicht anders als bei den sonstigen PersGes. die Gesellschafter, die Mitunternehmerrisiko tragen und Mitunternehmerinitiative ausüben können, die Unternehmer des Betriebs der PersGes. sind."* Soweit die steuerrechtliche Sicht – die zivilrechtliche Beurteilung fällt anders aus (Anmerkung diesseits).

Zu den – von den Körperschaften abzugrenzenden – Personengesellschaften zählen Gesellschaften bürgerlichen Rechts (GbR)[4], Partnerschaften[5], OHG[6], Kommanditgesellschaften (KG)[7] und EWIV[8]. Gewerblich und damit vom Anwendungsbereich des HGB umfasst sind OHG, KG und EWIV[9] mit Sitz in Deutschland. Letztere haben jedoch nur geringe praktische Bedeutung erlangt und werden im Rahmen dieses Werks daher allenfalls am Rand betrachtet. Im Fokus dieses Kapitels stehen OHG und KG. Diese können – wie natürliche Personen, Körperschaften und andere Personengesellschaften – Steuerschuldner und -subjekte sein.[10] Dies gilt z. B. für die Umsatzsteuer.

13.1.2 Umsatzsteuer

Das UStG gilt rechtsformneutral. Auch OHG und KG können „Unternehmer" im Sinn von § 2 Abs. 1 UStG sein, als solche steuerbare Umsätze im Sinn von § 1 Abs. 1 UStG ausführen und deshalb Umsatzsteuer schulden. Als Unternehmensträger können OHG und KG auch gemäß § 15 Abs. 1 UStG zum Vorsteuerabzug berechtigt sein. Insoweit wird auf die beiden Kapitel zur Einführung in das Umsatzsteuerrecht Bezug genommen.

13.1.3 Gewerbesteuer

Ebenso können OHG und KG Inhaber von Gewerbebetrieben im Sinn von § 2 Abs. 1 GewStG sein. Dementsprechend unterliegt der von einer OHG oder KG erzielte Gewerbeertrag im Sinn von § 7 Abs. 1 Satz 1 GewStG der Gewerbesteuer.

Allerdings wirkt das GewStG nicht vollständig rechtsformneutral, sondern sieht zumindest gewisse Besonderheiten für OHG und KG vor. Z.B. erhöht der Gewinn, den ein Gesellschafter einer OHG oder KG aus der Veräußerung oder Aufgabe seiner gesellschaftsrechtlichen Beteiligung erzielt, den Gewerbebetrag der betreffenden OHG oder KG. Denn § 7 Satz 2 Nr. 2 GewStG ordnet folgendes an: *„Zum Gewerbeertrag gehört auch der Gewinn aus der Veräußerung oder Aufgabe des Anteils eines Gesellschafters,*

---

[4] Geregelt in den §§ 705 ff. BGB.
[5] Geregelt im PartGG.
[6] Geregelt in den §§ 105 ff. HGB.
[7] Geregelt in den §§ 161 ff. HGB.
[8] Geregelt in der EWIV-VO der EU und im Gesetz zur Ausführung der EWG-Verordnung über die Europäische wirtschaftliche Interessenvereinigung (EWIV-AG).
[9] Gemäß § 1 EWIV-AG gelten für EWIV mit Sitz in Deutschland ergänzend die für OHG geltenden Bestimmungen und EWIV geltend *„als Handelsgesellschaft im Sinne des Handelsgesetzbuchs."*
[10] Vgl. dazu insbesondere auch §§ 161 Abs. 2, 164 Abs. 1 HGB sowie §§ 33, 34 AO.

der als Unternehmer (Mitunternehmer) des Betriebs einer Mitunternehmerschaft anzusehen ist"[11].

Schuldnerin der Gewerbesteuer ist die OHG oder KG als solche. Dagegen können OHG und KG – ebenso wenig wie andere Personengesellschaften – nicht Schuldner von Einkommen- oder Körperschaftsteuer sein.

13.2 Einkommen- und Körperschaftsteuer

13.2.1 Grundsätzliches

Schuldner der Einkommensteuer können nur – unbeschränkt oder beschränkt einkommensteuerpflichtige – Menschen sein. Dagegen regelt das EStG keine Einkommensteuerpflicht von Gesellschaften – weder von Körperschaften noch von Personengesellschaften.

Körperschaften fallen in den Anwendungsbereich des KStG. Die Körperschaftsteuer ist so etwas wie die Einkommensteuer der Körperschaften. Personengesellschaften sind jedoch gerade keine Körperschaften. Daher werden OHG und KG auch nicht vom Anwendungsbereich des KStG erfasst.

OHG und KG können daher weder Schuldner von Einkommen- noch von Körperschaftsteuer sein.

Das bedeutet jedoch nicht, dass Gewinne, die von einer OHG oder KG – oder einer sonstigen Personengesellschaft – erzielt werden, keiner Einkommen- oder Körperschaftsteuerbelastung unterliegen. Die Einkommen- oder Körperschaftsteuer wird jedoch nicht von der Personengesellschaft erhoben, sondern von deren Gesellschaftern.

13.2.2 Zurechnungsmechanismus (Transparenzprinzip)

Die Einkommen- bzw. Körperschaftsteuerbelastung eines Gewinns, der von einer OHG oder KG erzielt wird, erfolgt in 2 Schritten. In einem ersten Schritt wird – auf Ebene der OHG oder KG, also auf Ebene der Personengesellschaft – der Gewinn ermittelt. Im zweiten Schritt wird jedem Gesellschafter der Personengesellschaft ein seiner Beteiligungsquote an der Gesellschaft entsprechender[12] Anteil an diesem Gewinn zugerechnet. Der dem Gesellschafter zugerechnete Teil am Gewinn der Personengesellschaft geht dann in die einkommen- oder körperschaftsteuerliche Bemessungsgrundlage des Gesellschafters ein.

---

[11] Wortlaut von § 7 Satz 2 Nr. 2 GewStG.
[12] Dazu z. B. FG München, Beschluss vom 17.11.2014 (10 V 2289/14).

Dieser Mechanismus bewirkt, dass Personengesellschaften für Zwecke der Einkommen- und Körperschaftbesteuerung „transparent" sind. Nach diesem „*Transparenzprinzip*" sind Einkünfte „*der Gesellschaft ... solche der Gesellschafter.*"[13] Dies sei anhand des folgenden Beispiels verdeutlicht:

Beispiel

Herr A, Frau B und die C-GmbH sind Gesellschafter einer OHG. A ist mit 20 %, B mit 35 % und die C-GmbH mit 45 % an der OHG beteiligt. Im betrachteten Geschäftsjahr erzielt die OHG EUR 1.000.000 Gewinn.

Von diesem Gewinn werden A 20 % (= EUR 200.000), B 35 % (= EUR 350.000) und der C-GmbH 45 % (= EUR 450.000) zugerechnet. Die zugerechneten Beträge erhöhen bei A und B die jeweilige einkommensteuerliche Bemessungsgrundlage und bei der C-GmbH die körperschaftsteuerliche Bemessungsgrundlage. ◄

13.2.3 Gesetzliche Grundlagen

Gesetzlich angelegt ist dieser Zurechnungsmechanismus in § 15 Abs. 1 Satz 1 Nr. 2 EStG. Danach zählen zu den Einkünften aus Gewerbebetrieb auch „*die Gewinnanteile der Gesellschafter einer offenen Handelsgesellschaft, einer Kommanditgesellschaft und einer anderen Gesellschaft, bei der der Gesellschafter als Unternehmer (Mitunternehmer) des Betriebs anzusehen ist*"[14]. Der BFH führt dazu u. a. Folgendes aus:

„*Mit § 15 Abs. 1 Satz 1 Nr. 2 EStG hat sich der Gesetzgeber für eine transparente Besteuerung von Personengesellschaften entschieden. Die Personengesellschaft ist danach Steuerrechtssubjekt bei der Qualifikation und der Ermittlung der Einkünfte. Subjekt der Einkünfteerzielung ist hingegen der Gesellschafter (...). Aus dem Subjektsteuerprinzip folgt, dass jeder Gesellschafter den auf ihn entfallenden Anteil an den erzielten Einkünften zu versteuern hat.*"[15]

Verfahrensrechtlich wird dieser Zurechnungsmechanismus durch die §§ 179 Abs. 2 Satz 2, 180 Abs. 1 Nr. 2a) AO umgesetzt. Danach erfolgt eine gesonderte Feststellung von Besteuerungsgrundlagen „*gegenüber mehreren Beteiligten einheitlich ..., wenn dies gesetzlich bestimmt ist oder der Gegenstand der Feststellung mehreren Personen zuzurechnen ist.*"[16]

---

[13] BFH, Beschluss vom 15.04.2010 (IV B 105/09), DStR 2010, S. 1070.
[14] Wortlaut von § 15 Abs. 1 Nr. 2 Satz 1 EStG.
[15] BFH, Beschluss vom 15.04.2010 (IV B 105/09), DStR 2010, S. 1070 ff. (1071).
[16] Wortlaut von § 179 Abs. 2 Satz 2 AO.

13.2 Einkommen- und Körperschaftsteuer

„Zurechnung" setzt keine tatsächliche Ausschüttung voraus. Dies bedeutet: Dem Gesellschafter einer OHG wird auch dann ein der Beteiligungsquote entsprechender Anteil am Gewinn dieser OHG für Zwecke der Einkommen- oder Körperschaftsteuer zugerechnet, wenn dieser Gewinnanteil nicht von dem Gesellschafter entnommen wird. Die für OHG und KG geltende Besteuerungsmechanik kommt unabhängig davon zur Anwendung, ob der Gewinn tatsächlich ganz oder zumindest teilweise an die Gesellschafter ausgekehrt wird. Für die Gesellschafter einer Personengesellschaft kann dies zum Anfall erheblicher Steuerverbindlichkeiten ohne tatsächlichen Geldzufluss führen.[17]

Im Hinblick auf die Festsetzung von Einkommen- und Körperschaftsteuern sind Personengesellschaften wie OHG und KG infolge ihrer insoweit bestehenden „Transparenz" zwar keine Subjekte eines Besteuerungsverfahrens. Wegen §§ 179 Abs. 2 Satz 2, 180 Abs. 1 Nr. 2a) AO können sie jedoch Subjekte eines sogenannten „Feststellungsverfahrens" sein.[18] Gegenstand eines solchen Feststellungsverfahrens sind insbesondere die für die Besteuerung der einzelnen Gesellschafter maßgeblichen Vorfragen. Das sind die Fragen, i) wie hoch der von der Personengesellschaft erzielte Gewinn und ii) welchem

---

[17] Die Zurechnung des Gewinns einer OHG oder KG an die Gesellschafter für Zwecke der Einkommensteuer (und auch der Körperschaftsteuer) kann zu einem Liquiditätsengpass bei Gesellschaftern führen. Denn die Einkommen- oder Körperschaftsteuer auf den zugerechneten Gewinnanteil muss vom Gesellschafter zumindest im Grundsatz auch dann bezahlt werden, wenn von der Gesellschaft kein Gewinnanteil an den Gesellschafter ausgeschüttet wird, als kein „Geld an den Gesellschafter fließt". Gesellschafter einer Personengesellschaft sind daher gut beraten, durch eine entsprechende Regelung im Gesellschaftsvertrag sicherzustellen, dass zumindest immer in dem Umfang Entnahmen möglich sind, der erforderlich ist, um die auf den zugerechneten Gewinnanteil entfallende Steuerschuld zu erfüllen. Alternativ eröffnet § 34a EStG die Möglichkeit, auf Antrag eine sogenannte „Thesaurierungsbegünstigung" zu erhalten (dazu im Einzelnen § 34a EStG sowie z. B. *Wendt*, DStR 2009, S. 106 ff.; *Schiffers*, GmbHR 2007, S. 841 ff.).

[18] Dazu z. B. BFH, Urteil vom 19.04.2005 (VIII R6/04), DStR 2005, S. 1603 ff. (1604): *„Nach § 179 Abs. 1 AO 1977 werden die Besteuerungsgrundlagen durch Feststellungsbescheid gesondert festgestellt, soweit dies in einem Gesetz oder sonst in den Steuergesetzen bestimmt ist. Die gesonderte Feststellung wird gegenüber mehreren Beteiligten einheitlich vorgenommen, wenn dies gesetzlich bestimmt ist oder der Gegenstand der Feststellung mehreren Personen zuzurechnen ist (...). Nach § 180 Abs. 1 Nr. 2 Buchst. a AO 1977 ... werden gesondert festgestellt die einkommensteuerpflichtigen und körperschaftsteuerpflichtigen Einkünfte, wenn an den Einkünften mehrere Personen beteiligt sind und die Einkünfte diesen Personen steuerlich zuzurechnen sind. ... Mehrere Personen sind an Einkünften beteiligt, wenn sie den Tatbestand der Einkunftserzielung in einer Gesellschaft oder Gemeinschaft erfüllen (...). Ist dies der Fall, ist für jede Gesellschaft/Gemeinschaft ein selbstständiges gesondertes und einheitliches Feststellungsverfahren durchzuführen (...). Denn die Personengesellschaft ist zwar nicht Subjekt der Einkommensbesteuerung, aber insoweit Steuerrechtssubjekt, als sie in der Einheit der Gesellschaft Merkmale eines Besteuerungstatbestandes verwirklicht, welche den Gesellschaftern für deren Besteuerung zuzurechnen sind; die Personengesellschaft ist Steuerrechtssubjekt bei der Einkünfteermittlung und der Einkünfteart (...)."*

Gesellschafter welcher Anteil daran zuzurechnen ist.[19] Diese beiden Fragen werden in dem Feststellungsbescheid beantwortet, den die Finanzverwaltung gegen die Personengesellschaft erlässt.

13.2.4 Sondervergütungen

Sowohl der Gewinn einer OHG oder KG als auch der Anteil eines Gesellschafters daran kann von sogenannten „Sondervergütungen" beeinflusst werden. Der Grund dafür ist § 15 Abs. 1 Satz 1 Nr. 2 Satz 1 EStG. Danach zählen zu den Einkünften aus Gewerbebetrieb neben dem zuzurechnenden Gewinnanteil an einer OHG oder KG auch *„die Vergütungen, die der Gesellschafter von der Gesellschaft für seine Tätigkeit im Dienst der Gesellschaft oder für die Hingabe von Darlehen oder für die Überlassung von Wirtschaftsgütern bezogen hat."*[20]. Die Wirkung dieser Vorschrift sei zunächst anhand des folgenden Beispiels veranschaulicht:

> **Beispiel**
>
> A ist im Umfang von 20 %, B ist im Umfang von 35 % und C ist im Umfang von 45 % an der ABC-OHG beteiligt. Zwischen A und der ABC-OHG besteht zudem ein Darlehensvertrag. Auf dessen Grundlage hat A an die ABC-OHG ein erst in einigen Jahren endfälliges Darlehen über EUR 1.000.000 ausgereicht, welches mit 6 % p.a. zu verzinsen ist.
>
> Handelsrechtlich sind die jährlich anfallenden Zinsen in Höhe von (EUR 1.000.000 × 0,06 =) EUR 60.000 zunächst Zinsaufwand der OHG im Sinn von § 275 Abs. 2 Nr. 13 bzw. Abs. 3 Nr. 12 HGB. Der Ansatz des Zinsaufwands in der GuV der OHG mindert deren handelsrechtliches Ergebnis.
>
> Aus Sicht von A sind die Zinsen einkommensteuerrechtlich jedoch keine Einkünfte aus Kapitalvermögen i.S.v. § 2 Abs. 1 Nr. 5 EStG, sondern eine Sondervergütung im Sinn von § 15 Abs. 1 Satz 1 Nr. 2 EStG. Und diese Bestimmung qualifiziert die Zinseinnahmen von A in Einkünfte aus Gewerbebetrieb um.
>
> Weitere Folge der Qualifizierung der an A gezahlten Sondervergütung (Zinsen) in Einkünfte aus Gewerbebetrieb ist, dass die Zinsen dem Gewinn der ABC-OHG wieder hinzuzurechnen sind. Erzielt die ABC-OHG unter (handelsrechtlicher) Berücksichtigung (=Abzug) des Zinsaufwands einen Gewinn von EUR 1.000.000, bedeutet dies, dass der Gewinn der ABC-OHG im Sinn von § 2 Abs. 1 Satz 1 Nr. 2 EStG insgesamt EUR 1.060.000 beträgt. Dieser ist den Gesellschaftern A, B und C wie folgt anteilig zuzurechnen:

---

[19] Vgl. dazu z. B. BFH, Beschluss vom 31.05.2010 (10 B 162/09); BFH, Urteil vom 01.07.2003 (VIII R 31/02), DStRE 2003, S. 1469 ff.; *Koenig* in *Koenig*, AO, 4. Auflage 2021, § 179, Rdnr. 17.
[20] Wortlaut § 15 Abs. 1 Satz 1 Nr. 2 Satz 1 Abs. 2 EStG.

13.2 Einkommen- und Körperschaftsteuer

Gesell-schafter:	Gewinnanteil ohne Berücksichtigung von Sondervergütungen:	Sondervergütung:	Zugerechneter Gewinnanteil insgesamt:
A	EUR 200.000	EUR 60.000	EUR 260.000
B	EUR 350.000	–	EUR 350.000
C	EUR 450.000	–	EUR 450.000
Summen:	EUR 1.000.000	EUR 60.000	EUR 1.060.000

◄

Der BFH erläutert die Behandlung solcher Sondervergütungen u. a. wie folgt: *„Zu den einheitlich und gesondert festzustellenden Einkünften aus Gewerbebetrieb aus der Beteiligung an einer Personengesellschaft gehören neben den Anteilen am Gewinn der Gesellschaft auch die Vergütungen, die der Gesellschafter außerhalb der Gewinnverteilung für eine Tätigkeit im Dienst der Gesellschaft bezogen hat (§ 15 I Nr. 2 EStG). Denn für die Besteuerung kann es keinen Unterschied machen, ob die Tätigkeit des Gesellschafters von der Personengesellschaft durch einen Vorabgewinn oder durch besonderes schuldrechtliches (gewinnunabhängiges) Entgelt abgegolten wird (...). Zweck der Sonderregelung des § 15 I Nr. 2 EStG ist es, den Mitunternehmer hinsichtlich der Tätigkeitsvergütung einem Einzelunternehmer anzunähern (...). Der Einzelunternehmer kann mit sich selbst keinen schuldrechtlichen Vertrag abschließen; er kann deshalb auch keinen Unternehmerlohn als Betriebsausgabe abziehen. Bei der Personengesellschaft werden an den Gesellschafter gezahlte Tätigkeitsvergütungen zwar auf der ersten Stufe der steuerlichen Gewinnermittlung als betrieblicher Aufwand berücksichtigt (...); die in § 15 I Nr. 2 EStG angeordnete Hinzurechnung der Tätigkeitsvergütungen verhindert jedoch, daß diese den Gesamtgewinn und den Gewerbeertrag (§ 7 GewStG) der Mitunternehmerschaft mindern."*[21]

13.2.5 Verluste

13.2.5.1 Grundsatz

Den Gesellschaftern einer OHG oder KG wird das Ergebnis der Gesellschaft nicht nur dann anteilig zugerechnet, wenn die Gesellschaft einen Gewinn erzielt, sondern auch im Fall eines Verlusts. Das folgende Beispiel soll dies veranschaulichen:

Beispiel

Frau A ist im Umfang von 40 % und die B-GmbH im Umfang von 60 % Gesellschafter der AB-OHG. Neben den Einkünften aus Gewerbebetrieb aus der

---

[21] BFH, Urteil vom 06.07.1999 (VIII R 46/94), NZG 1999, S. 1075 ff.

Beteiligung an der AB-OHG erzielt A Einkünfte aus Vermietung und Verpachtung und aus nichtselbstständiger Arbeit. Die B-GmbH hat neben ihrer Beteiligung an der AB-OHG positive Einkünfte aus anderweitigem eigenem operativem Geschäft.

Im betrachteten Jahr erzielt A EUR 100.000 Überschuss aus Vermietung und Verpachtung und EUR 50.000 Überschuss aus nichtselbstständiger Arbeit. Die B-GmbH erwirtschaftet mit ihrem operativen Geschäft einen Gewinn in Höhe von EUR 600.000. Die AB-OHG erzielt im betrachteten Jahr jedoch EUR 200.000 Verlust.

Infolge der 40 %igen Beteiligung von A an der AB-OHG werden A 40 % dieses Verlusts und damit negative Einkünfte aus Gewerbebetrieb in Höhe von (EUR 200.000 × 0,4[22] =) EUR 80.000 zugerechnet. Die übrigen 60 % des Verlusts und damit negative Einkünfte in Höhe von EUR 120.000 werden der mit 60 % an der AB-OHG beteiligten B-GmbH zugerechnet.

Die Summe der Einkünfte von A besteht damit aus den positiven Einkünften aus Vermietung und Verpachtung (EUR 100.000) und nichtselbstständiger Arbeit (EUR 50.000) sowie den (anteiligen) negativen Einkünften aus Gewerbebetrieb (− EUR 80.000). Im Ergebnis beträgt die Summe der Einkünfte von A im betrachteten Jahr damit (nur noch) EUR 70.000. Der der B-GmbH zugerechnete Verlustanteil in Höhe von EUR 120.000 mindert deren Einkommen von EUR 600.000 auf EUR 480.000. Infolge dieser (anteiligen) Verlustzurechnung sinkt die Körperschaftsteuerbelastung der B-GmbH für das betrachtete Jahr folglich um (EUR 120.000 × 0,15[23] =) EUR 18.000. ◄

13.2.5.2 Grenzen

Die Zurechnung anteiliger Verluste und die damit einhergehende Minderung der Einkommen- bzw. Körperschaftsteuerbelastung der Gesellschafter einer Personenhandelsgesellschaft erfolgt jedoch nicht grenzenlos. Die Zurechnung von Verlusten an die Kommanditisten einer KG wird von § 15a Abs. 1 Satz 1 EStG begrenzt. Danach darf „*[d]er einem Kommanditisten zuzurechnende Anteil am Verlust der Kommanditgesellschaft ... weder mit anderen Einkünften aus Gewerbebetrieb noch mit Einkünften aus anderen Einkunftsarten ausgeglichen werden, soweit ein negatives Kapitalkonto des Kommanditisten entsteht oder sich erhöht; er darf insoweit auch nicht nach § 10d abgezogen werden.*"[24] Durch diese Regelung soll ein Gleichlauf von Verlustabzugsmöglichkeit und tatsächlicher wirtschaftlicher Belastung erreicht werden.[25]

---

[22] Der Faktor 0,4 bildet die 40 %ige Beteiligung von A an der AB-OHG ab.
[23] Der Faktor von 0,15 bildet den in § 23 Abs. 1 KStG geregelten Körperschaftsteuersatz von 15 % ab.
[24] Wortlaut § 15a Abs. 1 Satz 1 EStG.
[25] So z. B. BFH, Urteil vom 01.03.2018 (IV R16/15), DStR 2018, S. 1362 (1363).

Daneben verhindert § 15b EStG den Missbrauch von Personengesellschaften als Steuerstundungsmodelle. Ein „Steuerstundungsmodell" in diesem Sinn *„liegt vor, wenn aufgrund einer modellhaften Gestaltung steuerliche Vorteile in Form negativer Einkünfte erzielt werden sollen. Dies ist der Fall, wenn dem steuerpflichtigen aufgrund eines vorgefertigten Konzepts die Möglichkeit geboten werden soll, zumindest in der Anfangsphase der Investition Verluste mit übrigen Einkünften zu verrechnen. Dabei ist es ohne Belang, auf welchen Vorschriften die negativen Einkünfte beruhen."*[26] Gemäß § 15b Abs. 1 EStG dürfen *„Verluste im Zusammenhang mit einem Steuerstundungsmodell ... weder mit Einkünften aus Gewerbebetrieb noch mit Einkünften aus anderen Einkunftsarten ausgeglichen werden; sie dürfen auch nicht nach §10d abgezogen werden. Die Verluste mindern jedoch die Einkünfte, die der steuerpflichtige in den folgenden Wirtschaftsjahren aus derselben Einkunftsquelle erzielt. § 15a ist insoweit nicht anzuwenden."*[27] Diese Regelungen sind zur Verhinderung eines Missbrauchs der Zurechnungsmechanismen erforderlich, die zwischen Personenhandelsgesellschaften und ihren Gesellschaftern für die Zwecke der Einkommen- und Körperschaftsteuer greifen. Diese Zurechnungsmechanismen sind auch Gegenstand des nachstehenden Übungsfalls 12.

13.3   Übungsfall 12

13.3.1 Fallszenario

Die ABC-GmbH & Co. KG betreibt zwei vegane Feinschmecker-Restaurants in jeweils angemieteten Gaststättenräumen in Hamburg und Kiel. Einzige Komplementärin der ABC-GmbH & Co. KG ist die Management-GmbH („M-GmbH"). Kommanditisten sind Frau A mit einer Einlage – im Sinn der im Handelsregister eingetragenen Haftsumme – von EUR 140.000, Herr B mit einer Einlage von EUR 40.000 und die C–AG mit einer Einlage von EUR 20.000. Sämtliche Einlagen sind von den jeweiligen Kommanditisten vollumfänglich in Geld an die ABC-GmbH & Co. KG geleistet worden. Die M-GmbH ist nicht, A ist im Umfang von 70 %, B von 20 % und die C–AG von 10 % am Kapital und Ergebnis der ABC-GmbH & Co. KG beteiligt. Bisher erzielte die ABC-GmbH & Co. KG stets Gewinne.

Vermieterin der Gaststättenräume, in denen die ABC-GmbH & Co. KG die beiden Restaurants betreibt, ist Frau A. Die – in dieser Höhe auch marktübliche – Monatsmiete beträgt EUR 3.000 pro Gaststätte (insgesamt EUR 6.000) und wird von der ABC-GmbH & Co. KG jeweils spätestens am 3. Werktag jedes Kalendermonats an Frau A überwiesen.

---

[26] Wortlaut § 15b Abs. 2 EStG.
[27] Wortlaut § 15b Abs. 1 EStG.

Die ABC-GmbH & Co. KG betreibt die beiden Restaurants unter der Marke „VegaStars" („VegaStars Kiel" und „VegaStars Hamburg"). Inhaberin der Marke ist die in Freiburg ansässige K-GmbH, die auch einen Kochbuchverlag betreibt. Zwischen der ABC-GmbH & Co. KG und der K-GmbH besteht ein Lizenzvertrag, nach dem die ABC-GmbH & Co. KG die Marke gegen Zahlung einer jährlichen Lizenzgebühr in Höhe von 1 % der in einem Jahr jeweils erzielten Umsatzerlöse nutzen darf.

Das Geschäftsjahr der ABC-GmbH & Co. KG entspricht dem Kalenderjahr. Die Küchengeräte und Einrichtungsgegenstände[28] der ABC-GmbH & Co. KG sind weitgehend veraltet und bis auf einen Restbuchwert von EUR 10.000 abgeschrieben. Die Bilanz der ABC-GmbH & Co. KG zum 31. Dezember des letzten Geschäftsjahrs hat folgenden Inhalt:

Aktiva (Vermögen) in EUR		Passiva (Kapital) in EUR	
Betriebs-/Geschäftsausstattung	10.000	Eigenkapital	643.000
Vorräte	200.000	Umsatzsteuerverbindlichkeit	57.000
Vorsteuer	14.000		
Bankguthaben	476.000		
Summe	700.000	Summe	700.000

Zu Beginn des betrachteten Geschäftsjahrs standen bei der ABC-GmbH & Co. KG Investitionen in der Küche und den Governmenträumen an. Da die ABC-GmbH & Co. KG nicht über die zur Tätigung dieser Investitionen erforderliche Liquidität verfügte, hatte B in der Gesellschafterversammlung die Bereitstellung eines Darlehens in Höhe von EUR 2.000.000 an die ABC-GmbH & Co. KG zugesagt.

Entsprechend dem anschließend zwischen B und der ABC-GmbH & Co. KG abgeschlossenen Darlehensvertrag überwies B zu Beginn des Geschäftsjahrs den vereinbarten Darlehensbetrag in Höhe von EUR 2.000.000 auf das Bankkonto der ABC-GmbH & Co. KG. Die Gutschrift auf dem Bankkonto der ABC-GmbH & Co. KG erfolgte am 02. Januar des betrachteten Geschäftsjahrs. Das Darlehen ist nach einer Laufzeit von fünf Jahren endfällig und mit 6 % *p.a.* zu verzinsen. Dies entspricht dem Zinssatz, den die ABC-GmbH & Co. KG bei Aufnahme eines Bankdarlehens hätte zahlen müssen. Die ABC-GmbH & Co. KG muss die Zinsen am 31. Dezember jedes Jahres an B überweisen.

Zu Beginn des Geschäftsjahrs erfüllt die ABC-GmbH & Co. KG zunächst die noch offenen Umsatzsteuerverbindlichkeiten aus dem letzten Jahr unter Verrechnung mit dem Vorsteuerguthaben. Zudem beschafft die ABC-GmbH & Co. KG zu Beginn des Geschäftsjahrs neue Küchengeräte und Einrichtungsgegenstände (Betriebs- und Geschäftsausstattung – „BGA" – im Sinn von § 266 Abs. 2 A.III.3. HGB) von inländischen Lieferanten. Der Kaufpreis für diese neue BGA beträgt EUR 2.023.000

---

[28] Betriebs- und Geschäftsausstattung („BGA") im Sinn von § 266 Abs. 2 A. II 3. HGB.

13.3 Übungsfall 12

einschließlich 19 % Umsatzsteuer und wird von der ABC-GmbH & Co. KG unmittelbar nach Erhalt Anfang Januar an die Lieferanten überwiesen. Die neue BGA hat eine voraussichtliche betriebliche Nutzungsdauer von 5 Jahren und wird von der ABC-GmbH & Co. KG linear abgeschrieben.

Die bei der ABC-GmbH & Co. KG noch vorhandenen, bereits weitgehend abgeschriebenen Küchengeräte und Einrichtungsgegenstände (BGA alt) veräußert die ABC-GmbH & Co. KG für EUR 20.000 zzgl. gesetzlicher Umsatzsteuer an eine gemeinnützige Einrichtung im Inland. Diese übernimmt die gebrauchten Küchengeräte und Einrichtungsgegenstände Ende Januar des Geschäftsjahrs und überweist den vereinbarten Kaufpreis an die ABC-GmbH & Co. KG.

Da beide Restaurants zur Inbetriebnahme der neuen Geräte und zum Austausch der Einrichtungen vorübergehend geschlossen werden müssen, erzielt die ABC-GmbH & Co. KG im betrachteten Geschäftsjahr nur EUR 1.200.000 Umsatzerlöse. Diese wurden im betrachteten Geschäftsjahr vollumfänglich vereinnahmt. Die ABC-GmbH hatte am Ende des Geschäftsjahrs keine offenen Forderungen aus Lieferungen und Leistungen (Außenstände) mehr. Die Umsatzsteuerbelastung auf die den Umsatzerlösen zugrundeliegenden Lieferungen und Leistungen der ABC-GmbH & Co. KG betrug durchgängig 19 %.

Der zur Erzielung der Umsatzerlöse erforderliche Materialaufwand (Verbrauch von Vorräten) betrug EUR 600.000. Die erforderlichen Vorräte beschaffte die ABC-GmbH & Co. KG von Lieferanten im Inland. Am Ende des Geschäftsjahrs hatte die ABC-GmbH & Co. KG noch Vorräte im Wert von EUR 100.000. Die der ABC-GmbH von den Lieferanten in Rechnung gestellte Vorsteuer (die von den Lieferanten geschuldete und überwälzte Umsatzsteuer) beträgt durchschnittlich 13 %. Alle Forderungen der Lieferanten wurden vollständig erfüllt. Am Ende des Geschäftsjahrs hatte die ABC-GmbH keine offenen Verbindlichkeiten aus Lieferungen und Leistungen mehr, aber noch offene Umsatzsteuerverbindlichkeiten in Höhe von EUR 19.000 und EUR 13.000 Vorsteuerguthaben. Soweit ein Vorsteuerüberhang zugunsten der ABC-GmbH & Co. KG bestand, wurde dieser durch entsprechende Erstattungszahlungen von der Finanzverwaltung ausgeglichen.

Zudem hatte die ABC-GmbH & Co. KG während des Geschäftsjahrs EUR 240.000 Personalaufwand und sonstige betriebliche Aufwendungen (für Strom, Wasser, Reparaturen, etc.) in Höhe von EUR 150.000. Hinzu kam – neben dem Zins- und Lizenzaufwand – die von der ABC-GmbH & Co. KG monatlich zu zahlenden und auch tatsächlich gezahlten Mieten für die beiden Gaststättenräume.

Die unbeschränkt körperschaftsteuerpflichtige Kommanditistin C-AG betreibt im Übrigen einen Lebensmittelhandel. Damit erzielte die C-AG im betrachteten Geschäftsjahr EUR 500.000 Gewinn.

13.3.2 Übungsaufgaben und -fragen

Welchen Gewinn oder Verlust erzielt die ABC-GmbH & Co. KG im betrachteten Geschäftsjahr? Bei Ermittlung des Gewinns können und sollen die sonstigen betrieblichen Aufwendungen sowie die Aufwendungen für Miete und Personal jeweils in einer Buchung zusammengefasst werden. Dabei kann und soll unterstellt werden, dass die ABC-GmbH & Co. KG sämtliche Zahlungen zu Lasten ihres Bankkontos an die jeweiligen Lieferanten geleistet hat. Zudem kann und soll unterstellt werden, dass die Vermietung der Gaststättenräume umsatzsteuerfrei erfolgt und auch im Zusammenhang mit den sonstigen betrieblichen Aufwendungen keine Umsatzsteuer (Vorsteuer) in Rechnung gestellt (weiterbelastet) wurde.

Welchem Gesellschafter der ABC-GmbH & Co. KG ist welcher Anteil am Ergebnis für die Zwecke der Einkommen- bzw. Körperschaftsteuer zuzurechnen?

13.3.3 Mögliche Antworten zu den Übungsaufgaben und -fragen

13.3.3.1 Gewinn oder Verlust der ABC-GmbH & Co. KG im betrachteten Geschäftsjahr

13.3.3.1.1 Vorüberlegung

Die Ermittlung des Gewinns der ABC-GmbH & Co. KG erfordert zunächst eine Bestimmung des Betriebsvermögens i.S.v. § 4 Abs. 1 Satz 1 EStG am Ende des betrachteten Geschäftsjahrs. Dazu müssen die Geschäftsvorfälle des Geschäftsjahrs gebucht und in einer Bilanz konsolidiert werden. Anschließend ist das Betriebsvermögen am Ende des letzten Geschäftsjahrs in Abzug zu bringen und das Ergebnis um etwaige Entnahmen und Einlagen sowie um Sondervergütungen zu bereinigen. Diese Schritte werden im Folgenden im Einzelnen durchgeführt.

13.3.3.1.2 Buchung der Geschäftsvorfälle des betrachteten Geschäftsjahrs
13.3.3.1.2.1 Valutierung des Darlehens

Zu Beginn des Geschäftsjahrs stellt B zunächst das Darlehen über EUR 2.000.000 durch entsprechende Überweisung des Darlehensbetrags auf das Bankkonto der ABC-GmbH & Co. KG bereit. Die Gutschrift des Darlehensbetrags auf dem Bankkonto der ABC-GmbH & Co. KG und die zeitgleich entstehende Verbindlichkeit zur Rückzahlung des Darlehens sind von der ABC-GmbH wie folgt zu buchen:

Soll		an	Haben	
Bankguthaben	EUR 2.000.000		Darlehensverbindlichkeit	EUR 2.000.000

13.3.3.1.2.2 Erfüllung der Umsatzsteuerverbindlichkeit

Die Erfüllung der zum Ende des letzten Geschäftsjahrs noch offenen Umsatzsteuerverbindlichkeit (EUR 57.000) unter Verrechnung des Vorsteuerguthabens (EUR 14.000) ist wie folgt zulasten des Bankguthabens der ABC-GmbH zu buchen:

Soll		an	Haben	
Umsatzsteuerverbindlichkeit	EUR 57.000		Vorsteuer	EUR 14.000
			Bankguthaben	EUR 43.000

13.3.3.1.2.3 Veräußerung der gebrauchten Küchengeräte und Einrichtungsgegenstände (BGA alt)

Die Lieferung der gebrauchten Küchengeräte und Einrichtungsgegenstände an eine inländische gemeinnützige Einrichtung führt bei der ABC-GmbH zum einen zum Abgang dieser Betriebs- und Geschäftsausstattung (BGA). Zudem entsteht infolge der Lieferung eine Umsatzsteuerverbindlichkeit der ABC-GmbH & Co. KG in Höhe von EUR 3.800. Denn die Lieferung erfolgt im Inland gegen Entgelt (EUR 20.000) und unterliegt weder einer Steuerbefreiung im Sinn von § 4 UStG noch dem ermäßigten Steuersatz im Sinn von § 12 Abs. 2 UStG.

Der Eingang des Kaufpreises von insgesamt EUR 23.800 führt bei der ABC-GmbH & Co. KG zudem zu einem entsprechenden Anstieg des aktiven Bestandskontos „Bankguthaben". In Höhe der Differenz zwischen dem Entgelt für die BGA alt und deren Buchwert erzielt die ABC-GmbH & Co. KG einen Veräußerungsgewinn und damit einen (außergewöhnlichen) Ertrag in Höhe von EUR 10.000. Damit ist der Vorgang „Veräußerung BGA alt" zusammengefasst wie folgt zu buchen.

Soll		an	Haben	
Bankguthaben	EUR 23.800		Ertrag	EUR 10.000[29]
			Umsatzsteuer	EUR 3.800
			BGA (alt)	EUR 10.000

13.3.3.1.2.4 Anschaffung neuer Küchengeräte und Einrichtungsgegenstände

Ebenfalls zu Beginn des Geschäftsjahrs erfolgte die Beschaffung neuer Küchengeräte und Einrichtungsgegenstände (BGA neu). Da die ABC-GmbH & Co. KG die BGA neu von inländischen Lieferanten erwarb, ist davon auszugehen, dass der Gesamtkaufpreis in Höhe von EUR 2.023.000 einen Vorsteueranteil (die von den Lieferanten an die ABC-GmbH & Co. KG überwälzte Umsatzsteuer) enthält. Bei einem zu unterstellenden Umsatzsteuersatz von 19 % beträgt dieser Vorsteueranteil (19/119 × EUR 2.023.000=) EUR 323.000. Das (Netto-)Entgelt und damit die Anschaffungskosten für die BGA neu

---

[29] In der GuV im Posten „sonstige betriebliche Erträge" zu konsolidieren.

betragen folglich EUR 1.700.000. Damit ist die Beschaffung der BGA (neu) von der ABC-GmbH & Co. KG wie folgt zu buchen:

Soll		an	Haben	
BGA (neu)	EUR 1.700.000		Bankguthaben	EUR 2.023.000
Vorsteuer	EUR 323.000			

13.3.3.1.2.5 Beschaffung von Vorräten

Aus dem Fallszenario folgt, dass die ABC-GmbH & Co. KG während des betrachteten Geschäftsjahrs Vorräte im Wert von insgesamt EUR 500.000 angeschafft haben muss. Denn der Vorratsbestand zu Beginn des betrachteten Geschäftsjahrs betrug EUR 200.000. Dies führt zu folgender Berechnung:

	EUR 100.000	Vorratsbestand am Ende des Geschäftsjahrs
+	EUR 600.000	Vorratsverbrauch während des Geschäftsjahrs (Materialaufwand)
−	EUR 200.000	Vorratsbestand am Anfang des Geschäftsjahrs
=	EUR 500.000	Vorratsbeschaffung während des Geschäftsjahrs

Die Lieferanten der Vorräte stellten der ABC-GmbH & Co. KG nach dem Fallszenario durchschnittlich 13 % Vorsteuer in Rechnung. Am Ende des Geschäftsjahrs waren keine Verbindlichkeiten gegenüber Lieferanten mehr offen. Daher kann die Beschaffung von Vorräten während des Geschäftsjahrs in folgender Buchung zusammengefasst werden:

Soll		an	Haben	
Vorräte	EUR 500.000		Bankguthaben	EUR 565.000
Vorsteuer	EUR 65.000			

13.3.3.1.2.6 Umsatzerlöse

Aus dem Fallszenario folgt, dass den Umsatzerlösen in Höhe von EUR 1.200.000 Lieferungen und Leistungen mit einer Umsatzsteuerbelastung von 19 % und damit insgesamt in Höhe von (EUR 1.200.000 × 0,19 =) EUR 228.000 zugrunde lagen. Da die Ausführung dieser Lieferungen und Leistungen für die ABC-GmbH & Co. KG nach dem Fallszenario mit dem Verbrauch von Vorräten im Wert von EUR 600.000 verbunden war, kann die Erzielung der Umsatzerlöse in folgender Buchung zusammengefasst werden:

Soll		an	Haben	
Bankguthaben	EUR 1.428.000		Umsatzerlöse	EUR 1.200.000
Verringerung des Bestands an Vorräten[30]	EUR 600.000		Umsatzsteuer	EUR 228.000
			Vorräte	EUR 600.000

13.3.3.1.2.7 Mietaufwand

Die von der ABC-GmbH & Co. KG für das betrachtete Geschäftsjahr an A geschuldeten Mietzahlungen betragen insgesamt (12 × EUR 6.000=) EUR 72.000. Da nach dem Fallszenario zu unterstellen ist, dass die Vermietung umsatzsteuerfrei erfolgt, können diese Mietzahlungen in folgender Buchung zusammengefasst werden:

Soll		an	Haben	
Mietaufwand[31]	EUR 72.000		Bankguthaben	EUR 72.000

13.3.3.1.2.8 Sonstige betriebliche Aufwendungen

Die sonstigen betrieblichen Aufwendungen der ABC-GmbH & Co. KG in Höhe von EUR 150.000 und der Personalaufwand in Höhe von EUR 240.000 können – entsprechend der Aufgabenstellung ohne Berücksichtigung von Vorsteuer – in folgender Buchung zusammengefasst werden:

Soll		an	Haben	
Sonstige betriebliche Aufwendungen einschließlich Personalaufwand	EUR 390.000		Bankguthaben	EUR 390.000

13.3.3.1.2.9 Ausgleich von Umsatzsteuerverbindlichkeiten

Da die ABC-GmbH & Co. KG am Ende des Geschäftsjahrs nur noch Umsatzsteuerverbindlichkeiten in Höhe von EUR 19.000 hat, muss die ABC-GmbH & Co. KG die übrigen, während des Geschäftsjahrs entstandenen Umsatzsteuerverbindlichkeiten ausgeglichen haben. Die den Umsatzerlösen zugrundeliegenden Lieferungen und sonstigen Leistungen führten bei der ABC-GmbH & Co. KG zu Umsatzsteuerverbindlichkeiten in Höhe von EUR 228.000. Hinzu kommen die Umsatzsteuerverbindlichkeiten aus der Lieferung der BGA alt an die gemeinnützige Einrichtung in Höhe von EUR 3.800.

---

[30] Im Sinn von § 275 Abs. 2 Nr. 2 HGB bzw. Abs. 3 Nr. 2 HGB.
[31] In der GuV zu konsolidieren als sonstige betriebliche Aufwendungen (§ 275 Abs. 2 Nr. 8 bzw. Abs. 3 Nr. 7 HGB).

Zieht man von den damit insgesamt entstandenen Umsatzsteuerverbindlichkeiten in Höhe von (EUR 228.000+EUR 3.800=) EUR 231.800 die am Ende des Geschäftsjahrs noch offenen Umsatzsteuerverbindlichkeiten in Höhe von EUR 19.000 ab, folgt daraus: Während des betrachteten Geschäftsjahres hat die ABC-GmbH & Co. KG weitere[32] Umsatzsteuerverbindlichkeiten in Höhe von EUR 212.800 erfüllt.

Der Ausgleich dieser Umsatzsteuerverbindlichkeiten erfolgte unter Verrechnung mit den Vorsteuern, die der ABC-GmbH & Co. KG während des Geschäftsjahrs von den Lieferanten der neuen BGA (EUR 323.000) und der Vorräte (EUR 65.000) in Rechnung gestellt wurden. Da die ABC-GmbH & Co. KG am Ende des Geschäftsjahrs nach dem Fallszenario noch ein Vorsteuerguthaben von EUR 13.000 hat, muss die ABC-GmbH & Co. KG während des Geschäftsjahrs folglich ein Vorsteuerguthaben in Höhe von (EUR 323.000+EUR 65.000 − EUR 13.000=) EUR 375.000 gegen bestehende Umsatzsteuerverbindlichkeiten verrechnet oder von der Finanzverwaltung erstattet bekommen haben. Denn in Höhe des Vorsteuerüberhangs erhielt die ABC-GmbH & Co. KG nach dem Fallszenario entsprechende Erstattungszahlungen von der Finanzverwaltung. Der weitere Ausgleich der Umsatzsteuerverbindlichkeiten unter Verrechnung mit Vorsteuerguthaben und Erhalt von Erstattungszahlungen in Höhe des Vorsteuerüberhangs während des betrachteten Geschäftsjahrs kann daher in folgender Buchung zusammengefasst werden:

Soll		an	Haben	
Umsatzsteuerverbindlichkeiten	EUR 212.800		Vorsteuer	EUR 375.000
Bankguthaben	EUR 162.200			

13.3.3.1.2.10 Zinsaufwand

Am Ende des Geschäftsjahrs muss die ABC-GmbH & Co. KG die Darlehenszinsen in Höhe von 6 % und damit insgesamt EUR 120.000 für das erste Jahr der Inanspruchnahme des Darlehens an B zahlen. Diese Zinszahlung ist wie folgt zu buchen:

Soll		an	Haben	
Zinsaufwand	EUR 120.000		Bankguthaben	EUR 120.000

13.3.3.1.2.11 Lizenzaufwand

Ebenfalls am Ende des Geschäftsjahrs fällig ist die Zahlung der Lizenzgebühren an die K-GmbH in Höhe von 1 % der Umsatzerlöse. Die von der K-GmbH in Rechnung

---

[32] D. h., zusätzlich zu den noch aus dem letzten Geschäftsjahr stammenden Umsatzsteuerverbindlichkeiten in Höhe von EUR 57.000.

gestellte Vorsteuer ist entsprechend der Aufgabenstellung außer Betracht zu lassen. Die Lizenzzahlung ist somit wie folgt zu buchen:

Soll		an	Haben	
Lizenzaufwand	EUR 12.000		Bankguthaben	EUR 12.000

13.3.3.1.2.12 Abschreibung der BGA (neu)

Da die voraussichtliche betriebliche Nutzungsdauer der von der ABC-GmbH & Co. KG zu Beginn des Geschäftsjahrs neu angeschafften BGA 5 Jahre beträgt und diese planmäßig linear abgeschrieben wird, ist die Abschreibung der BGA (neu) für das betrachtete Geschäftsjahr wie folgt zu buchen:

Soll		an	Haben	
AfA BGA neu	EUR 340.000		BGA neu	EUR 340.000

13.3.3.1.3 Konsolidierung der Buchungen in einer Bilanz

Die Konsolidierung der vorstehend abgebildeten Buchungen – soweit Bestandskonten betroffen sind – führt zu folgender Bilanz der ABC-GmbH & Co. KG zum Ende des betrachteten Geschäftsjahrs:

Aktiva (Vermögen) in EUR		Passiva (Kapital) in EUR	
BGA (neu)	1.360.000	Eigenkapital	319.000
Vorräte	100.000	Darlehen	2.000.000
Vorsteuer	13.000	Umsatzsteuerverbindlichkeit	19.000
Bankguthaben	865.000		
Summe	2.338.000	Summe	2.338.000

13.3.3.1.4 Ermittlung des Ergebnisses

Die Bilanz der ABC-GmbH & Co. KG zum Ende des betrachteten Geschäftsjahrs gibt zunächst keinen Anlass zu einkommen- oder körperschaftsteuerrechtlich begründeten Korrekturen. Deshalb kann davon ausgegangen werden, dass das Eigenkapital der ABC-GmbH & Co. KG am Ende des betrachteten Geschäftsjahrs dem Betriebsvermögen im Sinn von § 4 Abs. 1 Satz 1 EStG entspricht. Unter Berücksichtigung der Bilanz der ABC-GmbH & Co. KG zum Ende des vorangegangenen Geschäftsjahrs führt dies zu folgendem Betriebsvermögensvergleich:

	EUR 319.000	Betriebsvermögen Ende des Geschäftsjahres
−	EUR 643.000	Betriebsvermögen Ende des vorangegangenen Geschäftsjahrs
=	EUR 324.000	Verlust

Da während des betrachteten Geschäftsjahrs weder Entnahmen noch Einlagen vonseiten der Gesellschaft erfolgten, besteht insoweit kein Korrekturbedarf. Allerdings haben die Gesellschafter A – in Form der Mieteinnahmen – und B – in Form der Zinseinnahmen – Sondervergütungen im Sinn von § 15 Abs. 1 Nr. 2 Satz 1 EStG bezogen. Diese Sondervergütungen sind dem von der ABC-GmbH & Co. KG erzielten Ergebnis wie folgt hinzuzurechnen:

	EUR 324.000	Verlust nach Betriebsvermögensvergleich
+	EUR 72.000	Sondervergütung A (Miete)
+	EUR 120.000	Sondervergütung B (Zinsen)
=	EUR 132.000	Verlust nach Hinzurechnung von Sondervergütungen

Im betrachteten Geschäftsjahr erzielte die ABC-GmbH & Co. KG folglich einen Verlust in Höhe von EUR 132.000. Der Übungsfall zeigt im Übrigen, dass ein Zuwachs an Liquidität auch mit einem negativen Ergebnis (Verlust) einhergehen kann.

13.3.3.2 Zurechnung des Ergebnisses an die Gesellschafter

Gemäß § 15 Abs. 1 Nr. 2 EStG ist dieses Ergebnis den Gesellschaftern der ABC-GmbH & Co. KG grundsätzlich wie folgt zuzurechnen:

Gesellschafter:	Verlustanteil ohne Berücksichtigung von Sondervergütungen:	Sondervergütung:	Zugerechneter Verlust-/Gewinnanteil insgesamt:
A	− EUR 226.800	+ EUR 72.000	− EUR 154.800
B	− EUR 64.800	+ EUR 120.000	+ EUR 55.200
C-AG	− EUR 32.400	–	− EUR 32.400
Summen:	− EUR 324.000	+ EUR 192.000	− EUR 132.000

Literatur

Koenig, Ulrich. Hrsg. 2021. Abgabenordnung, 4. Aufl., zit.. *Bearbeiter* in *Koenig, AO, 4. Aufl. 2021, §, Rdnr.*

Schiffers, Joachim. 2007. Unternehmenssteuerreform 2008: Sondertarif für nicht entnommene Gewinne nach § 34a EStG – Fluch oder Segen?, GmbHR 2007, 841 ff., zit.: *Schiffers*, GmbHR 2007, S.

Wendt, Michael. 2009. „Meistbegünstigung" des nicht entnommenen Gewinns nach § 34a EStG?, DStR 2009, S. 106 ff, zit.: *Wendt*, DStR 2009, S.

Wiederholung und Verständniskontrolle II

14

Dieses Kapitel dient erneut ausschließlich der Wiederholung. Im ersten Teil des Kapitels werden Fragen zu den Grundlagen der Besteuerung gewerblicher Unternehmen und den Zusammenhängen mit der Rechnungslegung gestellt, die in den vorangegangenen Kapiteln betrachtet wurden. Diese Fragen könnten so auch im Rahmen schriftlicher oder mündlicher Prüfungen gestellt und sie können dementsprechend auch zur Prüfungsvorbereitung genutzt werden. Der zweite Teil des Kapitels beinhaltet „Musterantworten" zu den Fragen, die zur Lern- und Verständniskontrolle genutzt werden können.

14.1 Wiederholungs- und Verständnisfragen

14.1.1 Zur Umsatzsteuer

1. Was ist eine Voranmeldungszeitraum?
2. Warum haben Verbraucher und warum haben Versicherungsunternehmen keine Vorsteuerabzugsmöglichkeit?
3. Welcher wesentliche umsatzsteuerliche Unterschied besteht zwischen einem Patentlizenzvertrag und einem Lizenzvertrag über die Nutzung eines urheberrechtlich geschützten Werks?
4. Welcher wesentliche Unterschied besteht hinsichtlich der räumlichen Zuordnung (Ort) von Dienstleistungen bei B2B-Geschäften einerseits und bei B2C-Geschäften andererseits?

14.1.2 Zur Einkommensteuer

1. Was sind die grundsätzlichen Voraussetzungen und Folgen unbeschränkter Einkommensteuerpflicht?
2. Was ist der Unterschied zwischen „Jahresüberschuss" und „Gewinn"?
3. Wie (in welchen Schritten) ist der Gewinn eines gewerblichen Unternehmens zu ermitteln?
4. Welcher Unterschied besteht zwischen dem handels- und dem einkommensteuerrechtlichen Umgang mit den Rechten von Filmproduzenten an selbst hergestellten Filmen?
5. Was ist ein Verlustrück- und was ein Verlustvortrag?

14.1.3 Zur Körperschaftsteuer

1. Warum kann auch eine GmbH Verluste zurück- und/oder vortragen?
2. Warum kann eine AG keine „Einkünfte aus Vermietung und Verpachtung" erzielen?
3. Welche Besonderheiten bestehen für Veräußerungsgewinne, die eine AG aus der Veräußerung von Geschäftsanteilen an einer Tochter-GmbH erzielt?

14.1.4 Zur Gewerbesteuer

1. Welche Grundsätze gelten für das Nebeneinander von Einkommensteuer, Körperschaftsteuer und Gewerbesteuer?
2. Warum können Zinsaufwendungen die Gewerbesteuerbelastung eines Unternehmens erhöhen?

14.1.5 Zur Besteuerung von Personengesellschaften

1. Was bedeutet der Begriff „Transparenz" im Zusammenhang mit der Besteuerung von Personengesellschaften?
2. Welche Bedeutung haben Sondervergütungen der Gesellschafter einer Personenhandelsgesellschaft?

14.2 Mögliche Antworten

14.2.1 Zur Umsatzsteuer:

14.2.1.1 Zum Voranmeldungszeitraum:
Ein Voranmeldungszeitraum ist derjenige in § 18 UStG definierte Zeitraum (in der Regel ein Kalenderquartal oder Kalendermonat), für den ein Unternehmen eine Umsatzsteuervoranmeldung abgeben muss. Der Ablauf eines Voranmeldungszeitraums ist maßgeblich für die Entstehung der Umsatzsteuerverbindlichkeiten für die während des Voranmeldungszeitraums ausgeführten Umsätze und vereinnahmten Anzahlungen (vgl. dazu insbesondere § 13 Abs. 1 Nr. 1, 2, 5 und 9 UStG).

14.2.1.2 Zum Ausschluss von Verbrauchern und Versicherungsunternehmen vom Vorsteuerabzug:
Verbraucher haben keine Vorsteuerabzugsmöglichkeit, weil der Vorsteuerabzug in § 15 Abs. 1 UStG nur für Unternehmer vorgesehen ist. Verbraucher werden dort nicht erwähnt.

Der Ausschluss von Versicherungsunternehmen vom Vorsteuerabzug beruht dagegen auf § 15 Abs. 2 Nr. 1 UStG. Versicherungsunternehmen sind zwar „Unternehmen" im Sinn von § 2 Abs. 1 UStG. Sie erbringen jedoch Leistungen, die gemäß § 4 Nr. 10a) UStG umsatzsteuerfrei sind. Versicherungsunternehmen verwenden die von Lieferanten bezogenen Lieferungen und sonstigen Leistungen (Eingangsumsätze) daher zur Ausführung steuerfreier Umsätze. Deshalb ist die auf die Eingangsumsätze entfallende Vorsteuer gemäß § 15 Abs. 2 Nr. 1 UStG nicht abzugsfähig.

14.2.1.3 Zum umsatzsteuerlichen Unterschied zwischen Patent- und Urheberrechtslizenz:
Die Einräumung einer Nutzungsmöglichkeit an einem Immaterialgut stellt unabhängig davon, ob dieses patent- oder urheberrechtlich geschützt ist, eine sonstige Leistung im Sinn von § 3 Abs. 9 UStG dar. Ein wesentlicher Unterschied besteht jedoch im Hinblick auf den anwendbaren Steuersatz:

Für die Einräumung einer Nutzungsbefugnis an einer durch ein Patent geschützten Erfindung (Technik) gilt der regelmäßige Steuersatz (§ 12 Abs. 1 UStG). Dagegen gilt gemäß § 12 Abs. 2 Nr. 7c UStG der ermäßigte Steuersatz für *„die Einräumung... von Rechten, die sich aus dem Urheberrechtsgesetz ergeben"*[1].

---

[1] Wortlaut von § 12 Abs. 2 Nr. 7c UStG.

14.2.1.4 Zum Unterschied hinsichtlich des Orts von B2B- und B2C-Dienstleistungen:

Für den Ort einer B2C-Dienstleistung gilt grundsätzlich § 3a Abs. 1 UStG. Danach wird die Dienstleistung „*an dem Ort ausgeführt, von dem aus der Unternehmer sein Unternehmen betreibt.*"[2] Maßgeblich ist also, von wo der Unternehmer die Dienstleistung erbringt.

Für B2B-Dienstleistungen gilt dagegen grundsätzlich § 3a Abs. 2 UStG. Danach wird die Dienstleistung „*an dem Ort ausgeführt, von dem aus der Empfänger sein Unternehmen betreibt.*"[3] Bei B2B- Dienstleistungen ist demnach grundsätzlich der Ort des Leistungsempfängers maßgeblich.

14.2.2 Zur Einkommensteuer

14.2.2.1 Zu den grundsätzlichen Voraussetzungen und Folgen unbeschränkter Einkommensteuerpflicht:

Nach dem EStG unbeschränkt einkommensteuerpflichtig sind grundsätzlich alle Menschen, die ihren Sitz oder gewöhnlichen Aufenthalt in Deutschland haben.[4] Die wesentliche Folge unbeschränkter Einkommensteuerpflicht eines Menschen ist, dass dessen gesamtes Welteinkommen in Deutschland der Einkommensteuerpflicht unterliegt.[5]

14.2.2.2 Zum Unterschied zwischen „Jahresüberschuss" und „Gewinn":

Der Jahresüberschuss eines gewerblichen Unternehmens ist das nach Maßgabe des HGB ermittelte Ergebnis des Geschäftsjahrs. „Jahresüberschuss" bedeutet, dass das Ergebnis der Gewinn- und Verlustrechnung positiv ausfällt. Fällt es negativ aus, wird ein Jahresfehlbetrag erzielt. Für das Verständnis wichtig ist: „Jahresüberschuss" ist das handelsrechtliche Ergebnis nach Steuern, also eine Nachsteuergröße.

„Gewinn" ist dagegen ein Zwischenergebnis vor Steuern vom Einkommen und vom Ertrag. Gewinn ist der maßgebliche Treiber für die Bemessungsgrundlage der Einkommen-, Körperschaft- und Gewerbesteuer und damit – im Gegensatz zum Jahresüberschuss – eine Vorsteuergröße.

---

[2] Wortlaut von § 3a Abs. 1 Satz 1 UStG.
[3] Wortlaut von § 3a Abs. 2 Satz 1 UStG.
[4] Vgl. dazu § 1 Abs. 1 Satz 1 EStG.
[5] Vgl. dazu z. B. BFH, Urteil vom 12.01.2011 (I R 35/10), DStR 2011, S. 757 ff. (758); *Kippenberg,* Das Welteinkommensprinzip und die ersten DBA, IStR 2017, S. 952 ff.

14.2.2.3 Zu den Schritten, in denen der Gewinn eines gewerblichen Unternehmens zu ermitteln ist:

Die wesentlichen Schritte zur Ermittlung des Gewinns sind in den §§ 4 Abs. 1 Satz 1 und 5 Abs. 1 Satz 1 und Abs. 6 EStG abgebildet. Danach gelten für die Gewinnermittlung grundsätzlich folgende Schritte:

Zunächst sind die Handelsbilanzen zum Ende des betrachteten Geschäftsjahres und zum Ende des vorangegangenen Geschäftsjahres in Steuerbilanzen zu überführen.

Anschließend ist anhand der Steuerbilanz ein Betriebsvermögensvergleich durchzuführen, in dem die Differenz aus dem Betriebsvermögen am Ende des Geschäftsjahres und dem Betriebsvermögen am Ende des vorangegangenen Geschäftsjahres ermittelt wird.

Das Ergebnis ist um während des Geschäftsjahrs getätigte Einlagen und Entnahmen zu bereinigen. Einlagen sind abzuziehen, Entnahmen sind hinzuzurechnen.[6]

14.2.2.4 Zum Unterschied zwischen HGB und EStG im Hinblick auf Rechte von Filmproduzenten an selbst hergestellten Filmen:

Die Rechte eines Filmproduzenten an einem selbst hergestellten Film stellen in der Regel selbst geschaffene immaterielle Vermögensgegenstände des Anlagevermögens im Sinn von § 248 Abs. 2 Satz 1 HGB dar. Nach dieser Bestimmung kann der Filmproduzent wählen, ob die Filmrechte in der Handelsbilanz in Höhe der Herstellungskosten des Films aktiviert werden oder nicht.

In der Steuerbilanz besteht dieses Wahlrecht dagegen nicht. Denn aus einem Umkehrschluss aus § 5 Abs. 2 EStG folgt, dass selbst geschaffene immaterielle Vermögensgegenstände des Anlagevermögens in der Steuerbilanz nicht aktiviert werden dürfen.[7]

14.2.2.5 Zur Bedeutung von Verlustrücktrag und Verlustvortrag:

Die Möglichkeit eines „Verlustrücktrags" ist in § 10d Abs. 1 EStG geregelt. Danach kann ein in einem Veranlagungszeitraum erzielter Verlust von einem positiven Gesamtbetrag der Einkünfte des unmittelbar vorangegangenen Veranlagungszeitraums „rückwirkend" abgezogen werden. Der Verlustrücktrag führt damit zu einer rückwirkenden Minderung der Bemessungsgrundlage im vorangegangenen Veranlagungszeitraum mit der Folge, dass überzahlte Steuern von der Finanzverwaltung zurückerstattet werden. Auf diese Weise kann ein Verlustrücktrag die Folgen eines Liquiditätsengpasses abmildern, der während des verlustreichen Geschäftsjahrs möglicherweise entstanden ist.

Die Möglichkeit eines Verlustvortrags wird in § 10d Abs. 2 EStG geregelt. Danach können Verluste, die nicht im Weg eines Verlustrücktrags rückwirkend zur Minderung der Bemessungsgrundlage des unmittelbar vorangegangenen Veranlagungszeitraums

---

[6] Vgl. dazu § 4 Abs. 1 Satz 1 EStG.
[7] Der in § 248 Abs. 2 Satz 1 HGB genutzte Begriff „Vermögensgegenstand" ist insoweit gleichbedeutend wie der in § 5 Abs. 2 EStG genutzte Begriff „Wirtschaftsgut".

genutzt werden, in zukünftige Veranlagungszeiträume „mitgenommen" und dort „verbraucht" werden. „Verbrauch" in diesem Sinn bedeutet, dass ein vorgetragener Verlust mit positiven Einkünften späterer Veranlagungszeiträume verrechnet und dadurch die Steuerlast dieser zukünftigen Veranlagungszeiträume entsprechend gemindert werden.

14.2.3 Zur Körperschaftsteuer:

14.2.3.1 Warum auch eine GmbH Verluste zurück- und/oder vortragen kann:

Die Möglichkeit eines Verlustvor- oder -rücktrags besteht auch für eine GmbH, weil das Körperschaftsteuergesetz in § 8 Abs. 1 KStG die Bestimmungen des EStG und damit auch § 10d EStG in Bezug nimmt.

14.2.3.2 Zur Möglichkeit einer AG, „Einkünfte aus Vermietung und Verpachtung" zu erzielen:

Eine AG kann gemäß § 8 Abs. 2 KStG ausschließlich Einkünfte aus Gewerbebetrieb erzielen. Soweit eine AG z.B. Eigentumswohnungen an Mieter vermietet, werden die dadurch erzielten Einkünfte der AG durch § 8 Abs. 2 KStG in Einkünfte aus Gewerbebetrieb (um)qualifiziert. Durch § 8 Abs. 2 KStG wird die in § 2 Abs. 1 EStG enthaltene Auflistung steuerbarer Einkunftsarten für AG (ebenso wie für andere Kapitalgesellschaftstypen und Genossenschaften) obsolet.

14.2.3.3 Zur Behandlung von Veräußerungsgewinnen einer AG aus der Veräußerung von Geschäftsanteilen an einer Tochter-GmbH:

Erzielt eine AG einen Veräußerungsgewinn aus der Veräußerung von Geschäftsanteilen an einer Tochter-GmbH, fällt dies grundsätzlich in den Anwendungsbereich von § 8b Abs. 2 und 3 KStG. Der Veräußerungsgewinn bleibt gemäß § 8b Abs. 2 Satz 1 KStG bei Ermittlung des Einkommens der AG grundsätzlich außer Ansatz. Jedoch gelten 5 % des Veräußerungsgewinns gemäß § 8b Abs. 3 Satz 1 KStG „*als Ausgaben, die nicht als Betriebsausgaben abgezogen werden dürfen.*"[8] Im Ergebnis bedeutet dies, dass die körperschaftsteuerliche Bemessungsgrundlage (nur) in Höhe von 5 % des tatsächlich erzielten Veräußerungsgewinns erhöht wird.

---

[8] Wortlaut von § 8b Abs. 3 Satz 1 KStG.

14.2.4 Zur Gewerbesteuer:

14.2.4.1 Zum Nebeneinander von Einkommensteuer, Körperschaftsteuer und Gewerbesteuer:

Das Nebeneinander von Einkommen- und Gewerbesteuer wird in § 35 EStG geregelt. Danach fallen Einkommen- und Gewerbesteuer grundsätzlich nebeneinander an. Die geschuldete Einkommensteuer wird jedoch abhängig von der Höhe des festgesetzten Gewerbesteuer-Messbetrags ermäßigt.

Körperschaft- und Gewerbesteuer fallen ebenfalls nebeneinander an. Wechselseitige Ermäßigungswirkungen sind insoweit grundsätzlich nicht vorgesehen.

Einkommen- und Körperschaftsteuer können nicht bei ein und demselben Marktteilnehmer unmittelbar nebeneinander anfallen, weil Menschen nicht körperschaftsteuerpflichtig und Körperschaften nicht einkommensteuerpflichtig sein können.

14.2.4.2 Zur Erhöhung der Gewerbesteuerbelastung durch Zinsaufwendungen:

Zinsaufwendungen werden grundsätzlich von dem in § 8 Nr. 1a) GewStG geregelten Hinzurechnungstatbestand erfasst. Soweit die Summe der von § 8 Nr. 1 GewStG erfassten Aufwendungen insgesamt EUR 200.000[9] übersteigt, werden die von § 8 Nr. 1 GewStG erfassten Aufwendungen dem Gewinn aus Gewerbebetrieb hinzugerechnet und erhöhen die Gewerbesteuerlast entsprechend.

14.2.5 Zur Besteuerung von Personengesellschaften:

14.2.5.1 Zum Begriff „Transparenz" im Zusammenhang mit der Besteuerung von Personengesellschaften:

Personengesellschaften sind für Zwecke der Einkommen- und Körperschaftsteuer „transparent". „Transparenz" bedeutet in diesem Zusammenhang, dass Personengesellschaften weder Einkommen- noch Körperschaftsteuersubjekte sind, also weder Einkommen- noch Körperschaftsteuer schulden (können). Vielmehr wird das Ergebnis einer Personengesellschaft für Zwecke der Einkommen- und Körperschaftsteuer anteilig (im Umfang der jeweiligen Beteiligungsquoten) den Gesellschaftern zugerechnet und geht in deren jeweilige einkommen- oder körperschaftsteuerliche Bemessungsgrundlage mit ein.

Die Transparenz von Personengesellschaften gilt für die Einkommen- und die Körperschaftsteuer sowie den Solidaritätszuschlag als „Annex" zu diesen beiden Steuerarten. Im Rahmen der Veranlagung anderer Steuerarten sind Personengesellschaften dagegen nicht transparent. Personengesellschaften können daher z.B. Schuldner von Umsatz- und Gewerbesteuer sein.

---

[9] Vgl. dazu § 8 Nr. 1 GewStG am Ende.

14.2.5.2 Zur Bedeutung von Sondervergütungen:

„Sondervergütungen" sind Vergütungen, die ein *„Gesellschafter von der Gesellschaft für seine Tätigkeit im Dienst der Gesellschaft oder für die Hingabe von Darlehen oder für die Überlassung von Wirtschaftsgütern"*[10] bezieht.

Sondervergütungen von Gesellschaftern einer OHG oder KG zählen ebenfalls zu den Einkünften der Gesellschafter aus Gewerbebetrieb. Sie erhöhen zudem den Gewinn der OHG oder KG. Auf diese Weise wird auch die gewerbesteuerliche Bemessungsgrundlage der OHG oder KG entsprechend erhöht.

---

[10] Wortlaut § 15 Abs. 1 Satz 1 Nr. 2 Satz 1 EStG.

Rechnungslegung und Compliance 15

15.1 Einführung

Nicht jeder findet Rechnungslegung und Besteuerung spannend. Wesentliche Grundsätze sind Gesetzen und Gerichtsurteilen zu entnehmen. Deren Lektüre kann selbst Interessierte ermüden. Wer ein Unternehmen als Inhaber, persönlich haftender Gesellschafter oder Mitglied eines Vertretungs- oder Kontrollorgans leiten will, kommt um eine Befassung mit der Rechnungslegung dennoch nicht herum. Denn die Inhaber, persönlich haftenden Gesellschafter und Mitglieder der Leitungsorgane sind für die Erfüllung der Rechnungslegungs- und steuerlichen Deklarationspflichten des Unternehmens verantwortlich.

15.2 Zentrale Verantwortlichkeiten

Die Verantwortlichkeiten der Inhaber, persönlich haftendenden Gesellschafter und Mitglieder der Leitungsorgane für die Rechnungslegung gewerblicher Unternehmen folgen nicht nur betriebswirtschaftlicher Rationalität. Sie folgen auch aus zwingend anwendbaren gesetzlichen Bestimmungen. Insoweit gelten im Einzelnen folgende Verantwortlichkeiten:

Rechtsform	Verantwortung für Rechnungslegung und Deklarationspflichten	Gesetzliche Grundlagen
Einzelkaufleute	Der/die Inhaber/-in des Unternehmens persönlich	§§ 238 ff. HGB; 25 Abs. 3 EStG; 14a GewStG; 18 UStG
OHG	Die (sämtliche) Gesellschafter	§§ 6, 238 ff. HGB; 34 AO

Rechtsform	Verantwortung für Rechnungslegung und Deklarationspflichten	Gesetzliche Grundlagen
KG	Sämtliche persönlich haftenden Gesellschafter (Komplementäre)	§§ 6, 238 ff., 164, 170 HGB; 34 AO
AG	Vorstand (grundsätzlich sämtliche Mitglieder des Vorstands)	§§ 91 Abs. 1 AktG, 264 Abs. 1 HGB, § 34 Abs. 1 AO
SE	Das Leitungsorgan (dualistisches System) bzw. der Verwaltungsrat (monistisches System)	Art. 9 Abs. 1 c) ii) SE-VO i.V.m. §§ 91 Abs. 1 AktG, 264 Abs. 1 HGB; 34 Abs. 1 AO (dualistisches System) bzw. §§ 22 Abs. 3 Satz 1 SE-AG, 34 Abs. 1 AO (monistisches System)
GmbH und UG (haftungsbeschränkt)	Grundsätzlich sämtliche Geschäftsführer	§§ 41 GmbHG, 264 Abs. 1 HGB, 34 AO
Genossenschaft	Vorstand (grundsätzlich sämtliche Mitglieder des Vorstands)	§§ 33 GenG, 34 AO

15.3 Wichtige Fristen

15.3.1 Aufstellung des Jahresabschlusses

Die Aufstellung des Jahresabschlusses ist fristgebunden. Einzelkaufleute und Personenhandelsgesellschaften mit mindestens einer natürlichen Person als – unmittelbarem oder mittelbarem[1] – persönlich haftenden Gesellschafter müssen den Jahresabschluss „*innerhalb der einem ordnungsmäßigen Geschäftsgang entsprechenden Zeit*"[2] aufstellen. Die Unbestimmtheit dieser Regelung wirft die Frage auf, wann genau die Frist endet. Insoweit wird ein Zeitraum von sechs Monaten nach Abschluss des Geschäftsjahrs in der Regel noch für ordnungsmäßig gehalten.[3]

Eine konkretere Fristbestimmung enthält das HGB dagegen für Kapital- und diesen gemäß § 264a Abs. 1 HGB gleichgestellte Personenhandelsgesellschaften. Deren Jahresabschluss muss gemäß § 264 Abs. 1 Satz 3 HGB grundsätzlich „*in den ersten drei*

---

[1] I.S.v. „über weitere Personengesellschaften als persönlich haftender Gesellschafter beteiligt".
[2] Wortlaut § 243 Abs. 3 HGB.
[3] Vgl. dazu z. B. *Ballwieser*, in Münchener Kommentar zum HGB, 4. Auflage 2020, § 243 Rdnr. 78.

Monaten des Geschäftsjahrs für das vergangene Geschäftsjahr"[4] aufgestellt werden. Für kleine und Kleinstkapitalgesellschaften wird diese Frist durch § 264 Abs. 1 Satz 4 HGB auf sechs Monate verlängert.

15.3.2 Steuererklärungen und -anmeldungen

Auch die Abgabe von Steuererklärungen und -anmeldungen ist fristgebunden. Innerhalb der einzelnen Steuerarten gelten insoweit folgende wichtige Fristen:

Steuererklärung oder -anmeldung	Frist	Gesetzliche Regelung
Umsatzsteuererklärung	7 Monate nach Ablauf des Kalenderjahrs	§ 149 Abs. 2 Satz 1 AO
Umsatzsteuervoranmeldungen	10 Tage nach Ablauf jedes Voranmeldungszeitraums	§ 18 Abs. 1 Satz 1 UStG
Einkommensteuererklärung	7 Monate nach Ablauf des Kalenderjahrs	§ 149 Abs. 2 Satz 1 AO
Körperschaftsteuererklärung	7 Monate nach Ablauf des Kalenderjahrs	§ 149 Abs. 2 Satz 1 AO
Gewerbesteuererklärung	7 Monate nach Ablauf des Kalenderjahrs	§ 149 Abs. 2 Satz 1 AO

Die Fristen für die Abgabe der Umsatz-, Einkommen- und Körperschaftsteuererklärung sowie die Fristen zur Abgabe der Erklärungen zur gesonderten Feststellung von Besteuerungsgrundlagen für die Gesellschafter von OHG und KG und zur Festsetzung des Gewerbesteuermessbetrags werden von § 149 Abs. 3 AO bis Ende Februar des jeweils übernächsten Jahres verlängert, wenn ein Steuerberater oder eine andere zur unbeschränkten Hilfeleistung in Steuersachen berechtigte Person[5] mit der Erstellung der jeweiligen Erklärung beauftragt wird. Die in § 149 Abs. 3 AO gesetzlich geregelte Fristverlängerung für die Abgabe von Steuererklärungen ist jedoch nicht nur im Hinblick auf die Reduzierung des Zeitdrucks von Bedeutung. Diese Regelung verdeutlicht auch, dass eine Beauftragung von Steuer- oder anderen Beratern zur Erfüllung steuerlicher Deklarationspflichten nicht unrechtmäßig, sondern im Gesetz ausdrücklich angelegt ist.

---

[4] Wortlaut § 264 Abs. 1 Satz 3 HGB.

[5] z. B. ein Wirtschaftsprüfer oder eine Wirtschaftsprüfungsgesellschaft.

15.4 Delegationsmöglichkeiten

Die Erfüllung von Rechnungslegungspflichten kann von den gesetzlich verantwortlichen Personen zumindest in gewissem Umfang an andere Personen delegiert werden. In Betracht kommt zum einen die Beauftragung von Arbeitnehmern oder externen Dienstleistern mit der Durchführung von Buchungsvorgängen, dem technischen Zusammenfassen von Bestands- und Erfolgskonten im Jahresabschluss oder dem Ausfüllen von Erklärungsformularen. Zum anderen ist innerhalb des Gesellschafterkreises oder zwischen mehreren Organmitgliedern eine Arbeitsteilung im Sinn einer Ressortzuordnung möglich. Danach kann vorgesehen werden, dass einer von mehreren persönlich haftenden Gesellschaftern oder eines von mehreren Organmitgliedern federführend für die Erfüllung sämtlicher oder bestimmter Rechnungslegungspflichten zuständig ist („CFO").

Allerdings bewirkt weder eine Beauftragung von Arbeitnehmern oder Dienstleistern noch eine Ressortzuordnung innerhalb des Gesellschafterkreises oder Organs, dass die Letztverantwortlichkeit der gesetzlich für die Rechnungslegung zuständigen Personen entfällt. Auch im Fall einer Beauftragung von Arbeitnehmern oder Dienstleistern bleiben die kraft Gesetzes verantwortlichen Personen dafür verantwortlich, *„für eine ordnungsgemäße Buchführung zu sorgen."*[6] Und im Fall einer Ressortverteilung zwischen persönlich haftenden Gesellschaftern oder Organmitgliedern gilt:

„Eine Geschäftsverteilung oder Ressortaufteilung auf der Ebene der Geschäftsführung setzt eine klare und eindeutige Abgrenzung der Geschäftsführungsaufgaben aufgrund einer von allen Mitgliedern des Organs mitgetragenen Aufgabenzuweisung voraus, die die vollständige Wahrnehmung der Geschäftsführungsaufgaben durch hierfür fachlich und persönlich geeignete Personen sicherstellt und ungeachtet der Ressortzuständigkeit eines einzelnen Geschäftsführers die Zuständigkeit des Gesamtorgans insbesondere für nicht delegierbare Angelegenheiten der Geschäftsführung wahrt."[7]

Erfolgt zwischen mehreren persönlich haftenden Gesellschaftern oder Organmitgliedern einer Kapitalgesellschaft oder Genossenschaft eine klare Ressortverteilung und vergewissert sich jeder von der Eignung der jeweils Ressortzuständigen zur Erfüllung der jeweils zugeordneten Aufgaben, verschieben sich die Verantwortlichkeiten damit zumindest ein Stück weit. Der oder die für eine konkrete Aufgabe – z. B. die Rechnungslegung – nach der Ressortverteilung Zuständige muss die jeweils anderen über sämtliche wesentlichen Geschäftsvorfälle, Entwicklungen und Risiken informieren, die sich innerhalb der Ressortzuständigkeit ereignen oder abzeichnen. Umgekehrt müssen die jeweils unzuständigen den oder die nach der Ressortverteilung zuständigen Geschäftsführer hinreichend intensiv überwachen. Dies bedeutet:

---

[6] BGH, Urteil vom 19.12.2017 (II ZR 88/16), NJW 2018, S. 1089 ff. (1090).
[7] BGH, Urteil vom 06.11.2018 (II ZR 11/17), DNotZ 2019, S. 469 ff. (470).

- Jedes Mitglied eines Leitungsorgans muss darauf achten, dass alle anderen Organmitglieder jeweils regelmäßig, ausreichend detailliert und unter Vorlage geeigneter Unterlagen über ihre jeweiligen Ressorts berichten und Fragen dazu beantworten können.
- Jedes Mitglied eines Leitungsorgans muss einschreiten, sobald die Berichte anderer Organmitglieder über deren jeweilige Ressorts ausbleiben, unvollständig oder unplausibel sind oder Fragen offen bleiben.

Auch persönlich haftende Gesellschafter und Organmitglieder von Kapitalgesellschaften und Genossenschaften, die nach interner Ressortverteilung nicht für die Rechnungslegung zuständig sind, müssen somit zumindest die Vollständigkeit und Plausibilität der Rechnungslegung beurteilen können. Dies setzt zumindest ein Grundverständnis von der Rechnungslegung und Besteuerung gewerblicher Unternehmen voraus. Wer als Inhaber, persönlich haftender Gesellschafter oder Organmitglied einer Kapitalgesellschaft oder Genossenschaft nicht über dieses Grundverständnis verfügt, setzt sich selbst erhöhten Gefahren aus. Denn die Verletzung der Pflicht zu ordnungsmäßiger Rechnungslegung einschließlich der Erfüllung steuerlicher Deklarationspflichten geht für die Verantwortlichen mit dem Risiko einer persönlichen Haftung im weitesten Sinn einher. Dies schließt Strafbarkeitsrisiken und das Risiko einer persönlichen zivilrechtlichen Inanspruchnahme ein.

15.5 Strafbarkeitsrisiken

15.5.1 Einführung

Das Strafgesetzbuch (StGB) und verschiedene wirtschaftsrechtlich relevante Gesetze wie z. B. das HGB regeln eine Reihe rechnungslegungsbezogener Straftatbestände. Diese können nicht nur von Einzelkaufleuten verwirklicht werden, die für sich selbst handeln. Auch die gesetzlichen Vertreter von Gesellschaften können diese Straftatbestände erfüllen, obwohl sie insoweit für „eine andere Person" handeln, nämlich für die jeweilige Gesellschaft[8], sofern sie die für eine Strafbarkeit erforderlichen subjektiven Tatbestandsmerkmale verwirklichen. Insoweit gilt gemäß § 15 StGB: *„Strafbar ist nur vorsätzliches Handeln, wenn nicht das Gesetz fahrlässiges Handeln ausdrücklich mit Strafe bedroht."*[9]

Eine Strafbarkeit nach den nachstehend betrachteten Strafgesetzen setzt daher zumindest grundsätzlich voraus, dass die für die Rechnungslegung verantwortlichen Personen die im jeweiligen Strafgesetz genannten Tatbestandsmerkmale vorsätzlich verwirklichen. Lediglich ein Teil dieser Strafgesetze ordnet an, dass auch die fahrlässige

---
[8] Dazu insbesondere § 14 StGB; dort wird ein entsprechender Zurechnungsmechanismus geregelt.
[9] Wortlaut § 15 StGB.

Tatbestandsverwirklichung strafbar ist, wobei fahrlässige Tatbegehung mit geringerer Strafandrohung einhergeht.

Zudem gelten nicht alle der nachfolgend dargestellten Straftatbestände für sämtliche Unternehmen. Einige Straftaten können nur rechtsformabhängig verwirklicht werden. Im Folgenden werden im Übrigen nicht sämtliche, sondern nur einige besonders praxisrelevante rechnungslegungsbezogene Straftaten dargestellt.

15.5.2 Steuerhinterziehung

Steuern können unabhängig davon hinterzogen werden, in welcher Rechtsform ein Unternehmen betrieben wird. Der Straftatbestand der Steuerhinterziehung wird in § 370 AO geregelt. Danach wird u. a. *„mit Freiheitsstrafe bis zu 5 Jahren oder mit Geldstrafe ... bestraft, wer*

1. *den Finanzbehörden oder anderen Behörden über steuerlich erhebliche Tatsachen unrichtige oder unvollständige Angaben macht,*
2. *die Finanzbehörden pflichtwidrig über steuerlich erhebliche Tatsachen in Unkenntnis lässt ...*

...

und dadurch Steuern verkürzt oder für sich oder einen anderen nicht gerechtfertigte Steuervorteile erlangt."[10]

Verstöße gegen steuerliche Deklarationspflichten können somit Tathandlungen einer Steuerhinterziehung sein. Dies gilt sowohl für die Abgabe inhaltlich unzutreffender Steuererklärungen als auch für deren nicht rechtzeitige Abgabe. Daneben erfordert die Strafbarkeit eines Einzelunternehmers, persönlich haftenden Gesellschafters oder Organmitglieds einer Kapitalgesellschaft oder Genossenschaft nach § 370 Abs. 1 AO, dass Steuern verkürzt oder ungerechtfertigte Steuervorteile erlangt werden.[11] Der Verkürzungstatbestand ist bereits dann verwirklicht, wenn Steuern infolge der Tathandlung nicht vollumfänglich oder nicht rechtzeitig festgesetzt werden.

Eine ordnungsmäßige kaufmännische Rechnungslegung kann folglich auch eine grundlegende Maßnahme zur Vermeidung von Steuerstrafbarkeitsrisiken sein. Denn einer ordnungsmäßig geführten und abgeschlossenen Buchführung können auch die

---

[10] Wortlaut § 370 Abs. 1 AO; das in § 370 Abs. 1 Nr. 3 AO ebenfalls unter Strafe gestellte, pflichtwidrige Unterlassen einer *„Verwendung von Steuerzeichen oder Steuerstemplern"* bleibt an dieser Stelle unerwähnt und außer Betracht.

[11] Allerdings ist der Taterfolg im Fall der Steuerhinterziehung keine zwingende Strafbarkeitsvoraussetzung. Denn in § 370 Abs. 2 AO wird klargestellt, dass bereits der Versuch einer Steuerhinterziehung strafbar ist.

maßgeblichen Informationen für die Erstellung von Steuererklärungen entnommen werden.

15.5.3 Verletzung der Buchführungspflicht

Eine Verletzung der handelsrechtlichen Rechnungslegungspflicht kann auch bereits isoliert betrachtet strafbar sein. Denn in § 283b Abs. 1 StGB wird zunächst Folgendes angedroht: „*Mit Freiheitsstrafe bis zu zwei Jahren oder mit Geldstrafe wird bestraft, wer Handelsbücher, zu deren Führung er gesetzlich verpflichtet ist, zu führen unterlässt oder so führt oder verändert, dass die Übersicht über seinen Vermögensstand erschwert wird*"[12]. Dieselbe Strafandrohung gilt gemäß § 283b Abs. 1 Nr. 2 StGB für die Verletzung von Aufbewahrungspflichten und gemäß § 283b Abs. 1 Nr. 3 StGB für den Fall, dass eine Bilanz unübersichtlich oder nicht rechtzeitig aufgestellt wird.

Der Straftatbestand „Verletzung der Buchführungspflicht" kann ebenfalls rechtsformunabhängig von Einzelkaufleuten ebenso verwirklicht werden wie von den persönlich haftenden Gesellschaftern einer Personenhandelsgesellschaft und den Organmitgliedern von Kapitalgesellschaften und Genossenschaften. Zudem werden in § 283b Abs. 2 StGB einige Tatbestandsalternativen der Verletzung der Buchführungspflicht auch für den Fall nur fahrlässiger Tatbegehung unter Strafandrohung gestellt.[13]

Unabhängig davon, ob die Buchführungspflicht vorsätzlich oder nur fahrlässig verletzt wird, ist die Tat
jedoch wegen § 283b Abs. 3 i.V.m. § 283 Abs. 6 StGB nur dann strafbar, „*wenn der Täter seine Zahlungen eingestellt hat oder über sein Vermögen das Insolvenzverfahren eröffnet oder der Eröffnungsantrag mangels Masse abgewiesen worden ist.*"[14] Damit wird die Insolvenz des Unternehmens zur Voraussetzung einer Strafbarkeit wegen Verletzung der Buchführungspflicht.[15]

Das erhebt die Fähigkeit, die Solvenz oder Insolvenz eines Unternehmens beurteilen zu können, zu einer maßgeblichen Voraussetzung für die Beurteilung von Strafbarkeitsrisiken. Hinzu kommt, dass der Eintritt von Insolvenz u. a. bei Genossenschaften, Kapitalgesellschaften und diesen gleich gestellten Personengesellschaften auch eine strafbewehrte Insolvenzantragspflicht auslöst.

---

[12] Wortlaut § 283b Abs. 1 Nr. 1 StGB.
[13] Dies gilt für die Alternativen in § 283b Abs. 1 Nr. 1 und Nr. 3 StGB.
[14] Wortlaut § 283 Abs. 6 StGB, auf den in § 283b Abs. 3 StGB verwiesen wird.
[15] Zu Einzelheiten vgl. z. B. *Heine/Schuster* in *Schönke/Schröder*, Strafgesetzbuch, 30. Auflage 2019, § 283b, Rdnr. 7.

15.5.4 Verletzung der Insolvenzantragspflicht (Insolvenzverschleppung)

Gemäß § 15a Abs. 1 Satz 1 InsO müssen die Mitglieder des Vertretungsorgans einer Genossenschaft oder Kapitalgesellschaft unverzüglich einen Antrag auf Eröffnung des Insolvenzverfahrens stellen, wenn es zum Eintritt von Zahlungsunfähigkeit oder Überschuldung kommt. Gemäß § 15 Abs. 4 InsO wird die Verletzung dieser Insolvenzantragspflicht mit Freiheitsstrafe bis zu drei Jahren oder Geldstrafe geahndet, im Fall fahrlässiger (§ 15 Abs. 5 InsO) Tatbegehung mit Freiheitsstrafe bis zu einem Jahr oder Geldstrafe.

Insolvenzverschleppung kann demnach nur rechtsformabhängig verwirklicht werden. Einzelkaufleute und natürliche Personen, die als solche persönlich haftende Gesellschafter einer OHG oder KG sind, können den Straftatbestand der Insolvenzverschleppung nicht verwirklichen. Eine Strafbarkeit wegen Verletzung der Insolvenzantragspflicht setzt die Insolvenz einer juristischen Person oder gleichgestellten Personengesellschaft voraus. Von den im Rahmen dieses Werks betrachteten Rechtsformen sind damit neben Genossenschaften alle Kapitalgesellschaften sowie z. B. „typische" GmbH & Co. KG umfasst.[16]

Für die Mitglieder der Leitungsorgane betroffener Gesellschaften gilt daher: Eine ordnungsmäßige Rechnungslegung und deren Kenntnis schützt vor einer Strafbarkeit wegen Insolvenzverschleppung. Denn einer ordnungsmäßig geführten und abgeschlossen Buchführung können sowohl der Liquiditätsstatus als auch wichtige Indizien für eine etwaige Überschuldung des Unternehmens entnommen werden.

15.5.5 Rechtsformspezifische Straftatbestände im AktG

Die §§ 399 ff. AktG regeln eine Reihe von Straftatbeständen, die nur von Vorstands- oder Aufsichtsratsmitgliedern einer Aktiengesellschaft verwirklicht werden können.[17] Von diesen ist insbesondere auch der in § 400 AktG geregelte Straftatbestand „unrichtige Darstellung" relevant.

15.5.5.1 Unrichtige Darstellung

Gemäß § 400 Abs. 1 Nr. 1 AktG wird *„mit Freiheitsstrafe bis zu 3 Jahren oder mit Geldstrafe ... bestraft, wer als Mitglied des Vorstands oder des Aufsichtsrats oder als Abwickler die Verhältnisse der Gesellschaft einschließlich ihrer Beziehungen zu verbundenen Unternehmen ... in Darstellungen oder Übersichten über den Vermögensstand oder in Vorträgen oder Auskünften in der Hauptversammlung unrichtig wiedergibt oder*

---

[16] Damit sind Kommanditgesellschaften gemeint, deren einzige Komplementären eine GmbH ist.
[17] Dazu z. B. BGH, Urteil vom 16.12.2004 (1 StR 420/03), NJW 2005, S. 445 ff. (449).

verschleiert, wenn die Tat nicht in § 331 Nr. 1 oder 1a des Handelsgesetzbuchs mit Strafe bedroht ist"[18].

Die Verhältnisse einer AG werden insbesondere dann unzutreffend dargestellt, wenn falsche Behauptungen über Tatsachen aufgestellt werden.[19] Da der Jahresabschluss einer AG deren tatsächliche Verhältnisse in konsolidierter Form abbilden soll, kann der Straftatbestand der unrichtigen Darstellung z.B. durch Vorlage einer unrichtigen Bilanz verwirklicht werden.[20]

Wer die Geschäfte einer AG als Mitglied des Vorstands leitet, sollte daher in der Lage sein, die Rechnungslegung des Unternehmens zu verstehen und die Übereinstimmung des Jahresabschlusses mit der Realität zu beurteilen. Vorstandsmitglieder, die nicht über hinreichende Rechnungslegungskenntnisse verfügen, sind z. B. auch dem Risiko einer Strafbarkeit nach § 401 AktG ausgesetzt.

15.5.5.2 Pflichtverletzung bei Verlust, Überschuldung oder Zahlungsunfähigkeit

Gemäß § 92 Abs. 1 AktG muss der Vorstand einer AG unverzüglich die Hauptversammlung einberufen, wenn die Aufstellung des Jahresabschlusses oder eines Zwischenabschlusses zeigt oder *„bei pflichtmäßigem Ermessen anzunehmen"*[21] ist, dass das Eigenkapital der AG nur noch maximal die Hälfte des Grundkapitals deckt. Zudem muss der Hauptversammlung dieser Umstand angezeigt werden. Die Verletzung dieser Pflichten wird von § 401 AktG unter Strafe gestellt, wobei gemäß § 401 Abs. 2 AktG auch eine lediglich fahrlässige Tatbegehung strafbar ist.

15.5.6 Entsprechende Straftatbestände im GmbHG und GenG

Das GmbHG und das GenG regeln Straftatbestände, die den §§ 400 und 401 AktG weitgehend entsprechen und entsprechendes Verhalten (einschließlich Unterlassen) von GmbH-Geschäftsführern oder Vorstandsmitgliedern einer Genossenschaft unter Strafe stellen. Unwahre Darstellungen der Vermögenslage einer GmbH durch deren Geschäftsführer werden – zumindest in bestimmten Fällen – von § 82 Abs. 2 Nr. 2 GmbHG unter Strafe gestellt. Auch die Verletzung der Verlustanzeigepflicht durch Geschäftsführer einer GmbH ist gemäß § 84 GmbHG strafbar, wobei eine fahrlässige Tatbegehung ausreicht.[22] Auch Geschäftsführer einer GmbH müssen eine Gesellschafterversammlung

---

[18] Wortlaut von § 400 Abs. 1 Nr. 1 AktG.

[19] Vgl. dazu z. B. *Wittig* in Münchener Kommentar zum Aktiengesetz, 5. Auflage 2021, § 400, Rdnr. 36.

[20] Vgl. dazu z. B. BGH, Urteil vom 22.12.1959 (1 StR 591/49), NJW 1960, S. 444 ff.

[21] Wortlaut § 92 Abs. 1 AktG.

[22] Dazu § 84 Abs. 2 GmbHG.

einberufen und den Gesellschaftern anzeigen, wenn das Eigenkapital der GmbH nur noch maximal die Hälfte des Stammkapitals deckt.[23]

Falsche Angaben über die Verhältnisse einer Genossenschaft durch deren Vorstandsmitglieder werden in § 147 GenG unter Strafe gestellt. Und auch bei Genossenschaften müssen die Vorstandsmitglieder gemäß § 33 Abs. 3 GenG die Generalversammlung einberufen, wenn das Eigenkapital der Genossenschaft nur noch maximal die Hälfte des Gesamtbetrags der Geschäftsguthaben und Rücklagen deckt. Die – auch lediglich fahrlässige – Verletzung dieser Pflicht durch Mitglieder des Vorstands wird von § 148 GenG unter Strafe gestellt.

Das macht die Strafbarkeitsrisiken evident, denen Geschäftsführer einer GmbH ebenso ausgesetzt sind wie Vorstandsmitglieder einer Genossenschaft oder AG, die nur über unzureichende Rechnungslegungskenntnisse verfügen. Ebenso riskant ist es für diesen Personenkreis, die gesetzlich zugeordnete Verantwortung für die Rechnungslegung der jeweiligen Gesellschaften nur unzureichend wahrzunehmen. Die Risiken, denen Unternehmensleiter mit unzureichenden Kenntnissen in oder mangelndem Interesse an der Rechnungslegung ausgesetzt sind, erschöpfen sich jedoch nicht in Strafbarkeitsrisiken. Die Verletzung von Rechnungslegungspflichten ist für die Leiter eines Unternehmens auch mit zivilrechtlichen Haftpflichtrisiken verbunden.

15.6 Risiken persönlicher Schadensersatzhaftung

15.6.1 Deliktsrechtliche Schadensersatzhaftung

Wer als Einzelunternehmer, persönlich haftender Gesellschafter oder Organmitglied einen der vorstehend betrachteten oder sonstigen rechnungslegungsnahen Straftatbestände verwirklicht, ist auch dem Risiko einer zivilrechtlichen Inanspruchnahme ausgesetzt. Wenn andere Marktteilnehmer, deren Schutz diese Strafgesetze bezwecken, infolge der Tatbegehung einen Schaden erleiden, können sie vom Täter auf Grundlage von § 823 Abs. 2 BGB Ersatz verlangen.

Verletzt z. B. der Geschäftsführer einer GmbH die Insolvenzantragspflicht, kann ein später neu hinzutretender Gläubiger („Neugläubiger"[24]) der GmbH dadurch einen Schaden erleiden, z. B. in Form eines Forderungsausfalls. Der Neugläubiger kann diesen Schaden dann vom Geschäftsführer persönlich auf Grundlage von §§ 823 Abs. 2 BGB i.V.m. § 15a InsO ersetzt verlangen.

---

[23] Dies folgt aus § 49 Abs. 3 GmbHG.
[24] Zum Begriff „Neugläubiger" vgl. z. B. *Peters* in Münchener Kommentar zur Insolvenzordnung, 4. Auflage 2019, § 35, Rdnr. 73 ff.; *Servatius* in *Henssler/Strohn*, Gesellschaftsrecht, 5. Auflage 2021, § 130a HGB, Rdnr. 32 ff.; BGH, Urteil vom 22.10.2013 (II ZR 394/12), NZI 2014, S. 25 ff.

15.6.2 Weitere gesetzliche Anspruchsgrundlagen

Neben dieser deliktsrechtlichen zivilrechtlichen Schadensersatzhaftung gibt es eine Reihe weiterer zivilrechtlicher Anspruchsgrundlagen, auf deren Grundlage Schadensersatzansprüche gegen die Leiter gewerblicher Unternehmen geltend gemacht werden können. Danach sind insbesondere die Organmitglieder von AG, GmbH und Genossenschaften dem Risiko einer Inanspruchnahme durch die Gesellschaft ausgesetzt, für die sie tätig sind, wenn sie ihre Pflichten als Geschäftsführer oder Mitglied des Vorstands verletzen. Voraussetzung ist in allen Fällen auch, dass die Pflichtverletzung ursächlich für den Schaden war, dessen Ersatz verlangt wird. Ein solcher Kausalzusammenhang zwischen Pflichtverletzung und Schadenseintritt ist auch im Fall einer rechnungslegungsbezogenen Pflichtverletzung erforderlich, damit die jeweilige Gesellschaft einen Schadensersatzanspruch durchsetzen kann. Gegen die Organmitglieder einer AG, GmbH oder Genossenschaft können Schadensersatzansprüche dann gegebenenfalls insbesondere auf folgende gesetzliche Anspruchsgrundlagen gestützt werden:

Geschädigte Gesellschaft	Schuldner bei Pflichtverletzung und dadurch verursachtem Schaden	Gesetzliche Anspruchsgrundlagen
AG	Mitglieder des Vorstands	§§ 92, 93 AktG
AG	Mitglieder des Aufsichtsrats	§§ 116, 93 Abs. 2 Satz 1 AktG
GmbH	Geschäftsführer	§§ 43, 64 GmbHG
Genossenschaft	Mitglieder des Vorstands	§ 34 Abs. 2 Satz 1, Abs. 2 GenG

15.6.3 Verletzung von Anstellungsverträgen i.V.m. § 280 Abs. 1 BGB

Ein Geschäftsführer oder Vorstandsmitglied schließt mit der Gesellschaft, für die er oder sie tätig ist, in der Regel einen – neben dem gesellschaftsrechtlichen Organverhältnis bestehenden – schuldrechtlichen Anstellungsvertrag (Dienstvertrag) ab. Verletzt ein Geschäftsführer oder Vorstandsmitglied die Pflicht, für eine ordnungsmäßige Rechnungslegung der Gesellschaft zu sorgen, kann dies auch die Pflichten aus diesem Anstellungsvertrag verletzen. Erleidet die Gesellschaft dadurch einen Schaden (Kausalitätserfordernis), kann sie dessen Ersatz auch auf Grundlage von § 280 Abs. 1 BGB vom Geschäftsführer oder Vorstandsmitglied verlangen.

Wer ein gewerbliches Unternehmen leitet, ohne auch nur die Grundlagen der Rechnungslegung zu verstehen, erhöht somit sowohl das eigene Strafbarkeits- als auch das persönliche zivilrechtliche Haftpflichtrisiko. Beide Risiken können reduziert werden, indem für eine ordnungsmäßige Rechnungslegung gesorgt wird. Dafür sind entsprechende Kenntnisse unumgänglich. Ob und welche Kompetenzen durch Lektüre dieses Werks insoweit erworben werden konnten, kann nochmal anhand der nachfolgenden Übungsaufgabe 13 überprüft werden.

15.7 Übungsaufgabe 13

15.7.1 Fallszenario

Geschäftsmodell der Hightech-GmbH („H-GmbH") mit Sitz in Stuttgart ist die Entwicklung, Herstellung und der Vertrieb von 4D-Scannern. Das Geschäftsjahr der H-GmbH entspricht dem Kalenderjahr. Die H-GmbH hat insgesamt 3 Geschäftsführer, nämlich G1, G2 und G3.

G3 ist als für Finanzen zuständiger Geschäftsführer (CFO) mit der Erstellung des Jahresabschlusses der HT-GmbH für das letzte Geschäftsjahr befasst. Assistent von G3 ist A.

G3 hat bereits eine Bilanz entworfen und im Hinblick auf diesen Entwurf noch eine Reihe von Fragen, die A klären soll. Bislang hat die von G3 entworfene Bilanz der H-GmbH zum 31. Dezember des Geschäftsjahrs folgenden Inhalt:

Aktiva (Vermögen) in EUR		Passiva (Kapital) in EUR	
Patente	20.000.000		
T-GmbH	700.000	Eigenkapital	39. 591.000
EDV	10.000.000		
Vorräte	5.000.000	Drohverlustrückstellung	200.000
Geleistete Anzahlung	100.000		
Forderungen aus LuL	1.595.000	Darlehen	10.000.000
Vorsteuer	228.000		
Bankguthaben	12.177.000	USt-Verbindlichkeit	209.000
ARAP	200.000		
Summe	**50.000.000**	**Summe**	**50.000.000**

Vor diesem Hintergrund wird A von G3 um Befassung mit folgenden Vorgängen und Klärung der jeweiligen Fragen dazu gebeten:

15.7.2 Übungsaufgaben und -fragen

15.7.2.1 Kapitalerhöhung und Insolvenz der T-GmbH

Die H-GmbH hatte vor mehr als zehn Jahren 70 % des Stammkapitals an der Tochter-GmbH (T-GmbH) für einen Kaufpreis in Höhe von EUR 700.000 erworben. Zu Beginn des betrachteten Geschäftsjahrs hatten die Gesellschafter der T-GmbH eine Kapitalerhöhung beschlossen. Um die Beteiligungsquote von 70 % zu erhalten und eine Verwässerung zu vermeiden, hatte die H-GmbH im Zug dieser Kapitalerhöhung weitere Geschäftsanteile an der T-GmbH gegen Leistung einer Einlage in Höhe von EUR 70.000 übernommen. Diesen Betrag hatte die H-GmbH im März des letzten Geschäftsjahrs an die T-GmbH überwiesen, was mit einem entsprechenden Abgang vom Bankguthaben der A-GmbH verbunden war. Nach Durchführung der Kapitalerhöhung war die H-GmbH weiterhin im Umfang von 70 % am Stammkapital der T-GmbH beteiligt.

Obwohl die Kapitalerhöhung die Liquiditätssituation der T-GmbH zunächst verbessert hatte, wurde die T-GmbH im November des Geschäftsjahrs zahlungsunfähig und musste einen Insolvenzantrag stellen. Nach Auskunft des noch im Dezember des Geschäftsjahrs vom zuständigen Amtsgericht (Insolvenzgericht) bestellten Insolvenzverwalters können die Gläubiger der T-GmbH maximal mit einer Insolvenzquote von ca. 7 % rechnen. G3 will von A wissen,

- wie diese Vorgänge zu buchen sind,
- ob und gegebenenfalls welche Änderungen im Hinblick auf den Bilanzentwurf erforderlich sind und
- welche körperschaftsteuerlichen Auswirkungen diese Vorgänge für die H-GmbH haben.

15.7.2.2 Auftrag und Anzahlung der FS-AG

Am 19. Dezember des letzten Geschäftsjahrs hatte die Flughafensicherheit-AG („FS-AG"), eine nach dem Recht der Schweiz errichtete Aktiengesellschaft mit Sitz in Zürich, Schweiz, insgesamt 5 Scanner bei der H-GmbH für einen Gesamtpreis in Höhe von EUR 1.190.000 bestellt. Die FS-AG erbringt Dienstleistungen im Bereich der Fluggastsicherheit und führt für die Betreiber verschiedener Flughäfen in der Schweiz die Einlass- und Passagierkontrollen durch.

Die H-GmbH hatte mit der FS-AG eine Lieferung der Scanner im Februar des nächsten Geschäftsjahrs und eine sofort fällige Anzahlung in Höhe von 10 % des Gesamtkaufpreises vereinbart. Bereits am nächsten Tag, dem 20. Dezember des betrachteten Geschäftsjahrs, war daraufhin die vereinbarte Anzahlung von der FS-AG in Höhe von EUR 119.000 auf dem Bankkonto der H-GmbH eingegangen. G3 hatte diesen Betrag auf das Bankkonto der H-GmbH und zudem EUR 100.000 als geleistete Anzahlung und EUR 19.000 als Umsatzsteuerverbindlichkeit gebucht. A soll diese Buchung vorsorglich überprüfen, und zwar auch deshalb, weil G3 sich wegen des Umsatzsteuersatzes nicht sicher ist.

15.7.2.3 Lizenzvertrag mit der S-GmbH

Ebenfalls noch am 19. Dezember des letzten Geschäftsjahrs hatte die H-GmbH als Lizenzgeberin einen Lizenzvertrag mit der S-GmbH (Sitz Frankfurt a.M.) als Lizenznehmerin über die Nutzung eines deutschen Patents abgeschlossen, dessen Inhaberin die

H-GmbH ist. Nach dem Lizenzvertrag soll die S-GmbH berechtigt sein, dieses Patent gegen eine sofort fällige, einmalige pauschale Lizenzgebühr in Höhe von EUR 200.000 zuzüglich gesetzlicher Umsatzsteuer ab dem 01. Januar des folgenden Jahres für eine Laufzeit von insgesamt 2 Jahren zu nutzen. Die S-GmbH hatte daraufhin insgesamt EUR 238.000 an die H-GmbH überwiesen (Zahlungseingang auf dem Bankkonto der H-GmbH am 20. Dezember des Geschäftsjahrs). G3 hatte den Zahlungseingang auf das Bankkonto der H-GmbH und zudem einen aktiven Rechnungsabgrenzungsposten (ARAP) in Höhe von EUR 200.000 sowie Vorsteuer in Höhe von EUR 38.000 gebucht. Auch diesen Vorgang soll A prüfen und erläutern, ob und gegebenenfalls welche Fehler G3 gemacht hat.

15.7.2.4 Schadensersatzklage des Erfinders I

Für erheblichen Unmut bei G3 hatte Ende Dezember des betrachteten Geschäftsjahrs die Zustellung einer Schadensersatzklage durch das Landgericht Stuttgart gesorgt, die der Erfinder I dort gegen die H-GmbH erhoben hatte. I verklagt die H-GmbH mit der Begründung auf Schadensersatz, die von der H-GmbH hergestellten 4D-Scanner würden ein von I gehaltenes Patent verletzen. Die Rechtsabteilung der H-GmbH hat die Klage geprüft und G3 die Auskunft erteilt, dass an der Klage leider „etwas dran" sei und „damit gerechnet werden" müsse, dass die H-GmbH Schadensersatz in Höhe von EUR 200.000 an I werde zahlen müssen. G3 hat deshalb eine entsprechende Drohverlustrückstellung gebildet und will von A wissen, ob dadurch wenigstens die Körperschaftsteuerbelastung der H-GmbH für das letzte Geschäftsjahr etwas gemindert wird.

15.7.2.5 Bestellung der VAG

Am 30. Dezember des letzten Geschäftsjahrs hatte die Versicherungs-AG („VAG") mit Sitz in Köln noch einen 4D-Scanner für einen Kaufpreis von EUR 500.000 bei der H-GmbH bestellt. Die VAG betreibt ein Versicherungsunternehmen in Köln und will den 4D-Scanner im Rahmen ihres Sicherheitskonzepts im Eingangsbereich des Hauptgebäudes in Köln nutzen. Der Scanner soll erst im folgenden Jahr ausgeliefert werden. Gleichwohl hatte die H-GmbH der VAG noch unmittelbar am 30. Dezember des letzten Geschäftsjahrs eine Rechnung über EUR 595.000 übersandt und eine Forderung in Höhe von EUR 595.000 sowie EUR 595.000 Umsatzerlöse gebucht. A soll diesen Vorgang hinterfragen und gegebenenfalls erläutern, ob die Abwicklung und Buchungen ordnungsmäßig waren.

15.7.2.6 Korrektur des Bilanzentwurfs

Soweit G3 Fehler bei Buchung und Abbildung der vorstehend geschilderten Vorgänge im Bilanzentwurf unterlaufen sind, soll A den Bilanzentwurf korrigieren.

15.7.3 Mögliche Antworten zu den Übungsaufgaben und -fragen

15.7.3.1 Kapitalerhöhung und Insolvenz der T-GmbH

15.7.3.1.1 Leistung der Einlage

Die Zahlung von EUR 70.000 an die T-GmbH zur Leistung der Einlage auf die im Zug der Kapitalerhöhung übernommenen, neuen Geschäftsanteile führen bei der H-GmbH zu weiteren – nachträglichen oder zusätzlichen – Anschaffungskosten auf die Beteiligung an der T-GmbH. Die Leistung der Einlage war von der H-GmbH daher zunächst wie folgt zu buchen:

Soll		an	Haben	
Beteiligung T-GmbH	EUR 70.000		Bankguthaben	EUR 70.000

Die Durchführung der Kapitalerhöhung war für die H-GmbH folglich mit einem Aktivtausch verbunden, der zu einer Erhöhung des Buchwerts der Beteiligung an der T-GmbH von EUR 700.000 um EUR 70.000 auf EUR 770.000 führte.

15.7.3.1.2 Insolvenz der T-GmbH

Die anschließende Insolvenz der T-GmbH führte jedoch zur Wertlosigkeit der Geschäftsanteile an der T-GmbH. In Anbetracht einer Insolvenzquote von maximal 7 % für die Gläubiger von Forderungen gegen die T-GmbH kann insbesondere nicht davon ausgegangen werden, dass die H-GmbH noch Aussicht auf einen Liquidationserlös hat. Deshalb muss die H-GmbH die Beteiligung an der T-GmbH gemäß § 253 Abs. 4 Satz 5 HGB insolvenzbedingt außerplanmäßig auf „0" abschreiben. Dies war wie folgt zu buchen:

Soll		an	Haben	
Außerplanmäßige (insolvenzbedingte) Abschreibung	EUR 770.000		Beteiligung T-GmbH	EUR 770.000

15.7.3.1.3 Auswirkung auf die Körperschaftsteuerbelastung H-GmbH

Wegen § 8b Abs. 3 Satz 3 KStG ist die mit der außerplanmäßigen Abschreibung verbundene Gewinnminderung der H-GmbH bei Ermittlung des Einkommens der H-GmbH jedoch nicht zu berücksichtigen. Die außerplanmäßige Wertberichtigung mindert die körperschaftsteuerliche Bemessungsgrundlage der H-GmbH für das betrachtete Geschäftsjahr folglich nicht.

Zur Ermittlung des körperschaftsteuerlichen Einkommens der H-GmbH werden die EUR 770.000 wieder hinzugerechnet.

15.7.3.2 Auftrag und Anzahlung von der FS-AG

15.7.3.2.1 Entstehung einer Umsatzsteuerpflicht?
Entscheidend für die Buchung des Eingangs der von der FS-AG geleisteten Anzahlung in Höhe von EUR 119.000 ist zunächst die Frage, ob der Zahlungseingang bei der H-GmbH eine Umsatzsteuerverbindlichkeit auslöst. Denn gemäß § 13 Abs. 1 Nr. 1a) UStG entsteht eine Umsatzsteuerverbindlichkeit bereits mit Ablauf des Voranmeldungszeitraums, in dem eine Anzahlung vereinnahmt wird. Voraussetzung dafür ist jedoch, dass die Lieferung oder sonstige Leistung umsatzsteuerpflichtig ist, für welche die Anzahlung geleistet wird.

Die Lieferung von 4D-Scannern von der H-GmbH in Stuttgart an die FS-AG in Zürich gegen Entgelt ist grundsätzlich gemäß § 1 Abs. 1 Nr. 1 UStG steuerbar. Dies gilt jedenfalls dann, wenn die Beförderung oder Versendung der 4D-Scanner bei der H-GmbH in Stuttgart beginnt und der Ort dieser Lieferung deshalb gemäß § 3 Abs. 6 UStG im Inland liegt.

Die Lieferung der 4D-Scanner von der H-GmbH in Stuttgart an die FS-AG in Zürich stellt jedoch eine „Ausfuhrlieferung" im Sinn von § 6 Abs. 1 Nr. 1 UStG dar und ist deshalb gemäß § 4 Nr. 1a) UStG umsatzsteuerfrei. Deshalb enthält die Anzahlung von EUR 119.000 von der FS-AG an die H-GmbH keinen Umsatzsteueranteil. Hinzu kommt:

15.7.3.2.2 Keine „geleistete" sondern „erhaltene" Anzahlung
Entgegen der von G3 bereits getätigten Buchung ist der Zahlungseingang bei der H-GmbH nicht als geleistete Anzahlung zu buchen, sondern als erhaltene Anzahlung i.S.v. § 266 Abs. 3 C. 3. HGB. Deshalb ist der Zahlungseingang von der H-GmbH wie folgt zu buchen:

Soll		an	Haben	
Bankguthaben	EUR 119.000		Erhaltene Anzahlung	EUR 119.000

15.7.3.3 Lizenzvertrag mit der S-GmbH

15.7.3.3.1 Keine Vorsteuer, sondern Umsatzsteuerverbindlichkeit
Da die H-GmbH Lizenzgeberin ist, ist die Einräumung der Patentlizenz an die S-GmbH eine umsatzsteuerpflichtige sonstige Leistung i.S.v.§ § 1 Abs. 1 Nr. 1, 3 Abs. 9 UStG. Gemäß § 3a Abs. 2 UStG wird diese sonstige Leistung im Inland ausgeführt, da die S-GmbH in Frankfurt a.M. ansässig ist. Bemessungsgrundlage i.S.v. § 10 Abs. 1 UStG ist das von der S-GmbH geschuldete Netto-Entgelt in Höhe von EUR 200.000. Da kein Ermäßigungstatbestand i.S.v. § 12 Abs. 2 UStG einschlägig ist, gilt der regelmäßige Steuersatz von 19 % mit der Folge, dass eine Umsatzsteuerverbindlichkeit in Höhe von (EUR 200.000 × 0,19 =) EUR 38.000 entsteht. Schuldnerin dieser Umsatzsteuerver-

bindlichkeit ist gemäß § 13a Abs. 1 Nr. 1 UStG die H-GmbH. G3 hätte anstelle eines Vorsteuerguthabens folglich eine Umsatzsteuerverbindlichkeit in Höhe von EUR 38.000 buchen (passivieren) müssen.

15.7.3.3.2 Kein aktiver, sondern passiver Rechnungsabgrenzungsposten

Ebenfalls unzutreffend ist die Bildung eines aktiven Rechnungsabgrenzungspostens durch G3. Denn der Zahlungseingang führte bei der H-GmbH nicht zu „Ausgaben" i.S.v. § 250 Abs. 1 HGB, sondern zu „Einnahmen" i.S.v. § 250 Abs. 2 HGB. Da die Zahlung im Hinblick auf die Einräumung der Patentlizenz in den folgenden beiden Geschäftsjahren erfolgt, muss die H-GmbH den Zahlungseingang wie folgt gegen einen passiven Rechnungsabgrenzungsposten und eine Umsatzsteuerverbindlichkeit buchen:

Soll		an	Haben	
Bankguthaben	EUR 238.000		Passiver Rechnungsabgrenzungsposten (PRAP)	EUR 200.000
			Umsatzsteuerverbindlichkeit	EUR 38.000

15.7.3.4 Schadensersatzklage von I

Die Auffassung von G3, dass Drohverlustrückstellungen die körperschaftsteuerliche Bemessungsgrundlage der H-GmbH nicht mindern, ist grundsätzlich zutreffend. Dies folgt aus § 5 Abs. 4a EStG, der über § 8 Abs. 1 KStG auch für die Ermittlung der körperschaftsteuerlichen Bemessungsgrundlage der H-GmbH gilt. Allerdings muss im Hinblick auf die von I erhobene Schadensersatzklage keine Drohverlustrückstellung gebildet werden, sondern eine Rückstellung für eine ungewisse Verbindlichkeit.

Da I mit der Schadensersatzklage die Verletzung eines Patents geltend macht, wird eine von der H-GmbH dafür gebildete Rückstellung für ungewisse Verbindlichkeiten gemäß § 5 Abs. 3 Nr. 1 EStG im Rahmen der Ermittlung des körperschaftsteuerlichen Gewinns der H-GmbH berücksichtigt. Dies bedeutet:

G3 hätte anstelle der Drohverlustrückstellung eine Rückstellung für eine ungewisse Verbindlichkeit in Höhe von EUR 200.000 bilden müssen. Diese mindert auch die körperschaftsteuerliche Bemessungsgrundlage und damit die Körperschafsteuerbelastung der H-GmbH für das betrachtete Geschäftsjahr.

15.7.3.5 Bestellung der VAG

Da die Lieferung des 4D-Scanners an die VAG nicht mehr im betrachteten, sondern erst im anschließenden Geschäftsjahr erfolgte, war das Geschäft mit der VAG bei Abschluss des betrachteten Geschäftsjahrs noch schwebend. Denn der zwischen der H-GmbH und der VAG über die Lieferung des 4D-Scanners abgeschlossene, schuldrechtliche Kaufvertrag war zum Ende des Geschäftsjahrs noch von keiner Vertragspartei auch nur teilweise erfüllt worden. Damit gilt der Grundsatz „keine Bilanzierung schwebender Geschäfte".

Folge ist, dass G3 weder die Forderung in Höhe von EUR 595.000 gegen die VAG noch entsprechende Umsatzerlöse im letzten Geschäftsjahr hätte buchen dürfen. Hinzu kommt:

Da der zwischen H-GmbH und VAG für den 4D-Scanner vereinbarte Kaufpreis EUR 500.000 beträgt, kann die H-GmbH nicht davon ausgehen, dass zusätzlich zu diesem Kaufpreis von EUR 500.000 weitere EUR 95.000 Umsatzsteuer von der VAG gefordert werden können. Denn die VAG ist als Versicherer wegen § 15 Abs. 2 Nr. 1 i.V.m. § 4 Nr. 10a) UStG nicht zum Vorsteuerabzug berechtigt.

Bei Vereinbarung eines Kaufpreises in Höhe von EUR 500.000 mit der VAG muss die H-GmbH damit rechnen, dass die VAG diesen Kaufpreis als „Brutto-Kaufpreis" ohne weitere Erhöhung durch Überwälzung von Umsatzsteuer betrachtet. Wenn die H-GmbH EUR 595.000 von der VAG für die Lieferung des 4D-Scanners verlangen will, dann hätte die H-GmbH zumindest vorsorglich einen Kaufpreis von „EUR 500.000 (netto) zzgl. gesetzlicher Umsatzsteuer" mit der VAG vereinbaren müssen. Da eine solche Vereinbarung nicht getroffen wurde, ist denkbar, dass die VAG darauf besteht, für die Lieferung des 4D-Scanners nur EUR 500.000 an die H-GmbH zahlen zu müssen.

Falls die VAG sich mit dieser Auffassung durchsetzen würde, könnte die H-GmbH mit der Lieferung des 4D-Scanners an die VAG nur Umsatzerlöse in Höhe von 100/119 × EUR 500.000 = EUR 420.168,07 realisieren. Denn der übrige Teil des Kaufpreises in Höhe von (EUR 500.000 – EUR 420.168,07 =) EUR 79.831,93 entfiele auf eine Umsatzsteuerverbindlichkeit der H-GmbH.

15.7.3.6 Korrigierter Bilanzentwurf

Die Korrektur des von G3 bereits erstellten Bilanzentwurfs entsprechend den von A angestellten Überlegungen führt zu folgendem Ergebnis:

Aktiva (Vermögen) in EUR		Passiva (Kapital) in EUR	
Patente	20.000.000	Eigenkapital	37.620.000
T-GmbH	0		
EDV	10.000.000	Rückstellung für ungewisse Verbindlichkeit	200.000
Vorräte	5.000.000	Darlehen	10.000.000
Forderungen aus LuL	1.000.000	Erhaltene Anzahlung	119.000
Vorsteuer	190.000	USt-Verbindlichkeit	228.000
Bankguthaben	12.177.000	PRAP	200.000
Summe	**48.367.000**	**Summe**	**48.367.000**

Literatur

Goette, Wulf, Mathias Habersack, und Susanne Kalss. 2021. Hrsg. Münchener Kommentar zum AktG, Band 6, 5. Aufl., zit.: *Verfasser* in Münchener Kommentar zum AktG, 5. Aufl. 2021, §, Rdnr.

The manufacturer's authorised representative in the EU is Springer Nature Customer Service Centre GmbH, Europaplatz 3, 69115 Heidelberg, Germany. If you have any concerns regarding our products, please contact ProductSafety@springernature.com

Printed and bound by CPI Group (UK) Ltd, Croydon, CR0 4YY

25/03/2026

02078181-0017